예비교사를 위한

교육철학 및 교육사

묻고시름ᄒᆞ야잇더니이톳나

利弗이보고무른대須

묻고시름ᄒᆞ야잇더니이톳나

利弗이보고무른대須

야잇더니이톳나래 묻고시름

보고무른대須達利弗

이톳나래 묻고시름ᄒᆞ야잇더

대須達利弗이보고

教學相長

예비교사를 위한

교육철학 및 교육사

신창호

서현사

서 문

넓은 의미에서 교육의 역사는 인간의 역사와 궤적을 같이 한다. 인간의 탄생은, 삶의 근원적 현상으로서, 교육을 출현하게 만들었다. 그것은 개인의 성장이나 집단의 발달, '부모-자식' 혹은 '어른-아이' 사이의 '모방', 무의식적 감화나 의식적 영향력 등, 동서고금, 남녀노소를 불문하고 다양한 양식으로 실천되어 왔다.

교육의 철학은 그런 역사 속에서 교육과 연관된 문제를 논의하는 시대정신을 담고 있다. 어떤 시대건, 사회 상황에 부합하거나 부조리한 사회를 선도하려는 교육 활동이 존재한다. 그것은 과거를 성찰하고 현재를 이끌어 가려는 삶의 지혜 터득이다. 나아가 미래의 예지를 확보하여 혜안을 지니려는 열망이다.

이 책은 이런 인식 하에, 『예비교사를 위한 교육철학 및 교육사』를 고민한 것이다. 이미 여러 교육학자들에 의해, 다양한 종류의 '교육철학 및 교육사' 관련 저서들이 출간되어 있다. 엄밀히 말하면, 교육학과를 비롯하여 사범대학의 여러 전공이나 교직과정, 교육대학원에 배우는 교육의 역사나 철학은 내용상 대동소이(大同小異)하다. 크게 보면, 서구의 교육철학과 서양교육사, 한국교육사를 중심으로 소개하는 경우가 대부분이다. 더욱 범위를 좁히면, 서구 교육철학과 서양교육사가 주축이다. 이 책도 거기에서 자유롭지는 못하다.

대신, 이 책에서는 예비교사들이 교사로서 활동할 때, 조금이라도 보탬이 될 수 있도록, 기존의 저술보다 상대적으로 다양한 내용을 담아, 동서양 교육사상사의 균형을 유지하려고 고민하였다. 이 책의 내용 중, 서양 교육철학사상이나 교육사에 관한 부분은, 은사이신 김정환 · 강선보,『교육철학』(박영사)과 박의수 · 강승규 · 정영수 · 강선보,『교육의 역사와 철학』(동문사)에 힘입은 바 크다. 해당 내용 중 상당 부분이 이 두 저서를 요약 정리한 것이라고 해도 과언이 아니다. 이 자리를 빌어, 후학들에게 학덕을 베풀어준 선생님들께 깊이 감사드린다. 특히,『교육의 역사와 철학』의 경우, 교육철학 및 교육사 교재로서는 최고의 권위를 지니고 있고, 체계적이고 방대한 내용을 담고 있어, 국내의 어떤 교육철학 및 교육사 교재도 이 수준을 능가하기가 쉽지 않다. 이를 바탕으로 이전에 필자가 출간한『한국사상과 교육윤리』및『교육학개설』, 기 발표한 논문을 비롯하여, 여러 선학들의 교육철학 및 교육사 관련 자료를 참고하여 내용을 구성하였다.

이 책이 다른 교재와 차별성을 둔 내용은 다음과 같은 것이다. 동양사상 중, 유학과 도가, 그리고 불교의 교육적 차원을 고려하였고, 한국교육에 큰 영향을 미친 국가의 교육사 중, 서양에서는 '미국교육사', 동양에서는 '중국교육사'를 간략하게 정돈하여 소개하였다. 예비교사들이 한국에서 교직에 종사한다고 가정하고 한국의 전통교육을 좀더 많이 이해하는 것이 정당하다는 판단하에, "제8장 한국교육의 역사" 부분에 상대적으로 많은 지면을 할애하였다. 또한 예비교사로서 세계 교육의 흐름을 개괄적으로 이해할 수 있도록 하기 위해, 전체 내용을 전문적으로 깊이 있게 다루기보다는, 제도사와 사상사의 균형을 고려하여 주요 포인트를 점검하는 수준에서 정리하였다. 예를 들면, 신라시대의 화랑도 교육이나 조선시대의 성균관 학령 등, 현대 교육에서 응용 가능하다고 판단되는 내용은 상대적으로 자세하게 소개하였다. 그리고 필요한 곳에 핵심 자료들을 전문 그대로 인용하여 이해를 도왔다.

그러나 당부할 것이 있다. 이 책에 담긴 대부분의 내용은 진정한 의미의 지식(knowledge)이라기보다는 교육철학 및 교육사와 관련된 정보(information)로 보는 것이 정당하다. 대부분의 내용은 이미 다양한 형식으로 공개되어 있다. 정보가 개방되어 있다는 말이다. 따라서 그것은 박제된 지식으로, 유물처럼 우리에게 전해지는 자료(data) 수준에 불과하다. 어쩌면 죽은 지식인지도 모르겠다. 중요한 것은 이 내용을 접하는 예비교사들이 현재성을 지닌, 살아 있는 지식으로, 복원하는 작업이다. 물론, 이런 지식의 체계를 많이 외워서 인식하고 있다는 사실도 중요하다. 하지만, 그것이 현재적 의미를 창출하는 창의적 차원의 학습은 아니다. 본 내용을 바탕으로 '스스로 묻고 답하는 가운데' 예비교사로서 현대적 의미와 교육적 창의성을 불어넣으면 좋겠다.

아무쪼록 이 책을 통해 예비교사들이 교육사관과 교육철학을 형성하는데, 다소나마 참고가 되기를 기대한다.

안암동 연구실에서

2012. 2.

수당(遂堂) 신창호(申昌鎬)

차 례

제2부
교육사의 이해

제3부
한국교육에 영향을 미친 핵심 국가들의 교육사

제1부

교육철학과 교육사상

교육철학은 다양한 교육문제를 철학적으로 검토하는 작업이다. 교육을 철학적으로 이해하기 위해서는 철학이 어떤 성격을 지니고 있으며, 그 역할과 기능은 어떤지 깊이 성찰해야 한다. 특히, 교육을 비판적으로 검토하고, 교육의 원리와 방법, 전망을 제시하는 기초로서 교육철학을 이해하려면, 교육철학을 가능케 하는 철학적 사유의 유형을 이해해야 한다. 그리고 그런 관점을 바탕으로 뚜렷하고 구체적으로 교육문제에 접근한 다양한 교육사조의 장단점을 이해하여 교육 문제를 조망할 수 있어야 한다. 더욱 중요한 문제는 교육철학적 관점을 급변하는 현대 사회에 적용하여 교육의 방향과 전망을 모색하는 일이다.

제 1 장

교육철학의 성격과 연구의 필요성

1. 교육과 철학

교육철학(教育哲學)[1]은 '교육(教育)'과 '철학(哲學)'이 합쳐진 말처럼 보인다. 이것만을 고려한다면, '교육'과 '철학'의 정의를 구명해야, 교육철학의 의미를 분명히 할 수 있다. 하지만 '교육'이건 '철학'이건, 개념이나 용어를 한 마디로 정의하기에는 한계가 있다. 왜냐하면 그 언어가 사용된 사회와 시대 상황, 역사적 맥락이 있기 때문이다. 그렇더라도 교육철학의 특성을 도출하기 위해서는 교육과 철학의 의미를 적절한 수준에서 정돈해야 한다.

먼저, 교육은 어떤 것과 연관되어 드러나는지 고려해 보자. 전통적으로 '교육'이라는 말은 인간의 '성장과 발달', '사람다움', '학교'와 같은 용어와 개념을 떠올리게 한다. 특히, 학교라는 교육기관은 교육의 핵심 장소로 고려된다. 여기에는 학생과 교사, 교육내용, 교사(校舍), 행정지원 등 다양한 요소가 있으며, 학습자와 교수자를 중심으로 하는 각 요소들의 상호작용을 통해, 의미 있는 내용을 구성하는 교육과정이 있다. 이런 종합적인 인간의 활동을 흔히 '가르치고 배우는 일'이라는 교육의 양식으로 표현한다.

---

1) '교육철학(The Philosophy of Education)'이란 말은 미국에서 처음으로 생겨났다고 한다. 19세기말 독일의 Rosenkranz의 저서 *Die Pädagogik als System*(『교육학의 체계』)을 Brackett가 *The Philosophy of Education*(『교육철학』)이라고 번역하면서 생긴 명칭이라고 전해진다. 미국에서는 그후, 1904년 H. H. Horne이 *Philosophy of Education*을, 1912년 MacVannel이 *Outline of Course in the Philosophy of Education*, 1916년 J. Dewey가 *Democracy and Education: An Introduction to the Philosophy of Education*을 저술하면서 구체적인 학문 명칭으로 자리잡기 시작했다. 吳俊升, 『教育哲學大綱』(臺北: 臺灣商務印書館, 1998), 27~28쪽 참고.

다음으로, 철학이다. 서양에서 철학은 인간의 경이(驚異)와 호기심(好奇心)에서 출발하였다. 이는 '사물이란 실제로 무엇인가?' '우리는 어떻게 사물들의 변화 과정을 설명할 수 있는가?'와 같은 의문을 통해 표현되었다.[2] 주지하다시피, 철학이라는 말은 그리스어로 '사랑'을 의미하는 필로스(philos)와 '지혜'를 의미하는 소피아(sophia)에서 유래하였다. 그 내용을 요약하면 '지혜의 사랑'이 된다. 이 말은 사람에게 필요한 것은 '지혜를 사랑하는 일'이지, '반드시 지혜롭게 되어 모든 것을 알고 있어야만 한다'는 것을 의미하지는 않는다. 다시 강조하면, 지혜에 대한 사랑은 자신의 무지를 깨닫고, 보다 나은 지혜를 향하여 항상 그리워하고 끊임없이 노력하는 일이다. 따라서 철학하는 사람의 임무는 의문을 제기하는 것이지 물음에 답하는 것이 아니다. 이런 점에서 하이데거(M. Heidegger)의 언급은 의미심장하다.

> 철학은 존재가 존재하는 한 무엇인가를 탐구하는 작업이다. 철학은 존재자의 존재에의, 곧 존재에 관한 존재자에의 도중에 있다. …… 우리는 철학이 무엇인가라는 물음에 대한 대답을 철학의 정의에 관한 역사적 진술을 통해서가 아니라, 존재자의 존재로서 우리에게 전승(傳承)되어온 것과의 대화를 통해서 발견하는 것이다.[3]

이런 점을 고려하면, 교육철학의 성격이 어떠한지 가닥을 잡을 수 있다. 교육철학은 '교육적 지혜에 대한 사랑'으로 바꾸어 말할 수 있다. 나아가 교육이라는 존재자의 역사와 대화를 통해 그것의 철학성을 발견하는 일이다. 이는 교육에 관한 모든 문제들을 철학적 방법으로 검토하는 작업이다.

정도의 차이는 있지만, 교육 행위의 과정에 참여하는 사람들은 나름대로

---

2) S. E. Stumpf(이광래 옮김), *A History of Philosophy*(『서양철학사』)(서울: 종로서적, 1992), 9쪽.

3) M. Heidegger(최동희 역), 『哲學이란 무엇인가』, 『세계의 대사상』 13(서울: 휘문출판사, 1989), 41~62쪽 참고.

의 철학적 질문을 한다. '왜 배워야 하는가?' '왜 가르쳐야 하는가?' '학교에서 가르쳐야 할 내용은 무엇이 가장 좋은가?' '교사의 역할은 무엇인가?' '교사와 학생 사이의 관계는 어떠해야 하는가?' '무엇이 좋은 교육인가?'

교육 행위에서 제시되는 물음과 회의는 교육의 근본 문제와 관계된다. 그리고 그 논의가 깊어지면 철학적 문제로 환원한다. 교육과 연관된 질문이 인생과 세계의 본질, 지식과 가치의 본질을 고심하는 심오한 탐구의 대상이 될 때, 교육철학의 문제로 등장한다.

2. 철학의 기본 영역

전통적으로 철학은 다음과 같은 세 가지의 주요한 연구 분야를 제기하였다.[4] 첫째, 무엇이 실재하는가? 둘째, 우리는 어떻게 아는가? 셋째, 무엇이 선(善)한가, 또는 아름다운가?

'무엇이 실재하는가?'라는 물음은 형이상학(形而上學: metaphysics), 혹은 존재론(存在論: ontology)이라고도 한다. 이 분야의 관심사는 '참으로 존재하는 것은 무엇이며, 존재하는 것이 어떻게 질서 잡히고 조직 되는가'라는 점이다. '신은 존재하는가?' '우주에는 목적이 있는가?' '인간은 육체로만 구성된 것인가, 정신으로만 되어 있는가, 아니면 정신과 육체 둘로 구성된 것인가?' '나는 누구인가, 나는 무엇인가?' 등, 우주와 세계, 인간의 궁극적 본질을 밝히는 작업과 연관된다. 그것은 변화하지 않는 영원한 세계와 변화하는 세계 사이의 본질과 현상의 문제를 탐구한다. 이러한 존재론에는 '세계의 모습은 무한히 다양하다'라는 다원론(多元論: pluralism)과 '실재는 하나이다'라는 일원론(一元

4) C. H. Pattwison, *Cliff's Course Outline Philosophy An Introduction*(Nebraska: Cliff's Notes, 1972); S. M. Honer & T. C. Hunt(곽신환 · 윤찬원 옮김), *Invitation to Philosophy: Issues and Options*(『철학에의 초대』)(서울: 서광사, 1992); K. A jdukiewicz(송병욱 옮김), *Problems and Theories of Philosophy*(『철학 그 문제와 이론들』)(서울: 서광사, 1988) 참고.

論: monism)이 있다. 그리고 본질 혹은 실체가 '정신' 이나 '의식', '영혼'이라고 보는 관념론(觀念論: idealism)과, '신체' 혹은 '물질'이라고 생각하는 유물론(唯物論: materialism)이 있다. 그리고 이들을 객관적으로 파악할 수 있다는 실재론(實在論: realism)도 있다. 또한 우주와 세계의 본질은 끊임없이 변화 · 발전하며, 그 이상의 어떤 본질도 없다는 입장인 프래그머티즘(pragmatism)도 있고, 불변의 실체에 대한 탐구를 유보하거나 알 수 없다고 보는 실존주의(實存主義: existentialism)도 있다.

다음으로 '우리는 어떻게 아는가?'의 문제는 인식론(認識論: epistemology), 혹은 지식론(知識論: theory of knowledge)으로 알려져 있다. 이는 철학 활동의 핵심이다. 인식론은 '인간이 무엇에 대해 아는 것이 어떻게 가능한가'라는 물음처럼, 앎의 과정을 밝히려는 노력이다. 다시 말하면, 진리란 무엇인가? 그 근거는 어디에 있는가?에 관해 탐구하는 일이다. 여기에는 '참다운 앎에 도달할 수 없다'라는 입장과 그 반대로 '도달할 수 있다'라는 견해가 있다. 이런 절대적 시각과 달리, 앎은 상대적이며 인간이 어떻게 이해하느냐에 따라 바뀔 수 있다는 입장도 있다.

세 번째는 가치론(價値論: axiology; theory of value)이다. 가치론은 '무엇이 선한가?' '무엇이 옳은가?' '무엇이 아름다운가?'처럼, 좋은 것과 싫은 것, 옳은 것과 그릇된 것, 아름다운 것과 추한 것 등의 문제 제기와 더불어, 그 근거와 판단 기준, 대상을 밝히는 철학적 노력이다. 이는 특히 윤리학(倫理學:ethics)의 체계 및 도덕적 기준, 미학(美學: aesthetics)에서 확인된다. 윤리학은 인간 행동의 규준과 도덕성, 삶의 기준 등을 밝힌다. 미학은 인간의 생활에 요청되는 미의 본질을 구명한다.

이러한 철학의 영역은, 결국 존재와 앎, 행위의 문제와 결부된다. 요컨대, 형이상학은 존재의 문제를 탐구하고, 인식론은 지식의 문제를 통해 앎의 영역을 다루며, 가치론은 가치 부여에 따라 인간의 행위 문제를 조절한다. 형이상학 · 인식론 · 가치론은 타당한 사고과정을 통해 결론을 도출한다. 이 사고

과정이 타당한 것인지를 검토하는 여러 가지 규칙과 기준을 밝히는 작업은 논리학(論理學: logic)이 담당한다. 논리에는 귀납법(歸納法: induction)과 연역법(演繹法: deduction)이 있다. 연역법은 보편적 원리에서 특수한 구체적 원리를 이끌어내는 추리과정이고, 귀납법은 개개의 구체적 사실에서 보편적 원리나 법칙을 이끌어내는 추리과정이다.

〈표1-1〉 철학의 기본 영역과 특성

철학의 영역	이론	특성	사고과정
형이상학	존재론	실재(Being)	논리학 (logic)
인식론	지식론	앎(Knowing)	
가치론	행위론	행동(Doing)	

3. 교육철학의 역할과 기능

교육철학이 교육의 문제를 철학적으로 탐구하는 학문이라면, 위와 같은 철학의 영역과 궤를 같이 한다. 즉 교육철학은 형이상학 · 인식론 · 가치론을 교육에 응용한다. 이 과정에서 모든 지식과 경험에 적용되는 체계성과 전체성을 탐구하는 사변(思辨) 활동을 할 수도 있고, 선과 악, 아름다움과 추함, 올바름과 그릇됨의 의미, 그리고 이러한 속성들이 사물 자체에 내재한 것인지 아니면 인간의 마음의 반영인지를 밝히려는 규범(規範) 개념으로 성찰할 수도 있다. 또한 사용하는 용어나 단어들이 문장의 전후 관계에서 적절하게 사용되는지를 평가하기 위하여, 그 개념을 탐구하는 분석(分析)의 방법을 동원할 수도 있다.

교육은 실제로 무엇이 바람직한가에 관한 가설을 제시하는 것에 그치는 것이 아니라 실제로 필요한 변화를 일으키는 과정이다. 따라서 교육은 의도적으로 이루어지는 실제이며, 철학적 접근은 이를 타당하게 만드는 일에 기여한다. 교육철학을 한 마디로 정의한다는 일은 간단치 않다. 그러나 기본적으로 교육의 개념, 목적, 과정, 조직이나 정책의 원리 등 교육관련 분야의 문제 해결을 철학적 방법으로 접근하는 일과 관계된다.[5)]

다시 말하면, 교육철학 탐구는 교육적인 문제와 논점들에 대한 분석과 분류, 종합을 지향해야 한다. 따라서 교육철학에서 필요한 기술을 다음과 같이 제시할 수 있다.[6)]

* 교육적 개념 가운데 분명하지 않은 의미의 명료화
* 교육적 개념과 논증을 뒷받침하는 가정과 전제 조건, 그리고 전제의 발견
* 교육적 판단의 근거가 되는 가치의 확인
* 교육적 개념과 계획을 보는 대안적 방법 찾기
* 교사들이 직면하고 있는 기본적 문제의 탐구
* 교육적 개념들의 실제 결과와 관계 그리고 성과의 도식화
* 교육적 개념과 논증, 그리고 계획의 구분
* 교육적 개념과 논증의 예나 표준적 사례뿐만 아니라 반대되는 예 찾기

이는 교육철학의 과제와 연관된다. 그것은 교육이란 무엇인가, 교육은 무엇을 성취하려는가, 교육의 목적을 성취하기 위해서는 어떻게 해야 하는가의 문제이다. 다시 말하면 교육철학은 '교육의 본질(What is education?)' '교육의 목적(What ought education to accomplish?)' '교육의 방법(By what means can this education be done?)'을 다루는 학문이 되어야 한다.

피닉스(P. H. Phenix)는 "교육철학이란 철학적 방법과 견해를 교육이라고 불

---

5) 손인수, 『교육사교육철학연구』(서울: 문음사, 1987), 23쪽.

6) S. J. Maxcy(성기산 옮김), *Educational Philosophy for the future*(『미래를 위한 교육철학』)(서울: 집문당, 1994), 22쪽.

리는 분야에 적용하는 것"이라고 정의하였다. 다시 설명하면, 교육의 여러 양상을 하나의 포괄적 체계로 정리할 수 있는 개념을 탐구하고, 교육에서 사용되는 용어의 의미를 명백히 하며, 교육과 관련된 언어들이 어떤 전제나 가설 속에 근거하고 있는지 명시하고, 교육을 인간의 다른 여러 가지 관심 분야와 어떤 측면으로 연결할 수 있는지 범주를 정하는 작업이다. 브라우디(H. S. Broudy)는 "교육철학이란 교육문제를 철학적 수준에서 조직적으로 논의하는 것"이라고 정의하고, 그 임무는 실재, 지식, 선, 미 등과 같은 철학적 기초를 이루는 심층에 이르기까지 중요한 교육적 논점을 탐색하는 일로 보았다.[7)]

요컨대, 교육철학은 교육현상의 전체성(全體性)과 궁극성(窮極性)을 체계화하기 위한 작업으로 다음과 같은 의미를 종합적으로 내포한다고 볼 수 있다.

첫째, 교육의 실천 원리나 이론 체계를 정당화하는 근거를 분석하고 검토하며 비판한다.

둘째, 교육의 이론과 실천에 사용되는 개념들과 주장들의 논리적 타당성과 가능성을 밝힌다.

셋째, 교육에 관한 여러 논리적 요소들을 통합된 지식 체계로 조직한다.

이렇게 볼 때, 교육철학은 교육문제를 그 전제는 물론 내포하고 있는 의미에 이르기까지 분석·검토하고, 교육적 논의에 사용되는 개념이나 용어를 명확히 하여 논거를 통합한다. 또한 서로 다른 견해를 비판적으로 비교하는 철학적 방법으로 교육의 근본 문제를 다루고, 동시에 감정적이거나 무비판적이며 설명적 수준을 벗어나 교육문제의 심층부에 이르기까지 탐색하여, 철학적 수준에서 교육의 기본 문제를 다룬다. 그렇다면 이제, 여러분의 교육철학을 스스로 제시해 보라![8)]

---

7) 오천석, 『教育哲學新講』(서울: 교학연구사, 1972), 30쪽.

8) Ivor Morrish, *Disciplines of Education,* London: Allen & Unwin, 1967 참고.

나는 교육이 ______________________이라고 믿는다.[9)]

4. 교육철학의 유형과 방법

교육철학의 정의는 교육과 철학을 어떻게 정돈하느냐에 따라 달라질 수 있다. 교육철학을 규정하는 가장 일반적인 개념은 '교육활동에 대해 철학적으로 사고하는 작업'이다.[10)] 이는 철학의 여러 기능들을 구사하여 교육현상 일반 및 교육학을 체계적으로 분석 · 연구 · 구축하는 학문이다.[11)] 이때 '철학'과 '사고'가 문제가 된다. 왜냐하면 그것의 방향에 따라 철학의 성격이 달라지기 때문이다. 이런 철학적 사고에 터하여, 교육철학은 크게 사변철학(思辨哲學), 규범철학(規範哲學), 분석철학(分析哲學)의 세 분야로 나누어 볼 수 있다.

첫째, 사변철학은 개별적인 사실이나 경험보다는 모든 지식과 경험에 적용되는 체계성과 전체성을 탐구한다. 즉 존재하는 모든 것에 대해 체계적으로 사고하려고 한다. 예컨대, 우리가 책을 읽거나 예술작품을 감상할 때, 하나하나의 세세한 부분뿐만 아니라, 그러한 부분들에 의미를 부여하는 질서와 체계에까지도 관심을 갖는다. 이는 사고와 경험의 전체 영역에서 통일성을 발견하려는 작업이다.

---

9) ______에 넣을 만한 예시로는 다음과 같이 대비해 생각해 볼 수 있다. '모든 사람을 위한 것/ 몇몇 사람을 위한 것' '지적 발달을 위한 것 / 유용한 기술을 위한 것' '개인을 위한 것 / 사회의 모든 이를 위한 것' '목적 그 자체 / 목적을 위한 수단' '훈련과 절제를 위한 것 / 표현의 자유를 위한 것' '지위를 위한 것 / 사회적 재형성을 위한 것' 등 다양하다. 엄밀히 말하면, 여기에는 정답이 없다. 한 사회나 개인이 처한 상황과 시대정신을 반영하여, 끊임없이 물음과 회의를 통해, 해답을 찾아가는 과정으로 이해하는 것이 옳다고 판단된다.

10) 신득렬,『현대교육철학』(서울: 학지사, 2003), 41쪽.

11) 김정환 · 강선보,『교육철학』(서울: 박영사, 1998), 23~24쪽.

둘째, 규범철학은 선과 악, 아름다움과 추함, 바른 것과 그른 것의 의미, 그리고 이러한 속성들이 사물 자체에 내재한 것인지 아니면 인간의 마음의 반영인지를 밝히고자 한다. 즉 가치 평가, 행동 판단, 예술 감상 등에 대한 기준을 세우고자 한다. 그러므로 대개 바람직한 인간 행동과 특성이 무엇이며 왜 그렇게 행동해야만 하는가에 대한 기준과 원리를 발견하려고 노력한다.

셋째, 분석철학은 사용하는 용어들, 즉 교육, 존중, 평등, 자유 등과 같은 단어들이 문장의 전후 관계에서 적절하게 사용되는가를 평가하기 위하여 그 개념을 탐구한다. 즉 사용되는 개념의 의미가 문맥의 전후 관계에 따라 달라지는 것을 고찰한다.

한편, 교육철학을 실천하는 방법을 기준으로 살펴보면, 교육철학은 사변적, 평가적, 분석적, 통합적 방법으로 나누어 볼 수 있다.[12)]

사변적 방법은 사색과 사변을 통하여 추론을 하는 철학적 행위이다. 따라서 교육철학에서의 사변적 방법은 교육이론이나 문제에 대하여 제언을 하는 정신적 기능으로, 교육 문제 해결의 새로운 방향이나 가치를 제언하는 사고 과정을 뜻한다. 다시 말하면 교육에서 어떤 이론적 실천적 문제를 해결하기 위하여 새로운 가설과 사고, 제언을 하는 행위이다.

평가적 방법은 어떤 사물에 대한 가치 판단 또는 평가 행위를 말한다. 교육 문제에 대한 평가적 방법은 교육적인 합리성의 여부를 어떤 준거에 비추어 밝히는 작업이다. 즉 교육에 대한 이론이나 주장, 명제, 원리, 실천 등을 주어진 어떤 기준이나 준거에 의거하여 판단하는 행위이다.

분석적 방법은 분석철학의 방법론으로 이론적 · 일상적 언어의 의미를 명백히 하며, 논리적 모순이나 모순이 있는 표현을 가려내어 각종 판단의 기준을 밝히는 행위이다. 예컨대, 우리가 일상적으로 행하는 교육의 실천 과정이

---

12) 신득렬 외, 『교육철학 및 교육사』(서울: 양서원, 2004); 고미숙, 『교육철학』(서울: 문음사, 2006) 참고.; 김정환·강선보는 교육철학적 저작을 유형별로 분류하면서, 여덟 가지의 연구 방법 유형을 제시하였다. 첫째, 열전적, 둘째, 원리적, 셋째, 사상사적, 넷째, 비교적, 다섯째, 본질추구적, 여섯째, 방법론적, 일곱째, 주체적, 여덟째, 절충적 방법이다. 김정환·강선보 앞의 책, 26~30쪽.

나 이론 탐구에서 사용하는 언어는 항상 명백한 의미를 지니고 있는 것이 아니고 모순이 은폐되어 있을 수 있다. 따라서 교육 과정에서 판단기준이 모호할 경우가 있다. 그러므로 '교육이란 무엇인가?'라는 질문에 답하려고 할 때, 언급되는 '학습' '인격' '습관' '지식' 등 주요한 개념들을 개념적 · 논리적으로 분석할 필요가 있다. 분석적 기능은 바로 이러한 개념들의 의미를 명확히 밝히고, 개념들 사이에 모순이 일어나지 않게 하는 작업이다.

통합적 방법은 하나의 현상이나 과정을 전체로 파악하고, 여러 부분과 차원을 통합하여 이해하려는 행위이다. 예를 들면, 교육에서 흔히 사용하고 있는 '성격'이라는 개념이 있다. 이는 여러 학문 영역에서 다양한 의미로 사용된다. 사회학에서는 인간관계의 맥락에서 설명하고, 심리학에서는 개인과 환경에 관계에서 설명한다. 같은 대상을 다른 관점에서 설명한다. 따라서 동일한 대상에 대해 서로 다른 설명들이 어떻게 이루어지며 다름의 초점이 무엇인지 통합적으로 이해할 필요가 있다. 아동을 대상으로 하는 교육의 경우, 아동을 특정한 관점으로만 이해하거나 설명해서는 온전한 교육을 할 수 없다.

5. 교육철학연구의 목적과 필요성

그렇다면, 우리는 왜 교육철학을 연구하고 공부하는가? 무엇 때문에 교육현장에서 활동하고 있는 교사나 예비교사, 혹은 여러 교육자에게 교육철학이 요구되는가?[13]

다시 성찰하면, 교육철학은 인간형성에 관한 본질적이고 전체적이며 통합적인 사유체계이다. 따라서 다양한 교육현상에 대하여 본질적인 것이 무엇인지 이해하게 하고, 인생을 총체적으로 보고 개별 사실 사이의 상호 관련성

13) 오천석, 앞의 책; 한기언, 『教育哲學 및 教育史』(서울: 양서원, 1985); 박의수 외, 『교육의 역사와 철학』(서울: 동문사, 2009) 참고.

을 파악하게 하며, 교육의 이론과 실제 사이의 모순을 배제하게 한다. 뿐만 아니라 새로운 교육의 전개, 연구 및 실천에 대한 길을 시사한다. 나아가 기존의 교육적 사고에 대해, 근본적인 문제를 제기하는 힘을 준다.

특히, 교육철학은 교사들에게 교직이 단순한 생계 수단이 아니라 바람직한 인간 형성과 사회의 개선에 공헌하는 일이라는 사실을 일깨운다. 인간과 사회에서 교육이 어떤 자리를 차지하고 있는지 그 위치를 인식하게 한다. 뿐만 아니라, 다양한 교육 이론의 비판적 검토를 통해 교육적 신념과 원리를 정하게 하고, 교사의 지성과 비판 정신을 자극하여 교육의 방향을 개척하는 데 기여한다.

이런 차원에서 교육철학을 공부해야 하는 이유를 다음과 같이 정리할 수 있겠다.

첫째, 교육문제 해결을 위한 사고를 계발시켜 준다.

현대 우리 교육은 여러 가지 복잡한 문제를 안고 있다. 교육의 목적과 방향이 상실되고, 교육의 기준과 원칙이 흔들리고 있을 뿐만 아니라, 교육의 내용과 방법적 측면에서도 시대 상황에 대처하지 못하는 측면이 발생하고 있다. 이런 다양한 문제에 대해 교육심리학을 비롯한 여러 교육과학은 교육문제를 정확하게 진단하고 합리적인 해결 방안을 제시하고 있다. 그러나 교육의 근본이나 본질에 대한 문제까지 해결할 수는 없다. 특히 인간은 왜 교육을 받아야 하는가? 현재의 우리 교육은 인간다운 인간을 기르는 교육인가? 교육을 통해 정의로운 사회를 건설할 수 있는가? 등 궁극적인 교육문제에 대해 교육과학은 답하기 어렵다. 이에 교육철학은 교육받은 인간, 이상적인 사회상 등에 대한 지속적인 사고와 탐구를 통해, 현재의 교육 문제를 해결하는 데 도움을 준다.

둘째, 교육적인 언어의 분석과 명료화를 가능케 한다.

교육은 대부분 언어를 통해 전달된다. 교사들은 교실 현장에서 교육적인 언어 구사를 통해 교수-학습을 전개한다. 그러나 교사들이 사용하는 언어는 분명하지 않거나 모호한 경우가 많다. 교육활동이 원만하게 이루어지기 위해서는 교육에 쓰이는 언어들이 명료해야 하고 그 용법에 대한 합의가 이루어져야 한다. 교육철학은 교육에 사용되는 언어들을 분석하는 작업을 통해 그 의미를 분명히 할 수 있고 선명하게 하는데 기여한다.

셋째, 교육활동에 대한 구체적인 방향을 제시한다.

교육철학은 현재의 교육에 대한 비판과 자각에 토대를 두고 있다. 현재 진행되고 있는 교육 행위들이 만족스럽거나 바람직한 것은 아니다. 그러므로 교육 활동에 종사하는 사람은 그것에 대한 비판을 통해 가치 있고 바람직한 것을 추구하게 된다. 교육을 통하여 무엇을 성취하려고 하는가? 교육과정에서 야기되는 문제들이 무엇인가? 우리는 교육철학을 통해 현재의 교육적 상황을 보다 건전한 모습으로 만들어가려는 비판 정신과 미래를 예견할 수 있는 예견력을 길러 구체적인 교육의 방향을 제시할 수 있다.

넷째, 교육활동 비판의 근거를 제시한다.

어떤 사물이나 대상을 비판하기 위해서는 그것을 비판할 수 있는 적절한 기준이나 근거가 있어야 한다. 교육 현상이나 교육 활동에 대해 어떤 설득력 있는 비판을 하기 위해서는 합리적인 근거를 제시해야 한다. 예컨대 '체벌은 가끔씩 교육적일 수 있다'라는 주장이 있다고 하자. 그것을 비판하기 위해서는 체벌 반대에 대한 지적 · 심리적 · 도덕적 · 역사적 근거를 제시할 수 있어야 한다. 우리는 교육철학을 통해, 왜 이것이 아니고 저것이어야 하는가? 왜 이것보다 저것이 더 교육적인가? 에 대한 이유들을 제시하고 탐색할 수 있다.

제 2 장

서양전통교육의 철학사상적 토대

1. 서양사상과 교육전통

서양의 교육사상은 서양철학의 주요 흐름과 맞닿아 있다. 그것은 전통적 관념론과 실재론, 근대 이후의 프래그머티즘 등으로 대별해 볼 수 있다.

관념론은 서양철학사에서 긴 역사를 지니고 있으며 교육에 결정적 영향을 미쳤다. 관념론이라는 말은 17세기 유물론에 내비하여 만들어졌다. 형이상학에서 관념론은 관념이 감각적 세계보다 참된 존재 양태를 지닌다는 의미이다.[1] 관념론에서 실재는 물질적인 힘이 아니라 관념이나 사상, 마음 그 자체이다. 정신적인 것, 초현실적인 것을 유일한 실재로 여기고 현실적으로 존재하지 않는 가치를 의지적으로 지향한다. 다시 말하면 궁극적 가치나 절대적 목적에의 접근 가능성 내지는 실현 가능성, 그리고 인격과 인류의 완전 가능성을 믿고, 이러한 신념에 입각하여 이 세상의 현실과 실천을 규제하려는 사고방식이다. 이것은 도덕적 맥락에서는 이상주의를 뜻한다. 도덕적 이상주의는 관념이 인간에게 세계를 변화시킬 수 있는 힘을 준다고 생각한다. 이러한 관념론은 교육철학에서 이상주의라 명명된다.

실재론은 관념론과 달리, 세계는 인간의 마음으로부터 독립하여 그 자체의 법칙에 따라 존재하며 발전한다고 본다. 우주 존재는 인간의 의식과 독립적이다. 그것은 절대정신이 아니라 물질세계를 관찰하고 그 법칙을 객관적

---

1) 엘리자베스 클레망 외(이정우 옮김),『철학사전-인물들과 개념들』(서울: 동녘, 1996), 참고.

인식에 의하여 발견할 수 있다고 여긴다. 따라서 과학적으로 증명된 것을 지식이라고 한다. 요컨대 실재론은 실재의 객관적 질서가 존재하고 그 실재에 대한 지식을 인간이 획득할 수 있다는 주장이다. 아울러 인간은 이러한 지식에 부합하도록 행동해야 한다.

관념론과 실재론이 플라톤과 아리스토텔레스, 중세 기독교, 칸트, 헤겔에 이르는 유럽 철학의 주류였다면, 프래그머티즘은 미국의 철학이다. 특히 영국의 경험론을 미국의 토양에 맞게 토착화시킨 철학이다. 프래그머티즘은 절대적인 것, 선험적 원리, 불변하는 자연의 법칙을 거부한다. 대신 변화의 원리와 논리를 요구한다. 때문에 가치의 상대성과 인류 사회의 발전과 진보가 중요한 논제가 된다. 윤리적 · 도덕적 규범은 영원불변한 것이 아니라 사회 문화의 변동에 따라 수정되고 개선된다는 입장이다.

이 장에서는 관념론을 기초로 발달한 이상주의와 그 상대편에 있는 자연주의, 실재론과 프래그머티즘을 통해 서양교육의 철학사상적 기초를 살펴본다.[2)]

2. 이상주의 교육이론

1) 기본 사상

이상주의(理想主義: Idealism)는 고대 그리스의 플라톤(Platon)에 기원을 두는 경우가 많다. 플라톤은 그의 다양한 대화편을 통해, 인간의 경험에서 정신과 이성이 얼마나 중요한지를 자주 언급하였다. 이전의 자연철학자들과 달리 플라톤은 자연의 힘에 관심을 집중하지 않으며, 이데아론을 철학의 중심 주

2) 이 장은 박의수 외, 앞의 책, 제3부 중 「자연주의와 교육」 「이상주의와 교육」 「실재주의와 교육」 「프래그머티즘과 교육」의 내용을 바탕으로 수정 · 보완하였다.

제로 삼았다. 이것이 관념론의 토대가 된다.[3] 플라톤은 세계를 생멸 · 변화하는 현상계와 불변하는 이데아계로 나누고, 변하지 않는 참 존재, 진정한 실재를 이데아라고 하였다. 이런 '관념'은 중세에 이르러 주관적으로 사유할 수 있는 대상을 의미하게 되었고, 근대의 데카르트, 칸트, 헤겔 등을 통해 의미를 확장해 나갔다.

이상주의의 핵심으로 볼 수 있는 관념론 초기 이데아론은 다음과 같은 특징을 지니고 있다.[4]

* 진리는 감각들에 의해 도달될 수 없다. 실재는 지적 추리의 과정에 의해 이해될 수 있다.
* 정의로운 것, 아름다운 것과 선한 것은 모두 감각들로 접근하기 어려운 실재들로 존재한다.
* 감각–경험의 세계, 물질적인 세계에서는 완전하게 드러내 보이지 못하는 실재의 유사성이 들어 있다.
* 감각–경험의 세계에 있는 무언가는 그것을 자세히 설명하여 어떤 실재와 유사하다는 것으로 인정한다고 해도, 그 자체에 관한 우리의 지식은 감각–경험에서 오지 않는다. 우리가 출생 이전에 획득했던 평등 그 자체에 관한 지식에서 우리는 평등을 회상하고 있다.
* 아름다운 것 그 자체이거나 실재들은 영구적이고 변하지 않는다.
* 영구적 실재들은 감각의 세계에서 예시한 혹은 그런 예시들이 관여하는 형상들이나 이데아들이다.
* 형상들이나 이데아들은 지성에 의해서만 알 수 있다.
* 참된 지식은 영구적 이데아들의 지식이다.
* 이데아들만이 인과적 설명을 제공할 수 있다.

---

3) B. Kamala and B. Baldev, *The Philosophical and Sociological Foundations of Education*(Delhi: Doaba House, 1992), p. 22.

4) 임태평, 『플라톤 철학과 교육』(서울: 교육과학사, 1997), 245~246쪽 참고.

이상주의는 우주의 실체를 영혼, 관념, 또는 정신으로 보는 철학이다. 우주의 궁극적 실체가 있다! 그 우주는 고도로 일반화된 지성과 의지로 표현된다. 실체는 물질적이라기보다 정신적이다. 인간은 본질적으로 정신적 존재이며 그것은 불멸한다.

이러한 이상주의에서 지식은 정신의 내부에 있다. 그것은 자기반성을 통해 의식하고 있는 수준에서 제시된다. 따라서 앎의 과정은 정신 속에 현존하는, 보이지 않는 이데아를 상기하는 작업이다.[5] 이것이 유명한 플라톤의 상기설(想起說: Doctrine of recollection) 혹은 회상설(回想說)이다. 회상 혹은 상기에 의해, 사람들은 자기 자신에게 내재되어 있는 대우주의 정신을 발견한다.

〈표2-1〉 이상주의의 실재관과 지식관

실재관	지식관
* 궁극적 존재의 실체는 정신 또는 마음이다. * 관념은 모든 사물의 본원적 요소이다. * 외적 세계는 관념의 그림자에 불과하며 신뢰할 것이 못된다. * 모든 존재의 뒤에는 절대적으로 군림하는 정신적 존재가 있다. * 사람은 유한하고 불완전하며 부분적인 존재로 그가 예속되어 있는 무한하고 완전하며 전체적인 정신적 존재의 형상으로 성장하여 이에 결합하고 동일체가 되어야 한다. * 사람의 참된 기원은 신격이며, 그 본성은 자유이고, 그 운명은 영생이다. * 우주는 지성과 의지의 외적 표현이며, 세계의 불멸하는 실체는 마음이며, 물질은 오직 정신으로만 설명할 수 있다.	* 참된 지식은 영구불변하는 것으로 정신적 실재에 존속되어 있다. * 참된 지식, 즉 진리는 새로 발견하는 것이 아니라, 이미 존재하는 것을 깨닫고 해득하는 것이다. * 궁극적 지식은 수동적인 외부와의 접촉에서 얻는 것이 아니라 지성의 적극적인 작용에 의하여 가능하다. * 지식은 우리가 살고 있는 사상의 세계에 체현되고 있는 영원하고 정신적인 실재의 사고와 목적을 해득하는 것이다. * 감각기관을 통하여 얻는 외계의 인상은 지식의 조잡한 자료는 될 수 있어도 지식자체는 될 수 없다.

5) Arthur K. Ellis, J. Cogan, and Kenneth R. Howey, *The Foundations of Education*(N.J.: Prentice-Hall, 1981), p. 81

직관(直觀)과 통찰(洞察), 내적 자각(內的 自覺)을 통하여, 개인은 자신의 마음을 보게 되고, 그로부터 '절대 자아'를 발견한다. 여기에서 이상주의의 실재관과 지식관을 앞의 <표2-1>과 같이 정리할 수 있다.[6]

이상주의에서 가치의 문제도 마찬가지이다. 가치는 보편 속에 본래 존재하던 선(善: good)의 반영이다. 그것은 근원적으로 우주에 내재하고 있다. 따라서 가치는 절대적이고 불변하며 영원하고 보편적인 성격을 지닌다. 이러한 가치를 탐구하면서 이상주의를 신봉하는 사람들은 불변하는 진리나 영원한 지혜를 통해 인간에게 적확한 윤리를 찾으려고 한다. 다시 말하면, 현재의 삶에 유용하고 유효한 지혜를, 절대 정신이 담겨있는 과거의 정신적 유산과 전통에서 찾으려고 한다.

2) 교육관

이상주의에서 참된 지식은 정신이나 관념의 내부에 있다. 상기설에서 본 것처럼, 참된 지식은 정신을 통해서만 획득 가능하다. 여기에서 중요한 것은 상기나 회상이 가능한 정신의 발달 문제이다. 따라서 교육은 학습자 개인의 정신적 발달에 기여해야 한다. 특히, 감각이나 개인적 견해에 의한 불완전한 현상과 이상적 이데아로 존재하는 본질을 구별할 수 있는 정신적 역량이 중요하다.

이러한 이상주의의 형이상학에 기초해 볼 때, 학교는 학생들이 진리를 발견하고 추구하기 위한 사회의 대리자이다.[7] 그러므로 학교교육은 다음과 같은 내용을 강조한다. 첫째, 우주는 영적이고 정신적이며 비물질적인 궁극적 실체이다. 둘째, 정신적인 실체들은 개별적인 것이다. 셋째, 우주는 총화를

---

6) 오천석, 앞의 책, 48~50쪽 참고.

7) Allan C. Ornstein, *Foundation of Education*(Illonois: Rand Mcnally College Publishing Co., 1977), p. 192.

이룬 단일한 존재이며, 낱낱의 개체들은 완전한 실재 세계의 부분들이다.

이러한 교육을 담당하는 교사들은 정신능력, 혹은 자아계발을 기본 원리로 한다. 그리고 학생들이 진리 탐구자 또는 진리 발견자가 되도록 인도한다. 그들은 학생을 진리 추구자로 만들기 위하여 다음과 같은 목적을 설정한다. 첫째, 교수-학습 과정에서 교수자는 학습자에게 내재되어 있는 고유한 잠재력을 충분히 발휘할 수 있도록 도와준다. 둘째, 학교는 학생들에게 자신의 문화유산이 갖고 있는 지혜를 발견할 수 있게 하고, 그것을 확대 보급할 수 있도록 한다. 따라서 이상주의를 옹호하는 교사는 앞에서 언급한 목적을 달성할 수 있는 여러 가지 교수–학습법에 익숙해야 하며 효과적인 방법도 잘 알고 있어야 한다. 이상주의 교육을 위해 특별히 구체화한 방법은 없다. 하지만, '소크라테스식의 대화법(Socaratic dialogue)'과 같은 것은 이상주의에 기초한 수업에서 적절한 방법이 될 수 있다.[8)]

또한 이상주의 교육자들이 구상한 교육과정은 기본적으로 개념화 · 관념화를 거친 지식 위주의 교과목이나 학습내용이다. 그것은 절대 진리에 기초하여 설명되어야만 한다. 교육과정에서 체계화를 거친 내용은, 단일 관념과 이상에서 출발하여 단일 관념과 이상에 이르는 것이 목적이다. 따라서 이상주의를 옹호하는 교육과정은 이상을 향해 위계를 지니며, 최고의 통합을 이룬 고도로 일반화를 확보한 과목으로 귀착된다. 일반성을 갖춘 체계적인 과목은 시대적 특수성을 초월하여 보편적 내용을 담보한다.

이상주의에서 추구하는 교육방법은 이상주의의 인식론에 기초한다. 앞에

---

8) 소크라테스의 방법은 두 가지 단계를 거친다. 첫 번째 단계는 소크라테스가 도덕적 수월성의 이상에 도달하기 위해 인간에게 필요하다고 생각한 소극적 단계이다. 이는 '파괴적' 단계라고도 하고 '반어법(ironic)'의 단계라고도 한다. 이 단계에서는 '질문'에 의하여 누구나 '자신은 아무 것도 알지 못한다'라고 고백하고 자신의 검증되지 않은 개인적 의견들이 진리가 아니라는 사실을 깨닫게 한다. 즉 자신의 '무의식적 무지(無知)'에서 '의식적 무지'로 이르게 하는 단계이다. 두 번째 단계는 최초의 파괴적 비판의 뒤에 오는 '건설적' 혹은 '산파술(maieutic)'의 단계이다. 이 단계는 첫 번째 단계에서와 마찬가지로 후속 질문을 통해 사람들이 의식적 무지에서 명백하고 합리적 진리에 이르도록 한다. '반어법'과 '산파술'로 대표되는 두 단계에서 '대화'는 필수 조건이다. 요약하면, 소크라테스의 변증법적 방법(Socratic Method)은 '무의식적 무지' → '의식적 무지' → '합리적 진리'에 이르는 지식의 세 단계를 거친다. Plato, *Meno*; 임태평, 『교육이론과 철학』(서울: 교육출판사, 1995), 51쪽 참고.

서도 언급했듯이, 이상주의에서는 개인에게 절대 진리나 보편 진리가 내재해 있다고 본다. 때문에 학습자 자신의 내적인 사색을 통하여 지식을 인식한다. 즉 자아 반성 또는 자아 성찰을 거쳐 절대 지식을 회상하거나 상기하는 것이다. 이런 학습자의 자발적 활동은 학습자의 흥미와 관계된다. 학습자는 스스로 직관적인 내적 흥미를 지니고 있다. 이는 외적 자극이 필요 없이 스스로 일깨워진다. 자연스럽게 특정한 사건이나 행동, 활동에 이끌린다.

이런 차원에서 교육은 학습자 자신의 직관과 내적 자아 탐구를 바탕으로 한다. 개인의 성장과 발전은 기본적으로 학습자의 내적인 요소에서 시작되어 외적인 것으로 확산된다. 그렇다고 학습자를 자극하여 이끌 만한 특별한 방법이 있는 것은 아니다. 학습자는 학교를 비롯하여 교육활동에 임하고 있는 동안, 그들에게 잠재된 능력에 의존하여 최선을 다해 진리를 탐구하고, 사회에서 그들의 자리를 얻기 위한 준비를 스스로 해야 한다. 때문에 학교생활은 사회생활을 위한 준비이다.[9] 미래 삶에 대한 사전 예비과정이다.

이상주의 교육에서는 교수자와 학습자 사이의 관계를 주의 깊게 고려할 필요가 있다. 교수자는 교육의 중심이자 결정적 역할을 맡게 된다. 성숙된 인격을 지닌 사람으로서 문화적 전망도 지니고 있어야 한다. 비유컨대, 교수자는 오케스트라에서 교향곡을 작곡하거나 연주의 지휘를 맡은 사람처럼, 다양한 가치 체계를 통합할 수 있는 사람이어야 한다. 학습자가 미성숙한 경우, 교수자는 학생의 인성을 조작적으로 혹은 주입식으로 다루어서는 안 된다. 학습자가 자신의 입장에서 스스로 성숙된 전망과 세계관을 형성하도록 독려해야 한다. 학습자의 본성과 인격은 고귀한 가치를 지니고 있다. 따라서 교수자는 학습자를 존중해야 하며 학습자의 능력을 최대한으로 실현할 수 있도록 지원해야 한다. 이런 점에서 수업의 목적은 잡다한 지식을 학습자에게 알리는데 있는 것이 아니라, 학습자 스스로 지식의 의미를 발견하는 데 있고,

9) Edward J. Power, *Philosophy of Education*(N.J.: Prentice-Hall, 1982), p. 85

학습자의 주의와 자기 안에 있는 실재를 스스로 탐색하는 데 있다.[10)]

때문에 이상주의를 옹호하는 교수자는 다음과 같은 특징을 갖출 때, 훌륭한 면모를 드러낼 수 있다. 첫째, 학습자에게 문화와 실재 세계를 구현해야 한다. 둘째, 인간의 특성에 대하여 전문적이어야 한다. 셋째, 학습과정에서 숙달된 전문가로서 전문적 의견을 종합할 수 있어야 한다. 넷째, 학습자가 배우려는 욕망을 갖도록 일깨워야 한다. 다섯째, 학습자들과 좋은 인간관계를 유지해야 한다. 여섯째, 완전한 인간성을 달성하기 위한 도덕성을 보여야 한다. 일곱째, 각 세대가 문화적으로 재탄생할 수 있도록 헌신해야 한다.

요컨대, 이상주의가 추구하는 교육은, 인간의 잠재능력을 발현하고 전개해나가는 과정이고, 학습은 학습자의 정신에 현전하는 진리를 떠올리도록 자극받는 도정이다. 이때 교수자는 도덕적이고 문화적 가치의 모범, 혹은 모델이 되어 인간적인 발달을 최상으로 표현하는 존재이다.

3) 의의와 한계

이상주의는 인간의 정신과 절대 자아를 주장한 철학이다. 진 · 선 · 미로 대변되는 절대적 진리는 불변하고 질서정연한 우주 속에서 영원하다고 본다. 이상주의를 옹호하는 교수자는 영원한 진리가 담긴 철학이나 신학, 역사, 문학, 예술 작품 등으로 이루어진 '교과중심 교육과정'을 선호한다. 그 교육과정은 인간에게 잠재되어 있는 능력을 이끌어내서 계발하는 작업이고, 학습은 자신의 마음에 현재하고 있는 진리를 회상할 수 있도록 독려하는 탐구과정이라는 점에서 매우 시사적이다. 교육이 교과내용의 단순한 주입이나 암기식 방법이 아니라, 인간의 능력을 계발하고 추출하는 활동이라는 점에서 인성을 대단히 중시한다. 따라서 교수자는 도덕적 · 문화적 전형(典型)이 되어야 하며, 인간의 성장과 발전을 위해 모범적 가치체계를 지니고 있어야 한

---

10) 오천석, 앞의 책, 54쪽.

다. 이런 점에서 교수자는 단순히 교과목을 가르치는 것이 아니라, 학습자를 인도하는 일종의 '발견자'로서 강조된다.

그러나 한편으로 생각해보면, 이상주의는 이론 자체가 지나치게 유토피아적이다. 교육목적도 너무나 추상적이고 이상적이며 불명확하다. 뿐만 아니라, 절대적 진리나 본질을 지나치게 추구하다보니, 상대적으로 다른 세계와 문화 현상 등, 현실 세계를 긍정적으로 수용하려는 자세가 미흡하다. 따라서 21세기 지식정보화, 국제화, 다문화 사회의 구체적이고 현실적인 측면을 염두에 두고, 영원하고 보편적인 실재와 인간의 잠재능력을 함양하는 방법적 모색을 절충할 필요가 있다.

3. 실재주의 교육이론

1) 기본 사상

실재주의(實在主義: Realism)는 사물이 사람들의 지각과 별개로 존재한다고 인식한다.[11] 우주 세계는 사람과 관계없이, 사람과 독립적으로 존재한다는 말이다. 그것이 유명한 '독립성의 원리(principle of independence)'이다. 이상주의를 옹호하는 철학자들은 외계의 현실은 정신 또는 관념의 그림자나 환상에 불과하다고 주장했다. 그러나 실재주의를 옹호하는 철학자들은 그것이 실제 구체적으로 존재한다고 본다. 예컨대, 어떤 사람이 책을 보고 있다고 하자. 이때 보고 있는 책은 책을 사용하고 읽고 있는 사람의 의식과는 별도로, 책 그 자체로 존재한다. 사람들이 그 책을 읽건 읽지 않건, 그 책은 그 자체로 존재하고 있다. 사람이 보거나 말거나, 사람이 있거나 없거나, 산이나 나무,

---

11) G. L. Gutek, *Philosophical and Ideological Perspectives on Education*(N.J.: Prentice-Hall, 1988), p. 33.

시냇물은 자기 자신의 권리로 존재한다.[12] 이처럼 실재주의는 사물의 질서나 체계가 객관적으로 존재하며, 인간은 그 실재로부터 지식을 얻을 수 있다고 주장한다. 때문에 인간은 그러한 지식과 질서에 부합하는 행동을 해야 한다.

실재주의의 형이상학은 기본적으로 인간은 인간의 마음과 독립적으로 존재하고 있는 객관적 질서나 법칙 속에 살고 있다는 데 기초한다. 사물은 시간과 공간에 존재한다. 인간은 이를 감각과 추상적 활동을 통하여 인식할 수 있는 대상으로 생각한다.

실재주의의 기원으로 볼 수 있는 아리스토텔레스(Aristoteles)에 의하면, 사물은 '질료'와 '형상'이라는 두 차원으로 구성되어 있다. 예를 들면, 집은 특정한 구조로 배열된 벽돌과 목재로 이루어져 있고, 상(像)은 특정한 모양으로 조각되거나 성형된 대리석이나 청동으로 이루어져 있으며, 동물은 특정한 원리에 의해 융합된 살이나 뼈, 기타 혈액 등으로 이루어져 있다. 모든 실체는 이렇게 부분으로 이루어져 있다. 질료는 어떤 형태의 사물로 될 가능성과 잠재성으로, 일정한 구조와 구도에 의해 어떤 형태로 형성될 성질을 지니고 있는 것이다. 예컨대, 목수는 나무[질료]를 사용하여 자신의 구상[형상]에 따라서 나무를 다듬고 물건을 만든다. 이때 나무는 목수가 구상한 책상이나 의자, 건축물이 될 잠재성을 지니고 있다. 이렇게 실재를 질료와 형상의 이원론(二元論: Dualism)으로 구분하여 보는 것이 실재주의 형이상학의 특징이다. 그런데 질료와 형상은 실체를 구성하는 물리적인 요소가 아니다. 청동상을 분리된 두 조각인 청동과 모양으로 나눌 수는 없다. 때문에 질료와 형상은 실체의 논리적 부분이다. 그것은 통일적인 실제적 대상의 국면이다.[13]

실재주의를 옹호하는 철학자들은 인간이 자신의 감각과 이성으로 객관적 사물을 알 수 있다고 인식한다. 이들은 인간, 사회, 자연 현상에 보편적 구조

---

12) 오천석, 앞의 책, 56쪽.

13) J. Barnes(문계석 옮김), *Aristotle*(『아리스토텔레스의 철학』)(서울: 서광사, 1989), 93~94쪽.

가 있는 것과 같이, 사물에도 그러한 보편적 특징이 있다고 주장한다. 객관적 사물 탐구에 무게중심을 둔 실재주의 철학자들에게서, 앎은 사물에 대한 지식을 의미한다. 즉 인식은 사람의 마음과 외적 세계와의 상호작용에 의해 이루어진다. 이러한 상호작용은 사람의 감각기관과 사물이 발산하는 에너지 사이에서 일어난다. 감각은 질료에 관계하는데, 그 질료는 시간과 공간의 변화에 따라 바뀐다. 그것은 상황적이고 의존적이다. 인간은 감각을 통해 감각경험과 감각자료(感覺資料: sense-data)를 얻으며, 마음은 그것을 체계적으로 정리하고 분류한다. 인간은 지적인 추상화 작용을 통하여, 객관적으로 존재하는 우연적인 자료를 필요한 조건으로 분류하고, 그로부터 기본적인 개념을 형성한다. 그 개념은 다른 사물이 지니고 있지 않은 성질들을 일정한 분류의 체계로 특성화한 것이다.

실재주의 철학자들의 앎, 또는 지식에는 이와 같은 감각적, 추상적 작용이 포함되어 있다. 이러한 과정은 질료와 형상으로 구성된 이원론적 우주관과 일치한다. 그러므로 실재주의 철학자의 인식론은 인간이 '실재를 관찰한다'는 뜻을 지니고 있다. 그래서 이 인식론은 '관객이론(spectator theory)'이라고 한다. 앞에서 말한 것처럼, 인간은 공통적으로 인식 과정에 감각과 추상화를 포함하고 있다. 때문에, 구경을 하면서 거친 자료들을 보다 정확하고 고차원적 방식으로 정리하고 분류하며 통합하는 과정을 거친다.

또한 실재주의의 인식론을 '대응이론(correspondence theory)'이라고도 한다. 그것은 인간의 생각과 지식이 실재한 사물들과 일치된 것이 진리가 되기 때문이다. 따라서 실재주의에서 진리는 실재와 합치되는 지식이다. 예를 들면 '비가 오고 있다'라고 말했다고 하자, 그렇다면 이것을 어떻게 증명할 수 있는가? 우리는 문 밖으로 나가 봄으로써 '비가 오고 있다'는 문장과 사실 사이의 대응관계를 검증할 수 있다.[14)]

---

14) J. G. Brennan, 앞의 책, pp. 79~81.

검 증

문장 ———————————→ 사실

대응관계

〔그림2-1〕 대응이론의 구조

실재주의에서는 지식을 통하여 사물의 가치를 추정할 수 있다고 생각한다. 행동의 가치는 사물의 객관성 정도와 사물들 간의 객관적 관계에 따라 달라진다. 정의적 이론에서 가치는 주관적 느낌에 따라 달라진다. 하지만, 실재주의에서 가치는 외적인 기준에 의해 평가된다. 그러기에 실재주의 철학자들은 실재의 구조에 따라 인간의 가치를 형성할 수 있다고 한다. 즉 물리적, 자연적, 사회적, 인간적 실재의 구조를 알면, 실재적이고 실행 가능한 대안들을 구성할 수 있다고 생각한다.

2) 교육관

실재주의의 궁극 목적은 아리스토텔레스에 의해 표명되었다. 그것은 사람들의 잠재력을 최대한 계발하여 행복을 달성하는 일이다. 우주 세계는 사람과 독립적으로 존재하며, 사람이 통제할 수 없는 법칙에 의해 지배된다. 인간은 이러한 세상을 살아가는 동안 이 법칙을 무시하거나 역행할 수 없다. 순응하고 적응해야 한다. 따라서 우주의 법칙을 알고 그 물질적, 문화적 구조와 작용에 대한 지식이 필요하다.[15] 이는 교육을 통해 획득되고 실천된다. 때문에 교육을 담당하고 있는 학교를 비롯한 교육기관의 임무는, 학습자들에게 주변의 객관적 세계를 인식할 수 있도록 지식을 체계화한 교재의 핵심을 전

15) 오천석, 앞의 책, 70쪽.

달하는 데 있다.[16)]

이런 차원에서, 실재주의는 다음과 같은 교육 목적을 제시하였다. 첫째, 조직화 과정을 거친 체계적 지식을 연구하고 배워서 인간이 지니고 있는 가장 큰 힘인 이성을 계발한다. 둘째, 사람들이 자신의 선택을 합리적으로 할 수 있도록 고무 · 격려하고, 그들이 지닌 잠재성을 최대한 실현할 수 있도록 도우며, 합리적 위계질서 체계에 자신들의 위치와 역할을 통합할 수 있게 한다.

사회의 다양한 기관들이 각각의 역할을 수행하는 것처럼, 실재주의 옹호론자들은 학교도 독특한 기능을 지녀야 한다고 본다. 그 일차적 사명은 이성을 고양시키는 작업이다. 학교의 임무는 주로 지적인 일을 수행해야 한다. 때문에 학교에서 교육을 담당하는 교수자는 여러 과목들에 대한 지식을 지니고 있어야 한다. 그리고 미성숙한 학습자가 지적 탐구를 할 수 있도록, 가르침에 능숙한 능력 있는 교수자가 필요하다. 다시 말하면, 학교는 학습자에게 지식의 체계와 탐구의 기술을 전달할 수 있는 특수한 기능을 확보하고 있어야 한다.

실재주의는 실재의 객관적 질서를 중요하게 여긴다. 실재를 지닌 사물은 기본적으로 유사성에 기초하여 범주화하고 분류할 수 있다. 실재주의에 기초한 교육과정은 실재를 탐구하는 가장 효율적인 방법이 합리적인 근거가 되며, 그를 통하여 교과목을 체계적으로 조직한다. 이때 체계적으로 조직된 지식이 학습할 교과이다. 그것은 실재를 구조화한 것으로, 역사적, 사회학적, 생물학적, 화학적, 심리학적, 지리학적 관점 등으로 구성되어 있다. 이런 교과목은 학습자의 준비성과 성숙도에 따라 적절하게 서열화한다.

실재주의 교육에서 교수자는 체계적으로 조직된 교과내용을 잘 알고 있어야 한다. 그는 한 교과목이 다른 교과목과 어떻게 연결되는지 알고 있는, 교육을 잘 받은 사람이다. 학습의 목적은 교수자가 학생에게 체계적으로 조직

---

16) 윤완, 『교육의 역사와 철학』(서울: 원미사, 2003), 472쪽.

된 지식을 제공하는 일로 귀결된다. 교수자는 학습자들이 어떤 배경을 지녔는지 알 필요가 있다. 아울러 그들을 어떻게 동기 유발시킬 수 있는가에 대해서도 잘 알고 있어야 한다. 그들은 학습자들에게 교훈적이면서 학습자들을 즐겁게 해줄 수도 있어야 하며, 훌륭한 지식 공급자여야 한다.

실재주의 교육에서 학습자는 지식이나 기능을 배우는 사람이다. 학습자는 배울 준비가 되어 있어야 하며, 학습에 요구되는 노력을 기꺼이 수행해야 한다. 학습자들은 다양한 분야에 관심과 흥미를 가지고 있으면서도 배워야 할 학습에 대하여 집중해야 한다. 교과목에 대한 지식과 방법을 알고 있는 전문가인 교수자에게 인문학뿐만 아니라 사회과학, 자연과학에 대해서도 익숙하도록 교육받아야 한다. 학습자는 기본적으로 자기선택, 자기통합, 자기실현을 할 수 있는 권리를 가진 사람이다. 지식 영역에 대해서 폭을 넓혀가면서 성숙해가는 과정에, 그는 전문적인 교수자나 잘 교육된 교수자를 만날 권리가 있다.

3) 의의와 한계

실재주의는 현대교육에 다양한 기초를 제공했다. 교육의 목적 차원에서는 학습자가 지식을 발견하고 전달하고 사용할 수 있도록 하였다. 이때 지식은 인간의 합리성을 실현하는 기본적인 것으로 삶의 여러 차원을 고무한다. 즉 개인적, 사회적, 경제적, 정치적, 윤리적, 미학적 차원의 삶을 안내해 준다. 학습자들에게 우주와 세계, 사회, 자아를 긍정적으로 이해하게 하고, 이를 교육현장에 적극적으로 반영시켰다. 교육을 통해 자아를 실현하고, 현실 생활에 필요한 지식을 중요하게 여기며, 우주의 신비로운 법칙을 탐구하고 진리를 좇는 경건하고 엄정한 태도를 지닐 수 있게 하였다.

반면, 실재주의는 독립성의 원리가 지닌 한계 때문에, 여러 종류와 수준의 가치를 주체적으로 취사선택하고, 이것을 개성적으로 즐기면서 사는 인간을 길러내지 못할 소지가 있다. 교수자가 교육의 중심 역할을 담당하기 때문에,

교육 내용을 주입할 우려가 있다. 때로는 전통적 지식을 전달하는 보수적 교육이 되기 쉽다. 또한 교과목을 중심으로 이성이나 지성의 훈련을 목표로 하기 때문에, 학습자가 수동적으로 되기 쉽고 개인의 특성과 능력을 소홀히 할 우려가 있다.

4. 자연주의 교육이론

1) 기본 사상

자연주의(Naturalism)는 자연(自然, self-so)을 실체의 본질이라고 생각한다. 자연 그 자체는 인간 존재와 인간성을 포함한 모든 존재를 실명해주는 전체적 체제이다. 자연주의로 분류되는 철학이나 사상은 여러 부류가 있다. 고대 그리스의 자연철학자들, 예컨대, 탈레스, 아낙시메네스, 데모크리토스, 헤라클레이토스, 엠페도클레스 등은 실재하는 것은 초자연적인 것이 아니라 물질이라고 주장했다. 이들의 주장은 자연주의에 대한 맹아, 혹은 기본 생각이었다.

자연주의를 옹호하는 철학자들에게서 '자연'과 '자연적'이라는 용어는 핵심 개념이다. 자연주의자들은 사회의 다양한 제도적 장치나 인공적인 것보다 '스스로 그러하다'라는 의미의 자연 그 자체가 깃들어 있는 자연스런 방법을 선호한다. 즉자적이고 원초적이며 자유스럽고 자발적인 단순한 것을 좋아한다. 자연주의자들이 고유하게 사용하고 있는 '자연'이라는 용어에는 '보편적인 것'으로서 '우주적 질서'라는 의미가 포함되어 있다.

자연주의 철학자들은 자연 상태에 있는 인류학적 인간에 보다 관심을 둔다. 원초적이고 원시적인 상태에 있는 인간의 삶은, 때 묻지 않은 본능에 자극되는 순수한 동기에 의하여 이끌린다고 생각한다. 이러한 인간관은 신의 은총을 저버린 존재로 인간을 파악하는 기독교의 원죄설과 상반된다. 자연주의 철학자들에 의하면, 인간은 타락되지 않았으며 본래 착한 존재이다.

교육에서 자연주의란 용어는 18세기 말에서 19세기 초, 루소(J. J. Rousseau)와 페스탈로치(J. H. Pestalozzi)에 의해 적극적으로 표현되었다. 특히, 교육의 차원에서 체계화시킨 대표적 인물은 루소이다. 루소 이후, 교육방법에서 루소의 아이디어를 활용한 페스탈로치, 다윈의 진화론을 지식 사회에 적용하여 고도의 도덕적 체제를 강조한 스펜서(H. Spencer), 아동 교육에서 자연주의 방법론에 기초한 몬테소리(M. Montessori) 등도 자연주의 교육을 대표하는 인물이다.[17]

엄밀히 말하면, 이들은 자연 자체를 옹호하기보다는 인위적인 초자연주의, 종교적 교화, 고전주의, 언어중심주의 등을 반대한다. 종교에서의 초자연주의나 고대 그리스 로마의 고전보다도 자연을 더 중요시 한다. 이들에게 자연은 진리와 인간 경험의 원천이다.

이들은 완벽하게 기능화하고 있는 우주적 장치, 즉 보편적 구조의 한 부분으로서 인간의 존재를 인식했던 계몽주의의 영향을 받았다. 계몽주의 철학자들은 과학적 방법으로 자연을 분석할 수 있고, 인간과 우주를 지배하고 있는 자연법칙을 찾아낼 수 있다고 생각했다. 나아가 자연법칙이 사회와 경제, 정치, 교육에 일사불란하게 적용될 수 있다고 믿었다. 자연이 하나의 메커니즘이라면, 인간이 어떻게 그것을 기능화 할 수 있는지 발견할 수 있을 것이다. 그래서 교육은 사람들에게 인간의 본성을 따라 그의 지시대로 살아가도록 준비시키면 된다.

---

17) B. Kamala and B. Baldev, 앞의 책, pp. 13~14.; 강성훈의 경우, 자연주의 교육사상의 원형을 '도야(Bildung)'에서 찾는다. 이는 교육학적으로 자연주의의 선구자라고 하는 루소와 무관하게, 독일의 지적 운동 속에 형성되어 있었다. 강성훈, 「루소에 대한 자연주의적 해석의 문제」, 고려대 박사논문(2008) 참고.

2) 교육관

자연주의는 실재의 구성 요소를 인식하고 분석하는 방법으로 감각적 경험을 강조한다. 계몽주의의 영향을 받은 자연주의는 실재를 전체로 파악하기보다 개별체로 인식한다. 실재에 대한 정확하고 과학적인 틀을 얻기 위하여, 탐구의 대상을 작은 요소로 축소시킨다. 페스탈로치는 감각적 지각으로 분명한 개념을 형성한다고 보고 '직관(直觀)'이란 용어를 찾았다. 페스탈로치의 '실물학습'은 감각적 경험을 활용한 대표적 방법이다. 실물학습은 수나 이름, 모양 등을 가르치는 일에 기초한다. 자연주의자들은 즉자적 경험, 구체적 사례, 직접적인 것에 초점을 두고 있다. 감각적 경험은 어린이를 둘러싸고 있는 구체적 대상에 대하여 직접 경험을 해야 한다. 어린이의 활동과 학습을 통하여 구체적인 사물을 다루고 이로부터 실험을 하게 되며 그러한 환경에 대하여 일반화 과정을 거친다.

또한 자연주의를 옹호하는 철학자는 인간이 환경과 상호작용하면서 가치를 만들어낸다고 생각한다. 본능이나 충동은 억압의 대상이 아니라 표출의 대상이다. 자존감이나 자아감은 다른 사람들에게 희생되거나 다른 사람의 입장에서 이루어지는 행동이 아니라 나의 자연스런 감각에서 비롯된 행동이다.

자연주의를 대표하는 사상가 루소가 말하는 선(善; 착함)은 사회적인 장치나 인위적인 것에 의하여 변질되지 않은 상태를 일컫는다. 루소는 원죄설에 이끌리는 기독교적 가치관을 부정하고, 인간의 마음에 사악한 것이란 아무것도 없다고 본다. 사악한 것은 오직 부패한 사회에서 오는 것이다. 그러기에 루소는 사회를 악이라 하고 인위적인 것을 배격했으며, 자연에 돌아갈 것을 권유했다. 구속을 싫어했다는 점에서 방임주의로 오해되기 쉬우나 그의 자연주의는 훈련을 요청하는 자연주의이다.[18] 그러므로 『에밀』에서는 다음과

---

18) 한기언, 앞의 책, 112쪽.

같이 표현한다.

> 모든 것은 창조자의 수중에서 나올 때는 선한데 인간의 수중에서 모두 타락한다. 인간은 어떤 땅에서 나는 산물을 다른 땅에서 기르도록 강요하고, 어떤 나무의 과일을 다른 나무에게 맺으라고 강요한다. …… 내가 말하는 대상은 당신, 즉 갓 태어난 그 관목을 대로에서 비켜나게 하여 세상 사람들의 인습의 충격으로부터 보호해줄 줄 아는 애정 깊고 용의주도한 어머니, 바로 당신이다. 어린 식물을, 죽기 전에 물을 주고 돌보아라. 그 열매는 언젠가는 당신에게 큰 기쁨을 가져다주리라. 당신 아이의 영혼에 일찍이 울타리를 둘러라. 그 울타리는 다른 사람도 계획할 수 있지만, 울타리를 직접 쳐 줄 사람은 오로지 당신 밖에 없다. 식물은 재배를 통해 가꾸어지며, 인간은 교육을 통해 만들어진다.[19)]

자연주의 철학자들은 아동 연구의 중요성을 강조한다. 특히 제각각의 단계에서 성장하고 발달하는 아동의 역동적인 본성을 강조한다. 어린이는 착하다. 그런데 교육이 도덕적인 사람을 길러내는 일이라면, 그것은 어린이의 충동과 성향에 따라야 한다. 어린이의 교육 내용과 방법은 어린이 스스로에게서 찾아야 한다.

자연적인 사람은 이론적이거나 추상적인 신학이나 철학, 법규 등과는 상호 교류하지 않고 직접적인 경험을 통하여 상호작용 한다. 루소가 말한 이른바, '자연적 인간' '고상한 야인(noble savage)'은 단도직입적이며 솔직하고 겉치레가 없는 사람이다. 야만인이 아니라 사회 제도보다는 그 자신의 본성의 법칙에 의해서 지배되고 관리되어지는 인간이다. 반대로 '사회적 인간'은 그의 원초적인 순수함을 잃은 사람이다. 타락한 교육과 사회화 과정을 거치면서 사회적 인간은 하나의 연기자로 조작되어지며 틀에 박힌 사람이 된다.

---

19) J. J. Rousseau(김중현 옮김), *Émile*(『에밀』)(서울: 한길사, 2003), 61~62쪽.

자연주의에서는 유아기에서 성인기까지 인생의 단계를 설정하고, 각 발달 단계에 나타나는 생활의 특징에 따라서 교육을 준비한다.[20] 신체적 · 심리적인 준비의 정도에 따라 교육이 달라진다. 자연주의 철학자는 사람을 각 발달 단계에 적질한 사회 · 경제적 역할을 준비시키지 않고, 개인의 준비성과 발달에 알맞은 적합한 교육을 부여한다. 따라서 교육은 특정한 직업을 지닌 인간, 예컨대, 법관, 의사, 엔지니어, 노동자, 농부로 훈련시키는 것이 아니라, 각 인간의 발달 단계에 적합한 내용이어야 한다.

교육과정에서도 이러한 생각이 반영된다. 루소는 예술이나 과학의 가치를 논박한다. 그런 지식은 활력을 갖지 못한 것으로 자연과 동떨어진 고도의 언어적 지식이다. 그것은 그릇된 방식으로 인간을 교화하여 원초적이고 순수한 덕성으로부터 이탈하게 한다. 잘못 사용되어 인간의 본래적 가치보다는 권세와 위엄을 얻기 위해서 악용되고 있다.

자연주의에서 진정한 교육은 인간의 욕구와 준비성에 기초한다. 그들은 교육과정을 구성하는 주요 요소로서 어린이의 본성과 흥미, 욕구를 근본으로 삼는다. 이상주의나 실재주의 철학자들이 중요하게 여기는 위계적으로 잘 짜진 교과를 거부한다. 어린이들은 그들이 배우기를 원하고 배울 수 있도록 준비된 것을 학습한다. 인간의 경험에는 교과목을 숙달하는 것보다도 개인을 성장과 발달로 이끄는 풍부하고 다채로운 활동들이 있다. 자연주의에서는 학습을 자발적 활동과 문제 해결로 본다.

따라서 교수자에게 중요한 것은 자연과 거의 완벽하게 조화를 이룰 수 있는 능력이다. 자연적인 환경에서 교육의 역할을 음미하면서 자연을 해치지 않고 자연적인 흐름을 잘 알아 조화를 이룰 수 있는 사람이다. 특히, 어린이의 본성을 인식하고 성장과 발달의 수준을 잘 알아야 한다. 환경과 잘 어울려 교류하면서 어린이의 성장을 돕고 격려하여 어린이가 지니고 있는 능력을

---

20) B. Kamala and B. Baldev, 앞의 책, pp. 16~17.

표현할 수 있도록 고무 · 자극할 수 있어야 한다. 또한 교수자는 강요하지 않고 허용하며 기다려 서둘지 않아야 한다.

루소의 『에밀』에서, 에밀이 배울 준비가 되어 있을 때 학습을 했다. 그리고 교수자는 발견 학습 방법에 잘 숙달되어야 한다. 그는 학습자에게 지식을 주입하기보다는 학습자 스스로 지식을 발견하도록 해야 한다. 나아가 교수자는 학습자의 학습 과정에서 거의 눈에 띄지 않는 안내자로서 역할을 해야 한다. 항상 존재하지만 그는 결코 감독자가 아니다. 그의 통제는 미미하면서도 학습자에게 학습 환경을 적합하게 형성하여 학습자의 성격과 인성을 형성하는데 능숙하다.

3) 의의와 한계

자연주의는 이상주의가 주류였던 서양교육사상사에 반향을 불러일으킨 사조이다. 19세기의 대안적 교육 개혁에 공헌을 하며 20세기 진보주의 교육에 큰 영향을 끼쳤다. 자연주의가 교육에 미친 의의는 첫째, 어린이의 학습은 강의나 설교 또는 책과 같은 언어주의에 의존하는 것보다는 어린이들에게 직접 관련되어 있는 환경 속에서 순수한 감각적 경험에 의해 시작되어야 한다. 둘째, 어린이다운 특성은 인간 발달 단계와 성장 단계의 요구에 적합한 것이어야 하며, 교육 과정과 학습은 어린이의 본능과 충동에 따라야 한다. 셋째, 어린이는 어른의 한 부분이 아니라 인간 발달의 누적적 단계를 거친 한 인간이다. 그들은 자신들에게 맞는 적절한 학습의 실제와 학습 준비성을 지니고 있다. 넷째, 학교는 분리 고립적인 것이 아니라 어린이의 환경을 연장한 전체적 맥락에서 성립되어야 한다.

그럼에도 불구하고 자연주의는 인간 생활이 물질적이고 현세적이며 신체적이고 사회적 존재 이상의 그 무엇임을 밝히는 데 소홀히 하였다. 이는 가장 의미 있는 인생이 무엇인지를 정립하는 데 기여하는 교육의 가치 지향성을 밝히는데 적극적이지 못했다는 말이다. 인간이 살아가는 삶의 가치, 구체적인 이상과 목적의 추구 등, 교육을 통해 인위적으로 만들어가야 하는 문화적 차원을 간과하기 쉽다.

5. 프래그머티즘 교육이론

1) 기본 사상

프래그머티즘(Pragmatism)은 이상주의나 실재주의와 달리 20세기 미국에서 시작된 생활철학이다.[21] 흔히 실용주의(實用主義)로 번역하기도 했다. 그 이전의 철학들은 진리가 선험적으로 존재한다는 선험주의와 진리가 인간 경험과 독립적으로 존재한다는 진리의 독립성에 의존했다. 그러나 프래그머티즘은 진리란 인간의 경험으로부터 나오는 '시험적인 것', 또는 '가설적인 것'이라고 주장한다. 프래그머티즘에서는 과학적인 방법으로 인간의 행동 결과를 검증하는 데 관심을 기울인다. 그것은 20세기 과학 기술의 시대와도 연관되고, 그로 인해 사람들이 물질적 이익이나 실질적 유용성에 많은 관심을 두는 것과도 관련된다.[22]

---

21) 프래그머티즘은 철학하는 한 방법으로, 1870년대 미국의 퍼어스(C. S. Peirce)에 의해 처음 이야기된 것처럼, '의미의 이론'으로 간주된다. 1898년 제임스(W. James)에 의해 일차적으로 '진리의 이론'으로 부활되어 널리 퍼졌다. 이후 20세기 전반에 듀이(J. Dewey)에 의해 도구주의(instrumentalism)로 완성된 미국의 사조이다. 프래그머티즘의 역사적 근원은 명확하지도 않고 일관성이 있는 것도 아니다. 퍼스와 제임스는 소크라테스, 아리스토텔레스, 스피노자, 로크, 버클리, 흄, 칸트, 밀은 물론 여러 과학자들까지도 프래그머티즘 형성에 기여했다고 본다. 이런 인식하에 제임스의 경우, 지나온 과거를 호의적으로 보면서, 프래그머티즘을 '어떤 오래된 사고방식에 새롭게 이름 붙인 것'으로 정돈했다. 듀이는 프란시스 베이컨을 '프래그머티즘 지식 개념의 제창자'로 생각한다. 어떤 역사적·철학적 근원을 고려하건, 프래그머티즘의 핵심은 '사고의 의미와 진리가 어느 정도 실질적인 유용성의 기준에 의하여 결정된다'고 주장하는 것이다. 유용성의 정도가 합리성에 관한 의미의 기준이 되고, 실질적인 결과의 규범에 속하는 것으로 인간의 사고와 지식을 이해하는 방식은 서양 전통 철학의 현명한 언표임에 분명하다. 프래그머티즘이 철학에 도입한 것으로 여겨진 방법은 신념(belief)와 관념(idea)의의미와 언어의 사용을 결정하고 판단하는 절차이다. 이 방법이 덤구(inquiry)로 이어진다. 정해창 편역, 『현대영미철학 입문』(서울: 철학과현실사, 1993) 참고.

22) J. A. Akinpelu, *Philosophy of Education*, London: Macmillan Publishers, 1985), p. 141.

프래그머티즘은 과거의 형이상학적 사유를 거부한다. 이들에게 철학은 인간의 문제를 해결하기 위해 필요한 것이다. 하나의 생각은 행동한 이후의 결과로부터 판단되는 것이며, 진리란 문제를 풀기 위해 적용되는 하나의 가정이다. 때문에 확정적이 아니라 잠정적이다. 과학적 방법에서 다루는 논리는 실험적이다. 가치란 오로지 특정한 상황에서 제기되며, 특정한 윤리 도덕적 맥락에서만 유효하다. 프래그머티즘의 완성자인 듀이의 생각이 그것을 뒷받침한다.

> 현대 철학의 임무는 장애물을 찾아 헤치는 것이다. 즉 앞길에 장애가 되는 정신의 여러 습성을 비판하는 것, 현대생활에 합치되는 여러 요구를 반성하는데 집중할 것, 생활의 전 국면에서 목적과 가치에 관한 우리의 신념에 대하여 과학의 제 결론이 어떤 결과를 가져올는지 생각하면서 과학의 여러 결론을 설명하는 것 등이다.[23]

여러 측면에서 프래그머티즘은 미국의 서부 개척자들의 경험을 반영한 것이다. 그들은 자연환경을 변경시켰고, 그것은 자신을 포함한 그들 사회를 변화시키는 결과를 낳았다. 자연환경을 그들의 목적에 맞게 이용할 수 있도록 개조하는데 성공했다. 시간이 지날수록 개척의 가능성은 커졌고 그 대상의 폭도 확대되어 모든 사물에 적용하기에 이른다. 그런 경험은 모든 사물은 끊임없이 유동적이며 운동하고 변화한다는 사고를 낳았다. 프래그머티즘 이론을 완성시킨 듀이는 변화를 설명할 때 복잡하고 역동적인 의미를 강조한다. 단조롭고 단선적인 변화보다는 변전(變轉)하며 변화무쌍하게 달라져 가는 현상을 부각한다.

궁극적 실체의 개념을 반대하는 듀이에 따르면, 인간은 초경험적이기보다는 인간이 설정한 목적에 따라 제기되는 사건과 문제를 다룬다. 동시에 인간

---

23) J. Dewey(김준섭 역), *The Quest for Certainty*(『확실성의 탐구』)(서울: 백록, 1992), 300쪽.

이 통제하는 경험 세계의 변화와 진보하는 우주를 강조한다. 그는 사람들의 경험을 회피하지 않는다. 오히려 중요하게 여긴다. 그러기에 철학은 인간이 환경조건을 개선하고 재구성하는 데 경험을 유용하게 활용해야 하는 것으로 생각한다.

경험을 재구성할 때, 이론과 실제는 혼합되어 활용된다. 경험에서 유추된 이론은 행동을 통하여 검증된다. 불변하는 것과 변하는 것을 구별하는 이원론을 반대하고, 개인과 집단이 문제의 상황에서 성공적으로 결말을 얻어내기 위해 지속된 노력들이 경험이 된다는 점을 내세우고 있다. 이러한 결과, 이론은 실제에서 나오며 또 실제에서 검증된다. 마음은 선험적 범주라기보다는 지적으로 문제를 해결하는 사회적 과정이다. 교육은 사회적 · 직업적 문제를 포함한 모든 문제를 다루기 위한 방법을 제공함으로써 인간을 보다 자유스럽게 하는 일이다.

듀이 철학의 중심 주제는 '존재는 불확실하다'는 점이다. 존재하는 것은 변화하는 세계 가운데 있다. 인간이 행하고 있는 탐구활동은 확실성에 대한 탐구라기보다는 불완전한 세계에서 이루어지는 변화 과정 그 자체를 관리하고 지시하는 방법과 수단에 대한 것이다.

다윈의 진화론에 영향을 받은 듀이는 인간 유기체는 살아있는 자연적 창조물이며, 생명을 유지하기 위한 충동과 동기를 소유하고 있는 조직체이다. 모든 조직체는 그의 삶을 고양시키기도 하고, 또 위협받기도 하는 서식지나 환경 속에서 살아간다. 개별체로서 그리고 인간 유기체로서 사람들은 불확정적 특성을 지닌 '문제 상황' 속에서 살고 있다. 그가 직면하게 되는 불확실한 상황은 확정적이 될 때까지는 늘 장애요소가 된다. 성공적인 사람은 문제를 잘 해결할 수 있고, 이를 그들의 경험에 새로운 요소로 간직한다. 그 결과 유기체와 환경과의 상호작용이라는 망을 형성하고, 그는 경험을 얻게 된다.

듀이는 궁극적 실체나 절대적 진리를 기부한다. 따라서 진리는 상황적 적합성 또는 적절성에 의하여 증명된다. 그 적합성은 그 시대 대다수의 사람에게 최대로 옳다고 생각된다. 그것이 진리이다. 그러므로 '실용성'이란 개념보다도 '적합성' '적절성'이라는 단어가 프래그머티즘을 잘 설명한다. 이처럼 듀이는 형이상학적 문제보다는 인식의 문제에 더욱 관심을 기울였다. 듀이에게서 '앎-지식'이란 실험적인 것이며 상식적 형식에서 과학적 방법으로 이루어진 탐구의 대상이었다.

듀이는 사회적 제도에 의해 조건화되어 사회적 변화를 초래할 수 있는, 역동적인 사회적 지식 관념을 지니고 있었다. 지식은 사람들의 상식적 관심을 다루고, 서로의 경험을 공유하면서 만들어진다. 문제를 해결할 수 있고 분석할 수 있는 능력인 지성은, 문제 상황에 부딪쳐서 문제를 해결하는 과정을 통하여 끊임없이 얻어지는 경험에서 비롯된다. 지성이란 문제해결이라는 맥락에서 가설에 따라 방법을 만들고 또 그것을 적용하여 실행하는 과정 속에서 얻어진다. 그러므로 인간은 자신의 지성을 활용하여 도구와 방법들을 창안해내고 또 제작한다. 이는 자연발생적인 제 문제를 잘 처리하는 방법으로 사용될 때에 일어나는 지식이다.[24)]

문제 상황에 직면한 개인은 5단계의 사고 과정을 거쳐 문제해결의 방법을 제시한다. 그것이 유명한 '반성적 사고(reflective thinking)'이다. 반성적 사고의 과정은 '문제의 상황 → 문제의 인식 → 문제의 명료화 → 잠정적인 가설의 설정 → 가설의 검증'이라는 실험적 인식론으로, 문제해결의 도구적 방법으로 활용한다. 이러한 과정을 거쳐 목적과 방법은 단일화 과정을 거친다. 하나의 목적이 달성되면 그것은 다음의 목적을 위한 수단이 된다. 이는 실험적 과제를 전제하고 있다.

---

24) J. Dewey, 앞의 책, 『확실성의 탐구』 191쪽.

〈반성적 사고의 논리적 단계〉[25)]

① 문제의 상황(문제확인); suggest
② 문제의 인식(방향모색); intellectualization
③ 문제의 명료화(정보수집과 관찰); the guiding idea
④ 잠정적인 가설의 설정(가설설정); reasoning
⑤ 가설의 검증(가설검증); testing the hypothesis by action

또한 중요한 것이 민주주의 개념이다. 민주주의는 도덕적 · 방법적으로 필수적인 제도이다. 도덕은 성장능력으로서 행위의 조절과 실행의 능력이다.[26)]

듀이에 의하면, 정직이나 근면, 절제, 정의는 건강이나 부, 학습과 마찬가지로 획득되어야 할 고정된 여러 목표일 수 있다. 그러나 반느시 그럴 것이라고 여겨지며 소유되어야 할 선(善)은 아니다. 그것들은 경험과 같은 성질을 지닌 변화의 여러 방향이다. 그러므로 성장 그 자체가 유일한 도덕적 목표이다. 그것은 민주주의의 원리로 귀결되어야 한다. 그러기에 민주주의는 하나의 도덕적 기준이다.

25) 듀이의 논리 이론은 '상황'과 '탐구'를 중심 개념으로 한다. 이때 '상황'은 낱말이 지시하는 것은 단일한 대상이 아니며 또한 대상들과 사건들의 집합도 아니다. 왜냐하면 우리는 대상들과 사건들을 그것만 따로 떼어 경험할 수 없고, 전체와의 연관 속에서만 경험하기 때문이다. 실제적 경험에서 어떠한 독립된 단일 대상이나 사건은 없다. 단일 대상이나 사건은 항상 상황이라는 경험 세계 전체의 특수한 부분, 한 단위 혹은 한 국면이다. 반면, '탐구'는 원천적 상황의 요소들을 통일된 전체로 바꿀만큼 비확정적 상황을 그 구성적 특성과의 관계에서 확정적 상황으로 통제 변형시키는 작업이다. 이 때 탐구의 단계가 다섯 단계이다. 첫 단계는 상황이 문제라는 것을 인식하는 것이고, 두 번째, 세번째 단계는 가설의 공식화 또는 문제에 대한 가능하고 적합한 해결책으로 구성된다. 이때 가설과 관찰이 개입한다. 네 번째 단계는 의미들의 심사라고 불리는 추리이다. 다섯 번째 마지막 단계는 추리가 인도하는 의미의 실험과 심사로 결론난다. 여기에서 탐구는 결론을 내리거나 온 길을 되돌아가거나 다시 시작한다. 정해창, 앞의 책, 108~111쪽 참고.

26) 한기언, 앞의 책, 208쪽.

2) 교육관

듀이는 어린이를 성인의 축소판이나 미완성된 성인으로 인식하지 않는다. 동시에 인간 본성의 취약함이나 결점 때문에 어린이가 타락될 수 있다는 생각도 거부한다. 대신 어린이가 인생의 전반을 통하여 한 인간으로서 제대로 성장해 갈 수 있도록 환경을 관리하고 통제할 수 있는 사회적이며 지성적인 방법 획득을 중시했다. 듀이의 철학에 기초한 교육론을 제시하면 다음과 같다.

첫째, 교육은 현상유지와 재구성의 기능이 있다. 교육은 미성숙한 집단인 어린이에게 문화유산을 전달함으로써 문화적 연속성을 유지한다는 측면에서는 그 사회의 현상을 유지하는 측면이 있다. 문화유산의 전달과정으로서 교육은 문화유형을 재생산하면서 그 자체를 영속화 한다. 그러나 어린이는 문화적 도구와 방법을 획득하고 활용함으로써 현상유지만이 아니라 고유한 문화를 변화시킬 수 있다. 과학적인 방법을 사용함으로써 인간은 변화의 과정과 변화의 방향을 지시하고 관리할 수 있는 능력을 소유하게 된다.

둘째, 학교는 경험을 공유한다. 듀이에 의하면 학교는 문화유산을 단순화하고 정화하며 균형을 유지하는 세 가지 기능을 수행한다. 단순화는 복잡한 문화를 학습자의 성숙도나 준비 정도에 맞게 적합한 학습단위를 선정하는 일이다. 문화유산을 정화하는 것은 학교가 인간의 성숙을 해치는 요소를 문화유산으로부터 제거하여 인간의 성장을 고무 격려하는 문화적 요소를 선택하여 전달하는 일이다. 문화유산의 균형을 유지하는 것은 선택한 문화유산을 통합하여 인간 경험의 핵심에 놓이도록 조화롭게 구성하는 일이다. 다양한 집단으로부터 온 학습자들은 학교에서 서로가 공유한 활동을 권장하고 협동적인 민주적 사회를 준비하는 과정을 겪는다.

셋째, 교육은 민주적 태도를 형성한다. 듀이가 생각하는 민주사회는 구성원들 간에 다양한 이해와 관심을 함께 나누는 사회이다. 그런 사회는 이해나 관심을 늘 상호교류하며 실험에 대해 개방적이며 솔선하는 경향을 지니고 있다. 듀이는 인간의 협동과 관련하여 상식, 의견교류, 공동사회의 세 가지를 중시했다. 상식은 집단적 경험에서 제기되는 대표적인 가치, 아이디어, 도구나 방법, 주제들이다. 의견교류는 공용의 언어로 상징적인 형태를 통해, 그들의 경험을 표현하는 일이다. 공동사회는 공유한 의견교류의 수단으로 공동의 경험과 문제를 함께 토의하여 결과를 얻어내려고 하는 인간적인 유대를 가진 관계를 말한다.

넷째, 자유와 문제 중심의 학습을 한다. 학습자의 자유는 자유방임으로 행하는 학습활동이라기보다는 신념과 가치에 대한 실험적 검증과 탐구를 위해 개방적인 학급환경과 학습태도를 확보하는 일과 관계된다. 듀이의 집단적 문제 해결 방법은 자기 단련적 인간을 형성하기 위한 프로그램이다. 과제중심이나 문제 중심의 학습은 문제를 풀기 위하여 필요한 직접적 활동으로부터 시작한다. 그러므로 학습 상황은 학습자가 필요로 하는 활동으로부터 시작한다. 이때 교수자는 학습 상황을 통제하기보다는 학습상황을 안내하는 지성적인 사람이다. 주로 충고나 도움을 필요로 하는 학습자의 안내자 역을 맡는다. 지시는 특별한 문제를 풀기 위해 꼭 필요할 때만 한다. 교육 목적은 교수자보다도 학습자의 것이다. 교수자가 학습 상황을 통제하는 방식은 비지시적이다. 이러한 방식으로 학습자는 스스로 보다 정확한 사람이 되어 가고, 그것이 학습자의 성장이다.

다섯째, 교육의 목적은 성장이다. 듀이는 전통적인 학교교육에서 이루어졌던 주입식 교육으로 어린이의 미래를 준비시키는 작업을 거부한다. 학습자들은 현재의 문제에 대한 관심과 요구에 따라서 행동하면서 미래에 대한 적응력을 키운다. 일상적인 경험을 적극적으로 활용하면서 현재와 미래의 상황에 유연하게 대처하는 적응력을 발휘할 수 있는 지성적 방법을 내면화해 간다. 지성적 방법을 통하여 어린이는 성장해간다. 성장에는 개인이 상호관계를 맺고 있는 여러 경험들 사이에 의미 있는 맥락, 또는 여러 학습 장면들 사이에 상호 관계성을 이해하는 능력 획득을 포함한다.

여섯째, 교육의 과정은 경험의 재구성이다. 듀이에게서 좋은 교육이란 미래의 경험을 지시해주고, 그에 대한 의미를 부가해주는 경험의 재형성이다. 교육의 목적으로 성장의 개념은 미래의 행동에 대한 지성적이고 반성적인 방향을 제시하는 일과 관계된다. 듀이가 말한 성장의 개념에는 학습자가 현재의 경험과 다음에 뒤따르게 되는 경험과의 상호관련성을 인식하는 일도 포함된다. 반성적 사고를 통하여 행동과 경험과의 상호관계성을 통찰하며, 그 결과가 지적 상징화 과정을 거치면서 그에 대한 의미를 새롭게 부여한다.

이러한 교육과정에 세 가지 수준이 있다. 첫 번째 수준인 '만들어 실행해보기'는 학습자가 그들의 직접적인 경험으로 구성해보고, 직접 활동에 참여하여 재료들을 구하고 조작해 본다. 이러한 직접 체험을 하면서, 학습자들은 경험의 여러 가지 기능적 측면을 접하게 되고, 지적인 사고를 하게 된다. 두 번째 수준인 '시간적 · 공간적 경험의 확대'는 역사 및 지리 과목과 연관된다. 이는 자기가 살고 있는 집과 학교로부터, 크게는 세계로 시야를 확산시키는 교육적 자원이다. 그러나 체계화된 지식을 가르치기보다는 학습자의 직접적인 환경에서 시작하여 점점 더 넓혀가면서 학습자 스스로가 시간과 공간에 대한 안목을 갖도록 한다. 세 번째 수준은 여러 과학 과목을 통합하여 다루는 단계인데, 다양한 신념이나 주장을 검증하는 내용을 다룬다. 학습자들은 이를 통하여 과학적인 정보를 얻고 자신들의 문제를 과학적으로 풀어가는 방법을 탐구한다, 여러 과학으로부터 얻은 지식을 활용하는 문제 상황을 분석하고 또 해결을 위한 다양한 가설을 만들어 보기도 한다.

만들어 실행해보기 → 시간적 공간적 경험의 확대 → 다양한 과목의 통합

〔그림 2-2〕 교육과정의 세 수준

3) 의의와 한계

프래그머티즘은 전통적인 철학과 교육관에 대한 반항이자 도전이다. 기존 철학의 절대적 진리관을 실험적인 탐구로 대치하였다. 넓은 의미에서 과학적인 방법이 지식 탐구의 방법이 되었고 사회적 지식 또한 과학적인 방법으로 탐구할 것을 강조하고 있다. 듀이는 학교의 사회적 역할을 강조했는데, 학교는 협동체인 공동사회를 형성시키는 중요한 기구이다. 듀이의 교육적 사고는 교육과 학교교육을 재검토하게 하는 여러 이론을 제기하고 있다. 그 주요 개념은 성장, 경험의 재구성, 직접적 활동, 문제해결, 반성적 사고 등이다. 이런 프래그머티즘의 사고와 실천은 미국 진보주의 교육운동의 선구가 되었고, 현대 교육 사조와 운동의 방향에 결정적 영향을 끼쳤다.

그럼에도 불구하고 어린이의 흥미나 현재적 관심을 중시하다보니, 가장 기본적인 가치나 지식을 철저하게 가르치지 못한 한계가 있다. 즉 가치나 지식 중에서 이상주의나 실재주의 철학자들의 주장과 같이 영원불변하거나 보편적인 내용도 있는 데, 그것을 소홀히 하였다. 또한 사회는 그 자체의 모순으로 말미암아 급격하게 퇴보・전락할 수 있는 데, 점진적 발전상만을 강조하여, 급격하게 변하는 사회 상황을 해명하기 어려운 난점도 있다.

제 3 장
20세기 미국의 교육개혁 운동

1. 사회혁신과 교육

교육은 사회의 구성원을 사회화하여 그 사회에 적응할 수 있는 자질을 갖추게 한다. 나아가 그 구성원들의 창조적인 참여를 통해 새로운 가치, 체제, 문화의 창출을 꾀한다. 즉 사회혁신을 위한 기반을 조성하는 데 적극적으로 기여한다. 20세기 들어서면서, 미국의 교육은 이러한 교육의 사회성을 강조하게 되는데, 그런 운동의 중심에 '진보주의'와 '재건주의'가 있다.[1]

진보주의(Progressivism)는 하나의 완전한 체계를 갖춘 교육철학이라기보다는, 존 듀이가 완성한 프래그머티즘(Pragmatism)을 기반으로 미국에서 전개된 교육운동이다. 19세기 말에서 20세기 초에 걸쳐 미국인들은 정치적 민주화와 사회복지 체제의 개선을 희구하며 정치 · 사회적 개혁운동을 하였다. 이러한 개혁운동은 1920년대에 이르러 대체로 퇴조하였으나 진보주의 교육운동만은 계속적으로 번성하였다. 이 운동의 핵심은, 과거의 전통적인 교육이 '성인 중심 교육' 내지는 '교사 중심 교육'이었던 것을 비판하고 이를 '아동 중심 교육'으로 전환시키려는데 있었다. 이러한 아동 중심 교육사상은 루소의 자연주의 교육에서 언급한 것처럼, 18세기 유럽에서 싹이 터 온 것이다. 그것은 이후 페스탈로치, 프뢰벨 등을 거쳐 계승 발전되면서 미국으로 건너와 꽃을 피우게 되었다.

---

1) 김정환 · 강선보,『교육학개론』(서울: 박영사, 1997), 64~68쪽; 박의수 외, 앞의 책, 참고.

미국에서 아동 중심 교육사상은 만, 버나드, 파커 등에 의해 그 토대가 형성되었고, 듀이가 중심이 되어 절정에 달한 이후, 진보주의라는 이름하에 하나의 교육개혁 운동으로 전개되었다. 특히 1918년에는 듀이의 신봉자들이 '진보주의교육협회(PEA; Progressive Education Association)'를 결성하고, 기관지인 「진보주의 교육」을 발간하면서 조직적인 개혁운동을 전개하였다. 이 협회는 듀이의 프래그머티즘과 킬패트릭(W. H. Kilpatrick)의 진보주의 교육사상을 지지하고 보급하였다. 그 운동은 전통적 교육에 대해 비판하면서 교육개혁활동으로 전개되었는데, 약 30년 동안 국내외로 퍼져 갔다. 그 결과 1920년대, 1930년대에 걸쳐 이 운동은 교육계의 주요한 세력이 되어 미국 교육계를 풍미하였으며, 초중등학교의 모습을 상당히 변화시켰다. 그러나 시대 상황이 바뀌고 교육의 효과에 회의를 느끼면서 1940년대에 이르러 진보주의 교육운동은 그 영향력을 상실하기 시작하였으며, 1950년대에는 거의 사라졌다.

아동의 개성을 강조했던 진보주의 교육자들 이외에, 사회변화에 주요 관심을 가졌던 진보주의자들도 있었다. 이른 바, 사회적 재건주의자들이라고 불리는 유형의 진보주의자들이었다. 진보주의 교육운동이 한창이던 1930년대에 미국인들은 경제대공황을 겪었다. 이때 진보주의자들 중에서 일부가 미국 사회를 비판하면서 교육과 사회의 개혁을 부르짖고 나왔다. 즉, 1930년대 전반기에 '전위적 사상가'라고 불리는 몇몇 교육자들 가운데, 새롭고 공정한 사회를 건설하는데 학교가 앞장서야 할 것을 주장하고 나섰다.

이 운동의 대표적 인물들이 1930년대의 카운츠(G. S. Counts)와 러그였다. 카운츠를 비롯한 재건주의자들은, 교육의 위기는 단순한 재정적 빈곤에 있는 것이 아니라, 무엇보다도 교육이념의 불철저, 교육목적 지향성 결여에 있음을 포착하고, 교육이론의 전환과 자기 개조를 요구하였다. 이후 1950년대 브라멜드(T. Brameld)의 의해, 재건주의는 자연과 인간에 관한 과학적 지식의 확고한 기초에 터하여 미래에 대한 문화적 형태를 구상하고 그것을 확립하는 데 유효한 수단을 발전시키는 것으로 정의되었다. 이런 점에서 재건주의는 무엇보다도 '목표중심의 미래지향적 사상'이었다.[2] 그러므로 이들은 현재 상태의 교육과 사회를 개혁하려고 한다. 그것은 새로운 사회의 창조를 추구하는 일이었다.

1) 진보주의 교육운동

(1) 기본 특징

진보주의자들은 그들 내부에서도 이론과 실제에서 다양한 의견 차이를 보인다. 그러나 공통점은 전통적 교육의 형태를 반대한다는 점이다. 특히, 아동 자신의 '흥미와 관심(interests)'를 교육에서 비중 있게 다루고, '권위적 교수자'나 '교재 중심의 딱딱한 교육방식', '암기위주의 수동적 학습', '사회로부터 고립된 폐쇄적 교육철학', '체벌이나 공포 분위기에 의한 교육방식' 등을 반대한다.

진보주의 운동의 이론가이자 '과제학습법(project method)'을 창안한 킬패트릭의 경우, 아동 스스로 뜻을 세우고(pupil purposing), 아동 스스로 계획하며(pupil planning), 아동 스스로 실천하고(pupil executing), 아동 스스로 판단하는(pupil judging) 교육을 염원했다.[3] 그러므로 진보주의 교육 운동의 진원지인 진보주의교육협회는 진보주의 교육을 보급하기 위하여 다음과 같은 7개항의 강령을 채택하였다. 여기에 그들의 지향점이 분명하게 드러난다.

> ① 아동의 자연스러운 발달; 아동은 외부의 권위에 의하지 않고 자신이 사회적 필요에 의하여 자연스럽게 발달할 자유를 누려야 한다.
> ② 흥미에 의한 학습; 아동의 흥미와 욕구의 충족이 모든 학습과 활동의 동기가 되어야 한다.

2) 김재만,『敎育哲學 · 史』(서울: 형설출판사, 1984), 459~460쪽 참고.

3) W. H. Kilpatrict, *Philosophy of Education*(N.Y: MacMillan, 1951), pp. 204~206.

③ 안내자로서의 교수자; 교수자는 아동의 활동을 고무하고 적절한 정보를 제공하는 안내자가 되어야 한다.
④ 아동에 대한 과학적 이해; 아동의 평가는 지적인 면에 대한 평가뿐만 아니라 아동의 신체적 · 정신적 · 도덕적 · 사회적 특징에 대한 평가를 포함하는 것으로 아동의 발달과 지도에 도움이 되는 것이어야 한다.
⑤ 아동의 신체적 건강; 가장 중시되어야 할 것은 아동의 건강이며, 따라서 학교의 시설 환경 인적 조건은 명랑해야 한다.
⑥ 가정과 학교의 협력; 학교는 학부모와 긴밀한 협조관계를 유지하면서 아동의 교육에 힘써야 한다.
⑦ 선구자로서의 학교; 진보주의 학교는 좋은 전통 위에다 새 것을 담는 실험학교로서 교육개혁 운동의 중핵이 되어야 한다.

진보주의 교육자들이 강조하는 교육 형태는 아동의 흥미와 관심, 욕구, 경험을 존중하는 교육이다. 즉, 아동의 흥미와 관심에 따라 욕구를 충족시켜 주는 학습과 경험의 재구성을 통한 성장이 교육의 목적이다. 다시 강조하면 아동의 성장이 목적이지 지식의 전달 자체가 교육의 목적은 아니다. 그것의 첫 번째 조건은 학교가 아동이 학습하기에 즐거운 곳이 되어야 한다. 따라서 학교는 아동들이 있고 싶어 하는 행복하고도 매력적인 곳으로 조성되어야 한다. 아동들이 가고 싶어 하는 그러한 학교로 만들어야 하는 것이다.

또한 진보주의 교육자는 아동들이 과학적 방법을 사용하여 문제를 해결하는 과정을 교육이라고 본다. 아동은 자기가 설정한 가설과 계획에 따라 행동함으로써 학습하는, 행동적 인간으로 파악된다. 따라서 앞에서 언급한 과제학습법(project method)이 진보주의 학교에서 빈번히 사용된다. 그것은 아동들이 문제 해결을 위해 집단 속에서 공동 활동을 하는 교육의 양식으로, 과학적 태도뿐만 아니라 민주적 집단 행위도 촉진한다고 보기 때문이다.

이처럼 진보주의 교육운동은, 미국 교육 체제 내의 하나의 운동이면서, 전통 교육으로부터 아동의 자유를 촉구한 사조였다. 전통교육은 아동을 성인의 부속물 내지는 축소판 정도로 보았다. 또한 축적된 과거의 지식을 아동에게 필요하다면 강압적으로 주입시키며, 어린이의 현재 생활보다는 장래를 위하여 준비시키는 것을 임무로 하는 교육관이 지배적이었다. 진보주의 교육 운동은 이러한 교육관으로부터 벗어나려는 교육의 자유화 운동이었다.[4)]

이 운동은 특히, 기계적 암기 학습이나 암송, 교재 중심의 학습을 강조하던 당시 전통교육으로부터 아동을 해방시키려고 하였다. 그러기에 전통적인 커리큘럼의 판에 박힌 교과목에 반대하여 대안적 교육과정을 실험하였다. 그것의 핵심에 활동, 경험, 문제해결, 그리고 과제학습법 등이 있었다.

다시 강조하면, 진보주의 교육은 교과보다는 학습자인 아동에 초점을 두었다. 언어적 · 문자적 기능보다는 활동과 경험을 강조하였으며, 경쟁적이고 개인주의적인 개별학습보다는 협동적이고 집단적인 학습활동을 장려하였다. 또한 학교에서의 민주적 생활은 사회개혁을 위한 기초로 간주된다.

프래그머티즘 철학에 기초한 진보주의는 전통적 가치를 비판하고 부정하면서 문화적 상대주의의 입장을 취한다. 그러므로 일반적이고 획일적인 방법으로 아동에게 교육과정을 전달하는 교육을 반대한다. 제각기 다른 흥미와 관심, 욕구를 지닌 아동은 교육과정을 스스로 구성한다. 학습은 문제해결, 체험이나 관찰학습, 창조적 예술 활동, 협동학습과 같은 다양한 형태의 방법을 통해 이루어진다. 이는 교수와 학습을 적극적 · 협력적 · 변화적 과정으로 보는 것이다.

(2) 교육 원리

진보주의는 프래그머티즘을 모태로 하기 때문에 기본적으로 '변화'를 핵심으로 하는 인생관과 세계관을 지니고 있다. 때문에 인간 삶의 경험이 어떻게 바뀔 수 있느냐에 관심이 크다. 인간은 무엇을 경험하며 어떻게 성장하는가?

---

4) 오천석, 앞의 책, 137쪽.

그들은 이런 물음을 통해 교육에 접근한다. 더구나 20세기 들어서 급격하게 발달한 아동 심리학과 민주주의 의식의 증대에 따라, 아동을 새롭게 보면서 전통적 교육관과는 다른 사고를 하게 된다.

과거에는 아동을 어른의 축소판으로 보았다. 그러나 아동은 어른의 세계를 줄여 놓은 작은 어른의 세계에 사는 것이 아니다. 그들만의 독특한 세계에 산다. 아동은 그들 나름대로의 인격이 있고 개성이 있으며 자주성이 있고 본성적으로 활동적이고 능동적이다. 이런 인간 이해를 토대로 그들은 앞에서 제시했던 진보주의교육협회의 강령과 이론을 도출해 내었다.

닐러는 이러한 진보주의의 교육운동의 기본 원리를 다음과 같이 제시하였다.[5] 첫째, 교육은 생활을 위한 준비가 아니고, 생활 그 자체이다. 둘째, 학습은 활동적이어야 하고, 아동의 관심이나 흥미와 관련되어야 한다. 셋째, 문제해결을 통한 학습이 교재를 가르치는 것보다 우선해야 한다. 넷째, 교수자는 지시자로서가 아니라 권고자로서 행동해야 한다. 다섯째, 학교는 경쟁보다는 협력을 장려해야 보다 많은 성취를 가져온다.

진보주의 운동의 교육원리 중 가장 먼저 꼽을 수 있는 것은 '교육은 아동의 생활을 위한 준비가 아니라 생활 그 자체'여야 한다는 점이다. 현명한 삶은 경험의 해석과 경험의 재구성을 내포한다. 따라서 학교는 아동의 연령에 맞는 학습 환경을 제공하여야 하는데, 그것은 성인이 되어 겪게 될 경험들과 관련된 것이어야 한다.

다음으로 학습은 직접적으로 아동의 흥미나 관심과 관련되어야 한다. 진보주의 교육자들은 아동 중심 학교를 강조했다. 그런 학교는 학습의 과정이 주로 아동 개인에 의해 결정되는 곳이다. 아동은 자신의 흥미와 관련된 것, 자신이 관심을 갖는 것, 자신의 문제를 해결해 줄 수 있는 것이라면 무엇이든

---

5) G. F Kneller, *Introduction to the Philosophy of Education*(N.Y: John Wiley and Sons, 1971), pp. 96~103.

지 배우려는 경향이 있다. 동시에 어른으로부터 강요당한다고 느끼는 것이면 무엇이든지 저항하는 경향이 있다. 그러므로 진정한 의미의 학습은 아동의 흥미나 관심과 직결되어야 한다.

또한 교과목의 강요보다는 문제해결 위주의 학습이 중시되어야 한다. 진보주의는 전통적 교육관을 거부한다. 근본적으로 학습이 지식을 받아들이는 작업이라는 데는 동의한다. 그러나 추상적 실체로서의 지식을 교수자가 학습자들에게 전달하는 전통적 교육을 비판한다. 진보주의자들은 지식에 대해 경험을 다루기 위한 도구로 인식한다. 지식이 의미가 있으려면, 그 지식에 이용하여 무엇인가 행동으로 옮길 수 있어야만 한다. 즉, 지식은 능동적 활동을 통하여 획득하고, 경험과 결합되어야만 한다. 아동은 자기가 배우는 것이 자신의 흥미와 관련될 때만이 진정한 의미에서 학습을 한다. 그 이상의 추상적인 지식에 대한 탐구는 활동적인 교육 경험으로 바뀌어야 한다. 이것이 실험적 방법의 원리이다. 예컨대 학생이 사회학과 정치학의 개념을 진정으로 이해하려면, 교실 그 자체가 민주주의 유형이 살아있는 실험실이 되어야 한다. 이처럼 경험과 실천은 진보주의 학습방법의 핵심개념이다.

진보주의에서 교수자의 역할은 아동을 감독하는 것이 아니라 충고하는 것이다. 아동이 학습하는 것은 그들 자신의 욕구와 필요에 따라 결정되기 때문에, 그들 스스로 발달 계획을 수립한다. 이때 교수자는 단지 안내자의 역할을 수행해야 한다. 아동들이 곤경에 처할 때, 교수자는 자신의 탁월하고 풍부한 경험을 지닌 원조자 내지는 안내자로서 임해야 한다.

아울러 학교는 경쟁보다는 협동을 장려해야 한다. 인간이란 원래 사회적이고 인간 상호간의 대인관계가 원만할 때, 만족감을 느끼는 존재이다. 진보주의자들은 경쟁과 개인적 이익의 성취보다는 사랑과 협동이 교육에 더 적합하다고 본다. 이처럼 사회적 환경 속에서 경험의 재구성으로서 교육은 인간 본성의 재구성을 이끈다. 진보주의자들이 경쟁을 전적으로 부정한 것은 아니다. 그러나 인간의 본성을 생물학적 · 사회학적 사실에 비추어 볼 때, 경쟁보다는 협동이 더 적합하다고 주장한다.

마지막으로 민주주의만이 진정한 성장에 필요한 사상과 인격의 자유로운 상호작용을 허용하고 촉진한다고 본다. 위에서 언급한 '협동'과 민주주의는 동일한 의미를 지닌다. 왜냐하면 이론적으로 볼 때 민주주의란 경험의 공유를 뜻하기 때문이다. 이처럼 민주주의와 성장 및 교육은 상호 관련되어 있다. 즉 경험의 공유는 성장의 상태를 의미하며 성장은 교육을 필요로 한다. 따라서 민주주의를 가르치기 위하여 학교 자체가 민주적이어야 한다. 그러기 위해서 학교는 학생자치제, 자유로운 의사소통 및 토론, 학생과 교직원의 공동계획 수립, 그리고 교육경험에 모든 사람의 충분한 참여 등을 보장해야 한다.

〈표3-1〉전통적 교육관과 진보주의 교육관 비교

전통적 교육관	진보주의 교육관
① 교육은 미래 생활을 위한 준비	① 교육은 현재 생활 그 자체
② 교사 중심의 교육	② 아동 중심의 교육
③ 교재 위주의 교과중심 교육과정	③ 실습 위주의 경험중심 교육과정
④ 암기 위주의 수동적 수업	④ 참여 위주의 능동적 수업
⑤ 주입식 교육	⑤ 계발식 교육
⑥ 경쟁	⑥ 협동
⑦ 지역사회에서 고립된 학교	⑦ 사회의 축소판으로서 학교

(3) 의의와 한계

전통교육에 대한 비판과 아동에 대한 새로운 시각을 제시한 진보주의 교육 운동은 하나의 주장을 넘어 교육발전을 위한 규범으로 작용했다. 진보주의 이후에 진행되는 교육운동은 어떻게 드러나더라도 진보주의 교육의 연장에 불과하다. 즉 진보주의 내에서의 개혁이나 조정이었고, 진보주의와 연관되어 반발하거나 다른 형식을 주장하였다. 그것은 진보주의가 전통교육이 지니고 있던 결함을 대부분 수렴하고 있다는 증거이다.

이렇게 중요한 역할을 했음에도 불구하고, 진보주의는 지나치게 아동 중심의 교육으로 흘러 여러 가지 한계를 드러냈다. 아동의 자유를 지나치게 존중한 나머지 방향감각에 대해 경시하게 되었고, 생활을 중시하여 미래에 대한 교육의 준비에 소홀했다. 뿐만 아니라 흥미를 지나치게 강조하여 본질적 지식을 소홀히 다루기도 했다. 학교는 특수한 훈련 기관이 될 필요가 있는데, 바람직하지 못한 현실 사회의 복사판이 될 우려가 있었다. 또한 지나치게 협동을 강조하다보니, 소수의 우수한 인재의 수월성을 반영하지 못하는 어려움도 있었다.

2) 사회 재건주의 교육운동

(1) 기본 특성

사회 재건주의는 인류가 심각한 문화의 위기(crisis) 상태에 있음을 전제로 하는 미국의 교육운동이다. 교육의 일차적인 목적은 현대와 같은 문화의 위기를 해결하기 위하여 사회를 재구성하는 일이다. 전통적 교육에서는 학교가 비중 있는 사회적 가치들을 반영해야 한다고 본다. 하지만 재건주의자들은 조직적인 학교교육에서 다루어야 할 것은 인류를 괴롭히는 사회적 병폐들이라고 주장한다. 이러한 입장에서 재건주의자들은 형이상학적 지식보다는 경제학 · 인류학 · 사회학 · 심리학 등과 같은 사회과학적 지식을 유용한 내용으로 취급한다.

재건주의자들은 공통적으로 인간교육의 유일한 목적이 인간 자신들의 운명을 결정하게 될 세계질서를 창조하는데 있다고 주장한다. 재건주의자들이 활동하던 1930년대는 과학기술 문명이 점차 발달하고 유래 없던 세계전쟁의 참화를 겪었으며 핵무기가 출현한 시대였다. 따라서 그들은 당시의 사회 자체가 파괴되기 전에 사회를 재건해야 하는 것을 당면 과제로 삼았다. 과학기술이 발전함에 따라 농촌사회는 도시와 산업기술사회로 변하게 되었다. 재건주의자들은 문화적 위기의 분석을 통해, 과학기술사회에 대한 문화적 적응에서 인류는 심각한 문화지체(cultural lag) 현상을 초래하였다고 주장하였다. 그러므로 인류는 변화하는 기술사회에 적응하기 위한 새로운 가치들을 재건해야 한다. 특히 체계적으로 조직된 교육은 전통문화와 기술사회 사이의 격차를 좁히는데 중요한 역할을 수행해야 한다.

재건주의자들은 과학기술이 발전하는 사회를 상호의존적인 공동체로 이해한다. 그것은 세계의 어느 한 곳에서 일어난 일이 다른 곳에 영향을 미친다는 의미이다. 예컨대, 대기오염과 같은 환경 문제는 국한된 지역만의 고민거리가 아니라 전 세계적인 문제이며, 일부 인간들의 문제가 아니라 전 인류의 공통된 문제라는 것이다. 따라서 상호의존적인 세계에서는 자기 나라만을 고집하는 고립주의나 민족주의를 강조하는 전통 교육의 입장이 설득력을 상실하게 된다. 새롭게 건설되는 사회를 위한 교육은 국제적 상호의존성의 현실을 인정할 수밖에 없다. 오늘날과 같은 핵무기 시대의 경우, 세계의 어느 한 곳에서 일어난 전쟁이나 충돌은 모든 인류에게 위협이 된다. 이러한 관점에서 재건주의자들은 교육과정을 국제화함으로써 인류가 하나의 세계 속에 살고 있음을 주지시키려 한다.

재건주의자들이 제기하는 문화적 위기는 구체적으로 무엇을 지칭하는가? 위기의 개념을 브라멜드는 "한 문화 또는 그 문화의 일부분에서 기본제도, 태도 및 그 밖의 생활방식 등이 통일 또는 균형을 잃는 것"으로 정의하고 있다.

이러한 개념을 바탕으로 재건주의자들이 지적한 현대문화의 병폐는 크게 여덟 가지로 요약된다. 하나, 생활 · 건강 · 교육 수준의 불균형, 둘, 인구의 폭발적 증가와 기아, 셋, 대지 · 수질 · 식품 · 공기의 오염, 넷, 국가간의 적대감과 증오심, 다섯, 인종간의 긴장과 파괴 행위, 여섯, 전제적 정치체제(사이비 민주주의), 일곱, 도덕감각의 붕괴와 매춘화, 여덟, 과학의 폭발적 발달 등이 그것이다.

이러한 현대문화의 병폐와 그에 따른 위기를 의식하고 새로운 사회를 재건해야 한다는 것이 재건주의 운동을 주도하는 교육자들의 기본 논리이다. 이를 실현하기 위해 무엇보다도 학교가 앞장서야 한다.

브라멜드는 민주주의 정신으로 재건되어야 할 새로운 사회 질서는 다음과 같은 내용을 포함해야 한다고 자기 구상을 밝힌다.[6)]

첫째, 불안정하고 불공정한 요소로 타락되어 있는 경제를 대신하는 풍요한 경제 체제.

둘째, 필요악이 아니라 건설적 · 통합적 수단으로서의 국가.

셋째, 실험의 자유가 보장되는 가운데 대중의 강력한 지지를 받고 대중의 복지를 책임지는 과학.

넷째, 자유로운 분위기 속에서 자신을 재설계하고 갱신하는데 종사하는 문화의 창조적 표현이 되는 예술.

다섯째, 여론의 주된 기관을 포함하여, 모든 집단의 생활을 향상시키고 건설하는 일에 헌신할 수 있도록, 탁아소로부터 성인 교육기관에 이르기까지 조직된 교육 시스템.

여섯째, 인종 · 종교 · 국적 · 성별 · 연령 또는 경제적 지위를 초월하여, 인류 장래의 경제 · 정치 · 과학 · 예술 및 교육 분야에 관련되는 모든 권리와 의무를 공평하게 분배하고 분담하는 인간 사회.

이러한 구상을 제시한 브라멜드는 교육의 주요 목적을 이런 문화적 전후관계에 연결되어야 한다고 주장하고, 학습은 이러한 목표를 추구하는 데 필요한 수단이 되어야 한다고 규정하였다.[7)]

---

6) T. Brameld, *Toward a Reconstructed Philosophy of Education*, (N.Y: The Dryden Press, 1956), p. 170.

7) 오천석, 앞의 책, 198쪽.

(2) 교육 원리

재건주의자들은 사회개혁을 위해 교육혁신이 이루어져야 한다고 주장한다. 교육자들이 전통적 교육이론에 도전하고 사회개혁을 위한 교육혁신을 계획하여 추구할 때, 비로소 새로운 사회질서가 실현될 수 있다고 믿는다. 새로운 사회질서는 사회적 자아실현과 관련된다. 그것은 자유스럽고 공개된 사회적 논의와 최대 다수의 합의를 통하여 지향할 목표를 설정하고 이를 실천에 옮기는 과정이다.[8] 그런 과정을 통하여 사회적 합의(consensus)에 도달하고, 새로운 사회를 건설할 수 있는 계기를 만든다.

브라멜드에 의하면, 사회적 합의를 지향하는 교육은 다음과 같은 학습 과정을 통해 성취되어야 한다. 자기 자신의 직접적인 경험이나 다른 사람의 간접적 경험을 통해 학습하고, 교실 내에서나 지역사회에서의 언어 또는 문자에 의한 자유스럽고 정확한 대화를 통해 학습한다. 또한 소수의 이견을 허용하는 과정에서 공개적인 다수의 합의에 도달하는 학습을 해야 하고, 행동과 집단적 역동성을 통해 학습해야 한다.[9]

진보주의나 경험주의자들과 마찬가지로 재건주의자들도 지식을 도구적으로 이해한다. 때문에 사회과학적 지식을 유용한 것으로 본다. 사회과학은 현대 사회의 사회 개혁에 유용한 통찰이나 정보, 방법론을 제공해주기 때문이다.

재건주의 운동에서 교육은 학습자에게 사회적 문제와 문화적 위기를 각성시키는 데 있다. 따라서 학습자들이 그러한 문제 해결에 적극적으로 참여할 수 있게 계획하여야 한다. 즉 사회적 의식을 각성시키기 위하여 학습자들이 현실에 대해 의문을 제기할 수 있도록 권고해야 하며, 종교 · 정치 · 교육 등의 논쟁거리들을 탐구하도록 장려해야 한다. 왜냐하면 논쟁거리들을 탐구함

---

8) 오천석, 같은 책, 199쪽.

9) T. Brameld, 앞의 책, p. 209.

으로써 전통적 교육의 장 · 단점을 발견하고 새로운 발전을 모색할 수 있기 때문이다.

사회적 기관으로서의 학교는 사회 발전을 위한 다양한 사고와 견해가 강조되고 권장되는 장소이다. 재건주의자들에게 수업은 새로운 시대, 새로운 사회에 적합한 유형의 시민을 교육하기 위해 설계되어야 한다. 새로운 시민들은 합리적 · 인간적인 사회를 건설하기 위해 과학과 기술의 도구들을 적극 활용할 것이다. 동시에 그들은 집단의 문제해결을 위한 토의 기법을 잘 알고 있을 것이다. 재건주의자들은 현재의 문화적 위기를 논의하는 다양한 사고와 견해를 바탕으로, 학교는 논쟁의 중심이 되어야 한다고 주장한다. 재건주의자들의 주장을 정리하면 다음과 같은 교육프로그램이 예견된다.

* 문화적 유산에 대한 비판적 검도
* 모든 사회적 문제의 논쟁에 대한 과감한 검토
* 사회적 · 건설적 변화의 계획적 추진
* 계획적 태도의 함양
* 문화적 개혁을 위한 사회 · 교육 · 정치 · 경제적 계획에 학습자와 교수자를 참여시키는 것

이러한 이론적 고민 아래, 재건주의자들은 교육원리를 다음과 같은 몇 가지 차원에서 제기하였다.[10]

첫째, 교육의 가장 중요한 목적은 사회를 재구성하는데 필요한 프로그램을 제정하는데 있다. 사회가 변화되어야 한다고 보지만, 그것은 정치적 행위로서가 아니라 근본적으로 교육을 통해서 이루어져야 한다.

둘째, 새로운 사회는 진정으로 민주적인 사회가 되어야 하며, 그 사회의 주요 기관들이나 자원들은 국민 스스로가 통제하여야 한다. 이상적인 사회는

10) G. F Kneller, 앞의 책, pp. 61~66.

민주적인 사회이기 때문에 이러한 사회 역시 민주적인 방법으로 실현되어야 한다. 따라서 새로운 사회질서의 목적 · 구조 · 정책 등은 가능한 한 국민 다수의 지지 하에 결정되어야 한다. 그러기에 우리가 진정으로 사회를 재구성하려고 한다면, 우선 사회구성원을 재교육하여야 한다.

셋째, 교수자는 문화적 재건주의자들이 주장하는 견해의 확실성과 합법성에 대해서 민주적인 방법으로 그들의 학습자를 설득시켜야만 한다.

넷째, 아동 · 학교 · 교육 그 자체는 사회적 · 문화적 힘에 의하여 재구성되어야 한다. 교육은 사회적 자아실현인데 그것을 통해 개인의 사회적 본성을 계발할 뿐만 아니라 사회계획에 참여하는 방법을 학습하게 된다. 물론 진보주의도 교육의 문화적 · 사회적 · 협동적 성격 배양을 중시하였지만 근본적으로는 개인주의적 입장에서 아동의 자유를 강조하였다. 그러나 재건주의에서는 아동 · 학교 · 교육이 사회와 문화에 의해 규정되어야 한다고 보고, 본질주의자들이 말하는 자아실현을 사회적 자아실현으로 전환시켜야 한다고 주장한다.

다섯째, 교육의 수단과 목적은 현대의 문화위기에 대처하기 위하여 재구성되어야 하며, 행동과학에 의해 발견된 연구결과에 따라서 재구성되어야 한다.

(3) 의의와 한계

재건주의는 급변하는 세계와 사회의 절박한 요구를 현재 교육이 만족시키지 못하고 있기에, '위기'라는 언급을 하면서 새로운 사회 건설을 목표로 삼았다는 점에서 시사하는 바가 매우 크다. 변화하는 상황에 부합하여 교육도 스스로 고쳐 나가야 한다. 이런 부분에서 재건주의 이론가들의 예언자적 기질과 미래투시적인 전망은 높이 평가할만하다.

그럼에도 불구하고, 몇 가지 한계를 노출하였다. 첫째, 어떤 가치관을 기준으로 미래 사회를 세울 것인지에 대한 논증이 결여되어 있다. 다음으로 행동과학을 교육의 유일한 방법으로 여기는데, 인간은 행동과학을 넘어 영혼적 존재이자 개성적 존재이며 탈속적 존재이기도 하다. 그런데 행동과학에만 의존한다는 것은 인간성의 일부만을 이해하였다는 한계를 벗어나기 어렵다. 마지막으로 민주주의 방식에 대한 지나친 기대이다. 민주 방식의 소중함은 충분히 이해하지만, 우수한 소수의 수월성이나 지도성도 그만큼 존중될 필요가 있다.

2. 전통보수와 교육

교육은 전통을 중시하는 동시에 그것의 개혁을 추구한다. 앞에서 살펴본 진보주의나 재건주의는 전통의 고수나 유럽의 전통 교육을 비판적으로 바라보았다. 그러나 교육을 단순히 아동의 흥미 중심으로 이끌거나 사회변화와 개혁의 주요 동력으로 보는 데는 한계가 있었다. 이에 다시 전통을 중시하고 전통교육의 장점을 확인하는 사조가 대두하였다. 즉 문화유산의 보존과 불변적 진리에 대한 믿음을 교육의 기초로 삼는 교육운동이 등장한 것이다.

그 중 본질주의(Essentialism)는 진보주의 교육에 대한 반응으로 나타난 보수적 교육운동이다. 그러나 진보주의를 전적으로 부정하지 않고 특정 부분에서 부정하였다. 아동의 흥미와 욕구를 지나치게 존중하였던 아동 중심 교육으로서의 진보주의 교육은 전통적 교육이 지니고 있는 장점들을 소홀히 한 문제점들을 드러내게 되었다. 따라서 진보주의 교육이 드러내고 있는 한계를 보완 · 극복하려고 하는 움직임이 1930년대에 일어나기 시작했는데, 그것이 바로 본질주의 교육운동이다. 이 운동의 주창자들은 1938년에 '미국교육 향상을 위한 본질과 위원회(The Essentialist Committee for the Advancement of American Education)'를 구성하였다. 배글리(W. C. Bagley), 베스터(A. Bestor), 데미아스케비치(M. Demiashkevich) 등이 중심인물이었으며, 호온도 이 운동을 지지하였다.

특히 배글리는 진보주의 교육이 객관적 · 전통적 문화를 경시하고 지나치게 아동의 자유와 개인적 욕구를 존중하는 방임주의를 취하기 때문에 사회에서 요구하는 기본 학력을 배우는 데 많은 결함과 지체현상이 나타나고, 그 결과는 미국인을 타락하게 만드는 요인이 된다고 비난하였다.[11]

한편, 항존주의(Perennialism; '영원주의'라고도 함)는 진보주의 교육 이념을 전면 부정하면서, 1930년대부터 등장하였다. 본질주의는 진보주의를 부분적으로 비판하였지만, 항존주의는 진보주의를 전면적으로 비판하였다. 예컨대, 본질주의의 경우에는 진보주의가 내세운 과학주의 · 세속주의 · 물질주의를 긍정한 데 반해, 항존주의는 반과학주의 · 탈세속주의 · 정신주의를 주장한다. 또한 진보주의가 변화의 원리를 강조한데 반해, 항존주의는 절대적 원리로 돌아갈 것을 강조한다.

항존주의는 다른 이론들과 유사하게 현대 문명이 나아가고 있는 방향에 대한 우려의 목소리로 볼 수 있다. 그들은 현대의 물질주의 · 기계주의 · 반주지주의 · 현세주의 · 상대주의는 결국 인류를 파멸로 이끌고 갈 것으로 생각했다. 인생에 대한 확고한 신념을 상실하고 불안과 동요 가운데 가야할 곳을 알지 못하는 것은 정신적 의미의 중요성을 잊었기 때문이라는 것이다. 따라서 이러한 위기로부터 인류와 그 문명을 구출하는 길은 오로지 옛날 사람들이 발견하고 천명한 지혜, 절대적 원리로 돌아가는 일이라고 믿었다.

항존주의의 철학적 배경은 실재주의에 있다. 항존주의는 진리의 항구성, 영원성, 불변성을 믿고, 현실에서 변화하는 어떠한 것도 진리로 인정하지 않는다. 그 명칭이 암시하는 것처럼 실재론 및 관념론과 마찬가지로 보수적 내지는 전통적 교육관을 표방하고 있다. 항존주의는 인간의 본질은 불변하기에 교육의 기본원리도 불변하다는 믿음을 토대로 한다.

항존주의는 실재론의 대표적 인물인 아리스토텔레스의 '인간은 이성적 동

---

11) 김재만, 앞의 책, 462쪽.

물'이라는 견해에 동조한다. 때문에 항존주의자들은 학교를 인간의 이성을 계발하기 위해 수립된 사회적 기관으로 본다. 대표적인 항존주의자로 무종교를 대표하면서도 '위대한 책'-고전-을 강조한 허친스(R. M. Hutchins), 개신교를 대표하는 아들러(M. J. Adler), 가톨릭을 대표하는 마리땡(J. Maritain) 등을 들 수 있다.

요컨대 항존주의는 플라톤, 아리스토텔레스, 스콜라 학파 등의 영원 철학에 뿌리하고 있는 교육운동이다. 때문에 '진리와 원리는 변하지 않는다'고 믿으며, 모든 가변적인 것을 이런 진리와 원리에 터하여 해석하려고 한다.

1) 본질주의 교육운동

(1) 기본 특징

본질주의란 말은 본질파 운동의 창시자인 데미아스케비치가 처음으로 사용했다. 그에 의하면 인간 문화, 즉 사회 전통 가운데는 가장 기본적이고 본질적인 요소가 있다. 교육의 기능은 인류가 축적해 놓은 문화유산 가운데 핵심적이고 본질적이며 영원하고 보편적인 지식을 정리하여 다음 세대에게 전달하는 일이다. 그러므로 교육의 사명은 근본적인 것, 핵심적인 것, 영원한 것, 전통적인 것을 존중하고, 이를 전달하는 데 있다.

특히, 배글리는 본질주의 강령에서 다음과 같이 천명하였다.[12)]

> 효율적 민주주의는 문화의 공유를 필요로 한다. 이는 교육적으로 볼 때, 각 세대에게 인류 유산의 가장 귀중한 근본 요소를 표현하는 사상 · 의의 · 이해 및 이상의 공통된 정수를 소유하도록 하는 작업이다. 기록하고 계산하며 측정하는 기술이 조직화된 교육의 제일 관심사가 되어 왔다는 것은 결코 우연한 일이 아니다. 이들은 기초적인 사회적 기능이다. …… 개인적이고 주변적

12) W. C. Bagley, "An Essentialist's Platform for the Advancement of American Education", *Educational Administration and Supervision,* 24, pp 241~256, April, 1938.; 오천석, 앞의 책, 165~166쪽 재인용.

> 인 경험을 초월한 이 세계에 대한 지식이 보편교육의 공인된 근본요소 가운데 포함되어 있고, 인류의 과거, 특히 자기 나라의 역사에 대한 최소한의 지식이 일찍이 일반 학교의 프로그램 속에 포함되어 있다는 사실은 결코 우연이 아니다. …… 현재 건강교육과 건강 실천의 함양이 초등학교 교육의 기초이고, 자연과학의 기본 지식이 교육 내용에 포함되어 있다. 예술과 실제 기술 교육도 도외시 되어 있지 않다. …… 이러한 근본적인 것을 포함하는 교육 과정이 민주 교육제도의 핵심이 되어야 한다.

이처럼 본질주의는 문화를 구성하는 가장 본질적인 것들을 교육을 통해 다음 세대에 계승하여 역사를 전진시키는 동력을 길러 내려는 교육사조이다. 본질주의자들이 주장하는 개혁의 초점은 다음과 같이 대별해 볼 수 있다.

첫째, 문화유산의 보존과 전달에 관한 문제이다. 본질주의는 교재에 관한 것, 다시 말하면 '무엇을 가르칠 것인가'의 문제에 가장 큰 관심을 보였다. 그것은 전통적 문화유산 가운데 가장 근본적인 것, 인류 최고의 예지를 대표하는 것을 선택하여 다음 세대에 전달하는 일이다. 그렇게 할 때, 아동은 현재 생활에 필요한 수단을 배우게 되고 이 세계와 사회를 이해하여 적응할 수 있으며 장래 생활을 위해 충실하게 준비할 수 있다.

둘째, 교재의 조직 문제이다. 진보주의에서 교재는 아동의 현재 경험과 관심이 중심이어야 한다고 주장했다. 그러나 본질주의는 아동의 현재 경험이나 관심, 흥미에 구애받지 않고 논리적으로 학문의 체계를 갖추어 학습해야 한다고 본다. 즉 아동의 개인 경험보다는 종족의 경험을 존중하며 개인의 현재생활보다는 다수인의 과거 생활을 대표하는 전통을 중시한다. 이것이 효율적인 교수방법이라고 판단하기 때문이다.

셋째, 교수자의 지위 문제이다. 진보주의는 아동의 현재 관심사와 흥미를 중시하고 그의 활동을 강조하다보니, 학습활동이 아동 자신에 의하여 결정되고 지도되어야 한다고 주장했다. 그러나 본질주의에서는 교수자에 의해 교재가 준비되고 제안되어야 하며, 지휘되어야 한다는 입장이다. 왜냐하면 교수자는 자신의 지식과 경험에 의해 아동의 필요를 누구보다 잘 알고 있으며, 아동이 장차 참여할 성인 사회의 성격과 요구를 정확하게 이해할 수 있는 위치에 있기 때문이다.

그러므로 본질주의는 근본적으로 교수자의 권위와 교과중심 교육과정의 가치를 강조한다. 교양인이 마땅히 알아야 할 본질적인 요소들이 있는데 그것을 반드시 학습시켜야 한다. 따라서 본질주의자들에게 교육은 과거로부터 개발되어온 기본적 기능, 교양 과목, 그리고 과학의 학습이 중시된다.

여기서 말하는 기본적 기능들, 예컨대 읽기 쓰기 셈하기와 같은 3R's는 모든 초등학교의 교육과정에 포함되어야 한다. 중등학교 수준에서의 기본적인 교육과정은 역사, 수학, 과학, 국어, 그리고 문학을 포함해야 한다. 학습자들이 문명사회의 구성원으로서 활동할 수 있도록 준비시키기 위해서는 이러한 기능과 교과들을 익혀야 한다. 동시에 학습자들은 성공적 삶에 필요한 행동을 학습해야 한다. 그래서 본질주의 커리큘럼의 학습에서는 고된 훈련과 노력을 요구한다. 때문에 그것을 가르치는 교수자는 교과서뿐만 아니라 교육방법에도 정통해야 한다.

본질주의의 주창자인 베스터는 모든 사람을 지성적으로 만들 수 있는 일반 교육의 핵심으로 교양교과와 과학을 제시하였다. 베스터를 비롯한 본질주의자들은 진보주의의 생활적응 교육 및 비본질적 교육에 의해 미국교육의 지적 수준이 저하되었다고 주장한다. 특히 베스터는 교육이란 유용한 지식 문화적 이해, 지성적 능력 등에 대한 인류의 오랜 탐구과정에서 발전하여 온 역사, 과학, 수학, 문학, 어학, 예술 등의 학문에 제시된 기본적인 사고방식들을 철저히 훈련시키는 것이라고 강조하였다.

본질주의자들은 이러한 지성적 훈련들이 학교교육 과정의 기초가 되어야 한다고 주장한다. 그 이유는 그것들이 현대 생활에서 필수조건이 되기 때문이다. 이러한 본질주의의 입장은 초등학교 커리큘럼에서 읽기, 쓰기, 셈하기, 탐구 기능들을 필수적으로 만들었고, 중등학교 커리큘럼에서는 과학, 수학,

역사, 국어, 외국어를 필수 과목으로 이수하게 했다. 이런 교육과정을 통해 교양교육을 철저히 이수하고 개인생활과 사회생활을 합리적으로 하게 만든다.

인류의 축적된 경험을 조직적 · 체계적 · 개별적 학문으로 구성하는 것은 학교의 기본 과업이다. 기본적 학문들을 숙달한 이후에, 학습자들은 그것을 이용하여 개인적 · 사회적 · 시민적 문제들을 해결할 수 있다.

〈표3-2〉진보주의와 본질주의의 차이점 비교[13]

진보주의	본질주의
흥미	노력
자유	훈련
학습자의 자발성	교수자의 자발성
개인적 경험	공동체의 경험
아동의 활동	과학 또는 교재
교재의 심리적 조직	교재의 논리적 조직
현재의 직접적 목적	장래의 목표

(2) 교육 원리

진보주의를 부분적으로 부정하면서 그것의 단점들을 보완하려고 했던 본질주의는 다음과 같은 기본적인 교육입장을 제시하였다.

첫째, 초등학교 커리큘럼은 읽기, 쓰기, 셈하기에 도움이 되는 기본적 도구 기능을 함양하는데 목적을 두어야 한다.

둘째, 중등학교 커리큘럼은 역사, 수학, 과학, 문학, 국어, 외국어의 능력을 함양하는데 목적을 두어야 한다.

셋째, 학교교육은 교과를 필요로 하며, 동시에 정당한 권위를 존중해야 한다.

---

13) F. Riesman, *Traditional and progressive Education and Psychology,* 김재만, 앞의 책, 463쪽 재인용.

넷째, 학습은 고된 훈련과 노력을 요구한다.

닐러의 경우에도 본질주의 교육의 기본원리를 다음의 넷으로 제시한다.[14)]

첫째, 학습은 강한 훈련을 수반하며, 때때로 학습자들이 억지로라도 해야 하는 응용을 수반한다.

진보주의자들이 아동의 자유, 직접적 흥미, 개인적 관심을 강조하는 반면, 본질주의자들은 훈련의 강화, 현재의 욕구보다는 미래의 목적, 그리고 노력의 중요성을 강조한다. 본질주의자들은 어떤 교과나 문제에 대한 아동의 흥미가 노력을 유발할 것이라는데 동의한다. 하지만 보다 고차원적인 흥미는 처음부터 지니고 있는 것이 아니라, 어떤 교과나 과제를 해결할 수 있게 하는 훈련의 결과로 생겨난다고 본다. 예컨대, 우리가 외국어를 공부할 때 처음에는 흥미나 매력을 느끼지 못하지만, 훈련과 노력의 결과로 외국어를 마음대로 다루는 능력이 획득되면, 보다 큰 흥미와 매력을 가질 수 있다는 것이다.

둘째, 교육의 주도권은 학습자가 아니라 교수자가 지녀야 한다.

미성숙자인 아동은 한 인간으로서 잠재능력을 충분히 발휘하려면 성인의 지도와 통제를 필요로 한다. 때문에 객관적 자격을 갖춘 능숙한 교수자의 지도와 통제를 받아야 한다. 따라서 본질주의 교육에서는 교수자의 권위가 강조되며, 교육상황 속에서 실질적인 지도자로서의 역할을 수행한다. 다시 말하면 교사중심의 교육이 이루어진다. 이때의 교수자는 교양 교육을 받은 자로서 담당교과목에 대한 해박한 지식을 지녀야 하고, 교육방법에 정통해야 하며, 교육에 대한 깊은 소양과 더불어 헌신적인 교육자의 자세를 지녀야 한다.

셋째, 교육과정의 핵심은 소정의 교과를 철저하게 이수하는 것이다.

본질주의는 개인의 경험을 능가하는 민족적 경험이나 사회적 유산의 중요성을 강조한다. 이러한 것들은 오랜 역사 속에서 수많은 사람들이 겪어 온 삶

---

14) G. F. Kneller, 앞의 책, pp. 58~61

의 궤적을 집약하여 놓은 것이다. 따라서 개인이 획득한 지식이나 지혜보다 큰 의미를 지닌다. 복잡한 문화는 고차적으로 조직된 교육체제를 요구하므로 엄선된 소정의 교과는 교수자의 통제 하에 철저하게 다루어져야 한다.

넷째, 전통적인 학문 훈련방식이 계속 유지되어야 한다.

진보주의의 문제해결 방법이 장점도 있지만, 그것을 모든 학습과정에 적용하기에는 한계가 있다. 예컨대 어떤 지식들은 원래 추상적이기 때문에 현실적인 문제해결 방법으로 접근하기 어렵다. 또한 '행함을 통해 학습한다(learning by doing)'는 진보주의의 교육원리가 특정한 학습 환경이나 아동들에게 적절할 수는 있다. 그러나 그것이 모든 학습 환경에 알맞거나 모든 아동들에게 적절한 것은 아니다. 따라서 그러한 원리를 일반화해서는 곤란하다.

다섯째, 학교는 무엇보다도 기본적인 지식을 가르치는 데 전념해야 한다. 아동에게 가르쳐야 할 것은 본질적 개념들이다. 그러한 개념들은 아동의 심리적 · 지적 수준에 맞게 교육되어야 한다. 이럴 경우, 교육의 목적은 아동의 흥미와 관련된 문제의 해결에 있는 것이 아니라, 생활 전반에 대한 지식을 배양하는데 있다. 즉 아동들에게 핵심이 될만한 근본적이고 본질적인 것을 가르쳐야 한다. 따라서 학교의 역할은 전통적인 훈련 방식을 통해, 학습자들에게 문화적 역사적 유산을 잘 정선하여 전수해 주는 일이다.

(3) 의의와 한계

본질주의는 진보주의의 지나친 아동 중시, 현실 중심의 교육을 시정하기 위해 노력하였다. 플라톤 이래의 전통적 교육관을 20세기에 재생시키면서 진보주의 교육관을 적절하게 비판하였다.

이런 교육학적 기여에도 불구하고 몇 가지 한계를 노출 하였다. 첫째, 학문적 훈련을 중시하는 특성상, 학문 가운데 가장 체계적인 자연과학이나 역사의식을 강조하는 인문학을 중시한 나머지 사회과학을 경시하기 쉽다. 둘째, 체계적인 지식의 전수와 교과의 주도권을 강조하여, 아동의 자발적 참여와 학습 동기를 가볍게 봄으로써 민주사회의 필수 요건인 독립심, 비판적 사고, 협동정신 등을 기르는 데 소홀히 했다. 셋째, 기본적인 지식과 기능의 전수에만 급급하여 시공을 초월한 영원한 진리와 가치에 대한 종교적 차원의 교육이 미흡했다. 넷째, 오늘날 인류가 풀어야할 과제가 무엇이며, 교육은 어떻게 공헌할 수 있는지, 미래 전망과 사회혁신에 대한 전망이 부족했다.

2) 항존주의 교육운동

(1) 기본 특징

항존주의 운동가들에게 교육의 첫 번째 임무는 정신 혹은 지성의 훈련이다. 마리땡은 이성을 지닌 동물인 사람에게 최고의 위엄은 '지성'이라고 했다. 아울러 사람을 신과 친교를 갖는 자유인이라고 했다. 그리고 교육의 임무를 4가지로 분류하였다.

교육은 첫째, 아동의 정신생활을 성장하게 하는 기본적 성향을 육성하는 일이고, 둘째, 인격의 내적 심연과 의식 발달 이전의 정신적 역동력에 주의를 집중하는 일이며, 셋째, 전 과정이 확대보다는 통일에 도움을 주어야 하고, 넷째, 지성(intelligence)을 억압하기보다는 해방하여야 한다.[15)]

시카고 대학의 총장을 역임한 허친스도 교육을 '인간 능력의 조화로운 발달에 맞추어 지성을 계발하는 일'이라고 보았다. 교육의 주요 목적을 사고력의 발달에 둔 것이다. 허친스에 의하면, 교육기관은 이성적 능력을 계발할 수 있는 유일한 공간이다. 그리고 이상적인 교육은 특별한 교육도, 직접적인 욕구충족을 위한 교육도, 전문교육도, 직업교육도, 공리적인 교육도 아니다. 그것은 '마음을 계발하기 위한 교육'이다.[16)]

---

15) J. Maritain, *Education at the Crossroads,* New Heaven: Yale Univ. Press, 1943) 참고.

16) R. H. Hutchins, *The Higher Learning in America*(New Haven: Yale Univ. Press, 1962) 참고.

한편 아들러는, 교육의 제일원리를 절대적이고 보편적인 것으로 본다. 교육의 목적은 언제, 어디서, 어떤 사회에서나, 어떤 생활방식에 있어서나 만인에게 동일한 것이어야 한다. 이 명제는 교육의 목적이 절대적 · 보편적이어야 한다는 주장과 같은 의미이다. 절대적 · 보편적이라는 말은 '만인에게 동일하다'는 말과 같은 의미이다.[17)]

앞에서 언급한 허친스의 경우, 교육철학에서 기본적으로 두 가지를 전제하고 있다. 하나는 인간의 본질은 이성적이라는 것이고, 다른 하나는 지식은 불변적 · 절대적 · 보편적 진리에 있다는 것이다.

인간의 이성은 보편적이기 때문에 교육도 보편적이어야 한다. 또한 이성은 인간에게 최고의 능력이므로 이성을 계발하는 것이 교육의 일차적인 목적이 되어야 한다. 이러한 입장에서 교육과정은 영구적이거나 불변적 내용으로 구성되어야 한다. 특히 그는 서구문명의 고전들(위대한 책: The Great Books)을 강조한다. 위대한 책들을 읽고 토론하는 것은 이성을 계발시켜 줄 뿐만 아니라 신중하고도 비판적인 사고를 계발해 준다. 그래서 허친스와 아들러 등은 100종에 달하는 144권의 위대한 책들을 선정하고 이것을 1년에 16권씩 9개년에 걸쳐 완독시킬 독서 계획을 제시하였다. 이러한 고전들 외에 허친스가 주장하는 교과는 문법 · 수사학 · 논리학 · 수학 · 철학 등이다.

진리는 불변하고 보편적이다. 때문에 진정한 교육도 불변하고 보편적이어야 하고, 학교의 커리큘럼은 보편적이고도 불변하는 인간의 삶에 관한 주제들을 강조해야 한다. 다시 말하면, 이성을 계발하기 위해 지적 교과를 이수하게 해야 하고, 정의적 태도의 계발을 위해 도덕적 · 심미적 · 종교적 원리들에 대한 탐구도 실시해야 한다.

관념론자(이상주의 철학자) 및 실재론자(실재주의 철학자)들과 마찬가지로 항

---

17) NSSE(오천석·정세화 역), *Philosophies of Education*(『교육철학』)(서울: 현대교육총서출판사, 1969) 참고.

존주의 이론가들은 교과중심 커리큘럼을 선호한다. 항존주의의 교육 커리큘럼에서는 역사, 언어, 수학, 논리학, 문학, 인문학, 과학 등을 포함한 모든 교과내용은 서구문화의 위대한 책들과 문학 및 예술의 고전적 저자들로부터 나와야만 한다. 이러한 교과들을 숙달하는 것이 지성의 훈련에서 근본이 된다.

〈표3-3〉진보주의와 항존주의 교육의 차이점

진보주의	항존주의
실재의 수시 변화성	실재의 영원성 · 불변성
가치의 일시적 · 변화	가치의 영구적 · 불변
진리의 상대성 · 진화성	진리의 절대성 · 항존성
현재 생활에 충실하는 교육 목적	미래 생활을 준비하는 교육 목적
현재 중심의 교육방법	미래 중심의 교육방법
생활 중심의 교육과정	고전 중심의 교육과정
반주지주의	주지주의
물질주의 · 과학주의	정신주의 · 이성주의
아동 중심 교육	교사 중심 교육
현실적 인간의 경험 세계	초 자연적 신의 세계
자유 중시의 소극주의	형식과 내용을 중시하는 적극주의

(2) 교육 원리

일반적으로 항존주의는 전통과 고전의 원리를 존중하면서 보수적인 입장을 표명한다. 그런 차원에서 항존주의의 주요한 교육원리를 제시하면 다음과 같다.

첫째, 진리는 보편적이며 장소, 시간, 사람 등과 같은 환경에 의존하지 않는다.

둘째, 훌륭한 교육은 진리의 탐구와 이해이다.

셋째, 진리는 위대한 고전들 속에서 발견될 수 있다.

넷째, 교육은 이성을 계발하는 일이며, 이를 위해 교양 교육이 강조되어야 한다.

닐러는 항존주의의 교육원리를 보다 구체적으로 다음과 같이 제시하였다.[18)]

첫째, 서로 다른 환경에 놓여 있더라도 인간의 본질은 불변하는 것이기 때문에 교육의 본질도 변하지 않는다. 한 인간으로서의 기능은 어떤 시대나 사회에서도 같은 것이다. 왜냐하면 인간의 기능은 한 인간으로서 그의 본질로부터 나오기 때문이다. 그러므로 교육제도가 지향하는 목적은 언제, 어디서나 동일하다. 사실 아동들은 어느 사회에 속해 있든지 간에 공통적인 성격들을 소유하고 있지 않는가? 이처럼 인간은 어느 곳에 살고 있든지 근본적으로 동일하다. 그러므로 교육은 모든 사람을 위해 보편적일 뿐만 아니라 동일해야 한다.

둘째, 인간의 가장 큰 특징은 이성이 있다는 것이므로 교육은 이성의 발달에 관심을 두어야만 한다. 인간은 어느 곳에 있든지 공통성을 지니고 있는데, 그 중에서 가장 중요한 것은 '이성'이다. 이성은 인간의 고귀한 특질이기 때문에, 인간은 신중하게 선택한 목적에 따라 자신의 본능적 본질을 다룰 수 있도록 이성을 사용하여야 한다. 인간은 이성을 타고났지만, 이성을 사용하기 위해서는 교육을 받아야만 한다.

셋째, 교육의 과업은 영원불변의 진리에 인간을 적응시키는 작업이다. 사회는 끊임없이 변화하는데 비해 진리는 영원히 변화하지 않는다. 따라서 항존주의는 현시대, 지금 사회에만 부합되도록 구성된 교육과정을 반대한다. 진리는 언제 어느 곳에서나 동일하므로 진리를 다루는 교육 또한 언제 어느 곳에서나 동일해야 한다. 교육의 과업은 진리를 탐구하고 진리에 안주하는

---

18) G. F. Kneller, 앞의 책, p. 108

자세를 확립해 주는 것이다. 그러므로 교육의 목적은 인간을 진리에 적응시키는 작업이다.

넷째, 교육은 생활의 모방이 아니라 생활을 준비하는 것이다. 항존주의 이론가들은 학교가 현실적인 삶의 상황을 마련할 수 있는 곳이라고 보지 않는다. 학교는 인공적인 교육 환경을 창출하여 그 속에서 생활의 모방이 아닌 지능의 계발에 관심을 둔다. 그러므로 생활을 위한 준비로서의 교육은 이상적 삶을 위한 준비를 뜻하며, 이를 위해 학생들에게 문화적 유산의 가치를 깨닫게 하고, 스스로 그러한 가치를 성취할 수 있도록 하며, 문화적 유산 가운데 가장 좋은 것이 무엇인가를 알게 해주어야 한다.

다섯째, 아동들은 이 세상에서 가장 영원한 것으로 남아있게 될 어떤 기초가 되는 과목들을 배워야 한다. 아동들에게 특정한 시기나 특정한 시대에만 중요하게 여겨지는 내용들을 가르쳐서도 안 되며, 아동들이 특별히 관심 갖는 것만 가르쳐서도 안 된다. 따라서 흥미 위주의 교육이나 직업교육 같은 것은 학교 교육의 목적이 될 수 없다. 반면 세상사를 원만히 다룰 수 있는 인간교육이 학교 교육의 목적이 되어야 한다. 항존주의 교육가들이 교양교육을 강조하는 이유가 여기에 있다. 그들이 강조하는 교과는 국어, 언어, 역사, 수학, 자연과학, 예술, 철학 등이다.

여섯째, 영원불변의 진리들을 위대한 고전 속에서 발견할 수 있다. 역사라는 기나긴 세월이 담아 온 지혜의 그릇이 고전인데, 이러한 고전은 과거로 읽는 것이 아니라 현재로 읽어야 한다. 왜냐하면 인간의 삶은 과거이건 현재이건 동일하기 때문이다. 교육에서 가르쳐야 하는 진리라고 하는 것이 바로 이러한 고전들 속에 잘 나타나 있기에 고전독서교육이 강조된다.

나이트의 견해를 빌어 항존주의 교육의 원리를 간략하게 다시 정리하면 다음과 같다.[19] 첫째, 인간은 이성적 동물이므로 교육은 인간의 이성적인 면

---

19) G. R. Knight(김병길 역), *Issues and Alternatives in Educational Philosophy*(『교육철학』)(서울: 교육과학사, 1993), 126~130쪽 참고.

에 초점을 두어야 한다. 둘째, 인간의 본성은 보편적으로 동일하므로 교육은 모든 사람에게 동일해야 한다. 셋째, 지식은 보편적으로 동일하므로 모든 사람에게 가르쳐야만 하는 기본 교과목이 있다. 넷째, 아동의 관심이나 흥미가 아닌 교과목이 교육적 노력의 중심이 되어야 한다. 다섯째, 과거의 위대한 저작들은 무수한 시련과 난제들을 해결하는 기준이었으며, 이 시대가 직면한 문제를 풀 수 있는 지식과 지혜의 보고이다. 여섯째, 교육적 경험은 현실 생활의 한 장면이라기보다는 삶을 위한 준비이다.

(3) 의의와 한계

현대사회의 물질주의와 기계주의, 정신적 피폐 등을 지적하며, 정신 혹은 지성의 훈련을 주임무로 삼았던 항존주의는 자유인의 배양과 지성의 신장이라는 점에서 중요한 교육적 시사점을 주었다. 특히, 불변하는 신앙과 진리, 가치에 복귀함으로써 인간에게 정신적 확실성이라는 지주를 부여하고, 사람만이 지니는 이성을 단련하고 계발하여 행동을 규제하려는 노력은 아주 소중한 작업이었다.[20]

항존주의는 유일 · 절대적인 불변의 가치체계를 숭상한다. 그러다보니 민주주의 사회의 구성원인 절대다수의 평범한 사람들이 지닌 다양한 가치체계에 회의를 품게 되고, 민주적 생활 방식을 위협한다. 또한 현재를 순간적인 과정으로 여기고, 영원성과의 관련에서만 인식하다보니, 현실에 충실하는 모든 인간적인 노력을 비웃으며 현실을 경시할 수 있다. 그리고 모든 인간들이 위대한 고전 속의 위대한 인물들처럼 생각하며 행동할 것을 기대하다보니, 절대 다수의 평범한 사람들을 낙오자로 만들고 능력 있는 정신적 귀족들만 영원을 노래하는 귀족주의를 낳을 수 있다.

---

20) 오천석, 앞의 책, 189쪽.

제 4 장
20세기 현대에 등장한 교육이론들

1. 20세기 철학운동

관념론과 실재론에서 설명한 것처럼, 서양의 철학적 전통은 '실체' 개념을 중심에 놓고, 그것을 어떻게 이해하느냐에 따라 발전해 왔다. 세계의 궁극에는 '영원불변한 그 무엇이 있다' 또는 세계는 '끊임없이 변화한다'는 서로 다른 의견이 상충하면서 사고를 신선시켰다. 궁극적인 실재를 믿었던 시대에는 철학의 체계가 연역의 논리를 따라서 수립되었다. 그러나 근세과학 및 수학의 발달은 고정불변한 '실체' 개념을 도입하지 않고도 세계가 해명될 수 있음을 증명하였다. 더욱이 19세기에 들어, 다윈의 진화론은 생물의 종(種)마저 고정불변한 것이 아니라 환경의 함수에 불과한 것이라고 설파함으로써, 서구 전통철학의 '실체' 개념에 치명적인 타격을 주었다. 이러한 사상적 배경아래, 20세기에 들어서면서 새로운 철학사조들이 등장하였다. 대표적인 것으로 분석철학, 사회철학으로서 비판이론, 실존주의, 탈근대주의 등이 있다.

분석철학의 맹아는 고대 희랍의 아낙시만더, 아낙시메네스, 그리고 고대 원자론자들의 회의적 물질주의까지 거슬러 올라간다. 그리고 분석적 태도는 영국의 경험주의와 꽁트 학파의 실증주의에서도 나타난다. 꽁트는 철학이란 과학의 개념을 명백하게 규정지을 수 있을 때만 유용한 것이라고 주장하였다. 그러나 분석철학이 구체적으로 대두하기 시작한 것은 20세기에 들어서이다.

20세기의 철학 운동의 대부분은 헤겔 철학의 비판에서 시작한다. 분석철학도 20세기 초두부터 헤겔류의 절대적인 사변철학에 대한 비판을 통해 점차적으로 배양된 철학 정신이다.[1] 특히 철학 탐구의 태도 내지 방법을 비판하였다. 여기서 말하는 태도는, 탐구의 과정에서 형이상학적 전제를 내세우는 것을 배제하며, 논리적 분석을 통해 문제의 명확화와 그 해결을 꾀하는 일이다. 이때 '분석'은 언어분석을 가장 중요하게 여긴다. 왜냐하면 인간의 사상이나 사고는 주로 언어에 의해 전개되고 표현되기 때문이다.

현대철학의 여러 조류들 중, 인간해방을 강조하면서 여러 학문분야에 영향을 주었던 하나의 철학사조가 사회철학이다. 1914년 시민적 자유정신의 구현을 실천이념으로 설립된 프랑크푸르트 대학은 프랑크푸르트학파를 탄생시킨다. 특히 프랑크푸르트 대학의 '사회연구소'는 1920년대에 당시 독일 사회가 공산주의 또는 파시즘의 형태로 권위주의화 하는 시대 상황에서 무엇이 인간의 자율성을 억압하고 예속시키는가를 구명하는 데 모든 학문적 관심을 집중시켰다.[2]

사회연구소의 핵심 인물은 호르크하이머(M. Horkheimer), 아도르노(Th. W. Adorno), 마르쿠제(H. Marcuse) 등이었는데, 이들은 나치스의 등장으로 조국을 떠나 미국으로 망명하여 급진주의적 경향을 드러내었다. 따라서 그들의 주요 연구는 미국에서 이루어졌으며, 제2차 대전 후에 프랑크푸르트로 다시 돌아와 1953년에 연구소를 재설립 하였다. 이 학파에 참여한 학자들은 앞에서 언급한 세 명 외에도 프롬, 노이만, 슈미트, 뢰벤탈, 하버마스 등이 있었다.

물론 이들의 관심과 입장은 서로 다르기도 하다. 그러나 비판이론이라는 공통되는 하나의 사회철학적 지침이 있다. 이는 마르크스의 이데올로기 비판의 논리와 프로이드의 심리학 방법론을 발전적으로 수용한 것이다. 이들

---

1) 분석적 운동의 공동 창시자들이라고 할 수 있는 러셀(B. Russell)과 무어(G. E. Moore)는 브래들리(F. H. Bradley)와 신헤겔주의 철학자들의 입장을 반대했다. J. O. Urmson(이한구 옮김), *Philosophical Analysis: Its development between the two world wars*(『分析哲學』)(서울: 종로서적, 1986) 참고.

2) 심윤종, "프랑크푸르트학파와 비판이론", 신일철 편, 『프랑크푸르트학파』(서울: 청람, 1989), 19쪽.

학파는 프랑크푸르트에서 시작하였기 때문에 프랑크푸르트학파라고도 하고, 마르크스와 프로이드의 이론을 비판하고 수용하기 때문에 네오마르크시즘, 프로이디안 마르크시즘, 뉴레프트, 비판이론 등으로 불린다.

비판이론이란 현대사회에 대한 비판을 핵심으로 이론을 전개한다. 그 특징은 현대사회를 비판하되 그 책임을 개인에게 묻지 않고 사회 또는 체제에 돌리는데 있다. 그럼에도 불구하고 비판이론은 체제가 변화해도 인간이 변화하지 못하면 사회는 근본적으로 달라질 수 없다는 명제를 내세워, '새로운 인간'을 요구한다. 이처럼 프랑크푸르트 학파의 사회철학에서는 인간을 철두철미한 사회적 존재로 파악한다.

비판이론은 처음에는 마르크스의 저작에 기반하였다. 프랑크푸르트학파의 저작활동이 활성화 되면서 정통 마르크스주의를 훨씬 능가하게 되었다. 비판이론은 이론화를 위한 주제로 현실 문제를 다루며, 그 이론화를 정당화하는 데에 현실 문제를 직접적으로 이용한다. 그리고 단순히 현실 문제를 설명하기만 하는 것이 아니라, 사람들이 자신의 삶의 보다 많은 부분을 통제할 수 있게 함으로써 현실 문제를 해결하는 방안을 제공하려고 한다. 이러한 해방적인 노력이 비판이론의 가장 중요한 특징이기 때문에 그것은 우리에게 필요한 과업일 수밖에 없다.

요컨대 비판이론은 개인과 집단이 그들 자신의 삶을 통제해야 한다고 주장한다. 동시에 각자 그들 자신의 운명을 결정할 수 있어야 한다. 이것이 비판이론의 목표이다. 따라서 비판이론은 사회적 기형 · 불평등 · 부정의를 비판하고 이를 변화시키는 일에 헌신한다.

실존주의('실존철학'이라고도 함)는 19세기의 합리주의적 관념론 혹은 실증주의에 대한 비판과 도전에서 시작되었다. 양차 세계대전이 일어나기 전에 후설(Edmund Husserl)은 현상학을 통해 철학의 관심을 인식론에서 존재론으로 전환시켜야 한다고 주장하였다. 후설의 주장은 실존주의 등장에 지대한 영향을 미쳤는데, 실존철학은 양차대전의 비극적 체험을 통해 더욱 촉진되었다. 과학기술 문명의 발달은 빈곤의 문제를 해결하고 편리함을 더해 주었지만 인간의 주체성을 말살하는 역현상도 초래하였다. 이 또한 실존주의의 생성을 촉진시킨 요인으로 작용하였다.

요컨대 실존주의는 현대문명의 비인간화에 대한 반항으로 등장하였다. 즉 기술문명과 관료기구, 객관주의에 대한 항변이자 산업사회에서 조직화로 인한 인간소외에 대한 거부이다.

한편, 21세기 현대사회의 특징은 이른바 제3의 물결이라고 불리는 과학기술혁명이 최첨단 우주 과학 기술로 치닫고 있다. 이러한 혁명은 과학기술분야의 변화뿐만 아니라 산업 구조의 근본적인 혁신을 가져왔다. 그것은 근대사회를 특징짓는 모더니즘의 시대가 종말을 고하고 탈근대주의(포스트모더니즘)가 지배적 생활양식으로 자리 잡게 되었다는 의미이다.

첨단과학기술혁명의 가속화는 산업구조 및 사회구조를 재편하게 하고 있을 뿐만 아니라 인간의 가치관마저 전환시키고 있다. 즉, 대량생산과 대량소비에 바탕을 둔 근대산업사회에서는 상품의 규격화와 가치관의 획일화를 초래하였지만, 그것을 넘어선 탈근대 사회에서는 탈물질 문명적인 가치관의 탈획일화, 선택적인 소비지출의 증가, 자유시간의 선호, 기호의 다원화와 생활의 질에 대한 관심이 증대하였다.

2. 분석철학과 교육

1) 기본 특징

분석철학은 철학의 고유 기능을 언어와 그 언어에 의해 표현되는 개념의 분석을 통해 사물을 이해하는 데 둔다. 여기에는 여러 학파가 있지만, 그들의 공통적인 방법은 언어의 구조가 실재의 구조를 반영하는 것으로 보고, 이

언어의 명료화에 두고 있다. 이러한 태도 내지 방법을 취하는 학자들은 통틀어 '언어분석학파'라 하며, 그 학설을 총칭해서 '분석철학'이라고 한다.[3] 따라서 분석철학은 특정인이나 소수 철학자들의 이름에 결부된 철학이 아니라, 유럽 각지와 북아메리카 등지에서 싹트기 시작하여 구미 철학계를 풍미했던 철학적 방법 또는 경향에 편의상 붙인 이름이다.

분석철학에 속하는 학파에는 일상 언어학파, 의미론적 분석학자, 프랑스 · 스위스 · 이탈리아의 과학론 그룹, 케임브리지 분석학파, 비엔나 학파, 경험철학협회, 북구 분석학파, 실용주의, 조작주의 등이 있으며, 각기 그 경향을 달리하고 있다. 그러나 이들은 공통적으로 '철학을 과학화해야 한다'는데 동의하고 있다. 대신, 방법이나 철학의 주제 선택에 관한 입장은 다르다.

분석철학의 일반적 경향 및 특징은 크게 두 가지로 나누어진다. 하나는 철학을 과학화하기 위해서는 그 표현매체인 결함이 많은 '자연언어'를 순화해야 하며, 기호논리학을 응용하여 엄밀한 '인공언어'를 보조수단으로 설정하려는 태도이고, 다른 하나는 자연언어를 주의 깊게 사용하는 방법을 명확히 함으로써 여러 철학적 문제에 공헌할 수 있다고 믿는 태도이다. 전자의 경향은 논리실증주의이고, 후자는 일상언어철학이다.

논리실증주의는 러셀이 언급한 분석적 경험론과 밀접한 관련이 있다. 또한 비엔나학파에 큰 영향을 미친 비트겐슈타인에게서 찾아볼 수 있다. 그러나 후기의 비트겐슈타인은 논리실증주의의 입장을 포기하고 일상언어 철학으로 그 경향을 달리하였다.

논리실증주의는 철학의 주요 임무가 웅장한 이론체계를 구성하는데 있는 것이 아니라 문제의 논리적 분석에 있다는 것을 강조한다. 따라서 논리실증

---

3) 대표적인 분석철학자의 한 사람인 비트겐슈타인에 의하면, 모든 철학은 언어비판이라고 생각하며 언어비판으로서의 철학방법이 가장 올바른 방법이라고 본다. 다시 말하면, "말할 수 있는 것, 즉 자연 과학의 명제들-따라서 철학과는 어떤 관련도 없는 것-이외에는 말하지 않는 것, 그리하여 어떤 사람이 형이상학적인 어떤 것을 말하려고 원할 때마다, 그가 그의 명제들에 어떤 기호들에 의미를 부여하지 않았나는 것을 그에게 지적해 주는 것이다." L. Wittgenstein, *Tractatus Logico-Philosophicus*(『논리철학논고』), 6.53.; 이건표, 『비트겐슈타인의 철학과 마음』(서울: 자유사상사, 1992), 114~116쪽 참고.

주의자들은 형이상학적 명제에 대해, 진위를 결정할 수 없는 무의미한 명제로보고, 이를 '거짓명제'라고 한다. 왜냐하면 형이상학적 명제는 분석적인 것도 경험적인 것도 아니기 때문이다. 분석적인 것으로서 수학적이고 논리적이라면 논리적으로 그 진위여부를 해명할 수 있고, 경험적인 것이라면 실험과 관찰 및 검증에 의하여 또한 그 진위를 가려낼 수 있다.

논리실증주의자들은 논리학이나 수학에 의해서 그 진위가 결정되는 논리적 명제를 중시한다. 그리하여 그들은 다음과 같은 테제를 제시한다.

> 인식적으로 유의미한 명제는 분석명제와 종합명제에 국한된다. 즉 검증이 가능한 조건을 지닌 명제는 오로지 경험적(종합적) 명제와 논리적(분석적)명제 뿐이다.

분석명제란 그 타당성이 그 명제가 내포한 기호의 정의에 의존하는 것이며, 종합명제란 그 타당성이 경험적 사실에 의해서 결정되는 명제이다.

논리실증주의에 의한 언어분석의 이론적 특징은 인공적 일상언어의 번역과 감각여건의 환원적 분석이라는 환원적 성격에 있었다. 그러나 그것이 전개되어 감에 따라 여러 가지 난점에 봉착하게 되었다. 예컨대, 논리실증주의자들은 '국가'라는 말은 '국민'으로 구성되었다고 생각한다. 그런데 "영국은 1939년에 선전포고를 하였다"라는 명제를 환원적 분석을 통해 "각 영국인은 1939년에 선전포고를 하였다."라고 한다면 그 의미는 달라진다. 이처럼 일상언어의 세계에서 '국가'에 관한 명제를 '국민'에 관한 명제로 분석 내지 환원하는 것은 부당하다.

이러한 점에 착안해서 논리실증주의자들과는 다른 분석적 철학활동이 영국의 학자들에 의해서 전개되었다. 그들은 일상언어를 중시하였기 때문에 일상언어학파라고 불리며, 그 활동의 중심 역할을 했던 학자들 가운데 옥스퍼드 출신이 많기 때문에 옥스퍼드학파라고도 한다.

이 새로운 분석활동은 무어나 후기의 비트겐슈타인의 주장에서도 볼 수 있으며, 1930년대 후반기에는 여러 학자들이 이 분야의 연구활동을 하였다. 일상언어학파의 슬로우건은 다음과 같다.

> 현재 사용되고 있는 문장을 떠나서는 의미를 파악할 수 없다.
> 모든 문장은 각각의 경우에 따라 그 논리를 갖는다.

그러므로 일상언어학파 철학자들은 검증 불가능한 언명이라 할지라도, 그것을 인식적 의미가 없다고 단언하지 않고, 언어로서 어떤 다른 목적으로 사용되고 있기 때문에 충분히 유의미하다고 생각한다.

2) 교육적 응용

피터스와 그의 동료들은 "교육철학의 역할은 새로운 교육의 주의(-ism)나 이념을 발전시키는 것이 아니라, 우리가 현재 사용하고 있는 개념들의 의미를 더 잘 이해할 수 있도록 도와주는 것"이라고 보았다. 또한 오코너는 교육철학의 여러 이슈들을 다룰 수 있는 새로운 접근방식 중의 하나로 분석철학을 들면서, 그것은 지식, 교육, 학교 등과 관련된 용어를 검토하고 그 의미를 명료화하는 방법이라고 하였다.

분석철학자들은 많은 교육문제들이 본질적으로 언어의 문제라고 주장한다. 우리가 사용하는 교육적 진술들을 구체적으로 살펴보면, 무의미한 것(nonsense)들이 많다. 무어에 의하면, 철학의 주요 목적은 'A는 필연적이다'라는 형태의 모든 명제들이 참인지 거짓인지를 알고자 함도 아니고, 그것들이 옳게 표현되었는지도 아니다. 단지 그것들의 의미가 무엇인지 발견하는 것이다.[4] 의미가 모호한 불명료한 진술이나 슬로건 등은 교육을 더욱 혼란스럽게 한다. 따라서 우리가 모호한 언어의 문제를 해결한다면, 교육의 문제들

4) 정해창 앞의 책, 158~159쪽.

을 분명하게 해결할 수 있을 것이다. 이렇게 보면 분석철학자들의 기능은 언어, 개념, 목적 등을 명료하게 진술하는 일이다. 즉 언어의 명료성과 유의미성을 점검해주는 교정원의 기능을 수행한다.

하지만 분석철학자들은 학생과 교사가 해야 할 일 또는 하지 말아야 할 일에 관한 규범적 진술과 그러한 활동에 관한 가치의 진술을 회피한다. 예컨대, 어떤 학교에서 학생들에게 특정한 책을 읽도록 하였을 때, 분석철학자들은 학생들이 그 책을 읽어야 하는지 아니면 다른 책을 읽어야 하는 지에는 관심을 두지 않고, 단지 그러한 활동과 관련된 주장을 점검한다. 그들은 학생들이 읽고, 생각하고, 학습해야 한다는 것을 말하는 대신, '읽다' '생각하다' '학습하다'라는 것이 무엇을 의미하는지 검토한다. 어떤 규정을 내리거나 가치 판단은 하지 않는다. 왜냐하면 그들의 기능은 분석을 통한 언어의 명료화에 있기 때문이다. 이처럼 분석철학자들은 교육자가 사용하는 언어의 명료화, 각종 개념도구들, 그것을 사용하는 과정, 그리고 명시된 목적에 관심을 둔다.

분석철학자들이 '교육'이나 '교수' '훈련' 등 주요 개념을 명료화하는 방법을 예시해 본다.

피터스의 경우, '교육'이 갖추어야할 기준을 다음과 같이 밝혔다.[5] 교육의 목적 측면에서 볼 때, "교육은 가치 있는 일을 전달함으로써 그것에 헌신하는 사람을 만든다는 뜻을 지니고 있다." 교육의 내용 면에서 "교육은 지식과 이해, 그리고 모종의 지적 안목을 길러주는 일이며, 이런 작업이 무기력한 것이어서는 안 된다." 교육의 방법 면에서 "교육은 교육받은 사람의 의식과 자발성을 전제로 한다는 점에서, 몇 가지 전달과정은 교육의 과정으로 용납될 수 없다."

아킨펠루는 '교수'의 기준으로 의식적이고 신중하게 교수행위를 하는 사람이 있어야 하고, 가르침을 받고 있는 어떤 사람이 있어야 하며, 가르쳐지는

---

5) R.S. Peters(이홍우 역), *Ethis and Education*(『윤리학과 교육』)(서울: 교육과학사, 1981), 42쪽.

어떤 내용이 있어야 하고, 교수자는 학습자들의 학습이 이루어진다는 것을 최소한 의도해야 하며, 도덕적으로나 교육적으로 건전하고 수용할만한 방법이나 절차를 포함해야 한다고 주장한다. 그리고 이 기준을 충족시키지 못한 것은 교수가 아니라고 하였다.[6] 또한 피터스와 허스트는 '교수' 활동의 세 가지 필요조건으로, "학습을 유도하기 위한 의도가 있는 가운데 이루어져야 하고, 학습자들이 배워야할 내용을 제시하여야 하며, 학습자의 능력과 지적 수준에 적합하게 제시되어야 한다"라고 주장하였다.[7]

'훈련'의 경우, 교육의 목표인 완전한 인격 발달보다는 아동의 제한된 능력과 기술의 성공적인 수행을 목표로 하고 있기 때문에 '교육' 또는 '교수'의 개념과 다르다. 교육은 본질적으로 인간적인 과정이지만, 훈련은 동물 수준에서 일어날 수 있다. 어느 정도의 훈련 상황이 교육에 포함되기도 한다. 그러나 훈련은 원리의 활용 없이, 깊이 생각함이 없이, 자동적이고 반사적으로 익히는 작업이다.

3) 의의와 한계

분석철학은 교육 용어를 명료화함으로써 교육철학을 풍요롭게 하고, 교육학의 과학화에 기여하였다. 뿐만 아니라 교육에 새로운 학문방법론을 제공하였다고 판단된다. 아울러 교수자들에게 사고와 언어의 중요성을 각성시켰다.

그러나 분석철학은 사실적 지식과 규범적 지식을 적극적으로 수용하지 못하였기에, 바람직한 세계관이나 윤리관의 확립에 별 도움을 주지 못했다. 적극적인 발견과 주장을 회피하고 명제의 진위여부만을 강조하여 형식논리적으로 교육을 구명하려 들었다. 때문에 비생산적인 교육철학이라는 비판을 받는다.

---

6) J. A. Akinpelu, *Philosophy of Education*(London: MacMillan Publishers, 1985), p. 170.

7) P. H. Hirst & R. S. Peters, *The Logic of Education*(N.Y: Humanities Press, 1970), p. 81.

3. 비판이론과 교육

1) 기본 특징

비판이론은 인간의 자아인식과 자유로운 발전을 저해하는 모든 형식의 사회적 절차와 요인들을 올바르게 이해하려는 지적 노력이었다.[8] 이들이 관심을 집중시킨 영역은 틀에 박힌 마르크스주의자들이 내세우는 이른바 '토대(土臺; 경제)' 결정론에 사로잡히지 않고, 인간의 마음, 특히 권위주의적 사회심리, 이데올로기 등 정신과 관련된 차원이었다. 다시 말하면 경제에 의한 역사의 직선적 결정론의 미신을 일축하고, 경제에 대한 정치의 우위가 20세기 국가의 특징임을 천명하였다. 즉 모든 것이 정치권력에 의해 결정되고 근대적 관료제의 기본 장치인 '기술'의 체계적 적용으로 거의 숨 막힐 정도의 인간관리 체계가 형성되었다는 것이 이 학파의 공통 견해였다.[9]

특히, 호르크하이머는 도구적 이성[10]을 비판하면서, 비판이론을 주장하던 학파의 주요 연구 과제로 세 가지를 제시하였다.

첫째, 사회철학의 정립이다. 인간은 결코 개개인의 집합체가 아니고, 사회의 구성요소이기 때문에 인간의 운명을 해석하는 것은 사회철학이어야 한다. 둘째, 정통 마르크스주의를 거부하고 그 이론을 수정하여 사회개혁 프로그램을 완수해나가야 한다. 따라서 마르크스주의의 현대적 부활이라고 볼 수 있다. 셋째, 사회에서 발생하는 여러 현상의 총체적 이해이다. 이는 후기

8) 김정환, 『현대의 비판적 교육이론』(서울: 박영사, 1993), 30~34쪽.

9) 신일철, 앞의 책, 12쪽.

10) 호르크하이머의 계몽주의적 비판이론은 이성의 개념을 부활시킨다. 이성은 역사에 대한 인간의 자율성, 개인 상호간의 인정, 역사적인 억압으로부터 해방하려는 의향을 의미한다. 이러한 이성의 개념은 자본주의 사회를 지배하고 있는 도구적인 목적 · 수단의 합리성과 그 합리성에 종속되어 있는 이론과 실천과의 그릇된 관계를 비판한다. 즉 그의 자본주의 비판은 도구적 이성의 비판으로 집약된다. 이성의 도구화는 전체화로 치닫고 있는 지배관계의 관점에서 볼 때, 그 기능이 마비되어가면서 이성은 합리적 교환 원리로 완전히 대치된다는 주장이다. 이런 도구적 이성 비판은 정치경제학의 비판을 넘어 기계문명의 비판 영역으로 사상이 확대된 것이다. 김종호, 「호르크하이머와 이성의 도구화」, 신일철, 같은 책, 74쪽 참고.

자본주의 혹은 후기 산업사회를 개혁하는 사회 · 경제 · 문화 · 의식 등의 상관관계를 해명하는 사회이론의 연구이다.

이들은 경험론적 조사방법론이나 경험분석적 방법론 등 실증적 방법에 강한 회의를 보인다. 왜냐하면 이런 방법은 전체라는 구조 안에 자리하고 있는 사회의 여러 현상을 단면만 보기에 대상의 구조성을 놓치기 쉽기 때문이다. 또한 방법을 위하여 문제를 선정하는 오류에 빠지기 쉬우며, 선택된 문제의 사회적 의미의 중요성이나 그 문제를 야기시킨 사회적 배경에 대해 별 관심을 보이지 않고 그 문제를 다루는 방법의 과학성을 중시하는 폐단이 있기 때문이다. 따라서 비판이론에서는 과학을 표방하는 실증주의적 방법을 물리치고, 역사성, 변증법적 발전성, 그리고 총체성을 중시하는 학문방법을 선택한다.

'역사성'은 모든 사회적 현상을 역사의 산물로 보는 방법이다. 그러므로 이들은 역사적 이해를 본질적으로 보는 해석학적 방법을 택한다. 예컨대 인간소외의 경우, 그 문제를 단면적으로 보지 않고 그것이 인류의 역사에 어떻게 등장했고, 어떻게 이어져 왔으며, 현재의 관점에서 어떤 성격을 지니게 되었는지 고찰한다.

'변증법적 발전성'은 사회적 운동법칙과 모순들을 변증법적 방법으로 포착하고 해석하는 것을 말한다. 사회의 여러 현상에 대해, 모순을 극복하며 발전하는 것으로 이해한다. 모든 사회적 현상은 아직 이루어지지 않은, 그러나 이루고자 하는, 그러기에 변혁될 수 있는 것으로 본다.

'총체성'은 사회의 모든 현상이 고립적이거나 부분적으로 조사되어서는 안되며, 반드시 연관적이고 전체적으로 탐구되어야 한다는 의미이다. 특히, 정치, 경제, 문화적 관계의 맥락에서 조사해야 한다. 왜냐하면 사회현상의 연구방법론은 자연과학의 대상과는 달리, 주관성을 지닌 것이 대부분이고, 계급, 국가, 민족, 가족 등 사회의 여러 구조는 의식의 구조로 이해되어야 하기 때문이다.

이러한 비판이론의 핵심개념 및 특징에 대해, 깁슨은 복수이론, 이론에의 몰두, 과학적 접근의 거부, 계몽, 해방, 마르크스주의 이론의 수정, 도구적 합리성의 비판, 문화에 대한 관심, 개인과 사회의 관계, 미학의 중심성, 프로이드의 영향, 사회적 사태의 설명, 언어에 대한 관심 등이 13가지로 들고 있다. 이 중 몇 가지만 간략하게 설명하면 다음과 같다.

비판이론은 단일이론이 아니라 복수이론이다. 즉 단일화된 비판이론은 없다. 단수명칭인 비판이론은 여러 저자들 간에 다양한 부분에서 의견이 일치하지 않고 있다는 사실을 은폐하는 명칭이다. 예컨대 프랑크푸르트학파의 학자들 간에는 접근방법과 관심사에서 차이점들이 있다. 엄밀하게 말하면, 비판이론은 '비판이론들'이라고 이해해야 정당하다. 비판이론에는 이질적인 특성을 지닌 이론이 있음에도 불구하고, 앞에서 언급한 것처럼 공통적으로 공유하는 가정들이 있다.

비판이론가들은 실천보다는 이론 자체에 지대한 관심을 가진다. 그들은 비이론적 · 무이론적 접근이라고 생각되는 것을 거부한다. 연구를 통해 보다 위대한 이론화를 예시하며, 그러한 이론화의 필요성을 주장한다. 비판이론은 이론과 실제가 분리될 수 없고 어떠한 실제라도 그 기초가 되는, 즉 실제에 스며있는 이론이 존재한다고 주장한다.

비판이론가들은 비판이론이 자연과학 이론과 어떻게 다른가를 밝히는 데에 관심을 가지며, 과학적 설명의 특징을 밝히고 이를 비판 · 거부한다. 인간사회를 연구하는 데에 과학적 접근이 잘못된 것으로 진리추구를 저해한다고 본다. 그래서 비판이론은 사회적 삶 속에 '주어져 있다'고 하는 개념을 거부한다. 인간사회에서 의미를 갖는 어떤 것도 '주어지거나' '자연적인' 것은 없다. 비판이론은 인간사의 모든 사실이 사회적으로 구성되고, 인간의 견지에서 결정 · 해석된다. 따라서 인간의 방법에 의해 변화된다고 주장한다.

비판이론 실천가들은 비판이론을 받아들일 때에만 사회의 현실들이 확실하게 드러나게 되고 이해된다고 주장한다. 그래서 비판이론은 사회적 삶이 실질적 조건에 대한 계몽을 한다는 것이다. 이러한 계몽은 개인과 집단의 진정한 이해관계를 폭로하는 것이다. 이처럼 비판이론이 이해관계에 초점을 맞춘다는 것은, 조화로운 합의보다는 오히려 갈등과 긴장을 사회적 삶의 중심 특징으로 본다는 의미이다. 그리하여 지식이나 사회적 실제가 특정한 개인이나 집단에 어떻게 이익과 불이익을 주고 있는가를 탐색하는 과정에서 부정의와 불평등의 근원을 폭로함과 동시에 인간행위의 근원을 드러내어 준다고 본다.

나의 삶을 통제하고 지배하는 것이 무엇인가? 누가, 그리고 무엇이 나를 억압하며 동시에 나를 자유롭게 하는가? 그리고 그것을 어떻게 알 수 있는가? 이러한 물음들과 관련하여 비판이론은 권력과 권위, 그리고 자유의 본질과 한계를 탐구함으로써 어떻게 하면 보다 나은 자율성을 확보할 수 있을 것인가에 대한 통찰력을 제공한다. 비판이론은 계몽만을 하는 것이 아니라 계몽의 결과로써 그 이상, 즉 당신을 해방시킬 수 있다. 그리고 과학적 이론과는 달리 무엇을 해야 하는가에 관한 지침을 제공하며, 세상을 명확히 밝힐 뿐만 아니라 세상을 변화시키는데, 불평등과 부당한 제약으로부터 해방시키는데 이용될 수 있다.

앞에서 지적하였듯이, 비판이론의 핵심적 특징은 마르크스주의 이론을 수정하여 교육이 상대적 자율성을 갖는다고 보는 데에 있다. 정통 마르크스주의는 경제적 관계가 사회의 다른 모든 측면들의 형식과 내용을 움직인다고 본다. 그러나 비판이론은 문화나 교육이 상당한 정도로 물질적(경제적) 요인들로부터 자율성과 독립성을 지닌다고 주장한다. 즉 토대가 상부구조를 결정한다는 가정을 문제시한다. 그것은 상부구조가 경제적 토대에 종속되어 있다는 정통 마르크스 사상의 수정이다.

도구적 합리성(또는 기술적 합리성)이라는 개념은 비판이론의 중심개념이다. 이것은 목적보다는 수단에 몰두하는 것을 의미하며, 방법 및 능률성에 치중한다. '왜 그것을 하는가?' 또는 '우리가 어디로 가고 있는가?'라는 질문보다는 '어떻게 그것을 할 것인가?'라는 질문에 치중함으로써 계량과 측정에 사로잡혀 있기에 그것에 대한 비판과 도전이 요청된다. 뿐만 아니라 그것이 초래하는 기형과 제약으로부터 해방될 필요가 있다.

2) 교육적 응용

비판이론의 선구자들이라고 할 수 있는 호르크하이머와 아도르노 등은 교육에 대하여 다양한 논의를 하였다. 이들은 현대교육이 몰개성적일 뿐만 아니라 기계적 · 도식적으로 변질되어 비인간화되어가고 있음을 비판하였다. 특히 아도르노는 단순한 지식전달과 인간제작의 이념과 표본의 제시 등을 거부하였다. 즉, 상품을 제작하듯이 외적 기준에 따라 인간을 제작하는 것은 바람직하지 않으며, 인간교육을 하는데 틀에 박힌 표본을 제기하는 것 또한 권위주의적 횡포가 담겨있기 때문에 바람직하지 못하다고 하였다. 그래서 그는 교육의 방향, 즉 교육목적을 다음과 같이 제시한다.

교육은 하나의 자율적이고 성숙한 인간의 이념을 지향해야 하며 올바른 의식을 형성하기 위하여 애써야 한다. 올바른 의식의 형성이라는 것은 비판적인 자기성찰을 위한 교육을 의미한다. 즉, 자율적이고도 의식화된 인간을 이성적 인간으로 보며, 그러한 인간상의 구현에 이바지하는 교육을 참된 인간 교육이라고 본 것이다. 이를 토대로 바람직한 인간교육을 제시하면 다음과 같다.[11)]

첫째, 맹목적이고 억압적인 공부는 인간교육을 위해서 바람직하지 못하다. 이러한 공부는 주체적인 사유의 자유를 박탈하기 때문이다.

둘째, 인간교육을 위해 물상화에 대한 저항이 필요하다. 물상화에 대한 저항이란 두 가지 의미를 지니는데, 하나는 어떤 대상이든지 무비판적으로 받아들여져서는 안 되는 것이고, 다른 하나는 어떤 대상이든지 이미 완결된 형

---

11) 김정환 · 강선보, 앞의 책, 『교육철학』, 291~292쪽.

태로 받아들일 것이 아니고 인식된 것도 늘 새로운 관계구조 아래서 관찰하면서 생동적인 발전과정 안에서 그것을 받아들여야 한다.

셋째, 인간교육을 위해 모든 기계적인 사유에 반대되는 요소로서의 초의도적인 요소를 배제해서는 안된다. 교육이 인간의 행동을 변화시키는 것이라 할지라도 기계적으로 변화시킬 수 있는 것은 아니라는 말이다.

넷째, 인간교육을 위해서는 정열이 반드시 필요하다. 정열이라는 것은 플라톤이 이데아를 인식하는 조건으로 내세운 에로스와 같은 의미에서 이해될 수 있다. 이런 정열은 현실에 대한 불만, 또는 인간 정신에 내재하는 생동성에서 나타날 수 있다.

다섯째, 인간교육은 다음과 같은 사회의 실현을 지향해야 한다. 협잡이나 사기가 없고 너무나 짧은 효용성의 원리만이 인간의 사유를 지배하는 일이 없는 그러한 사회를 말한다. 여기에서 협잡이나 사기라는 것은 어떤 특권 의식을 전제하는 것이다.

이처럼 비판이론에서 지향하는 인간상은 자율적이고 주체적 사유를 하는 인간, 비판적으로 의식화한 인간, 정열적인 인간, 특권의식이 배제된 이상사회에 기여할 수 있는 인간을 지칭한다.

대부분의 비판이론가들은 사회의 불평등이 학교 교육을 통해 재생산된다고 본다. 그래서 이들은 교육의 사회적 조건들을, 이념 비판을 통해 적발해내는데 관심을 둔다. 즉, 학교는 불평등하고 불공정한 정치 경제 구조를 반영할 뿐만 아니라, 그것을 재생산하는 기능을 한다는 것이다. 일반적으로 이들이 갖는 3가지 공통점은 다음과 같다.[12)]

첫째, 교육에서 무엇이 잘못되었는가? 이는 교육의 불평등과 부정의의 모습을 드러내 보이려는 관심이다.

둘째, 교육의 병폐는 왜, 그리고 어떻게 발생했는가? 이는 불평등과 부정

---

12) 위의 책, 293쪽.

의가 유지되는 교육의 과정과 구조들을 드러내고 그 원천을 추적하는 작업이다.

셋째, 교육의 병폐는 어떻게 치유될 수 있는가? 이는 불평등과 부정의를 치유하는 방법을 모색하거나 제안하는 일이다.

이러한 공통 관심사를 논의하면서 그들은 잘못된 교육의 구조와 교육 과정을 지적한다. 이들이 강조하는 교육내용은 정치교육, 인문교육, 여성해방교육, 사회과학교육, 이상사회구상 등이다. 정치교육은 지배체제의 이데올로기를 여러 국면에서 비판하면서 바람직한 체제에 대한 전망을 굳히는 의식화 교육이다. 인문교육은 기술교육이나 직업교육보다 일반교육을 중시하여 삶과 역사를 올바르게 키워주는 교양교육이다. 여성해방교육은 사회 내에서 성차별과 성해방 문제를 다루는 성해방교육이다. 사회과학교육은 이 사회의 구조와 역사적 발전과정을 거시적 시각에서 보는 역사교육이다. 이상사회구상이란 이들이 염원하는 사회가 자본주의도 공산주의도 아닌 복지사회에 대한 꿈을 키우는 교육이다.

그리고 이들이 권장하는 교육방법은 학교와 사회와의 관계회복, 학습자의 교육 주체성 존중, 갈등의 현장 견학, 친교, 갈등상황에 대한 문헌 접근 등이다. 학교와 사회와의 관계회복은 학교가 사회의 문제를 끌어들여 학습자가 사회 문제에 대한 인식을 깊게 하는 일이다. 학습자의 교육 주체성 존중은 학습자의 흥미 · 자유 · 자치 등을 존중하는 소극교육이다. 갈등현장 견학은 농성 · 데모 · 파업 등 사회인의 여러 집단행동을 자기 눈으로 보게 하여 문제의 초점이 무엇인가를 다루어 보게 하는 일이다. 친교는 동지적 유대감을 키워주기 위한 대화이다. 그리고 갈등상황에 대한 문헌접근은 여러 갈등현장의 문제들을 생생하게 기록한 문헌들을 접하는 일이다.

3) 의의와 한계

비판이론은 철학의 사회적 역할을 제고하였고, 실증과학의 한계성을 지적하였으며, 총체적 교육관과 교육내용 및 교육방법에 대한 혁신적 제안을 하는 등 다양한 교육적 기여를 하였다.

이데올로기 비판이라는 무기로 문화혁명을 선도 하였으나, 그 혁명을 이끌어갈 조직을 갖추지 못하였고, 자본주의와 공산주의를 동시에 비판하는 중도지향적 성격을 표방하면서도 자본주의 비판에 치중하고 있다. 나아가 교육정치화 개념이 취약하고, 교육원리가 뒤섞이어 복잡하며, 지나친 비판의식으로 역교육이나 반사회적 교육을 유도할 수 있는 한계를 지니고 있다.

4. 실존주의와 교육

1) 기본 특징

플라톤으로부터 헤겔에 이르는 서구의 전통 관념 철학은 '본질'에 관한 문제를 주로 다루었다. 따라서 철학자들은 철학의 주요 임무가 '실재'에 관한 물음이었다. 그러나 실존주의는 본질의 문제보다는 실존의 문제를 철학의 관심으로 부각시켰다. 그들은 실존을 본질에 선행하는 것으로 보았다. 이는 이전 철학과 달리 철학의 근본에 대한 새로운 문제 제기였다. 실존철학자들은 "'나는 존재한다'라고 말하는 것이 무엇을 의미하는가?"라고 묻기 시작했다.[13)]

---

13) 실존주의에서 실존의 의미를 이해하는 것은 매우 중요하다. 실존주의를 이해하기 위해서는 스콜라 철학의 개념쌍인 '실존 대 본질(existentia-essentia)'의 구분을 떠올릴 필요가 있다. 전통 철학에서 강조해온 본질은 '그러함(Sosein)', 혹은 '본질(Wesen)'로 번역된다. 그것은 어떤 정의, 혹은 개념 내에서 파악되는 한 사물의 무엇임(Was-sein)으로서, 사물이 변하는 소용돌이 속에서도 변하지 않고 머물러 있는 필연적인 것, 초 개체적 · 보편적인 것을 뜻한다. 이에 반해 실존은 한 사물이 있다는 그 사실(Daβ-sein), 그 사물이 우연하게 실제적으로 눈앞에 있음(Vorhandedsein)과 실제로 있음(Wirklichsein)을 의미하며, 이것은 자신의 가늠 기준을 본질에 지니고 있다. 이런 식으로 실존을 이해하여 실존철학을 해석할 경우, 실존철학은 사물의 '실제로 있음'을 대상으로 삼는 철학이 될 것이다. 그러나 전통적인 철학인 본질 철학의 형이상학에 항거하는 '실존'은 '본질'에 반대하여 논쟁을 강조하고 있다. 그리고 모든 사물이 아닌 오직 '인간'에게만 '실존(Existenz)'이라는 말을 쓸 수 있고 인간이 실존을 '갖고' 있는 것이 아니라 실존으로 '존재하고' 있기에, 실존은 인간 현존재의 존재 이행 방식으로 이해된다. F. Zimmermann(이기상 옮김), 『실존철학』(서울: 서광사, 1987), 21~22쪽.

실존철학자들은 인간을 창조한 신을 상정하여 다음과 같이 설명한다. 만약 인간을 창조한 신이 있다고 가정한다면, 그 신을 설명해야 한다. 그렇다면 그 신은 어떻게 창조되었는가? 신을 창조한 어떤 존재를 가정한다면, 다시 그 신을 창조한 창조자의 창조자를 설명해야만 한다. 이러한 식으로 논리를 전개하면 끝이 없으며, 창조자가 없다는 결론에 이른다. 그러므로 우리는 단순히 실존하는 인간으로 파악되며, 그가 어떤 특별한 무엇이 되기 전에 존재할 뿐이다.

이와 유사한 양식으로 실존철학자들은 근대 철학의 선구자이자 관념론적 합리론자인 데카르트를 반박한다. 데카르트는 너무나 유명한 "나는 생각한다. 그러므로 나는 존재한다(I think, therefore I am)"라는 명제를 남겼다. 데카르트는 존재보다 사고(생각)를 앞세웠다.

그러나 실존철학자들은 내가 존재하지 않으면 분명히 나는 생각을 할 수 없다고 판단한다. 나는 생각하기 이전에 존재해야만 한다. 따라서 데카르트의 말은 "나는 존재한다. 그러므로 나는 생각을 하기위한 필수 조건들 중의 하나를 가지고 있다(I am, therefore I have one of the prerequisites for thought)"라고 고쳐야 정확하게 될 것으로 본다. 이런 문제의식 아래, 실존철학자들은 "나는 선택한다. 그러므로 존재한다(I choose, therefore I am)" 라는 명제를 사용한다.

실존철학에서 인간은 그 자신의 본질을 결정하는데 완전히 자유롭다. 이러한 자유는 절대적이다. 인간은 그가 되고자 하는 대로 선택할 수 있다. 각 개인은 스스로 옳고 그름을 판단할 뿐 아니라 옳고 그름을 판단하는 준거까지도 결정한다. 이때 윤리적 선택에 대한 인격적 책임은 필수적이이다. 즉 도덕적 결정에서 개인의 책임을 매우 강조한다.

인간은 결정되지 않은 존재이며 선택할 수 있는 존재이기에 항상 그 자신을 실현하고자 노력한다. 자신을 실현하는 작업은 '되어감(생성)'의 과정이다. 존재한다는 것은 되어감의 과정에 종사하는 일이며, 그것은 인간이 지구상에 있는 한 계속되도록 운명 지어져 있다. 그가 어떠한 인간이 될 것인가에 대한 제약은 전혀 없다.

인간의 존재는 스스로를 초월함으로써 특징 지워지며 끊임없이 인간의 본질을 재조정한다. 인간의 실존은 그에게 열려있는 가능성들의 선택에 달려있다. 그리고 이러한 선택은 결코 한번만으로 끝나는 것이 아니기 때문에 그의 실존은 불확정적이다. 어쨌든 실존주의에서는 인간을 '그 자신의 본질을 결정하는 자, 그리고 그 자신의 가치를 규정하는 자'로 파악한다.

2) 교육적 응용

전통적 교육관은 인간의 지속적 변화를 전제로 하는 '연속적 형성'의 교육가능성을 강조하였다. 볼노오에 의하면 전통적 교육에는 '기계적 교육관(mechanische Auffassung)'과 '유기체적 교육관(organische Auffassung)이 있다. 기계직 교육관은 교육자가 의도하는 목적과 목표에 따라 그에게 맡겨진 인간을 일정한 모습으로 만들어나가는 것을 교육으로 본다. 예컨대, 목수가 그의 계획과 설계대로 연장을 사용하여 의도했던 물건을 만들어 내는 것과 같다. 이는 교육을 하나의 '만드는 작용'으로 보는 것이다. 반면에 유기적 교육관은 인간을 마음대로 주물러지는 소재로 보지 않는다. 인간은 자신에게 내재하는 고유한 법칙에 따라 안으로부터 계발되고, 그 자신에 깃들어 있는 목표를 지향함으로써, 내면적 · 본질적으로 발전한다고 본다. 유기체적 교육관에서의 교육자는 식물을 재배하는 정원사에 비유된다. 그러므로 교육은 하나의 '기르는 작용' 이다. 요컨대, 기계적 교육관은 교육을 적극적 형성 작용으로 보며, 유기체적 교육관은 교육을 자연적 성장과정의 소극적 보호 작용으로 본다.

두 교육관은 이념적으로 서로 대립되지만 방법론적으로는 공통 견해를 지니고 있다. 즉 인간은 꾸준히 지속적 · 계획적으로 성장한다는 '연속적 형성가능성'을 자명한 전제로 받아들이고 있다. 지속적인 발전 · 성장, 계속적인 구상, 점진적인 개량이라는 입장에서 인간의 교육이 가능하다고 보는 것이다.

이러한 전통적 교육관은 교육의 '연속적(連續的) 성격'을 강조하다보니, '단속적(斷續的) 성격'을 무시하게 된다. 아울러 교수자나 학습자 사이의 상호관계 형성이 경시되고 있다. 이러한 점을 실존적 교육관은 극복하였다.

실존적 교육관은 실존의 이해에서 출발한다.[14] 실존철학자들은 실존하는 개인의 특성을 크게 세 가지로 구명하였다.

첫째, 실존적 개인은 어디까지나 자기 자신과 무한한 관계를 가지고 있어야 한다. 즉 자기 자신에 대하여 무한히 충실하고 자기 자신뿐만 아니라 자기의 운명에 대하여 가장 심각하게 끊임없이 생각하는 사람이다.

둘째, 실존하는 개인은 언제나 자기 자신에 대해 끊임없이 변화하고 있는 것을 느끼는 사람이다. 끊임없이 변화하고 있는 자기는 자기 앞에 이루어진 어떠한 사명이나 과업, 즉 피할 수 없는 일이나 자기가 해야만 하는 인생의 중대한 과업에 대하여, 조금도 유예 없이 느끼는 사람이다.

셋째, 실존하는 개인은 틀림없이 열정적인 정열을 갖게 되고, 열정적인 사고에 몰두하게 되며, 그에 따라 영감을 받는 사람이다. 다시 말하면, 유한 속에서 무한을 실현하는 사람이다. 여기서 정열은 실존에 생명을 불어 넣는 것인데, 키에르케고르는 이를 '자유의 정열'이라고 하였다.

이런 인간관에 근거하여, 실존주의는 교육에서 개인을 '선택하는 행위자, 자유로운 행위자, 그리고 책임지는 행위자'로 규정하고, 개인에게 이러한 의식을 갖도록 일깨운다. 실존주의는 완전한 '자유' 속에서 스스로의 결단에 의한 '선택'을 하되, 자신의 선택에 대해 철저히 '책임'지도록 한다.

이런 의미에서, 실존적 사고를 따르는 교육은 선택과 책임에 대한 깊은 개인적 반성을 강조한다. 개인의 삶에서 철저한 선택과 책임, 그리고 주체성을 강조하는 것이 실존주의이다. 철저하게 자유를 가지는 반면에, 철저하게 선

---

14) 실존적 교육관에 대해서는 강선보, 『마르틴 부버 만남의 교육철학』(서울: 원미사, 2003)과 「실존적 아이디어의 교육방법적 원용에 관한 연구」. 한국교육사학회. 『한국교육사학』 제21집(1999) 참고.

택에 대한 책임을 져야 한다. 따라서 실존주의 교육에 있어서 가장 중요한 지식은 인간의 조건들과 각 개인이 행해야만 하는 선택에 관한 것이다. 교육은 선택의 자유, 선택의 의미와 그 선택에 대한 책임에 관해 의식을 일깨워주는 과정이다. 이와 같이 실존주의 교육에서는 학습자에게 유용한 수많은 선택으로부터 그 자신의 길을 선택하도록 한다. 따라서 학교는 선택적 분위기를 조성하되, 학습자가 해야 할 선택의 종류를 일방적 · 획일적으로 규정해서는 안 된다.

결국 이들이 추구하는 교육의 목적은 자체 탐구이다. 그것에 따라 삶에 대한 모든 형태의 광범위하고도 종합적인 경험을 제공한다. 따라서 실존주의자가 교육을 통해 달성하고자 하는 인간은 단편적인 인간이 아니라 전인적 인간이다.

실존주의에서 교육은 외부의 자극이나 환경 혹은 상황에 대한 적응이 아니다. 창조적 자아의 성장을 촉진시키는 작업이다. 때문에 교수자 · 커리큘럼 · 시설 · 환경 따위는 한 인간이 전인으로 성장하기 위한 도구에 지나지 않는다고 본다. 예컨대 루소나 페스탈로치같은 자연주의자들은 매우 구체적인 교수방법을 제시하였으며, 프래그머티즘이나 진보주의 운동가들은 문제해결법을 교육실제에서 중시하였다. 그러나 실존주의에서는 이 같은 방법론적 노력이 미미하다. 단지 일반 철학에 관한 실존적 저술들로부터 교육방법론에 관한 추론이 가능할 뿐이다.

이런 점에서 실존주의자들은 교과목 그 자체보다는 교과목을 다루는 방법을 더욱 중시한다. 이는 커리큘럼 내에서의 실존적 자유의 행사가 커리큘럼 내용보다 더 중요시됨을 의미한다. 그러므로 학교는 학습자들의 자유를 신장하고 창조적인 개성을 갖도록 격려해야지, 적응이나 관습에 순응하도록 압력을 가해서는 안 된다. 또한 학습자들은 그의 환경에 의해 형성되는 존재로부터 그 자신을 형성해 나가는 존재로서의 역할이 강조된다.

어떤 측면에서 보면, 실존주의자들은 학교교육이라는 형태를 부정적으로 본다. 그들은 학교가 인간의 개성을 말살시킨다고 주장하면서, 보편화 교육, 집단적 획일화 교육을 비난한다. 즉, 학교 자체가 이미 개인이 사회화되는 장소로 변해 버렸기 때문에 집단의 훌륭한 일원, 훌륭한 시민은 형성시킬 수 있으나, 훌륭한 개인을 형성시키기는 어렵다고 본다.

실존주의자들이 강조하는 교과목은 인문학과 예술이다. 왜냐하면 실존적 선택은 매우 개인적이고 주관적이기 때문에, 정서적이고 심미적이며 시적인 과목들이 실존적 교육과정에 적합하다. 실존주의 교육에서 중요시 하는 또 다른 측면은 삶의 부조리나 실존적 긴장, 즉 불안이다. 따라서 이들은 진정한 인간교육은 삶의 좋은 측면뿐만이 아니라 삶의 불합리한 측면, 즉 삶의 추한 측면까지도 포함한 전체로서의 인간교육으로 파악되어야 한다.

전통교육은 인간 혹은 인간 세상의 어두운 측면을 감추고자 한다. 그러나 실존주의자들은 진정한 교육이란 감추지 않아야 한다고 믿는다. 훌륭한 교육은 적나라한 인간의 모습에 초점을 맞추는 것이므로, 학습자들에게 좋은 것이나 나쁜 것, 합리적인 것이나 비합리적인 것 등 삶의 모든 측면들을 배울 수 있도록 해야 한다. 이러한 입장을 그들은 인간주의적이라고 본다.

학교에서는 종교 · 죽음 · 출생 · 성 등 본질적인 문제에 대해 계획적인 거짓말을 하기도 한다. 왜냐하면 이러한 사실들을 학습자에게 알게 하는 것이 불안이나 두려움을 자아내게 하므로 해가 된다고 보기 때문이다. 그러나 실존주의자들은 오히려 그 반대라고 주장한다. 진짜 상황을 알지 못하게 하면 더 큰 불안을 유발하게 한다는 것이다. 그러기에 실존주의자들은 죽음 · 좌절 · 갈등 · 고통 · 공포 · 성 등과 같은 어두운 측면들을 감추거나 거짓교육을 시키지 말고 떳떳이 교육내용으로 채택하여야 한다는 입장을 취한다.

학습자들은 항상 삶과 죽음 그리고 인간 실존의 부조리 등에 대해 의문을 지니고 있다. 교수자는 학습자들의 이 같은 의문에 독단적이거나 권위적인 대답을 해서는 안 된다. 오히려 교수자는 학습자들이 이러한 궁극적 의문들을 가지고 인간 실존을 탐구하도록 조성하여야 하며, 그러한 문제들을 다양한 관점으로 탐구할 수 있도록 도와야만 한다. 이러한 경우에, 교육방법은 교훈적이거나 권고적이지 않고 촉진적이어야 한다. 예컨대 삶의 부조리에 직면한 학습자에게 부조리극을 관람하게 함으로써 문제해결을 도왔다면, 그것은 하나의 촉진적 교육방법이 될 것이다.

실존주의자들은 인간의 죽음 · 불안 · 고통 · 위기 등과 같은 어두운 측면과 자유 · 선택 · 책임 · 개성 등과 같은 주체적 측면을 부각시켰다. 그러나 전통교육과 같이 단순한 지속적 노력만으로는 인간을 변화시킬 수 없다고 보았다. 여기에서 새로운 교육 형태인 '비연속적(혹은 단속적) 형성'의 교육 가능성을 제기하였다. 교육에서 비연속성을 가능케 하는 것으로, 교수자와 학습자와의 만남, 학습자와 작품 속의 인물 또는 역사적 위인과의 만남, 육체적 · 감각적 또는 종교적인 각성, 벌 · 설교 · 명령 · 호소 등에 의한 훈계나 조언 등을 통해 훌륭한 교육이 이루어질 수 있다는 것이다. 이중 전환이나 비약을 가능케 하는 가장 핵심적인 요소는 '만남(encounter)'이다. 이때 교수자와 학습자간의 관계를 비롯한 모든 교육적 관계는 일방적이고 권위적인 전통적 관계를 벗어나, 인격을 지닌 상호 주체적 관계로 파악된다.

3) 의의와 한계

실존주의 교육이 우리에게 주는 시사점은 의미심장하다. 교육에서 비연속적 형성 가능성의 일면을 보여주었고, 보편화 · 집단화 · 획일화하는 전통교육의 경향을 인간의 개성과 주체성을 최대한 존중하는 교육으로 전향시키도록 촉구하였다. 또한 학습자 개개인의 개성을 존중하여 다양한 커리큘럼을 제공함으로써 전인교육이 이루어지는 데 기여했다. 나아가 교수자의 관심과 역할 차원에서 전통적인 교사상과는 새로운 차원의 교사론 및 교사교육을 고민하게 하였고, 삶의 밝은 측면뿐만 아니라 어두운 측면까지 교육의 영역으로 끌어들임으로써 보다 진솔한 교육이 이루어질 것을 촉구하였다.

그러나 실존주의 교육은 두 가지 차원에서 궁극적 한계를 지닌다. 하나는 인간의 현존재를 사회과학적 시각에서 파악하지 못했다는 것이고, 다른 하나는 비연속적 형식의 교육을 강조하였으나 그것을 방법화하는 데 난점이 있다는 것이다. 인간의 자유나 대화, 만남을 강조했지만, 그것을 어떻게 쟁취하고 문제를 해결해야 하는지 소극적이라는 점이다.

5. 탈근대주의와 교육

1) 기본 특징

탈근대주의(post-modernism)를 단정적으로 정의하기는 쉽지 않다.[15] 실제로 탈근대주의는 문학 · 음악 · 예술 · 건축 · 미디어 · 광고 · 사진 · 영화 등등의 광범위한 영역에서 다양하게 논의되어 왔다. 따라서 탈근대주의에 대한 정의를 내리는 것 자체가, 지식을 분류하거나 단일화 하는 것에 반대며 근대성의 해체를 주장하는 작업과 배치되는 일일지도 모른다.

포스트모더니즘이라는 용어를 학문의 영역 속으로 끌어들여 학술적 논쟁을 유발시킨 사람은 료따르(J. F. Lyotard)이다. 료따르는 포스트모더니즘을 거대담론에 대한 거부, 형이상학적 철학에 대한 거부, 그리고 총체적 사고에 대한 거부로 기술한다. 근대 사회는 모든 사람에게 보편적으로 적용되는 큰 주제로서의 거대 담론(대서사; grand narratives)을 주로 논의하였다. 인간해방, 민족과 국가발전, 역사적 진보 등과 같은 거창한 얘기를 제시했다. 그러나 포스트모던 사회에서의 담론은 지금까지 거대 담론에서 거부되고 억압되어온 조그마한 얘기(소서사; small narratives)들로 이루어진다. 즉, 자기 가정이나 직장, 지역사회 등과 같은 주변적인 것에 관심을 둔다. 다시 말하면, 총제적인 거창

---

15) 탈근대주의 교육과 관련해서는 김정환 · 강선보 『교육학개론』(서울: 박영사, 2006), 제12장 포스트모더니즘과 교육을 요약 정돈하면서 수정 보완하였다.

한 일 대신에 개인이나 작은 집단인 주위의 일상문제에 관심을 갖고 그것에 대하여 대화를 나눈다. 따라서 일상의 삶을 부정하는 독특하고 추상적인 보편성, 지엽적이고 특수한 것을 부정하는 일반화, 그리고 차이를 묵살하는 보편적 범주화 등을 전체적이고 테러적인 것으로 간주한다.

포스트모더니즘은 체계적인 이론이나 포괄적인 철학을 일컫는 것이 아니다. 또한 전통적 의미의 이념 및 개념들의 체계도 아니고 통일된 사회적 · 문화적 동향이라고 부를 수도 없다. 포스트모더니즘은 단순하고도 환원적인 틀에 저항하는 복잡하고 다양한 형태를 띠고 있을 뿐이다. 포스트모더니즘에 대한 개념 정의나 범주화가 어려운 까닭은 그것 자체가 실체가 없는 것이기 때문인지도 모른다. 실체가 있는 것 같지만 꼬집어 무엇이라고 말하기에는 쉽지 않는 그 무엇, 실재하는 것 같지만 실재한다고 단정할 수 없는 그 무엇, 바로 이러한 특질을 지닌 것이 포스트모더니즘이다. 따라서 모더니티나 모더니즘과 대비하여 설명하면, 포스트모더니티나 포스트모더니즘의 의미가 좀더 이해하기 쉽게 될 수 있다.

모더니티는 근대성이다. 근대는 고대 및 중세와 달리 여러 측면에서 뚜렷이 구별되는 특성을 지니고 있다. 산업화와 과학기술의 발달, 근대 국가의 등장, 자본주의 시장의 확립, 도시화 등 사회 구조상 급격한 변화가 일어났다. 동시에 문화적 측면에서도 세속화, 자아 및 개인의 강조, 전파매체와 정보기술의 중요성이 증대되면서 엄청난 변화를 초래했다.

근대사회의 이런 변화는 근대의 3대 혁명이라고 불리는 종교개혁, 산업혁명, 프랑스 대혁명에 근원한다. 근대성의 근본이념은 이른 바 계몽주의에 압축되어 있다. 계몽주의는 이성은 모든 인간에게 평등하게 주어져 있지만 스스로 계발하지 않기 때문에 성숙하지 못한다고 주장한다. 따라서 계몽주의는 인간의 이성과 그것의 무한한 발전가능성에 대한 절대적 믿음을 낳았다. 그리고 인간자신에게 주어져 있는 이성을 발진시길 수 있는 방법에 관심을 집중한다.

첫째, 인간과 자연을 대립시키는 방법을 통해, 근대 자연과학을 발전시켰다. 그것은 인간이 자연을 무한히 지배할 수 있는 객관적 대상으로 전락시킨 것과 관련된다. 산업혁명은 바로 이러한 자연 과학적 객관주의의 구체적인 표현이다. 둘째, 자신을 다른 인간과의 관계로부터 분리시키는 방법을 통해, 사회적 · 정치적 이기주의를 만들어 내었다. 그것은 자본주의의 토대를 이루게 되었다.

요컨대, 근대를 구성하는 계몽주의는 인간 이성의 무한한 발전에 대한 믿음, 인간의 자연 지배에 대한 정당화, 주체와 객체, 자아와 타자를 구별하는 보편적 객관주의로 볼 수 있다. 그것은 궁극적으로 이성에 대한 인간의 절대적 믿음, 즉 인간 절대주의라는 문제를 야기했다.

그런데 제2차 세계대전 이후, 20세기 후반에 접어들면서 본격적으로 등장하기 시작한 포스트모더니즘은 이러한 사고에 대해 회의를 품는다. 인간 이성의 절대화와 보편화라는 근대성의 핵심에 대해 비판하면서 그 대안으로 다원성과 유한성을 제시한다. 즉 포스트모더니즘은 인간의 절대화는 궁극적으로 인간의 자기소외를 야기할 수 있다는 비판적 반성을 통해, 인간의 유한성과 역사적 구속성을 적극적으로 사유하여 인간과 자연의 관계를 새롭게 정립하려는 유한성의 철학이다.

탈근대주의는 다음과 같은 차원에서 근대가 추구하던 가치와 다른 사고를 한다. 첫째, 인간과 자연을 구분했던 근대적 사고와는 달리 인간과 자연을 포괄적인 관계 속에서 고찰한다. 둘째, 인간 이성의 무한한 발전을 믿는 대신에 기술 발전이 부분적으로는 퇴보를 가져올 수 있다고 자각한다. 셋째, 모든 인간을 지배할 수 있는 하나의 이념 대신에 다양한 의견과 권리를 인정한다.

현대사회는 하나의 절대적 진리에 의해 지배되는 시대가 아니다. 수많은 담론이 나름대로의 정당성을 지닌다. 모든 획일적 가치 체계와 본질주의는 거부된다. 근대가 만들어낸 인간소외, 관료화, 획일화, 이성의 도구화 등에 대한 근본적 성찰이 일어난 것이다. 다시 말하면 근대사회에서 의식적으로 혹은 무의식적으로 소홀히 해 온 문제들에 대해 새로운 의미를 부여하게 되었다. 예를 들면, 근대사회가 추구했던 전체성, 이성, 보편성을 비판하고 다원성을 토대로 이성을 다르게 생각한다.

이러한 사고를 바탕으로 탈근대를 옹호하는 철학자들이 일반적으로 공유하고 있는 기본 입장은 다음과 같다.

첫째, 반정초주의를 표방한다. 즉 기초나 근본, 본질에 대한 회의이다. 예컨대, '도덕성'에 대해 언급할 때, 일반적으로 사람들은 그것을 불변하는 것으로 보편적인 삶의 기본 원리를 이루는 것으로 이해한다. 그러나 탈근대주의자들은 불변하거나 기본 원리를 이루는 기초는 없다고 인식한다. 왜냐하면 가치는 문화적 구성물이고, 시대에 따라 변하기 때문이다. 그럼에도 불구하고 지금까지 사람들은 다양한 이해관계, 전통, 환경 등에 따라 도덕성을 창조해냈고, 지식이나 인간 인식에서 궁극적이고 절대적인 기초가 존재한다고 가정했다. 탈근대주의는 이런 정초주의적 사유를 배격한다.

둘째, 다원주의를 표방한다. 근대 사회는 획일적이고 보편적이며 절대적인 진리나 기초를 추구했다. 그러나 현대 탈근대주의자들은 그것에 회의를 품고 다양성을 자랑스럽게 수용한다. 왜냐하면 삶에는 궁극적 기초가 없고 지식은 인간의 이해관계와 전통을 변화시킴으로써 결정된다는 믿음에 토대하기 때문이다. 그것은 현대 사회의 복잡성과 연관된다. 즉 이질적인 사회와 이익집단들은 그들의 필요와 특정한 문화에 적합한 가치를 구성한다.

셋째, 반권위주의를 표방한다. 근대 사회는 특정한 사람이나 집단, 지위와 계층 계급에 중요한 가치가 부여된다. 그것은 중요도나 역할에 따라 권위가 부여되고 하나의 힘으로 작용하는데, 해당되는 사람들의 이익과 가치를 반영한다. 탈근대주의는 이러한 원천적인 편견을 반대한다. 따라서 도덕적 탐구는 민주주의적이며 반권위적인 방법으로 시행되어야 한다고 주장한다. 그래야만이 특정한 인간 집단이 아니라 다양한 사람들의 이익이 제대로 고려될 수 있다는 것이다. 도덕적 가치나 지식은 부모, 교사, 학자, 성직자 등과 같은 특별한 집단에 의해 형성되어, 자식, 학생, 시민 등과 같은 일반 민중들에게 일방적으로 전달되지 말아야 할 것이다. 그것은 모든 사람이 도덕성을 창조하는 행위 가운데 들어와야 한다. 그것이 권위에 대한 반대이다. 반권위주의적 상황에서 가장 중시되는 절차는 개방과 대화이다.

넷째, 연대의식을 표방한다. 탈근대주의자들은 타자에 대한 관심과 연대의식을 매우 강조한다. 그들은 타자들에게 해를 끼치는 억압적인 권력, 조종, 착취, 폭력 등을 거부한다. 이에 한 걸음 더 나아가, 보다 더 적극적으로 공동체, 존중, 상호협력의 정신을 증진하고자 도모한다.

이처럼 탈근대주의는 특정한 이론이나 원리로 모든 것을 획일적으로 규정하고 통제하는 전체적 사고방식을 비판한다. 그러기에 현대 문화를 지배하는 탈근대, 해체의 정신은 진리와 지식, 그리고 인간과 사회에 대한 기존의 모든 이론이나 사고체제에서, 그것이 갖는 절대 객관성과 확실성을 부정하고, 다원성과 상대성에 대한 인식을 바탕으로 권위의 허구성을 비판한다. 따라서 현대를 하나의 진리에 의해 지배되지 않는 사회, 수많은 담론이 그 나름대로의 정당성을 인정받는 탈근대 사회라고 말한다.

2) 교육적 응용

우리는 이러한 탈근대성의 문화 속에서 살고 있다. 이런 시대를 살아가는 우리에게 어떤 삶의 양식 혹은 실존 방식이 요구되는가? 특히 교육은 어떻게 지속될 수 있을까?

보편타당한 객관적 진리의 추구, 거대 담론이 주요 논점이었던 근대 사회와 달리, 현대 탈근대 사회는 조그마한 이야기가 중요하다. 따라서 거대 담론으로 가득 채워진 지식보다는 조그마한 이야기들로 엮어진 지식 내용이 보다 가치가 있다. 이는 지식의 지위와 지식관의 전환을 의미한다.

교육은 상당 부분 지식의 문제를 다룬다. 이런 점에서 탈근대적인 지식관의 변화는 필연적으로 기존 교육의 변화 혹은 해체를 동반한다. 이젠 근대 사회에서 강조하던 인지적 지식만을 지식으로 한정하기에는 부적합한 시대가 되었다. 기술적, 윤리적, 미적인 요소가 인지적 요소와 대등한 지식으로 다루어져야 한다. 동시에 이들 요소로 이루어진 다양한 지식을 소유한 사람만이 현내사회의 다양한 삶의 양식을 창조적으로 살아나갈 수 있다.

더구나 현대사회는 다양한 지식 정보가 폭증하는 시대이다. 이른 바 정보화 · 지식기반 사회이다. 근대 계몽주의가 구축한 획일성, 전체성, 절대성이 비판된 지 오래되었다. 대신에 다원성과 상대성을 강조한다. 이는 계몽주의 체제의 산물인 근대 공교육 제도가 다원성과 상대성을 보장할 수 있는 새로운 대안 교육체제로 바뀌어야 한다는 의미이다. 다시 말하면, 기존의 근대적 교육체제를 해체하고 인간의 유한성과 사회의 다원성에 기초하여 인간과 교육의 본질에 대한 다각적인 성찰이 이루어져야 한다.

그럼에도 불구하고 탈근대주의는 전통적 의미의 어떤 이념 체계나 개념이 아니고, 통일성 있는 어떤 운동을 지칭하는 것도 아니다. 따라서 그것은 복잡다양한 성격을 띠고 있고, 단순하고도 환원적인 설명이 불가하다. 이런 관점 자체의 복잡성 때문에 탈근대성의 영역에서 교육 문제도 까다로워진다. 왜냐하면 대부분의 교육이론과 실천은 근대의 담론에 근거를 두고 있기 때문이다.

하지만 탈근대 사회의 발달이라는 맥락에서 교육이론과 실제를 검토하고 성찰하는 데 새로운 시각을 제시해 준다. 기존의 지식 개념과 구조, 그리고 위계에 도전하며 근대적 교육의 개념을 해체한다. 이외에도 근대 산업사회로 인해 발생한 환경 위기, 극단적 이기주의, 세속주의와 그에 따른 정신적 빈곤 등에 관한 경고의 메시지를 던진다.

특히, 교육학의 영역에서는 근대 공교육의 중심의 교육 체제에 대한 비판적 논의가 지속되어야 한다. 교육현장은 탈근대성의 행태들이 난무하고 있는데 많은 교육가들은 여전히 근대의 사유 속에서 청소년들을 지도하고 있다. 이는 필연적으로 발생하는 교육적 한계를 극복하기 어렵게 만드는 요인이다.

탈근대사회의 교육에서는 근대적 교육관의 해체적 인식이 요망된다. 교육에서 가장 중시하는 것 중의 하나가 가치 개념과 그것의 형성에 관한 것이다. 그러나 현대사회는 절대적 가치가 허물어져 버렸다. 교육이 가치를 지향한다면 도덕(혹은 인간)교육은 어떤 방향에서 고민해야 하는가? 근대적 도덕관념으로는 해결하기 어렵다. 탈근대적 해체와 새로운 건설이 요망된다.

3) 의의와 한계

탈근대 철학은 교육적으로 소서사적 지식의 중시, 교육현장 내에서의 작은 목소리 존중, 과학적 합리적 이성의 극복과 그에 따른 감성적 기능 회복, 교육의 구조적 변화 촉발, 공교육 체제에 대한 비판적 시각의 제공 및 대안교육 · 실험 교육 활성화의 토대 마련, 교육 및 인간 이해에 대한 지평 확대, 보편성 · 획일성 · 전체성의 극복과 그에 따른 다양성과 다원성의 존중, 권위주의의 극복, 지엽적이고 특수한 삶의 문제들에 대한 의미부여, 페미니스트 교육학의 발전적 토대 제공, 연대의식의 존중, 차이와 타자성의 존중, 비판의식의 함양 등을 제공하였다.

그러나 윤리학(혹은 도덕교육)에 대한 방향제시 미흡, 극단적 이기주의화에 대한 우려, 삶과 도덕성에 대한 보편적 기반(혹은 정신적 구심점)의 부재, 이성경시에 따른 삶의 불완정성, 오랜 역사와 사회적 맥락 속에서 형성되어 온 교육적 가치와 전통의 해체에 따른 교육공동화 현상, 해체위주에 의존함으로써 사회문화적 재건에 대한 비전 결여, 기존의 전통과 조화하려는 종합적 노력이 결여되는 문제점도 노출되었다.

제 5 장
동양 전통교육의 사상적 기반

1. 동양 전통사상의 특징

동양의 전통사상은 크게 세 가지 범주로 설명할 수 있다. 유학(儒學)과 도가(道家), 불교(佛敎)가 그것이다. 이들 사상은 동양인들의 생활 속에 깊숙이 파고들어 삶의 지침 역할을 했고, 교육에도 많은 영향을 미쳤다. 특히, 유학은 자연의 질서 체계를 인간 삶의 윈리로 끌어들여 도덕 윤리의 덕목으로 삼았고, 일상의 건전함과 합리성을 끊임없이 도모하였다. 그러기에 도가나 불교에 비해, 현실에 적극적으로 참여하였고, 사회의 운용과 조절에 관심을 두고 이론과 실천을 고민하였다. 유학자, 특히 성리학자(性理學者)들은 도가와 불교를 허학(虛學)으로 비판하고, 진실성과 현실성을 강조하면서 자기들의 학문 체계를 실학(實學)으로 자처하였다.[1)]

유학은 공자(孔子)가 창시한 학문이자 종교이며 학파이다. 학문으로 말할 때는 유학(儒學)이라고 하고, 종교성을 가미할 경우 유교(儒敎)라고 하며, 학파를 지칭할 때는 유가(儒家)라고 표현하기도 한다. 유학은 공자 이후, 맹자, 순자를 주축으로 하는 원시유학(原始儒學: Confucianism)과 주자, 왕양명, 퇴계, 율곡 등의 신유학(新儒學: Neo-Confucianism) 으로 분류할 수 있다. 어떻게 표현되건 유학이라는 큰 범주에서 볼 때, 그것은 공자의 사상을 발전시킨 사유의 체계이다.

---

1) 『中庸』

공자 사상의 핵심은 인(仁)이다. 인은 자기 자신의 이기적인 욕구를 억제하고 사회적 윤리 규범을 잘 지키는 일인 동시에 다른 사람을 사랑하는 마음가짐이다. 그것은 자신의 성의를 다하고 남을 이해하고 배려하는 충서(忠恕)의 정신이다. 맹자는 공자의 사상을 적극적으로 이어받아 성선설(性善說)과 왕도(王道) 정치를 주장하였다. 맹자에 의하면 인간의 성품은 선행을 실천할 수 있는 소질을 갖추고 있다. 그것이 인의예지(仁義禮智)라는 네 가지 단서[四端]이다. 또한 맹자는 백성을 가장 귀하게 여기고 국가와 정치의 근본에 두었는데, 이를 민본(民本) 정치라고 한다. 왕이 백성의 뜻을 배반하고 자신의 이익만을 추구한다면, 백성은 혁명을 통해 쫓아낼 수 있다. 그것이 유명한 역성혁명론이다. 순자의 경우, 공자 사상을 객관적으로 계승했다고 볼 수 있다. 순자는 맹자를 비판하면서 '인간의 성품은 악하다'는 성악설(性惡說)을 주장하였다. 이때 성악은 본능적 욕구나 자연적 성향과 같은 것으로 인간이 욕망에 빠지는 것을 경계한 말이다.

도가 사상은 노자와 장자의 철학을 기본으로 하므로 노장(老莊)사상이라고도 한다. 중국철학에서는 유학이 관학(官學)이 되고 정통으로 자리 잡게 되면서, 도가는 반정통처럼 느껴지게 되었다. 노장 철학은 무(無), 혹은 무위(無爲), 무아(無我)라는 개념을 자주 사용한다. 때문에 '없다'라는 측면을 강조하면서 현실을 부정하려는 의지로 보이기도 한다. 그러나 그들의 사유는 단순하게 현실의 삶을 부정하는 태도라기보다는 인간과 세계에 대한 새로운 인식과 이해 방식을 제공한 것으로 생각된다.

노자는 만물을 무(無) 또는 도(道)에서 나왔다고 생각한다. 이는 우주의 근원이 무 또는 도라는 의미로, 인의(仁義)와 예(禮)를 도를 생각하는 유학과는 다른 차원이다. 도는 초감각적이고 절대적인 것이어서 말로 표현할 수 없다. 그러므로 억지로 이름을 붙여 도라고 한다. 인간도 만물 가운데 하나의 존재이므로 도로 말미암아 생겼고 도로 돌아가야 한다. 노자에 의하면 도의 운동은 무위자연(無爲自然)이다. 무위자연은 문자 그대로 아무 것도 하지 않음이 아니다. 그것은 인위적 조작, 즉 '억지로 행하지 않음'을 말한다.

장자는 노자의 도의 관념을 계승하여 자기사상을 전개하였다. 도는 자기 원인으로 어디에나 있고, 자존(自存)하고 자화(自化)한다. 스스로 존재하고 저절로 변해 간다. 그러므로 억지로 자기를 내세우거나 차별 의식을 강조하지 않는다. 그것이 무아(無我)이자 물아일체(物我一體)의 정신이다.

불교는 불타[석가모니: 부처]의 깨달음과 이론을 중심으로 성립된 종교이다. 불교는 괴로움[고통: 苦]을 깨달음의 핵심으로 인식한다. 그런데 고는 일정한 원인에 의한 결과이다. 원인과 결과라는 인과(因果) 관계를 기본으로 형성된 사고를 연기(緣起)라고 하는데, 이는 불교의 근본 입장이다.

연기설은 구체적으로 표현하면, '인연연기설(因緣緣起說)'이다. 이때 인은 직접적인 원인을 뜻하고, 연은 간접적인 원인으로서의 조건을 뜻한다. 연기설에 의하면 모든 현상의 변화는 각각 이러한 인과 연의 화합에 의한 결과이다. 단독적으로 우연히 이루어지는 변화는 절대로 없다. 다시 말하면 모든 변화는 서로 의지하고 서로 바탕이 되는 상태에서 일정한 인과 관계에서 일어난다. 이러한 연기설 중 가장 충실한 것이, 잘 알려진 십이지연기설(十二支緣起說)이다.[2)]

여기서는 유학과 노장, 불교의 기본 사상을 살펴보고, 교육의 바탕이 되는 이론과 사유를 간략하게 검토해 본다. 동양 사상의 특징이 그러하듯이, 동양의 교육사상도 철학과 교육, 사상과 삶, 사고와 교육 방법 등, 교육만을 명확하게 구분하여 이해해서는 곤란하다. 각각의 사상이 지닌 특징과 아울러 교육적 사고의 위상을 고민하는 것이 적절하다.

---

2) 윤사순, 『東洋思想과 韓國思想』(서울: 을유문화사, 1984), 9~42쪽, "제1편 동양사상의 원류" 참고.

2. 유학과 교육

1) 기본 사상

유학은 오랜 세월 동안 한국인의 근저에 자리하고 있는 정서 가운데 하나이다. 조선조 500여 년의 지배적 이념 체계였고, 현재까지도 한국인을 비롯한 중국, 일본, 베트남 등 동아시아인에게 큰 영향을 미치고 있는 전통적 생활양식이다. 일반적으로 유학은 '권위주의', '가부장제' '지배 계층 중심의 정치 이데올로기' 등으로 각인되면서 부정적으로 인식되어 온 측면이 있다. 그러나 그런 현상적 표출의 바탕에는 보다 심층적인 철학적 사유가 잠재되어 있다. 특히 내 · 외면적 능력을 이끌어내려는 교육적 욕구가 본질적으로 숨어 있다.

유학은 정치와 교육을 통해 인간의 문제를 해결하려고 노력한다. 정치와 교육은 최고지도자의 교화(敎化)에 의해 전개되는데 정교(政敎)라고 한다. 그것은 백성을 교화하고, 자연[天地]과 인간[聖賢이나 祖上]에 대한 제사로 사회의 지속과 발전을 꾀했다. 정치와 교육은 동일한 내용의 표리 관계로 이해할 수 있고, 삶의 연속선상에서 파악된다. 그것의 언어적 표현이 내면적으로는 성스러운 인간이 되고 외면적으로는 훌륭한 왕이 되는 '내성외왕(內聖外王)'이다.[3]

유학 이론은 그 집대성과 체계화를 기준으로 볼 때, 크게 두 부분으로 이해할 수 있다. 공자 · 맹자 · 순자를 주축으로 하는 원시유학과 주자가 집대성한 성리학이다. 원시유학은 본원유학(本源儒學), 공맹학(孔孟學), 수사학(洙泗學) 등 다양하게 불리는데, 인간 삶의 윤리도덕과 예에 근거한 '실천적' 측면이 강하다. 성리학은 성명의리지학(性命義理之學)의 준말로 정주학(程朱學), 육왕학(陸王學), 리학(理學), 도학(道學), 심학(心學) 등 다양한 명칭으로 쓰이고 있는데, 성격에 따라 강조점의 차이가 있다. 성리학은 심성(心性)의 수양을 과거

---

3) 신창호, 『유교 사서의 배움론』(고양: 온고지신, 2011) 참고.

어느 유학보다도 철저히 하면서, 동시에 규범 법칙 및 자연 법칙으로서의 이치[理] 또는 본성[性]을 깊이 연구하여 그 의리의 의미를 완전하게 실현하려는 유학 중의 하나이다. 한 마디로 말하면, 존심양성(存心養性)과 궁리(窮理)를 지극히 중요시함으로써 종래의 유학을 형이상학적으로 재구성, 발전시킨 것이다.[4] 이것이 한국 전통을 형성하고 있는 조선조 유학의 기본 뼈대였다.

원시유학이건 성리학이건, 유학에 공통적으로 부여되어 있는 것이 정치와 교육이다. 이는 유학이 정치와 교육을 시행하기 위한 이론이요, 실천의 지침이라는 점을 일러준다. 그런 정치와 교육을 담당할 주체가 이른 바 성인(聖人)·군자(君子)·대인(大人) 등 덕을 갖춘 인간 유형이다. 동시에 교육과 정치의 최종 목표도 그런 인간 양성에 있다. 그 과정의 핵심은 자신을 수양하고 다른 사람을 다스리는 수기치인(修己治人)이다. 수기치인은 달리 표현하면, 앞에서 언급되었던 내성외왕(內聖外王) 또는 성기성물(成己成物)과 동일한 구

〈표5-1〉유학의 기본 구조

범주	유학의 체계	교육	정치	궁극적 인간 유형
자기와 타인	① 修己治人	修己	治人	君子[聖人]
내면과 외면	② 內聖外王	內聖	外王	君子[聖人]
인간과 세계	③ 成己成物	成己	成物	君子[聖人]
현대적 의미	① 자기 수양과 타인에 대한 배려 ② 내면의 성실과 외면의 충실 ③ 인간[개인]의 성립[완성]과 세계[사물]의 성공[완성]	① 자기 수련과 단련[연마] ② 성실과 진실 ③ 인격 완성	① 타인 이해와 관심[만남] ② 사랑과 베풂[시혜] ③ 물격 구성	① 자기 수양을 통해 타자와 관계하는 건전한 교양인 ② 성스러운 내면과 지도자다운 풍모를 지닌 리더 ③ 자기 완성에서 세계 완성으로 나아가는 범세계인

4) 윤사순,『한국의 성리학과 실학』(서울: 열음사, 1990), 9쪽.

조이다. 이중에서 수기(修己)·내성(內聖)·성기(成己)는 개인의 인격적 완성, 자아실현이라는 교육의 측면에서, 치인(治人)·외왕(外王)·성물(成物)은 타인에 대한 이해와 배려, 관계의 조절이라는 정치의 측면으로 나누어 볼 수 있다.[5)]

2) 교육관

유학에서 교육은 '인간은 짐승[禽獸]과 다르다'라는 인식 하에 '인간됨'이나 '인간다움'을 지향하는 본질적 과정이다. 즉 인간의 윤리 체계인 인륜(人倫; 오륜)을 밝히는 도덕적 측면을 강조하고, 인간관계의 질서를 회복하며, 일상생활을 지속적으로 영위하려는 생활의 합리적 운용으로 드러난다.[6)]

이러한 교육의 목적은 유학의 창시자인 공자에게서 발견할 수 있다. 공자는 15세에 인생의 지향을 배움[學]에 두었다. 이는 배움의 길을 다른 가치보다 우선순위에 두고 삶을 전개하려는 의도이다. 유학의 기본 경전인 『논어』에서도 첫 마디가 "학이시습(學而時習)–배우고 늘 익힌다"라는 구절로 시작한다. 교육의 핵심 사항인 '학습(學習)'이라는 말이 여기에서 유래한다. 아울러 유학의 보편적인 교육 목적도 여기에서 기원한다. 유학은 대개 '입지(立志)–뜻을 세우다'를 배움의 첫 단계에 두고 있다.

그 가치의 핵심은 도(道)이다. 도는 인간으로서 날마다 실천해야 할 당연한 길인 오륜을 말한다. 사람이 일상생활에서 실천해야 할 당연한 도는 인륜이다. 부모에게 효도하고 형제간에 우애로우며, 임금에게 충성하며, 친구 간에는 믿음이 있는 것과 같다. 이런 교육의 보편적 가능성은 공자의 교육태도와 깊게 연관되어 있다. 공자는 "모든 인간에게 가르침을 행한다(有教無類)"라고

---

5) 신창호, 『修己, 유가교육철학의 핵심』(서울: 원미사, 2004) 참고.

6) 오륜은 유학의 다섯 가지 핵심 윤리로 부자유친(父子有親), 군신유의(君臣有義), 부부유별(夫婦有別), 장유유서(長幼有序), 붕우유신(朋友有信)을 말하는데, 줄여서 친(親)·의(義)·별(別)·서(序)·신(信)이라고도 한다.

했고, "인간은 태어날 때는 비슷하지만 교육에 의해 달라진다(性相近 習相遠)" 라고 보면서 교육의 중요성을 강조하였다.[7)]

맹자는 이런 사유를 적극적으로 받아들여 '인륜을 밝히는 일(明人倫)'을 교육 자체로 보았다. 인륜의 근거는 선(善)의 단서로서 이미 마음에 갖추어져 있다. 따라서 교육은 선천적으로 구유한 착한 마음을 바로 잡는 일, 자각 정신을 일깨우는 것과 관계된다. 즉 '헤이해진 마음, 놓친 마음을 바로 잡는 일'이다.[8)]

이와는 반대로 순자는 인간의 개조를 선언했다. 성악설을 주장한 그는 인간의 욕망에 기초하고 있는 악함을 제거하여 선으로 돌려놓는 데 교육의 목적을 두었다. 그러기에 널리 배우고 날마다 세 번씩 자기 몸을 살펴 나아가면 슬기는 밝아지고 행실에는 허물이 없을 것이라고 보았다. 또한 태어날 때는 모두 같은 소리를 내지만 자라나면서 생활 풍속이 달라지는 것은 교육의 힘에 의한 것이라고도 했다.[9)]

주자가 집대성한 신유학의 경우, 맹자가 주장했던 '인륜을 밝히는 일'을 교육의 전통으로 삼았다. 유학 교육을 체계화한『대학』에서는 교육의 일차적인 목적으로 '착한 마음을 밝히는 일'로 정했다. 이런 교육 목적의 근원에 진실함[誠]이 자리하고 있다. 또한『중용』에서는 '일상생활에서 당연히 행해야 할 도를 닦는 일'을 교육의 의미로 규정했다. 착한 마음인 인간의 내면에 부여된 품성은 진실하며 거짓이 없다. 이는 맹자의 본성이 착하다는 말과 같다. 따라서 그것이 발현되고 실천되는 일상의 생활이 선하게 된 것은 분명하다.

유학에서 교육은 소학(小學)과 대학(大學)으로 구분된다. 현대적 의미에서 소학은 아동교육(혹은 청소년교육까지 포함)에 속하고, 대학은 대학교 이상

---

7)『論語』「衛靈公」「陽貨」.

8)『孟子』「告子」上.

9)『荀子』「勸學」「修身」「性惡」참고.

의 고등교육이나 성인교육과 비교할 수 있다. 소학에서는 물 뿌리고 쓸어내고 응낙하고 대답하며 나아가고 물러가는 일상 예절과 여섯 가지 삶의 예술인 육예[예법 · 음악 · 활쏘기 · 말 몰기 · 글하기 · 셈하기]를 가르쳤는데, 이는 일상생활의 실천적 · 형이하학적 삶의 양식이다. 대학은 이치를 궁구하고 마음을 바르게 하며 몸을 닦고 사람을 다스리는 방법을 가르쳤는데, 이는 이론적이고 형이상학적인 학문의 체계이다. 소학과 대학은 아동과 성인이라는 상황과 때에 따른 교육 내용이지만, 사실은 일상의 운용 원칙이라는 면에서는 동일한 구조이다.

소학에서 배움은 성현의 자질, 이른바 맹자가 말한 선한 본성과 잠재능력을 깨닫는 과정이다. 그리고 그것을 구체적으로 응용하기 위한 세계관의 형성은 대학 과정에서 터득할 수 있다. 주자는 그 구체적인 교육 내용으로 여덟 가지 조목의 과정을 제시했다.

> 지식을 체득하는 것은 사물의 이치를 세밀히 캐물어 가는 데 있다. 그러므로 사물의 이치가 따져져서 밝혀져야 지식을 체득할 수 있고, 지식이 체득되어야 뜻이 성실해지며, 뜻이 성실해져야 마음이 바로잡히고, 마음이 바로잡혀야 몸이 닦아지며, 몸이 닦아져야 집안이 가지런해지고, 집안이 가지런해져야 나라가 다스려지며, 나라가 다스려져야 세상이 평안해진다.[10]

이런 8조목은 격물(格物)–치지(致知)–성의(誠意)–정심(正心)–수신(修身)–제가(齊家)–치국(治國)–평천하(平天下)로 요약된다. 이는 유학 교육의 구체적인 목적이요 내용이자 방법이다. 모두가 수신[修身:수양]의 문제를 근본으로 삼고 있다. 이중 격물, 치지, 성의, 정심이 수신의 핵심적 방법이다. 격물 · 치지는 앎(知)의 방법이며, 성의 · 정심은 실천(行)의 방법이다. 격물의 대상은 소학에서 얘기한 쇄소에서 육예의 내용을 포함하여 우주 전체로 나아간다. 세상의

---

10) 『大學章句』「經1章」

모든 존재, 인간의 행위, 천지자연의 현상, 운동 등 모든 대상을 탐구하는 일이다. 특히 인간의 삶과 관계되는 윤리질서의 이해와 탐구는 격물의 우선적인 대상이다. 환언하면 교육은 쇄소에서 육예, 나아가 인의예지의 인간관계는 물론 우주의 질서까지도 모두 캐물어 들어가는 것이다. 물론 인간 각자가, 구체적으로 접하는 사물을 캐물어 들어가 밝히는 일이 선차적이다. 그러므로 유학의 교육을 '배우고 묻는,' '학문(學問)'의 과정이라고 한다.[11]

이런 방법론을 통해 인간은 단편적인 지식은 물론 세계의 질서와 원리를 파악하여 자기 관점을 정립하며 지혜를 터득해 나갈 수 있다. 끊임없는 물음과 연구 가운데 확 트이는 응용 능력이 생겨날 때, 지식을 터득하여 지혜의 단계로 나아가는 것이다. 그러므로 격물은 단순한 지식의 습득 과정을 넘어 인간과 사회, 우주에 대한 이해의 방법이다. 이는 인간의 영특한 지혜를 바탕으로 하되 자신의 노력을 전제로 한다.

그러기에 공자는 진정으로 열의를 갖고 있지 않거나 노력하지 않고, 사물을 캐물어 들어가지 않는 제자에게는 일러 주지 않았다.[12] 중요한 것은 널리 배우고 성실하게 뜻을 다하며 절실하게 묻고 가까운 것부터 생각하면, 지혜의 길로 갈 수 있다는 점이다.

유학에서 배움은 반드시 완성을 요구한다. 그러므로 공부를 남보다 백 배 천 배로 더하라고 권고한다. 이는 '배움–물음–생각–분별–진지하고 성실함'이라는 다섯 가지 과정의 유기적인 통일성 아래 진행하는 교육 방법이다. 이처럼 유학은 격물치지와 성의정심을 통해 성찰하고 수신하는 교육의 내재적 가치를 중심으로, 제가치국평천하라는 타인의 다스림을 통해 사회적 질서를 조절하는 외재적 행위를 지향한다. 즉 수기치인, 내성외왕의 가치를 구현하려고 노력한다.

---

11) 신창호, 『『대학』, 유교의 지도자 교육철학』(서울: 교육과학사, 2010) 참고.

12) 『論語』「述而」

3) 의의와 한계

유학은 수기치인, 내성외왕, 성기성물을 추구하는 학문이다. 자기를 수양하고 타인을 배려하고 이해하는 이념적 원리는 동서고금을 통해 보아도 타당한 사고이다. 특히 개인의 완성이라는 개인교육의 차원을 기본 바탕으로 타자에 대한 관심과 이해의 폭을 넓혀 나가면서 공동체 교육을 추구하는 교육의 체계는 현대 교육에 시사하는 점이 많다. 또한 격물치지에서 평천하에 이르는 교육과정도, 사물의 탐구에서 인간과 우주의 다스림이라는 체계적 과정을 거치고 있어 매우 유기적으로 구성된 것으로 보인다. 이는 교육 원리의 제시나 교육 내용에서는 도덕 윤리 질서를 강조하고, 거시적 차원에서는 세계 이해와 인문 사회적 교육을 강조한다는 차원에서 좋은 시사점을 준다.

반면, 현대적 관점에서 볼 때, 과학적 사고, 지식에 대한 객관적 태도, 실험 실습의 엄밀성 등, 그 내용과 방법에서 한계가 많다. 그것은 동양 전통의 농경 사회에서 배태된 학문의 한계이기도 하다. 현대는 우주 첨단 과학의 시대이자 정보 지식이 폭증하는 사회이다. 인간과 세계의 이치와 법칙이 혼동을 겪고 있다. 이런 시대에 체계적인 질서를 규명하던 유학적 사고가 어떤 의미를 지니는지 신중하게 고려할 필요가 있다.

3. 도가와 교육

1) 기본 사상

도가는 노자의 사유를 핵심으로 확립된 사상이다. 노자는 『도덕경』에서 자신의 사상을 피력하고 있는데, 도덕경은 크게 도의 본체[道體]와 덕의 쓰임[德用]으로 나누어 볼 수 있다. 도는 형이상의 실체이자 만물의 근원이며 우주 운행의 원리이다. 또한 우주 · 천지 · 만물의 창조자일 뿐만 아니라 우주 · 천지의 운행이나 만물의 생성화육(生成化育)을 주재한다. 그러므로 도(道)는 모

든 운행의 도리이자 법칙이다.[13)]

도는 '대립'과 '복귀'를 거듭하는 성질을 지니고 있다. 따라서 "돌이킴이 도의 움직임(反者道之動)"이라고도 한다.[14)] 도는 "최선의 상황은 물의 성질과 같다"[15)]라는 의미의 상선약수(上善若水)라고 하여, 물에 비유하기도 하였다. 물은 언제나 아래로 흐른다. 아래로 흐르면서도 어떤 장애물과도 다투지 않는다. 그것이 모여 강이 되고 바다가 된다. 한 방울의 물은 아무 것도 아닐 수 있다. 그러나 모여서 강이 되고 바다가 되었다. 가장 약한 것 같은 물 한 방울이 바다로 모여들어 무서운 파도로 바뀔 수 있다. 이런 점에서 가장 약한 것은 가장 강한 것이 될 수 있다. 노자는 부드러움을 강조한다. 그러면서 부드러움이 강함을 이긴다[16)]고 가르친다.

도를 활용하는 덕의 쓰임에서 노자는 '텅 비고 고요하다'는 의미의 허정(虛靜)과 '억지로 행함이 없다'는 무위(無爲)를 강조한다. 도는 자연(自然)–스스로 그러함–을 따르고 비어 있으면서도 고요한 원리로 억지로 행하지 않고 자연의 법칙을 따를 것을 강조한다.[17)] 즉 인간의 욕심과 농간, 조작을 버리고 허정한 자연, 순박한 자연의 품에 안길 것을 강조한다. 그래야만 모든 사람이 조화를 이루고 스스로의 생성화육을 도울 수 있다.

이러한 노자의 사상에서 일관되는 핵심은 무위자연(無爲自然)이다. 무위는 가만히 앉아서 아무 것도 하지 않는다는 의미가 아니다. 노자는 다음과 같이 무위의 의미를 인식하였다.

> 학문을 하는 자는 날로 더함이 있고 도를 닦는 자는 날로 덜어냄이 있다.

---

13) 김학주,『老子와 道家思想』(서울: 명문당, 1988) 참고.

14)『道德經』40章

15)『道德經』8章

16)『道德經』36章

17)『道德經』25章

덜어내고 덜어내서 마침내 무위에 이르게 되고 무위에 이르게 되면 저절로 행해지지 않음이 없다.[18]

여기서 말하는 더함과 덜어냄은 지식이나 재능, 의례나 형식을 두고 하는 말이다. 더함은 지식을 더 많이 알게 된다는 의미이고 덜어냄은 지식이나 재능을 감소시킨다는 의미이다.

왜 지식이나 재능, 의례나 형식을 감소하는 것이 도가 되는가? 지식과 재능, 의례나 형식은 인간에 의해 인위적으로 만들어진 것으로 진실이 아닐 수 있다. 그러므로 허위를 벗기고 감소시키면 비로소 참된 무위의 경지에 도달할 수 있다. 무위는 성숙한 자의 경지를 말한다. 이렇게 볼 때, 무위는 아무 것도 하지 않는 것이 아니라, '억지로 허위를 더하지 않는다'는 말이다. 즉 본질을 추구하여 부단히 허위의 껍질을 벗기는 행위이다.[19]

장자는 노자의 사상을 깊이 있게 계승하였다. 워낙 많이 알고 지혜로웠던 까닭에, 장자의 말은 바다와 같아서 끝이 없었다. 동시에 어떤 것에도 걸림이 없이 자유분방하였다. 그의 자유정신은, 자신을 높은 벼슬에 초빙했을 때 답한, 다음과 같은 언급에서 찾을 수 있다.

천금은 엄청나게 큰돈이며 재상은 엄청나게 높은 자리라오. 당신은 하늘에 지내는 제사인 교제(郊祭)에서 제물로 쓰이는 소를 알고 있겠지요? 희생으로 쓰이는 소 말이오. 몇 년 동안 잘 길러 비단 옷을 입히고는 결국은 종묘로 끌고 가서 제물로 바치지요. 그때 그 소가 하찮은 돼지새끼처럼 자유롭게 살고 싶어 한들 무슨 소용이 있겠소. 때는 이미 늦은 것이오. 무슨 말인지 알겠소? 그대는 빨리 돌아가시오. 나를 욕되게 하지 마시오. 더럽혀질 판이었으면 내 차라리 진흙탕 속에서 헤엄이나 치면서 유유자적하지 않았겠소? 당신

---

18) 『道德經』 48章

19) 김충렬, 『노자강의』(서울: 예문서원, 2004) 참고.

왕에게 구속되어 살고 싶지는 않소이다. 평생토록 벼슬길에 나가지 않고 내 멋대로 즐기고 싶소이다.[20]

이로 보아 장자가 얼마나 자기 세계를 구축하고 자유정신을 구가하려고 했는지 짐작할 수 있다.[21]

장자의 중심 사상은 한 마디로 얘기하면, '무(無)'자에 있다. 무심(無心), 무용(無用), 무기(無己), 무위(無爲), 무지(無知), 무언(無言), 무시비(無是非), 무피차(無彼此), 무생사(無生死), 무내외(無內外) 등 무(無) 자를 즐겨 활용한다. 그는 인간세상에서 상식적으로 저질러지는 모든 일들에 대한 분별과 구분, 차별의 세계를 벗어난 자유자재의 해탈 세계를 추구했다.[22]

2) 교육관

교육은 주로 언어를 통해 전달되고 수신된다. 언어활동을 통해 어떤 개념이 대상에게 전달되는 심적이며 물리적인 과정 속에서 진행된다. 동물들도 나름대로 의사소통의 신호체계가 있겠지만, 언어는 인간만이 유일하게 사용하는 인간의 것이다. 그러나 언어는 인간의 이중적 성격을 지원하였다. 인간은 일반적으로 언어를 통해 변명할 수 있는 계기를 갖는다. 이는 인간의 지식과 지혜, 언어의 발달 과정에서 볼 때, 진실의 적극적 해명이라고 볼 수도 있지만, 진실을 은폐하는 역할도 했다. 따라서 어떤 언어 속에 담긴 뜻, 혹은 대화의 과정에서 말은 항상 참된 것으로만 볼 수는 없다. 우리는 그것을 일상에서 흔히 경험한다. 교육 상황 속에서도 마찬가지다. 어떤 개념을 설명하거나 행위를 해명할 때, 의문이 풀리지 않는다면 그것을 풀기 위한 말은 더욱 많아

---

20) 『史記』「老莊申韓列傳」

21) 장영기 외, 『중국고전의 이해』(서울: 원미사, 2001) 참고.

22) 안동림 역주, 『莊子』(서울: 현암사, 2000) 참고.

지고 말이 많아질수록 또다시 무수한 억측들이 나돌고, 결국 진정한 의미는 말속에 매몰되기도 한다.

노자는 이렇게 언어를 통해 이루어지는 인위(人僞)의 세계를 경계한다. '길[道]'을 '바로 그 길'이라고 말하고, '이름[名]'을 '바로 그 이름'이라고 말할 때, 정말 그 길이고 이름인가? 이에 대한 의심이 그의 출발점이었다. 이는 마치 데카르트의 '회의懷疑'를 연상케 한다. 우리가 '한국 교육은 어떻다'고 말할 때, 그것이 정말 '한국의 모든, 혹은 진정한 교육'이라고 말하기 힘든 것과 같다.

이에 노자는 다음과 같은 지침을 준다. "길을 바로 아는 성인은 '억지로 행함이 없음'을 일삼고 '말없는 가르침'을 편다."[23] 말은 말하고자 애쓰는 자에게서 나온다. 말하고자 억지로 애쓰지 않는 자에게는 행위가 있을 뿐이다. 묵묵히 자기 실천을 하는 사람들에게서 그런 행위를 발견할 수 있다. 이에 앞서 노자는 현실의 아름다움과 추함, 선함과 악함이 인간 문화의 인위적인 개념, 서로 싸우고 절대시하는 자기주장들의 소산으로 보았다. 그러나 이런 가치 개입 이전에는 '있음과 없음', '어려움과 쉬움', '높고 낮음'은 서로 끊임없이 낳고 이루는 과정을 통하여 개념적으로 고정되지 않다. 때문에 아무런 폐단도 생기지 않고 무리나 억지도 없다. 이런 행위를 본받아 나오는 것이 훌륭한 사람의 행위이다.

행위의 최고 위치에 '말없는 가르침'이 있다. 이 말없는 가르침은 인간이 만들어 사용하는 언어 문자의 한계와 병폐를 일깨워 준다. 말하지 않고도 가르치는 '불언지교(不言之敎)'는 언어의 부정적인 폐단을 줄이거나 없애기 위한 교육 방법론이다. 달리 말하면 언어라는 인위를 소극적으로 대하는 교육이다. 즉 학생이 스스로 교학하고 저절로 바르게 행동하며 저절로 부유하게 노력하고 저절로 순박한 모습으로 나아가게 할 수 있다. 이처럼 불언지교의 방

---

23) 『道德經』 2章.

법은 하나의 형이상학적 교육의 길을 제시한다. 다시 말하면 가르침의 기술 가운데 가장 높은 경지, 교육예술을 보여주는 것이다.

그런데 어떻게 인간이 '무위[억지로 행함이 없음]'을 일삼을 수 있는가? 교육은, 특히 우리가 좁은 의미에서의 교육이라고 지칭하는 학교 교육이나 의도적인 교육은 적극적인 말과 행위를 통해 이루어진다. 그런데 '행함이 없이 실행하라'고 한다면 말 자체의 모순이 일어난다. 노자의 무위는 '아무것도 실행하지 않음'이 아니다. 그것은 '인위적' 또는 '의도적' 행위를 하지 않는다는 의미이다. 그런데 인간의 삶은 늘 작위(作爲), 무언가를 짓고 만든다. 노자는 작위에 대립되는 무위를 말한다. 이것은 하나의 역설이다.

노자가 얘기하는 무(無)는 단순히 텅 빈 공백도 아니다. 따라서 무위는 절대적으로 일체의 행동을 하지 않는 고요함 속의 '함이 없음'이 아니다. 아무것도 하지 않는 불위(不爲)를 의미하는 것이 아니라 사물이 활동하고 작용하는 자연스러운 흐름에 준거한다. 이를 위해서는 먼저 행위 주체자의 의식을 순화하여 무위의 경지를 체득해야 한다. 무위의 경지를 체득한 사람은 의도적으로 사물의 활동과 작용에 순응하려는 태도를 취하는 것이 아니라 자신의 본성이 내키는 대로 행위할지라도 모든 일이 저절로 조화를 이룰 수 있는 것이다. 이렇게 볼 때, 무위는 오히려 모든 행위를 가능하게 한다는 점에서 진정으로 유효한 삶의 태도일 수 있다.

세상에서 말하는 배움을 하면 할수록 배울 것은 날마다 불어난다. 그런데 도를 실천하면 할수록 날마다 할 일이 줄어든다. 줄고 또 줄어들어 함이 없는 경지에까지 이르게 된다. 함이 없는 데까지 이르고 나서야 모든 것이 되지 않음이 없다.

노자는 인간의 배움에 대한 적극적인 반성을 촉구했다. 배움이 과연 인간을 올바르게, 인간답게 살아가는데 유용한가? 오히려 배우면 배울수록 지식과 욕망, 허위의식 등이 싹트고 인간 세계를 어지럽히는 것은 아닌가? 노자는 이점을 경계했다. 배움 자체의 부정이 아니라 배움으로 인해 드러나는 폐해를 지적한 것이다.

지식을 많이 습득하면 습득할수록 힘을 가진다. 지식은 하나의 권력이다. 지식을 통한 욕망의 확대, 교육 자체가 하나의 권력을 재생산하여 끊임없이 인간 스스로가 인간을 죽여 가는 방향으로 간다. 노자는 "학문을 끊어라 근심이 없을 것이다"[24]라며 극단적인 발언을 하게 된다. 이렇게 오래 전에 배움에 대한 경종을 울려준 것이 노자의 무위 사상이다. 노자의 이런 사유는 사실, 인위로 하지 않음, 혹은 자연의 적극적인 표현이다. '무위'는 흔히 소극적인 대응 방식으로 이해하기 쉽다. 그러나 역설적으로 인위를 넘어서는 적극성이 있다.

노자의 무위는 현실적인 인간의 정치, 교육 상태에 대한 대안이자 질타이다. 인간인 이상 인간에 대한 최소한의 간섭이나 관계가 없을 수는 없다. 따라서 가능한 한 간섭하지 않는 교육, 자유의 교육이 필요하다. 지나친 간섭과 꽉 짜여진 지식 교육보다 좀 느슨하고 자유로운 자율과 자치의 교육이 더 효과적일 수 있기 때문이다.[25]

한편 노자를 이어 무를 중시하는 장자의 사고는 조금만 생각해보면, 유(有)-있다-라는 현실적 사고에 대한 반발이요 비판이다. 일상적으로 '있다'는 것에 대한 단순한 부정이 아니라 그것이 진정 어떻게 무슨 의미로 존재하는가의 문제이다. 그것을 해명하는 말이 무위이다. 앞에서 언급했지만, 무위는 단순히 아무것도 하지 않는다는 소극적인 의미가 아니다. 무위는 '함이 없어도 저절로 잘 돌아간다'라는 적극적인 행위의 다른 모습이다. 그리고 그 무위의 자연성이야말로 생명의 정신이다. 이 무는 세상 만물에 다양한 관점을 부여할 수 있다는 전제에서 출발한다. 그리하여 장자는 더 넓은 세계로 나아가 분별과 차별의 세계를 해체하여 물아일체의 경지를 이루고 차별상을 망각하

---

24) 『道德經』 20章.

25) 신창호, 『인간 왜 가르치고 배우는가』(고양: 서현사, 2003), 220~227쪽 참고.

는 좌망(坐忘)의 세계로 나아갔다.

3) 의의와 한계

노자가 제시한 무위의 교육은, 현대 사회의 지나친 인위교육으로 인한 비인간화 교육에 대한 반성의 계기를 제공한다. 무위를 통해 좀더 근본적으로 돌아가려는 태도, 자연스러운 교육을 중시하는 태도는 현대 교육의 병폐에 대한 수많은 대안들과도 통한다. 그것은 삶의 방식을 다양하게 인정하는 관점을 열어준다. 우리에게 인위적으로 설정된 하나의 목표물을 향해 나아가기보다 나의 자연성, 소질을 바탕으로 자신의 세계를 구축할 수 있는 눈을 열게 한다. 또한 좀더 트인 눈으로 세계를 넓히고 나의 관점 이외에 다른 관점도 얼마든지 있음을 인정하고 타인을 이해하고 배려하는 사고를 가지도록 도와준다. 그리고 나와 너의 구분과 차별을 넘어서서, 조화와 화해의 경지로 유도한다.

그런데 교육은 인간으로서의 가치를 추구하는 가치 지향적이다. 이때 인위적 문화는 필수적으로 형성된다. 도가의 경우, 인위적 문화 세계를 비판하고 무위를 주장한다. 어찌 보면 인위의 부정, 반문화적 특성을 지니고 있어, 교육이 아니라 반교육(反教育)처럼 이해될 수도 있다. 이런 점에서는 도가적 무위 문화, 자연스런 인간의 문화 세계는 어떻게 구가할 수 있는지 새로운 고민을 하게 만든다.

4. 불교와 교육

1) 기본 사상

불교를 창시한 부처[고타마 시타르타]는 '출생–늙음–병듦–죽음[生老病死]'으로 대표되는 인간의 고통을 자신의 것으로 받아들이고 해결하기 위하여 자신을 관찰하였다. 이때 관찰은 합리적 논리나 지성을 통해 획득되는 것은 아니다. 종교적 삶 속에서 가능하다. 그렇다 하더라도 논리나 합리를 끝까지 추구할 필요는 있다. 그 한계의 끝에서 지성[이성]을 넘어서는 감성의 체념에 다다를 때, 인간 삶의 비약이 이루어진다.

불교 사상은 인간의 참된 삶은 '다른 것과의 관계 속에서 생긴다.'는 연기법(緣起法)을 기초로 한다. 여기에서 파생된 교설이 불교의 기초 이론을 이루는 삼법인(三法印)과 사성제(四聖諦)이다.

이 세상의 만물은 홀로 존재하는 듯하지만, 사실은 원초적으로 그물망처럼 얽혀있다. 석가모니는 사물은 모두 인연이 화합해서 이루어진 것이며 인과 관계를 일으키는 것이라고 하였다. 즉 인생의 고통, 인간의 생명, 인간의 운명은 자기가 원인을 짓고 자기가 결과를 받는다. 이는 부처가 깨달은 진리로, 불교에서는 연기법이라고 한다. 그것은 '인간의 삶이 왜 어둠 속에서 헤매는가?' 그 원인을 밝혀냄과 동시에 그것을 벗어나기 위한 교설이다. 이 연기법의 대표적인 것이 십이연기인데, 열두 가지의 연결 고리로 설명된다. 즉 모든 존재의 역동적인 상의상관성(相依相關性)을 열두 마디의 '고리'로 설명한다.[26)]

① 근본적 무지[무명(無明)] ② 형성력[행(行)] ③ 의지 활동[식(識)] ④ 주관과 객관[명색(名色)] ⑤ 대상을 인식하는 장소[육처(六處)] ⑥ 접촉[촉(觸)] ⑦ 감각을 받아들이는 작용[수(受)] ⑧ 맹목적이며 충동적인 망집[애(愛)] ⑨ 집착[취(取)] ⑩ 사상 행위[유(有)] ⑪ 내세의 삶[생(生)] ⑫ 늙음과 죽음[노사(老死)]

열두 가지 인연의 내용과 관계는 다음과 같다.[27)] '무명'이란 어리석음과 무지를 말하는데, 행의 조건이 된다. 행은 의지활동을 가리키는데, 식의 조건이 된다. 식은 뱃속의 심식(心識), 정신 활동으로 명색의 조건이 된다. 명은 마

---

26) 찰스 프레비쉬 외(박용길 옮김), 『불교-그 현대적 조명』, (서울: 고려원, 1989), 56쪽.

27) 方立天(유영희 옮김), 『佛教哲學概論』(서울: 민족사, 1989), 94~95쪽.

음 · 정신이고, 색은 물질 · 육체를 뜻하는데, 육처의 조건이 된다. 육처는 눈, 귀, 코, 혀, 몸, 의지로 육입이라고도 하는데, 촉의 조건이 된다. 촉은 촉각으로 수의 조건이 된다. 수는 감수로 애의 조건이 된다. 애는 갈망, 탐애, 탐욕인데 취의 조건이 된다. 취는 추구하는 집착으로 유의 조건이 된다. 유는 업으로 생의 조건이 된다. 생은 내세의 생으로 생사의 조건이 된다. 생이 있으면 반드시 노사(老死)가 있다. 미래에 생이 이루어져서 그 후에 노쇠하고 사멸에 이르는 데, 이것이 노사이다.

이처럼 열 두 부분은 계속 결과를 일으키기 때문에 원인이라 불리며, 서로 조건이 되기 때문에 인연이라고도 일컬어진다. 그래서 합하여 십이연기라고 한다. 십이연기는 중생이 생사유전하게 되는 인과관계를 설명한 것으로 열 두 개의 부분이 순서대로 인과의 순환관계를 이루고 있다. 어떤 생명체도 해탈하기 이전에는 이러한 인과율에 의지하여 삶을 지속한다. 계속 태어나고 늙고 죽으니 윤회가 끝이 없다.

십이연기는 실로 시작도 없고, 끝도 없으며, 시간적으로나 공간적으로도 아무런 구애를 받지 않는다. 그러기에 십이연기는 생명 현상의 총괄적인 설명이며, 또한 생명체가 고통을 겪는 원인이다. 그런데 이러한 십이연기는 과거–현재의 인과 관계와 현재–미래의 인과관계라는 이중구조를 넘어서지 않는다.

이러한 십이연기를 관찰함으로써, 삶에 대한 인식과 태도가 정립된다. 그것은 크게 세 가지로 드러나는 데, 제법무아(諸法無我), 제행무상(諸行無常), 일체개고(一切皆苦)라고 하는 불교의 근본 교의인 삼법인이다. 이때 인(印)은 '불변하는 진리'임을 강조하는 표현이다.

첫째, '제법무아'는 "일체가 무상으로 '나'라는 존재가 없다"라는 의미이다. 나는 실체가 아니다. 그렇다고 자기존재 자체를 부정하는 것은 아니다. 또한 긍정하지도 않는다. 부처는 어디까지나 '나의 본질을 파악할 수 없다[非我]'는 것만 가르쳤다. 인간의 참된 실존적 모습은 원인과 조건의 화합에 따라 변화 · 존속된다.

둘째, '제행무상'은 "모든 것은 늘 변한다"라는 의미이다. 모든 현상은 순간적인 존재이다. 찰나마다 또는 일정한 기간을 두고 바뀌어간다. 불교는 이를 통해 '영원하다'는 사고, 혹은 '소유한다'는 관념을 포기하도록 가르친다.

셋째, '일체개고'는 "우리들이 경험하는 모든 것은 '괴로움'이다"라는 의미이다. 괴로움이란 자기 생각대로 완전하게 되지 않는 것을 말한다. 경전에 따라서는 일체개고 대신에 열반적정[涅槃寂靜:열반에 들어 고요한 상태에 이름]을 삼법인으로 제시하는 경우도 있고, 모두 합해 사법인으로 제시하는 경우도 있다. 어느 경우든 삶에 대한 올바른 인식으로 이끌기 위함이다.

삼법인을 통해 인간 삶의 본질을 인식했다면, 어떻게 올바른 존재방식으로 유도할 것인가? 불교에서 가장 먼저 모습을 드러낸 실천적 교설은 네 가지 진리인 고(苦) · 집(集) · 멸(滅) · 도(道)의 사성제(四聖諦)이다.[28]

첫째, '고제(苦諦)'는 '미혹된 범부의 생존은 괴로움의 덩어리뿐'이라는 말이다. 그렇다고 부처가 즐거움과 기쁨, 행복을 부정하려는 것은 아니다. 단지 이 말을 통하여 육체적 · 정신적 쾌락의 무상함을 강조하고자 했을 뿐이다. 괴로움에는 크게 세 가지 종류가 있는데, '육체적 · 정신적 고통'과, '애착하고 있던 것이 괴멸하는 데서 오는 고통', 그리고 '세간의 모든 것이 인연으로 얽혀 있음으로 인해 빚어지는 고통'이다. 이는 현실 세계에 대한 인식을 보여준다.

둘째, '집제(集諦)'는 '현실 세계는 괴로움이 생기는 원인'이라는 말이다. 괴로움의 원인은 세 가지로 분류된다. 즉 인간은 다시 태어나고자 하며, 쾌락을 갈망하며, 탐욕을 부린다. 이것은 미혹된 세계의 인과 관계 속에서 욕망에 물든 삶의 방식이 괴로움을 만들어낸다는 사실을 보여준다.

셋째, '멸제(滅諦)는 '욕망에 물든 세계가 사라진 상태가 이상의 경지'라는 말이다. 우리는 스스로 이러한 괴로움에서 벗어날 수 있다. 괴로움의 원인에

---

28) 찰스 프레비쉬 외, 앞의 책, 49~52쪽 참고.

대해 올바른 이해와 수행을 통해 우리 스스로 괴로움의 뿌리를 끊고 열반에 이를 수 있다. 멸제에는 두 가지가 있는데, 하나는 생전에 열반에 이르러 자신의 부정함을 벗어 버리는 것이고[잠시멸(暫時滅)], 다른 하나는 깨달은 이가 마침내 죽음에 이르러 자신의 육신마저 모두 벗어버리는 것[구경멸(究竟滅)]이다. 이는 인간 존재의 이상 세계에 대한 방향 설정이다.

넷째, '도제(道諦)'는 '괴로움을 없애기 위해서는 수행이 필요하다'라는 의미이다. 즉 괴로움을 끊는 방법에 관한 것이다. 이는 구체적 수행의 필요성에 대한 인식과 실천이다. 그렇다면 구체적인 실천 방법, 깨달음에 이르는 도리는 무엇인가?

그것은 8정도(八正道)라는 여덟 가지 올바른 길로 제시된다. ① 바른 견해[정견(正見)]; 사성제에 대한 올바른 이해를 말한다. ② 바른 사유[정사유(正思惟)]; 욕망과 사사로운 견해, 그리고 무자비를 여읜 바른 생각을 말한다. ③ 바른 말[정어(正語)]; 거짓말, 이간질, 욕설, 실속없는 말 등을 삼가는 것이다. ④ 바른 행위[정업(正業)]; 살인, 도둑질, 일체의 삿된 행동을 범하지 말아야 한다. 이는 불교의 윤리관을 그대로 보여 준다. ⑤ 바른 생활[정명(正命)]; 점성술, 마술, 예언, 중매, 혼인집전, 그 외의 온당하지 못한 직업(예컨대 백정)에 종사하는 것을 금한다. ⑥ 바른 수행[정정진(正精進)]; 끊임없는 노력으로 이미 일어났던 나쁜 생각을 미리 막는 것이다. 될 수 있는 한 선한 생각을 많이 해서 이를 잘 보전하는 것을 가리킨다. ⑦ 바른 정신[정념(正念)]; 마음을 한 곳으로 모아 자신의 심신은 물론 주위의 일체 사물을 바로 관찰하는 것이다. ⑧ 바른 정신통일[정정(正定)]; 사선정(四禪定)[29]에 이르기 위해 명상에 열중하는 것이다.

고제와 집제는 미혹의 인과관계를 나타내고, 멸제와 도제는 깨달음의 인

29) 사선정은 사정려(四靜慮)-네 가지 고요한 생각-라고도 하는 데, 이 정은 고요함과 함께 지혜가 있어, 능히 자세하게 생각하는 뜻으로 정려라 한다. 이에는 초(初) · 2 · 3 · 4의 구별이 있으니, 초선(初禪)은 유심유사정(有尋有伺定), 2선은 무심유사정(無尋有伺定), 3선은 무심무사정(無尋無伺定), 4선은 사념법사정(捨念法事定)이다. 耘虛 龍夏,『佛教辭典』(서울: 동국역경원, 1992), 380쪽.

과관계를 나타낸다. 이를 질병에 비유해서 설명하면, 고제는 병을 발견하는 것이고, 집제는 병의 원인을 파악하는 것이다. 멸제는 병이 난 후의 건강 상태를 가리키고, 도제는 좋은 약에 해당한다.[30)]

2) 교육관

불교에서 인간의 현실은 '괴로움(苦: suffering)' 그 자체이다. 그 원인은 그릇된 행위에 있으며, 그릇된 행위는 자기 자신과 세계의 참 모습을 올바로 알지 못하는 정신적 미혹(迷惑)에서 기인한다. 불교는 이러한 자기 자신과 세계의 참 모습을 올바로 알게 하려는 '깨달음'의 종교이다. 인간은 깨달음을 통해 우리의 행위, 즉 삶이 바르고 밝아져 자연스럽게 행복을 실현하게 된다.

이렇게 볼 때, 불교의 인간관은 존재(存在)의 관점에서는 '고관(苦觀)'이고, 당위(當爲)의 관점에서는 '각관(覺觀)'이라고 할 수 있다.[31)] 따라서 불교 사상에 기초한 교육의 방향이나 목적은 지식의 축적이나 전문 기능의 습득이라기보다 깨달음이나정신적 자각이 본질이다.

불교적 깨달음은 '마음'에서 시작되어 '마음'에서 이루어진다. 그래서 불교를 '마음의 종교'라고 부른다. 이를 잘 드러내고 있는 것이 바로 유식론(唯識論)이다.[32)] 마음에서 마음으로 전하는, 이심전심(以心傳心)의 방법으로 불교는 진리를 드러낸다. 마음의 깨달음, 마음 공부, 그것은 끊임없는 수행, 자기 조절과 해탈의 과정을 거친다.

다시 강조하면, 불교에서는 깨달음, 자아의 각성을 매우 중시한다. 그리스 신전의 글귀를 빌어 소크라테스가 "너 자신을 알라"라고 설파했던 것처럼, 혹

---

30) 신창호 · 서은숙, 『한국사상과 교육윤리』(고양: 서현사, 2002), 93~101쪽 참고.

31) 박선영, 『佛敎의 敎育思想』(서울: 동화출판공사, 1989), 49쪽.

32) 김동화, 『唯識哲學』(서울: 寶蓮閣, 1988); 핫토리 마사아키 외(이만 옮김), 『인식과 초월』(서울: 민족사, 1993); 太田久紀(鄭柄朝 譯), 『불교의 심층심리』(서울: 현음사, 1987) 참고.

은 현대 실존 철학에서 각성의 문제를 명석하게 분석했던 것처럼,[33] 불교에서도 '각성(覺醒)'이 일차적으로 요구된다.

그런데 인간의 자아 각성은 직관적으로, 비약적으로 이루어진다고 한다. 이것을 불교에서는 '돈오(頓悟)'라고 한다. 비약적 각성인 돈오를 통하여 인간의 현실 세계는 가치론적으로 새로운 의미를 지니게 되고, 삶의 전환을 가져온다. 그러나 이 돈오로써 삶의 문제가 끝나는 것은 아니다. 인간은 과거에서 현재, 미래를 지속적으로 살아가는 유기체이므로 몸에 밴 습성을 비약적 각성을 통해 모두 쓸어버리지는 못한다. 따라서 돈오 이후 끊임없는 수양을 통해 점차 닦아나가는 '점수(漸修)'가 요구된다. 불교적 관점에서 교육의 본질은 바로 인간의 깨달음, 내면적 자각을 전제로 한 문화 지식의 전수, 인간 행동의 변화, 사회의 유지와 혁신 등으로 볼 수 있다.

이러한 교육적 인간상의 정점에 불타가 있다. 그런데 불타는 깨달은 사람, 밝은 사람, 따뜻한 사람으로 지혜와 자비를 상징한다. 깨달음은 본질적으로 스스로 깨닫는 자각을 의미한다. 그러기에 불타는 '자각적 인간형', 혹은 '자주적 인간형'이다. 자주적 인간형은 불타 자신까지도 벗어 던진다. 특히 선가(禪家)에서는 "본분을 바로 들어 보일 때에는, 불타나 조사도 아무런 공능이 없는 것이다"라고 하여 스스로의 깨달음을 가장 중시했다. 이는 성불, 해탈의 길에서 궁극적으로 불타의 구속으로부터 자유로울 것을 요구한다.

그러나 교육은 글자 자체에서도 알 수 있듯이, 인간관계를 전제로 한다.[34] 그런 교육 행위를 불교에서는 다음과 같은 비유로 설명한다. 달걀이 부화할 때, 병아리가 계란의 안쪽에서 쪼고 어미 닭이 바깥에서 껍질을 쪼아 그 시기가 딱 들어맞을 때 달걀 껍질이 깨지고 새 생명이 탄생한다. 이를 줄탁동시

---

33) O. F. Bollnow(이규호 역), 『실존철학과 교육학』(서울: 배영사, 1967) 참고. 볼노오는 쉬프랑어에게서 영향을 받았는데, 쉬프랑어는 '각성'의 개념을 '거듭남', '회심', '근본적 혁명' 등과 같은 다양한 개념으로 설명한다. 중요한 것은 각성은 각성되는 자 스스로의 능동적이고, 자발적인 운동임을 강조한다.

34) 신창호, 『교육과 학습』(고양: 온고지신, 2012) 참고.

(啐啄同時)라고 하는데, 불교가 내세우는 최고의 교육 상황이요 작용을 비유한 것이다.[35)]

그렇다면 공부하는 사람이 먼저 알아야 할 것은 무엇인가? 무엇을 배워야 하고 어떤 것을 깨우쳐야 하는지에 대한 판단력과 변별력이다. 배우는 사람은 먼저 불타의 참다운 가르침을 깨달아 그 마음이 뚜렷이 드러난 한 생각으로써 공부하여 반드시 얻는 바를 생각해야 한다.

교육을 가름하는 기준은 판단력이다. 우리는 어떤 것을 배워야 하고 어떤 것을 경계해야 하는가? 어떤 것이 이 시대에 필요하고 삶을 살찌우는가? 불교 선가에서는 불변하는 것과 인연에 따라 바뀌는 것을 깨닫는 일이다. 돈오점수의 길을 취해 교를 버리고 선의 길을 탐구하라고 강조한다. 부처의 말씀인 교를 선에 입문하는 하나의 방편으로 인식하고, 언젠가는 버려야 할 것으로 이해한다. 그래서 우리는 수많은 이론과 실천 중 '실천'에 무게 중심을 둔다. 이런 맥락에서 말은 교(敎)나 이론으로, 말없음은 선(禪)이나 실천으로 간략히 도식할 수 있겠다.

그렇다면 어떤 교육 방법이 요구되는가? 선가(禪家)에 의하면, 공부하는 이는 활구(活句)로부터 시작한다. 의미 없는 말, 무언가 잘 모르는 그것, 말도 안되는 말로부터 출발한다, 이것이 선이다. '개가 불성이 없다' '뜰 앞에 잣나무' '삼 서근' '마른 똥막대기' 같은 말들. 이 도대체 무슨 언표인가? 의미맥락을 따지는 사구(死句)에서는 도대체 통하지 않는 말이다. 선은 인간의 간절한 마음 자체에서 나오는 것일 따름이다. 닭이 알을 품듯 하며, 고양이가 쥐를 잡을 때와 같이 하며, 주릴 때 밥을 생각하듯 하며, 목마를 때 물 생각하는 듯 하며, 어린애가 엄마를 생각하듯 하는 것 등 마음에서 저절로 우러난 것이지 억지로 꾸며 낸 것이 아니다.

그러나 교육은 세 가지 요건을 갖추어야 한다. 그것은 신심[신근(信根)]과

---

35) 『碧巖錄』 참고.

분심[분지(憤志)]과 의심[의정(疑情)]이다. 깨달은 사람이 되기 위해서는 믿음이 근본이 되어야 한다. 공부를 하는 이는 먼저 뜻을 세워야 하며, 교육적 화두를 의심해야 한다. 그렇지 않는다면 큰 병이 된다. 크게 의심하면 할수록 크게 깨친다. 그런데 우리 인간은 무언가를 알아맞히려고 하고, 생각으로 헤아리려 하며, 깨닫기를 기다린다. 이런 사고 작용은 깨달음과 진리의 세계로부터 멀어져 가는 길일 따름이다. 중요한 것은 교육의 현상이 아니라 근본이다. 원래 목적했던 교육 내용을 제대로 실천하고 있느냐? 깨달은 바를 마음으로 지속시키느냐이다.[36]

3) 의의와 한계

불교는 깨달음과 각성, 십이연기법과 삼법인, 사성제를 통해 교육 내용과 방법에 의미심장한 시사점을 준다. 특히, 인간의 내면적 깨달음과 인연법에 의한 세계에 대한 이해는 우주 삼라만상과 인간에 대한 근본적인 성찰을 하게 만들었다. 팔정도와 다양한 선문답은 진리의 세계에 다가가는 방법론을 제시하였고, 현세 인간과 교육에 대한 본질 탐구에 색다른 시각을 제공한다.

반면, 현실 세계의 인간들이 불교적 깨달음을 얼마나 이해할 수 있을지, 지나친 형이상학의 세계로 설명되고 있어 구체적 세계를 살아가는 존재들에게 다가가지 못하는 한계가 있다. 교육은 끊임없이 무언가를 만들어가고 보완해가는 차원이 대부분인데, 그런 세계가 허망한 것임을 깨닫고, 벗어던지라는 호소는 설득력이 적어 보인다. 따라서 불교의 기본 사상인 연기법과 깨달음의 세계를 교육적 차원에서 재해석하고 교육내용과 방법적 적용하는 차원에서 고민할 필요가 있다.

---

36) 신창호, 앞의 책, 『인간 왜 가르치고 배우는가』; 『한국사상과 교육윤리』 참고.

제 6 장
21세기 현대사회와 교육의 방향

1. 현대사회의 특징

21세기는 다양한 차원에서 규정되는 시대이다. 우주첨단과학 기술문명의 발달과 더불어 지식정보화 · 국제화 사회가 대체적인 시대 경향으로 지목된다.[1] 저명한 미래학자 프란시스 후쿠야마는 『역사의 종말』에서 19세기를 낙관주의로 본 반면, 20세기를 '비관주의'로 진단했다. 그가 19세기를 낙관적으로 바라 본 이유는 크게 두 가지이다. 하나는 근대 과학이 질병이나 빈곤을 정복함으로써 인간생활을 개선해 줄 것이라는 점이었고, 다른 하나는 자유민주주주의 체제가 더욱 더 많은 나라로 확산될 것이라는 기대감이었다. 그런데 인류는 20세기를 살면서, 그것도 인간 자신에 의해, 역사상 가장 쓰라린 경험을 했다. 즉 1, 2차 세계대전, 산업 성장과 그 반대급부로 발생한 환경오염, 생태계 파괴, 지구 온난화, 인간 소외와 물화 등 비참한 체험은 과학과 테크놀로지에 바탕을 둔 진보 논리에 커다란 의문을 던져 주었으며, 심각한 지성의 위기를 초래했다.

이러한 20세기를 체험한 인간은, 사느냐 죽느냐의 생존 위기에 직면하면서 새로운 시대를 맞이하였다. 이른 바, '정보화 사회' '지식 기반 사회' '국제화 사회' 등 다양한 현상을 반영하여 시대가 규정되기도 하였다. 특히, 우주첨단 과학 기술에 힘입어 등장한 지식기반 정보화 사회를 교육적으로 고민

---

1) 이하 "5절 생태주의와 교육"까지는 강선보 · 신창호, 『교육의 이해』(서울: 동문사, 2009) "제6장 현대사회와 교육의 방향"과 신창호, 『교육학개설』을 참고하여 재정리하였다.

할 필요가 있다. 정보화가 다소 테크놀로지의 측면을 강조한다면, 지식기반 사회는 지식의 가치를 강조한다.

정보화는 제한된 자원의 효율적 이용과 생산성 향상을 위한 시스템적 해결책이다. 컴퓨터와 컴퓨터 통신에 의한 정보화의 필요성과 물질적 풍요에 따른 사회적 자아실현의 욕구 충족을 위한 인간의 요구에 기인했다.

이런 정보 사회는 몇 가지 특징으로 설명할 수 있다.

첫째, 사회적 측면에서는 정보가 핵심적인 사회 · 문화 · 경제적 자원으로 생산 · 소비 · 유통되는 사회이다. 정보와 관련된 기술과 기계가 사회의 보편적 가치인 민주화에 적극적으로 기여한다고 볼 수 있다.

둘째, 사회 관계적 측면에서는 사회적 상호작용의 시공간적 제약이 약해지는 사회이다. 정보 매체를 장악한 자와 그렇지 못한 자 사이의 간격이 확대되는 사회이며, 정보나 기업의 정보 독점과 통제가 약화되어 정보에 대한 접근과 소유가 계층적 · 지리적으로 평준화되기도 한다.

셋째, 기술적 측면에서는 쌍방향적 네트워크가 가능해지는 사회이다. 다양한 정보들의 생산과 전달하는 일에 종사하는 사람들의 지적 창조력이 정당하게 평가받으며, 정보 산업이 주가 되는 사회이다.

그러나 정보는 아주 다양한 상품과 서비스가 차지하는 전혀 판이한 경제의 구성요소인 새로운 인풋(Input) 가운데 하나에 불과하다. 즉 정보가 많다는 것은 새로운 재료, 새로운 생명체, 또는 새로운 로봇 정도의 중요성이 있을 뿐이다.

정보사회의 한계는 '지식 기반 사회'의 중요성이 부각시켰다. 지식 기반 사회는 '정확하게 지식을 어떻게 장악하느냐'의 문제가 핵심 관건이다. 다시 말하면, 근대적 의미의 생산 요소로서 '노동'과 '자본'의 중요성은 감소하고 지식의 중요성이 증가한다. 여기에서 지식은 단순히 세계의 사실들을 인지하는 행위가 아니다. 주어진 환경 속에서 인간의 모든 지적 행위를 구조화시키고 정신적 활동에 필요한 자료의 수집과 해석을 지속시키는 일은 정보에 불과하다.

'진정한 지식'은 우리의 관심이나 목적과 관련하여, 정보의 의미를 이해 · 평가하여 내면화하고 활용할 수 있게 된 것을 의미한다. 정보가 전달받은 사람에 의해 습득되고 가공되어 그 사람의 인간성의 일부가 될 때, 지식이 되는 것이다. 이렇게 '내면화한 지식'은 사람의 마음을 형성하고, 행동으로 나타나며, 이러한 과정을 통해 새로운 지식을 창출하기도 하므로 생명력과 생산성을 지닌다.

2. 교육 패러다임의 변화

지식을 장악하는 문제는 근본적으로 교육에서 출발한다. 전통교육은 인격도야와 지식의 습득을 주축으로 해 왔다. 그러나 시대상황의 변화에 따라 전통교육에 대한 재검토가 현대 교육적 시각에서 이루어져야 한다. 이는 교육 패러다임(paradigm)에 대한 근본적 반성을 의미한다. 왜냐하면 현대교육은 다음과 같은 교육 문제들을 제시하기 때문이다.

첫째, 새로운 지식인이 교육적 인간상으로 부각된다.

둘째, 지식 기반 사회가 요구하는 새로운 유형의 지식이 강조된다.

셋째, 생산 요소로서 지식 정보의 결정력에 대한 관심이 증대하고, 실용적 지식과 지식을 창의적으로 활용하는 지식, 고부가가치를 창출하는 지식이 강조된다.

넷째, 계속교육과 직업교육, 평생교육의 필요성이 증대된다.

다섯째, 지식의 하부구조로서 정보기술체제가 광범위하게 도입되고 네트워크를 통한 교육정보망이 구축된다.

여섯째, 교육체제의 재구조화가 진행되고 학교의 기능과 교사의 역할이 변화한다.

그러므로 근대적 양식으로 정형화된 공교육은 새로운 양식으로 전환되어야 한다.

근대 공교육에서 교육은 곧 학교교육(schooling)을 의미했다. 그만큼 학교교육이 중시되어 왔다. 이제는 학교교육은 물론 과학 기술의 발달, 지식의 폭발적 증가로 교육은 직업교육, 평생교육의 차원에서 삶의 전 영역에서 강화된다. 또한 단일하고 획일적이며 막연한 차원의 인격 함양이나 사회에의 기여라는 교육목적과 내용보다는 다양하고 구체적이며 자기와 관계된 방식의 교육적 담론을 양산한다. 즉 환경, 생태, 인권, 평화, 통일, 여성, 죽음, 부모, 노인 등을 교육에서 적극적으로 다루고 있다.

뿐만 아니라 컴퓨터 통신의 발달은 교육매체와 방법상 혁명적 변화를 가져왔다. 이제 컴퓨터 교육은 필수적 교육과정이 되었다. 그리고 사이버 교육과 지식의 정보화는 전통적인 교육의 위상을 흔들어 놓았다. 이는 사회 변화에 따라 빚어지는 교육적 갈등의 양상이다. 교육은 이미 새로운 양식으로 바뀌었다. 교육 패러다임의 전환도 혼란스러울 정도이다.

그런데 지식 정보화 사회는 이미 디지털 시대를 만끽하고 있다. 현실은 이미 '디지털 정보의 흐름[Flow of Digital Information]'에 있다. 디지털 정보는 실제 상황에 대해 빠르고 실제적인 지식을 주며 시의적절하게 흘러간다. 빌 게이츠는 디지털 시대를 다음과 같이 진단한다.

> 인터넷은 정보 공유와 협동 그리고 교육을 위한 전 인류의 새로운 공간이다. 또한 텔레비전이나 전화 같은 우리 생활에 밀접한 기술의 즉시성(卽時性)과 자연성, 즉 아무 때나 즉각적으로 이용할 수 있고, 또 자연스럽게 이용할 수 있는 점을 취하고 거기에 서신 왕래 고유의 깊이와 넓이를 더한 새로운 매개체이다. 뿐만 아니라 인터넷은 정보를 찾아주고 공통의 관심사를 가진 사람들을 연결해주는, 완전히 새로운 능력도 지니고 있다. …… 이는 디지털 신경망(digital nervous system)으로 구축한다. 디지털 신경망은 인간의 신경체계를 교육에 적용한 디지털 신경체계로서, 적절하게 통합된 정보의 흐름을 꼭 필요로 하는 교육 현장에 적시에 제공해 준다. 디지털 신경망을 구성하고

있는 교육과정들은 학교가 자신의 외부환경을 인식해 반응할 수 있도록 해주고, 현실적 문제의 해결과 학생의 요구를 감지할 수 있도록 해주며, 이러한 것들에 대해 시의적절하게 대응할 수 있게 해 준다.

이런 시대는 우리 눈앞에 펼쳐져 있다. 뿐만 아니라, 현실은 첨단기술의 발전 만큼이나 무한 속도로 변한다. 변하는 만큼 인간은 정보를 유용하게 즉시 이용할 수 있어야 하고 지식으로 전환하여 생산성과 혁신을 지속해 가야 한다. 이를 가능케 하는 기초 작업이 교육이다. 인간이 지니고 있는 신경망처럼 교육도 전체적인 조망과 연결 가운데 현실의 형평과 조화를 이끌어야 한다. 이러한 사고가 근대 공교육과 다른 지평인 현대교육 패러다임의 기조이다.

3. 지식 기반 정보화 사회와 교육

지식 기반 정보화 사회는 경제적 측면에서는 자원의 효율적 이용과 생산성 향상을 위해 컴퓨터와 컴퓨터 통신에 의한 정보화의 필요성이 대두되면서 출현하였다. 사회적 측면에서는 물질적 풍요에 따른 사회적 자아실현의 욕구 충족을 위한 정보욕구가 다양화한 데 있다. 게다가 과학 기술의 급속한 발달은 컴퓨터를 소형화 · 저렴화 · 지능화함으로써 그 보급을 가속화시켜 대중화에 기여하였다. 동시에 정보처리 기술과 통신 기술이 보편화 되면서 정보사회는 순식간에 이루어졌고, 급속도로 변화하고 있다. 이런 사회 변화는 인간의 생활양식과 사고를 변화시켰고, 교육의 방향에도 중대한 영향을 미치고 있다.

지식 정보화 사회를 살아가려면, 기본적으로 정보를 수집할 수 있는 능력과 정보 가치를 판단하는 능력, 정보를 종합하는 능력, 정보를 저장하는 능력, 필요한 정보를 취사선택하여 정보부가 가치를 높일 수 있는 능력, 정보사회의 윤리 등 정보에 관한 종합적인 자질을 갖추어야 한다. 그것은 새로운 교육에 의해 가능하다. 과거처럼 단순히 읽고 쓰고 셈하기의 기초 교육으로는 변화한 시대의 새교육을 담당할 수 없다.

더욱 중시되는 것은 컴퓨터와 통신기기의 활용능력이다. 게다가 정보화가 진행될수록 인터넷 신조어가 쏟아져 나오므로 새로운 용어는 계속 학습해야 하고, 일상생활에 편리하게 적응하기 위해 각종 정보 통신 기기들의 활용법을 학습해야 한다. 이는 지식 기반 정보 사회의 교육이 학교교육을 넘어 언제 어디서나 배울 수 있는 평생교육체제의 구축이 절대적으로 필요하다는 말이다.

지식 중심의 사회에서는 새로운 지식을 창출하고 이 지식을 적합하게 응용하여 지식의 부가가치를 높이는 작업, 즉 지식의 생산성을 높이는 작업이 중요한 과제로 부각된다. 그러나 학교교육은 지식 주입의 양이 엄청나게 많음에도 불구하고 그러한 지식들이 삶의 유용한 도구로 활용되지 못하고 있다. 현대사회는 지식을 많이 알고 있는 인간보다는 다양한 지식을 종합해서 응용하고 재창조하는 창의적 사고를 가진 인간이 주도하는 사회이다. 또한 지식 사회에서는 지금까지 학교에서 다루지 못했던 지식을 정보공학을 도구로 활용함으로써 자기 자신을 스스로 가르치는 교사가 될 수 있다. 즉 스스로 학습하는 방법을 터득할 수 있기에 독립적인 학습자가 될 수 있다. 산업 사회에서는 교육과 훈련이 강조되었지만, 지식 정보화 사회에서는 자기학습(self learning)이 강조된다.

인간의 지식은 기하급수적으로 증가하므로, 배우고 버리고 또 배우고 다시 버리는 것이 지식 정보 사회의 특징이다. 지식의 급속한 증가로 비즈니스의 수명이 짧아지고, 일의 성격이 자주 바뀌어 직종의 변화와 새로운 직종의 탄생이 일상생활에서 벌어진다. 이런 현실에서 평생직장에 안주한다는 것은 거의 불가능하다. 따라서 엄청난 도전에 대응하고, 특정 개인이나 사회가 살아남기 위해서는 언제 어디서 누구나 학습할 수 있는 열린 교육체제가 구축되어야 한다.

지식 정보사회는 세분화 · 전문화된 영역을 수많은 시스템으로 엮은 멀티미디어 사회이다. 멀티미디어는 인쇄, 음성, 영상 등 미디어의 다양한 요소들을 하나의 기계 내에 모은 것이다. 다시 말해 음성, 문자, 그래픽, 영상 등의 정보를 통합 처리해서 이 정보를 기기와 대화하는 형식으로 보고, 듣고, 느낄 수 있는 시스템을 말한다. 이런 교육환경에서 교육이나 학습은 단순하게 전달하는 양식에서 벗어나 멀티미디어 중심의 창의성 함양교육으로 바뀌어야 한다. 즉 교수자에 의한 주입식 · 강의식 교육 패턴을 지양하고, 학습자들이 다양한 방식으로 연구하고 창조하는 멀티미디어 방식을 적극 활용해야 한다.

4. 국제이해와 다문화교육

지식 기반 사회와 더불어 현대사회의 핵심적 특징 중 하나가 국제화이다. 국제사회는 '지구촌'이라는 언표가 암시하듯이, 하나의 마을처럼 개방되었다. 다양한 문화가 교류하며 공존하는 공생의 사회가 대두한 것이다. 따라서 타문화를 상호 수용하는 국제이해나 다문화교육에 대한 관심이 증대하고 있다.

세계를 오직 자신의 문화적 관점에서만 파악하는 사람들은 인간의 총체적 경험을 이해할 수 없다. 그들은 문화적 · 인종적으로 편협한 상태에 놓여 있다. 이들은 자신의 문화조차 충분히 인식하지 못한다. 자신의 문화적 배경은 다른 문화의 관점에서 바라볼 때, 온전히 파악될 수 있다.

국제이해 및 다문화교육은 학생들의 교육에 중대한 변화를 추구하는 일종의 개혁운동이다. 미국을 비롯한 몇몇 서구 국가들이나 중국과 같은 강대국의 특징 중의 하나가 인종, 민족, 문화, 종교 등 여러가지가 공존하는 이른바 다양성이다. 한국의 경우에도, 최근 국제결혼을 통한 다문화가정이 부쩍 늘었다. 특히, 농촌지역에서는 베트남, 캄보디아 등 다양한 문화를 지닌 사람들이 취업·결혼 등 이주를 통해 살고 있다. 이러한 다양성은 국가의 자산을 풍부하게 하고 국민들이 개인적·공공적 문제를 인식하고 해결하는 방식을 증가시켜 줄 수 있다. 또한 다양성은 국민들에게 타문화를 체험할 수 있는 풍부한 기회를 제공하여 개인의 자아실현을 도와준다. 개인들이 다양한 문화에 참여할 기회를 가질 때 비로소 그들은 인간의 총체적 경험으로부터 많은 것을 배울 수 있다.

다문화가정이 증가하고, 글로벌시대 국제적 교류가 활발한 현재, 국제 이해 및 다문화교육은 매우 중요하다. 특히, 단일민족이라는 이름하에, 단일성을 중시했던 한국의 전통교육은 이러한 새로운 시대 추세를 돌아보아야 한다. 그런 차원에서 다문화교육의 목적과 의미가 무엇인지 간략하게 살펴보자.

첫째, 개인들에게 다른 문화의 관점을 통해 자신의 문화를 바라보게 함으로써 자기이해를 증진시킨다.

둘째, 학습자들에게 문화적·민족적·언어적 대안과 선택을 가르칠 수 있다. 지금까지 한국은 학교교육 과정에서 주류 집단인 한국인의 역사와 문화에 초점을 맞추어 왔다. 그러나 현재 우리 사회에 합류하고 있는 베트남, 캄보디아 등 다른 민족에게는 그들이 지닌 다양한 문화와 가치관이 있는데, 그것이 나름대로 존중되는 분위기가 조성되어야 한다.

셋째, 모든 학습자가 자문화, 주류문화, 그리고 타문화가 공존하는 다문화 사회에서 요구되는 지식과 기능, 태도를 습득할 필요가 있다.

넷째, 소수민족 집단이 인종적·신체적·문화적 특성 때문에 겪는 고통과 차별을 감소시켜야 한다.

다섯째, 학습자들이 전 지구적이고 공통성을 지닌 테크놀로지의 세계에서 살아가는 데 필요한 다양한 능력을 습득하도록 돕는 일이다.

여섯째, 학습자들이 자신이 속한 문화공동체, 국가적 시민공동체, 지역문화, 그리고 전 지구적 공동체에서 제구실을 하는 데 필요한 지식, 태도, 기능을 다양한 인종, 문화, 언어, 종교집단의 학습자들이 습득하도록 도와주는 일이다.

이러한 국제이해 및 다문화교육은 다섯 가지 차원에서 이루어져야 한다. 첫째, 내용의 통합, 둘째, 지식 구성의 과정, 셋째, 편견의 감소, 넷째, 평등한 교수법, 다섯째, 학습자들에게 기회를 제공하는 학교문화와 사회구조 등이 있다.

첫째, 내용의 통합은 교수자들이 교육과정에서 자신의 교과나 학문 영역에 등장하는 주요 개념이나 원칙, 이론 등을 설명하기 위해, 다양한 문화나 집단에서 볼 수 있는 사례나 내용을 활용하는 일이다.

둘째, 지식 구성의 과정은 특정 학문영역에 내재하는 문화적 가정이나 관점, 편견 등이 해당 학문에서 어떻게 지식으로 형성되는지 살펴본다. 특히, 그것에 영향을 미치는 부분을 학생들이 이해하고 조사하고 판단할 수 있도록 교수자가 돕는 일이다.

셋째, 편견의 감소는 학습자들이 갖는 인종적 태도의 특징과 그것이 교수법이나 교재에 의해 어떻게 달라질 수 있는가에 대해 성찰하는 일이다.

넷째, 평등한 교수법은 교수자가 다양한 인종, 민족, 사회계층 집단에서 온 학습자들의 학업성취도를 높이기 위해 수업을 수정하는 일을 말한다. 여기에는 문화적 · 인종적 집단 내에 존재하는 독특한 학습 습관에 부합하는 다양한 교수법도 포함된다.

다섯째, 학습자들에게 기회를 제공하는 학교문화와 사회구조는 수업과 스포츠 참여에서 집단화하는 것을 말한다. 예컨대, 학업성취에서의 불균형, 민족적 · 인종적 동질성에 따라 행해지는 교직원과 학습자의 상호작용 등은 다양한 인종 · 민족 · 문화집단에서 온 학습자들에게 동일하게 기회를 부여해야 하고, 그런 학교문화를 창조하기 위하여 면밀하게 조사되어야 한다.

5. 생태주의와 교육

현대사회 최대의 위기는 고도 산업사회와 불균형적 성장의 그늘에서 죽어가는 생태문제이다. 생태주의는 인간과 자연의 역동적이며 간주관적인 상호작용의 장에서, 생명체 간의 생존하는 방식을 규명하고 이것이 인간 현상에 주는 시사점이 무엇인가를 철학적으로 사유한다. 특히, 서구의 중세 말부터 뿌리내린 인간중심주의의 철학적 한계를 비판하면서 이성과 과학에 토대를 둔 근대적 세계관을 문제 삼는다. 아울러 인간의 자기본위, 경쟁, 소유 등과 같은 자본주의 사회의 지배적 가치를 근본적으로 재검토 한다.

그러기에 생태주의는 지구촌의 모든 생명들을 전체의 네트워크 안으로 통합하고, 상생(相生)의 관계를 회복하여 생명 존중의 문명 창조라는 거대한 담론을 제시한다. 과학 기술은 인간과 자연을 분리하고, 자연은 오로지 인간 삶의 증진을 위해 지식을 제공하는 객체적 대상으로 간주되었다. 그러므로 생명을 경시하고 파괴하는 가혹한 비인간화 현상을 낳았다. 그럼에도 불구하고 근대 공교육은 이러한 인간중심의 과학적 · 철학적 인식론에 기초하여 전개되었다.

생태주의자들은 생태 파괴의 원인이 인간을 자연으로부터 분리시키는 이원론적 사고에서 비롯되었다고 본다. 근대철학을 연 데카르트는 정신을 주체로 하고 물질을 객체로 하는, 인간과 자연에 대한 이원론적 인식의 틀을 제공하였다. 그리하여 인간이 자연을 지배하는 주체로 인식하여 인간과 자연을 분리하였다. 이런 인간 중심주의적 사고는 뉴턴으로 대변되는 과학사상으로 새롭게 발전하면서 과학적 탐구로 인한 각종 신기술을 발명하였고, 이는 엄청난 경제적 발달의 동력이 되었다. 이런 과학 기술의 발달은 인간의 삶을 편리하게 만들었으나 환경과 생태계를 파괴하여 오히려 인간을 파멸시키는 방향으로 흘러왔다.

근대 이후 발전한 교육사상은 이러한 과학 철학적 입장에서 부응하여 효율성을 강조하였고, 도덕적인 윤리문제는 이차적인 것이 되고 말았다. 특히 기술적 업적과 효율성을 추구하는 인간 자원 개발을 주목적으로 삼았다. 다시 말하면 교육학에서 목적론과 방법론의 분리, 즉 가치와 지식의 분리 현상을 초래하였고, 목적론에 대한 방법론의 우세를 중시하게 되었다.

기존의 교육은 어떻게 하면 인간의 내적 힘을 키워 자연으로부터 더 많은 자원을 획득하는 도구로서의 지식과 기술을 생산하고, 그것을 어떻게 효과적으로 전달할 수 있는가에 주된 관심을 두고 있다. 그러나 생태학적 주장들은 교육이 자연을 인간 생명과 연결된 생명체로 인식하는 교육철학과 이러한 생명체가 협동하며 공생하는 상생 관계를 기본 원리로 삼는다.

다시 말하면, 생태주의 교육은 인간과 자연, 그리고 인간과 인간 사이의 생태학적 유대성을 존중하면서 새로운 세대들에게 더 좋은 사회발전에 이바지하게 하는 것이다. 이제 교육은 현재의 생명 경시 현상, 생명 파괴 현상을 인간 자체의 변화나 사회 구조의 변화에서 뿐만 아니라 인간과 자연의 상생 관계를 증진하는 데 관심을 가져야 한다.

생태적 교육의 과제는 교육의 대상 범주를 사람과 사람, 인간과 자연이 상호 작용하는 장으로 만드는 것이다. 다시 말하면, 자연과 인간이 일체감을 이루어 자연을 대하는 인간의 사고와 행위가 혁신적으로 바뀌고, 학생들이 환경친화적 태도를 형성할 수 있도록 하는 일이다. 동시에 인간과 자연의 상생을 위한 생명력을 활성화하여 학생들의 생태 윤리가 배양할 수 있게 하는 작업이다.

6. 인문학과 교육

현대사회는 다양한 차원의 인간소외 현상이 존재한다. 과학화와 물질주의, 기계주의적 사고는 인간의 삶을 행복으로 인도하기보다는 외로움과 불행, 무의미한 일상으로 몰아넣기도 했다. 이런 상황에서 인간은 자신의 정체성을 찾으려는 인문학적 사유를 요청한다.

인문학(Humanities)은 무엇인가? 대답하기 복잡하다. 분명한 것은 인간을 대상으로 탐구하는 작업이다. 인간성이나 인간다움과 연관된, 포괄적 의미의 인간에 대한 성찰이다. 따라서 인간에 대한 반성과 이해가 부족한 현대 사회에서 인문학은 교육적으로 긴요하게 등장한다.

인간의 인문학적 속성은 도덕적 · 종교적 · 미학적 · 철학적 가치 추구 및 역사적 자기 성찰의 경험으로 드러난다. 이러한 경험은 문학과 예술, 종교적 믿음과 실천, 철학적 사유, 역사적 · 인류학적으로 표현되고 기록된다. 따라서 인문학의 대상은 현재까지 존재하는 문학작품과 예술작품, 역사적 · 종교적 · 철학적 · 인류학적 저서들이다. 인문학은 이러한 창작물과 저술을 통해 인간성을 탐구하고 이해하려는 학문으로 정의할 수 있으며, 이러한 탐구와 이해는 인간의 반성적 성찰의 표현에 지나지 않는다. 한마디로 인문학은 인간의 자기 정체성(identity)을 발견하기 위한 반성적인 지적 활동이다.[2)]

동양의 전통학문에서 말하면 인문학은 이른 바 '문학–역사–철학'이라는 문사철(文史哲)로 대변된다. 유교의 사서오경(四書五經)이나 사기(史記), 자치통감(資治通鑑), 불교의 무수한 경전, 도교의 노자나 장자가 그 내용의 주축을 이룬다. 물론 유불도에서 추구하는 가르침은 그들의 종지에 따라 차이가 있다. 그러나 인간으로서 추구하는 공통의 핵심 영역은 수양(修養)이다. 그것은 심신수련(心身修練)이라고 해도 좋고, 정신수양(精神修養)이라고 해도 좋고, 마음공부라고 해도 좋다. 중요한 것은, 선인들이 보기에, 각각의 경전에는 인간이 온전하게 사람다움으로 성숙할 수 있는 핵심적이고 거의 절대적인 내용(?)을 담지하고 있었다.

그것은 서구 고대 로마시대 교육의 핵심을 이루었던 7자유교양(Liberal Arts)교과목 가운데 3학(Trivium)인 문법, 수사, 논리와도 깊게 연관된다. 서구

---

2) 박이문, 『통합의 인문학』(서울: 지와사랑, 2009), 신창호 외, 『길위의 인문학』(서울: 경향미디어, 2011) 참고.

교육의 역사에서 자유교양교과는 로마인들의 자유인의 신분계급유지와 양성을 목적으로 했다. 즉 자유시민으로서의 수준 높은 교양을 갖추는 작업이었다.

동양의 경우에도, 유교의 사(士) 계급 이상 혹은 지배 관료-조선조의 경우 사대부 가문, 양반 등-나 승려와 같이 일정한 수준의 인간적 품위를 유지시키는 데 필요한 지식의 확보와도 연관된다. 현대적 민주 사회의 경우, '성숙한 민주 시민으로서 상당한 수준의 교양을 갖춘 교육받은 인간'으로 이해할 수 있다.

이런 차원에서 보면 인문학은 시대와 사회 상황에 따라 표현을 달리 하지만, 지배-피지배의 역학 관계에서 볼 때, 지배 계급의 학문임에 분명하다. 서구의 경우에는 자유인과 노예로 구분되던 사회에서는 자유인으로서 자신의 신분을 유지하기 위한 계급 재생산의 도구였고, 동양의 경우, 사(士)-농(農)-공(工)-상(商)의 계급계층 질서를 고려할 때, 사(士) 계급의 재생산을 위한 도구였음에 분명하다.

그럼에도 불구하고 인문학은 인간의 수준을 끊임없이 다양하게 전개할 수 있도록 인간 삶의 가능성을 열어주었다. 그것은 서구 근대 민주주의 의식을 일깨워주는 계몽적 역할을 하기도 하고, 여러 차원의 인간 삶의 양식을 제시하며 인간을 다차원적으로 규정하는 데 기여했다. 요컨대 인문학은 인간의 의식, 정신의 총체를 이루는 근원이다. 그것은 교육에 의해 전수되고 확장되고 성쇠의 길을 걷는다.

지식정보화, 국제화, 다문화, 생태교육 등이 강조되는 현대사회에서 인문학은 인간의 삶을 깊이 성찰하게 만드는 핵심 내용이라는 점에서 교육적 시사점이 크다. 특히, 종합적이고 통합적 정신을 삶에 불어넣어줄 수 있다는 점에서 중요한 역할을 할 수 있다. 인간이란 무엇인가? 어떤 삶이 소중한가? 인류의 현재와 미래를 주동하는 힘은 무엇인가? 이런 질문의 근원에 인문학이 자리잡고 있다.

제2부

교육사의 이해

현대 우리 교육을 이해하기 위해서는 지금까지 세계의 교육이 어떻게 전개되어 왔는지, 교육의 역사를 개괄적으로 살펴보아야 한다. 먼저, 한국의 교육에 관심을 갖는 사람이라면, 한국에서는 전통적으로 어떤 교육제도와 사상에 터하여 교육이 이루어져 왔고, 그런 교육 전통은 현재 한국 교육에 어떤 영향을 미치고 있는지 확인할 필요가 있다. 다음으로 서구의 교육을 이해해야 하는 이유는, 그것이 역사적으로 어떻게 흘러 왔는지 고찰하고 한국의 전통 교육과 비교 검토하여 한국 교육의 방향 정립에 참고해야 하기 때문이다. 특히, 20세기 이후 현재까지 한국이 서구 교육의 절대적 영향은 받아오고 있다는 점을 고려하고, 교육사 이해를 통해 한국 교육의 맥락을 역동적으로 고찰할 수 있는 계기로 삼는다.

제 7 장
역사와 교육사학

1. 역사의 의미

1) 히스토리아와 게쉬히테

우리는 일상생활 속에서 또는 학문하는 과정에서 '역사'라는 말을 많이 쓴다. 그러면서도 역사가 무엇인지 캐물어 들어가면 곤경에 빠지기도 한다. 역사란 무엇일까? 역사라는 말에 담긴 의미 맥락을 검토하면서 고민해 보자.[1)]

서양에서 역사라는 말을 처음 사용한 사람은 고대 그리스의 헤로도투스(Herodotus)와 투키디데스(Thucydides)라고 한다. 이들은 그 유명한 『페르시아전쟁사』와 『펠레폰네소스전쟁사』를 집필한 장본인으로 그 책의 표제에 희랍어 '히스토리아(Historia)'라는 낱말을 사용하였다. 헤로도투스는 책의 서두에서 "이 책의 내용은 할리카르나소스에서 출생한 헤로도투스가 탐구한 것이다"라고 밝혔고, 투키디데스 또한 "아테네인 투키디데스가 펠로폰네소스 인들과 아테네인들 사이에 벌어진 전쟁이 위대한 의미를 지닌 것으로 생각하고, 그 이전의 어떤 것보다 더 큰 가치가 있는 기록이 될 것이라 확신하면서, 이 전쟁이 발발한 당초부터 이 상황을 기술하였다. 이 같은 확신은 이 전쟁이 발생한 원인들에 근거하고 있다"라고 하였다.

헤로도투스는 자신의 전쟁사를 '탐구'한 것이라고 하였고, 투키디데스는 자신의 전쟁사에 그 전쟁에 '하나의 중요한 의미'를 부여하면서 그 전쟁이 '발

1) 고려대 사학과 교수실,『역사란 무엇인가』(서울: 고려대 출판부, 1985), 7~17쪽.

생한 원인'을 구명하려고 하였다. 즉 이들은 자신들의 전쟁사에 '탐구에서 얻어진 지식'을 의미하는 희랍어 '히스토리아'를 표제로 정하고, 자신들이 탐구한 내용 혹은 탐구한 지식, 탐구한 결과를 세상에 알리려는 의도를 지니고 있었다. 역사(History)라는 말은 바로 여기에서 기원하였다.

한편, 오늘날 역사를 설명할 때, 독일어의 '게쉬히테(Geschichte)'를 빼놓을 수 없다. 게쉬히테는 '일어난 일' 또는 '발생한 사건'을 의미하는 동시에 '그 같은 일이나 사건에 관한 지식과 설명'이라는 뜻을 포함하고 있다. 그러기에 헤겔(Hegel)은 "역사라는 낱말은 객관적인 측면과 주관적인 측면을 종합하고 있는 것으로, 이것은 사건을 의미하는 동시에 사건의 기술을 의미한다"라고 하였다. 이러한 역사에 대한 언급은 히스토리아라고 명명했던 헤로도투스와 투키디데스의 소박하고 단순한 개념을 철학적이고 학문적인 것으로 승화한 것으로 이해된다.

역사란 무엇인가? 히스토리아와 게쉬히테를 통해 볼 때, 그것은 '사실의 발견'과 그것에 대한 '인과론적 설명'이라는 이중적 의미를 지니고 있다. 유명한 역사학자 베른하임(Bernheim)이 "역사란 사회적 존재로서의 인간이 여러 활동에서 시간적 · 공간적으로 이루어지는 발전의 모든 사실을 심리적인 인과관계 및 그때그때의 사회적 사치와 관련되는 인과관계에서 구명하고 서술하는 과학이다"라고 정의한 개념과도 통한다.

2) 사(史)

히스토리아나 게쉬히테에 해당하는 동양적 용어는 '사(史)'이다. '사(史)'는 '사관(史官)'이라는 관직의 이름에서 유래하였다. 사는 전통적으로 기록하는 사람을 의미하는데, 기록의 공평성을 생명으로 하였다. 이들은 기록자인 동시에 역사가로서 권력자의 측근에서 여러 가지 일을 공정하고 정확하게 기록한 관직자였다.

그래도 동양적 역사의 의미 맥락을 제대로 이해하기 위해서는, 동양 역사서의 백미로 볼 수 있는 사마천(司馬遷)의 『사기』를 통해 살펴보는 것이 좋을 듯하다. 사마천은 하늘[天]과 인간의 관계를 규명하여 고금(古今)의 변화를 밝히고, 그것이 고금의 인간 세계에 어떻게 작용하는가를 통찰하려고 하였다. 다시 말하면, 인간들이 겪어야 하는 모든 변화하는 현상의 배후에는 인간의 힘으로 어떻게 할 방법이 없는 하늘의 의지[天意]가 작용하고 있는데, 이를 탐구하고 구명하려는 것이 역사이다.

그렇다면 중국의 역사에서 그렇게 강조하는 하늘[天]은 무엇인가? 중국인들에게 하늘은 만물의 생성과 존재의 근원인 동시에 생성과 존재의 여부를 결정하는 지고(至高)의 권위였다. 천(天)은 아들인 천자(天子)를 지상의 세계에 보내어 통치하게 하였고, 천자는 자연스럽게 하늘의 의지를 본받아 지상을 다스려야 했다. 이는 지상에 살고 있는 인간의 일상생활이 하늘의 의지에 지배된다는 의미이다. 하늘의 의지는 인간의 현실에서 실천되어야 하는 것이었다. 그것이 실천되지 못할 때, 인간의 세계는 혁명이나 멸망이 있을 뿐이다.

이런 하늘과 인간의 관계에서, 동양의 역사의식은 천(天)의 사상과 이를 바탕으로 한 인간생활의 실천적인 규범 및 인간계의 변화하는 현상들에 관한 통찰과 구명 및 탐구로 가득 차 있다. 이는 서양의 히스토리아나 게쉬히테와는 약간 성격을 달리한다. 특히, 중국의 사관들은 조정의 관료들이었기 때문에 헤로도투스나 투키디데스처럼 일반 시민의 입장에서 권력자에게 저항하는 안목으로 역사를 서술하기 힘들었고, 독자성이 보장되었다고 하더라도 조정의 관직자로서, 한 사상의 틀 속에서 서술하였다.

특성에 따라 차이가 있기는 하지만, 동 · 서양을 막론하고 역사는 '사건 발생의 경과 자체'라는 의미와 '과거의 사건 경과를 어떤 방법으로 서술한다'라는 측면에서는 공통적이다. 중요한 것은 현재적 시점에서 객관적 존재로서의 사실을 어떻게 주관적인 것으로 파악하고 서술하는가이다.

2. 교육사의 개념

교육사(敎育史; history of education)는 과거에 행해지고 이루어진 교육적 행위 및 현상들을 역사적 관점에서 연구하는 학문이다. 즉 '교육의 역사', '교육에 관한 역사의 기술', '교육을 역사적으로 연구하고 기술하는 학문'이다. 다시 말하면, 교육의 사실과 사상, 교육의 실제와 학설에 대하여 그 변천과 발전을 서술하는 학문이다.

이만규(1889-1978)는 『조선교육사』 서론에서 교육사를 다음과 같이 설명하고 있다.

> 교육사는 문명사의 일종으로서 특히 교육에 관한 역사의 기술이다. 그 범위는 교육의 일반 상황과 학제연혁, 그리고 교육대가의 전기와 그들의 사상과 학설 따위를 기술하고 그 밖에 광범위한 교화 사업도 포함하고 있다. 교육사는 인문(人文)의 진보를 거슬러 찾고 사상의 변천을 연구하며 교육사업과 교육학설의 진보 · 발전한 상태와 이유를 찾는 데 필요한 것이며, 전시대가 후시대에 또는 한 나라가 다른 나라에 주는 효과와 영향을 아는 데 필요한 것이다. 따라서 교육사는 교육학을 건설하는 데 재료를 제공해 주는 것이다. 그러므로 교육사에서 엽기적 사실이나 궤변적 학설을 호기심으로 다루어서는 안 될 것이며, 또한 완고한 보수적 사상으로 시대의 추이를 고려하지 않는 것은 우매한 일일 것이며, 한 학설을 맹신하여 완전무결한 것처럼 보는 것도 극히 삼가야 할 것이다. 교육이란 것은 백년 천년을 두고 점점 수정하여 정리해야 할 큰 공동사업이니 한 사람이 쉽사리 좌우하여서는 안 되는 것이다. …… 교육이란 것은 인류의 생활 · 사상 · 정치가 그 시대를 개조하고 유지하는 것을 선전하고 돕는 사명을 가진 것이다. 그러므로 모든 역사적 사실은 교육의 배경이 되는 것이니, 교육사는 배우는 이에게 넓은 경험을 쌓는 데 가볍게 볼 수 없는 과정이다. 따라서 교육사는 교육자만 알아야 하는 것이 아니라, 배우는 자도 정도의 차이는 있을망정 알아야할 필요성이 있는 것이다.[2]

---

2) 이만규, 『조선교육사』(서울: 살림터, 2010), 41~42쪽.

그렇다고 교육에 관심을 두고 연구하는 사람이 과거에 일어난 모든 교육적 행위를 고찰할 수는 없다. 교육사는 교육적 사실 중에서 교육사가(敎育史家)들에 의해 취사선택되어 특별한 의미가 부여된 것을 주요 대상으로 한다. 따라서 교육사는 '과거의 교육적 행위와 현상들을 교육사가가 일정한 관점에 따라 특별한 의미를 부여하여 정리 · 분석 · 평가 · 서술한 학문'이라고 볼 수 있다.

3. 교육사 연구의 필요성

그렇다면 우리는 왜 교육사를 연구할 필요가 있는가? 우주 첨단 과학 시대를 살고 있는 현재, 과거의 교육적 행위와 현상이 무슨 의미가 있을까?

역사학자 카아(E. H. Carr)는 "역사란 역사가와 사실 사이의 부단한 상호작용의 과정이요, 현재와 과거의 끊임없는 대화이다"라고 하였다. 또한 철학자 산타야나(G. Santayana)는 "과거를 기억할 줄 모르는 사람은 과거를 되풀이 한다"라고 하였다. 이들의 언급은 역사 연구의 가치를 잘 일러 주고 있다. 역사를 연구하는 이유는 과거에 대한 지적 호기심을 채우는 동시에 현재를 개선하여 좀더 나은 미래를 설계하려는 뜻을 담고 있다. 따라서 우리는 교육사 연구를 통해 현재 한국의 교육 문제를 해결하는 데 필요한 다양한 시야를 확보하고, 교육의 방향 정립에 기여할 수 있다.

이런 점에서 교육사 연구의 필요성을 다음과 같이 정리할 수 있다.[3)]

첫째, 교육적 지혜와 슬기[educational wisdom]를 얻기 위해서이다. 교육사는 인류가 오랜 세월에 걸쳐 겪어온 교육적 경험과 사상을 역사적 관점에서 정리한 교육적 지혜의 보고이다. 우리는 인류가 수많은 시행착오를 거쳐 축

---

3) 한기언, 『교육사학-교육정신사서설』(서울: 한국학술정보, 2004), 13~17쪽.

적해 놓은 삶과 교육적 경험을 매개로 하여 과거와 현재, 그리고 현재와 미래의 대화가 가능하다. 그런 대화를 통해 현재의 교육문제를 해결하고 미래를 내다볼 수 있는 지혜를 얻을 수 있다.

둘째, 교육 현실에 대한 본질적 이해를 위해서이다. 현재의 다양한 교육문제는 어떤 특정한 사건에 의해 어느 날 갑자기 생겨난 것이 아니다. 과거로부터 잉태된 복잡한 원인에 의하여 발생한 것이다. 따라서 현재 교육의 본질을 이해하기 위해서는 과거로부터 지속되어온 교육 행위와 현상을 입체적으로 파악하여 이해할 필요가 있다.

셋째, 현대 문명의 비판과 미래 사회 발전의 방향을 제시하기 위해서이다. 교육은 현실에 만족하지 않고 보다 나은 이상을 추구한다. 그러므로 교육을 통한 현대 문명 비판과 미래 발전을 위한 방향 제시가 요청된다.

다시 정리하면, 교육사 연구는 과거의 교육적 사실과 경험을 연구함으로써 현재 교육의 이론과 실재를 이해하고, 과거 교육의 성공과 실패의 자취를 살펴봄으로써 교육에 대한 정당한 판단과 식견을 가질 수 있게 하며, 과거의 위대한 교육가의 업적을 밝혀 그 노력에 대해 인식하여 교육자의 자각을 환기하고 신념을 고취하게 한다.

제 8 장
한국교육의 역사

1. 삼국시대 이전의 교육

동서양을 막론하고 고대 사회의 교육은 일상생활 속에서 거의 무의식적으로 이루어졌다. 가족과 사회집단 속에서 생활하면서 가르치고 배우고 익히는 삶이 바로 교육의 과정이었다. 대부분의 아이들은 어른들의 생활을 보고 따라하면서 어른들을 닮아 갔다.

교육사학자 몬로(P. Monroe)는 원시교육의 두드러진 특징으로 '비진보성'과 '모방'을 들었다.[1] 즉 원시인들은 있는 그대로의 자연 환경에 순응하며 실제 생활의 필요에 따라 무의식적인 모방에 의존하다가, 점차 의식적 모방의 단계를 거쳐 정교(政敎)적 의식과 주문, 수렵, 원정, 파종, 부족의 신화와 전설 등에 관한 이론적 교육으로 이행해 갔다고 설명한다. 인간의 의식이 높아지고 문화가 발달하면서 점차 의식적인 훈련 형태의 교육이 나타나게 되었다는 말이다. 다시 말하면, 사회생활이 조직화 과정을 거치고, 그 구성원에게 요구되는 자질이 새롭게 대두되면서 성년식과 같은 공적인 교육과정이 생겨났다는 것이다.

이런 점에서 한국의 고대 사상을 정돈하는 작업은 간단하지 않다. 먼저, 한국의 고대를 어떻게 설정해야 하는가? 시대 구분 문제에 봉착한다. 다음으로 사상에 관한 기록의 실존 여부와 그 신빙성도 문제다. 당시의 역사 기록은 존

---

1) P. Monroe(조종인 역),『교육사 개설』(서울: 교육과학사, 1999) 참고.

재하는가? 역사적 사실을 통한 사유나 사상을 확인할 수 있는가? 한국의 고대사상에서 교육적 사유와 활동을 도출하는 문제는 형이상학의 영역으로 남아 있을 수밖에 없다. 우리는 역사에 대한 이해와 후대의 기록을 통해, 형이하학의 차원으로 인식하려고 노력할 뿐이다. 왜냐하면 역사는 과거를 공부하지만 과거를 위해서가 아니라 현재와 미래를 위해서 그것을 탐구하기 때문이다. 문제는 과거를 살펴보는 행위 자체로 현재와 미래가 저절로 열리지 않는다는 점이다. 과거의 사실들은 박물관에 전시되어 있는 유물과도 같다. 그러기에 우리는 박제(剝製)처럼 남아 있는 과거에 생명력을 불어넣어 현재적으로 일으키고 미래의 삶을 인도할 필요가 있다. 그것이 역사적 해석이다. 한국 고대 사상의 교육적 독해도 이런 맥락에서 진행된다.

한국사 시대 구분은 학자에 따라 견해 차이가 있다.[2] 이기백은 시대구분의 기준을 사회적 지배세력, 즉 주도세력이 누구냐에 두었다.[3] 사회적 지배세력의 변천과정에 기준을 두고 한국 역사의 큰 흐름을 파악하려고 했다. 그것은 해당 시대의 사회적 지배세력과의 연관 속에서 역사를 이해하고 그들의 삶과 사유를 통해 다음 세대를 지향하는 작업이었다. 이렇게 볼 때 한국의 고대는 신라의 한반도 통일과 발해의 건국과 더불어 전제왕권이 성립되는 시기에 해당한다. 이와는 다른 시각에서 한영우는 우리 역사의 고유한 발전법

2) 한국교육사의 경우, 다양한 차원의 시대구분론이 있다. 대부분의 교육사 시대구분은 왕조교체를 준거로 한 시대구분이다. 즉, 삼국시대 이후, 고려시대의 교육, 조선시대의 교육, 개화기, 일제 강점기, 미군정, 대한민국 교육 등의 구분이 그것이다. 신천식의 경우, 이를 조금 더 세분하여, 8가지 시대로 구분하는 데 다음과 같다. ① 삼국시대 초 중엽 - 통일신라(교육 질서 확립기) ②고려초-무인란(과거 교육의 확립기) ③ 무인란-고려말(주자학의 유입 및 발전 시기 ④ 조선초-숙종(독선적 교육 철학 시기) ⑤ 영조-고종 13년(독선적 교육 철학에 대한 반성 시기) ⑥ 고종 13년-한일합방(구교육에 대한 반성과 신교육 사조기) ⑦ 일제 강점기(민족의 수난과 민족 교육의 각성기) ⑧ 해방 후-현재(민주 교육 사조 시대). 이는 다시 '고대 교육 시대(①), 중세 교육 시대(②-⑤), 근대 교육 시대(⑥), 현대 교육 시대(⑦-⑧)'의 네 부분으로 나뉜다. 정재걸은 이런 논의를 비판하면서, 교육의 내적 발전 논리에 입각하여 다음과 같이 시대구분론을 제기하였다. 제1시대(기원전 5세기 경까지의 문자 발생 시기), 제2시대(5세기경-15세기 후반에서 16세기 초까지의 대중적 교화 기구의 창출 시기), 제3시대(16세기 초-18세기 후반에 이르는 자생적 근대 교육의 맹아 형성 시기), 제4시대(18세기 후반-현대, 근현대 교육 시기). 시대 구분론에 대한 논의는 차후의 다른 연구에서 다루기로 하고, 여기서는 일반적 수준에서 왕조 교체 시기를 기준으로 시대를 구분하여 한국교육의 흐름을 살펴본다. 한국교육연구소 편, 『한국교육사-근 · 현대편』(서울: 풀빛, 1993) 참고.

3) 이기백, 『한국사신론』(서울: 일조각, 1999) 참고.

칙을 찾으면서 동시에 세계적 보편성을 가질 수 있는 시대 구분을 고민하였다.[4] 국가의 주권, 민주의 실현, 자유와 평등의 발전, 자연과의 공생, 과학 기술의 진보, 합리적 사고의 발전 등 보편적 기준을 고려하여 한국의 고대를 고려시대 이전으로 설정하였다. 다른 학자들도 고대 부분에서는 유사한 입장을 취한다.[5] 여기에서도 역사학계의 주장을 참고하여, 한국의 고대를 고려시대 이전으로 한다. 그러면 한국의 고대에 속한 국가는 고조선과 부여 동예 등의 열국, 귀족 국가인 고구려 · 백제 · 신라의 삼국과 통일신라와 발해로 대별되는 남북국 시대가 이에 해당한다. 이 시기의 사상은 무엇이 있는가?

그것은 초기 연맹국가 수준에서 귀족국가 단계로의 발전 시기, 즉 한 민족 최초의 국가인 고조선에서 신라의 삼국통일에 이르는 기간에 한 민족의 정신세계를 지배한 사유로 정돈할 수 있다. 그런데 안타깝게도 당시의 직접적 역사 기록은 존재하지 않는다. 다만, 고려시대의 기록인『삼국사기(三國史記)』와『삼국유사(三國遺事)』를 통해 추론할 수밖에 없다. 지은이의 정치적 입장과 신분 특성을 고려할 때, 김부식이 지은『삼국사기』는 유교적 사유가 반영된 것이고, 일연의『삼국유사』는 불교적 세계관이 녹아 있다. 이 중에서도 한국의 고대 사상으로서 구체적 내용과 특성을 드러내는 장면은 많지 않다. 고조선 건국신화나 신라 때의 풍류, 화랑도, 원광법사의 세속오계 등이 이에 속한다.

1) 건국신화의 교육적 맥락

한국의 고대 사상, 그 시원을 찾기 위해서는,『삼국유사』「기이(紀異)」의 첫 번째 대목인 "고조선"으로 들어갈 수밖에 없다. 그런데 고조선에 등장하는 환웅이나 환인 등은 신(神)으로 묘사되고, 그들과 관련된 이야기는 신화(神話)로

4) 한영우,『다시 찾는 우리 역사』(서울: 경세원, 2008) 참고.

5) 변태섭,『한국사통론』(서울: 삼영사, 1986) 참고.

치부된다. 신을 믿느냐 믿지 않느냐의 문제도 심각한 일인데, 괴이한 이야기로 가득한 신들의 이야기인 신화를 어떻게 믿을 수 있는가? 하지만 『삼국유사』의 저자 일연은 신화를 괴이하게 여기지 않았다. 그러기에 나름대로 확신을 갖고 "고조선"에 대한 기록을 자신의 저서 맨 앞쪽에 기록하였다.

옛날 성인이 문화를 가지고 나라를 창건하고, 인의(仁義)의 도로 교화를 베풀 때, 괴이한 일이나 폭력, 도깨비 이야기와 같은 것은 어디에서도 말하지 않았다.[6] 그러나 제왕이 일어나 나라를 건설하려고 할 때, 하늘은 천자가 될 자에게 신비로운 표식을 내렸다. 이런 일은 기록상으로 보아도 무수히 많다. 고구려·백제·신라 삼국의 시조들이 모두 신비로운 기적으로부터 태어났다는 것이 무엇이 그리 괴이한가! 그것은 괴이한 일이 아니라 얼마든지 그렇게 형용할 수 있는 부분이다. 그래서 고조선 건국 당시에 일어난 이야기도 『삼국유사』 첫머리에 그대로 싣는다.[7]

최남선이나 조지훈의 경우에도 이와 유사한 의견을 제시한다.[8] 그것은 신들의 이야기라기보다 인간들의 삶을 반영한 이미지 형상이다. 동서고금을 막론하고 인류 최초의 지혜는 신화 속에 결정(結晶)되어 있다. 원시인의 신앙·도덕·과학·역사에 대한 요구와 노력은 종합적으로 신화로서 표현되었다. 신화[Myth]라는 것은 유사 이전에 내려오는 희랍어 뮤토스(Muthos)를 번역한 용어로 원시시대, 또 원시사회의 인류가 그들의 독특한 심리, 감각 또는 추리력으로 자연계와 인간 생활상 등 모든 사물의 내력을 설명하는 데서 발생 또는 성립한 지식의 덩어리이다.

그것은 초자연적 세력을 빌어 모든 것을 설명한다. 주술이나 제례와 더불어 친밀한 관계를 지는 측면에서는 종교와 비슷하다. 자연계의 물상(物象)이

---

6) 『論語』「述而」.

7) 『三國遺事』「紀異」.

8) 이은봉 엮음, 『단군신화연구』(청주: 온누리, 1986) 참고.

나 현상의 유래, 그것의 성립을 탐구하려는 측면에서는 과학과 비슷하다. 또한 사회 집단생활의 문화 현상을 천명하려는 측면에서는 역사와 비슷하기도 하다. 이는 곧 원시인의 종교나 과학, 역사를 통괄한 존재가 신화라는 사실을 나타내는 것이다.

이를테면 미개시대의 인간은 문화적 인간과 판이한 사고방법을 지니고 있다. 그들은 이 천지간에 일종의 영력이 있어 일체 사물의 성인이 되는 줄로 믿고, 또 만물과 사람사이에 서로 융통감응(融通感應)하는 관계가 있다고 생각한다. 그 중에 어떤 것은 씨족의 뿌리나 수호자로 삼고, 어떤 것은 집단의 표상으로 받듦으로써 사회 약속의 유대로 삼는다. 그런 것이 진보하면, 신령스러운 힘은 인격화 과정을 거치고, 표상은 신격화 과정을 거쳐, 하나의 강고한 민족 신앙으로 성립된다.

학술적으로 볼 때, 이러한 신령스러운 힘을 '마나(Mana)'라 하고, 씨족의 수호자로 믿는 것을 '토템(Totem)'이라 이른다. 신령스러운 힘 또는 신격화 과정을 거친 것을 외경하기 위해, 사회적으로 금지하는 행위를 '타부(Taboo)'라고 한다. 이런 것을 통합하여 만든 신앙의 형태가 원시종교이며, 원시사회는 이 종교를 중심으로 하여 기축(祈祝), 제사본위(祭祀本位)로 다스림을 지속한다. 그 정치형태를 '신정(神政, Theocrary)'이라고 말한다.

이러한 사실과 관계되는 여러 신의 활동을 종합적으로 표현하여 신념적으로 전승한 것이 신화의 내용이다. 신화는 그때 그들에게 있어서 비유도 아니고, 우어(寓語)도 아니다. 엄숙하고 적실(的實)한 움직일 수 없는 사실이었다.

신화에 나타나는 여러 신의 행위는 곧 신화를 가지고 있는 여러 사람의 행위와 동일하다. 신화에 나오는 일체의 관계는 신화가 있는 여러 사람의 상호관계로서 통일체이다. 그러기에 그것은 신과 인간이 동체(同體)요, 세계의 모든 관계가 상즉상입(相卽相入)해 있는 관계이다. 이러한 형태에서는 당연히 신의 세계가 인간의 세계요, 신화가 곧 사실이었다.

다시 말하면, 신화는 단지 신화로 그치는 것이 아니다. 물론 신화는 신의 이야기임에 분명하다. 따라서 신화의 주인공은 신이요, 신화는 신의 세계를 풀이한 것이다. 하지만, 그 신은 실상 인간의 영웅을 신화화한 것이요, 인간의 생활을 신화한 것이므로, 신화는 곧 고대 사람들의 생활과 지식, 이상이 반영된 삶의 이야기이다. 그러므로 신화는 신의 이야기가 아니라 인간이 터득하고 만든 원초적인 인간의 이야기이다. 때문에 신화는 인간이 발견한 정치와 사회, 과학과 문학, 역사와 교육의 원형으로서 의의를 지닌다.

모든 신화는 신화라는 공통된 본질의 민족적 표현과 민족적 변성(變性), 민족적 소장(消長)에 지나지 않는다. 그러므로 우리는 신화로써 고대 한국인의 심리와 민족적 사고방식의 원형을 찾을 수 있다. 고대의 사회 구조와 문화권의 접촉이 어떠했는지 그 유연성을 찾을 수 있다. 한 민족의 역사적 풍토와 민족 문화의 성격, 민족이 추구한 이념의 원형과 방향을 추출할 수가 있는 것이다.

우리가 신화에서 신화적인 요소를 제거한다면, 거기에는 인간학적인 요소가 풍부하게 담겨 있다.[9] 우리 민족의 건국신화에 등장하는 환인과 환웅, 단군과 관련된 이야기도 단순히 형이상학적인 신들의 괴이한 이야기가 아니다. 그것은 철저하게 당시 인간의 삶이 녹아 있는 윤리적이고 정치적인 삶의 지속을 염원하는 교육적 차원의 설화이다. 『삼국유사』에는 고조선, 이른 바 왕검조선(王儉朝鮮)의 건국설화 내용을 다음과 같이 기록하고 있다.

> 2천년 전에 단군왕검이라는 이가 있어 현재의 황해도 구월산 지역인 아사달(阿斯達)에 도읍을 정하고 나라를 세워 이름을 조선이라 하였다. …… 옛날에 하느님인 환인(桓因)의 아들 중에 환웅(桓雄)이 있었다. 그는 자주 자신의 나라를 가져볼 뜻을 내비쳤다. 그러면서 인간 세상을 탐내었으며 그곳에 가고 싶어 했다. 아버지 환인은 아들 환웅의 이러한 뜻을 알아차렸다. 늘 인간 세상을 내려다보며 아들이 어디로 가면 좋을지 고민했다. 그러다가 황해도

---

9) 이을호, 『한사상의 묘맥』(서울: 사사연, 1986) 참고.

구월산 일대의 삼위(三危) 태백(太白)을 발견했다. 이곳은 아들이 인간을 널리 이롭게 할만한 곳으로 판단되었다[弘益人間]. 그리하여 한나라의 임금을 상징하는 천(天)·부(符)·인(印) 셋을 주며 내려가서 다스리도록 하였다.

환웅은 3,000명의 무리를 거느리고 현재의 묘향산인 태백산 꼭대기 신단수(神檀樹) 아래로 이주해왔다. 그리고 거기를 신시(神市)라 명명했다. 아울러 환웅은 환웅천왕(桓雄天王)으로 일컬어졌다. 그는 바람을 담당하는 고문인 풍백(風伯)과 비를 담당하는 고문인 우사(雨師), 구름을 담당하는 고문인 운사(雲師)를 통해, 농사와 생명, 질병과 형벌, 선악(善惡) 등을 맡게 하였다. 그리고 인간이 살아가는 데 필요한 360여 가지의 일을 주관하여, 세상을 살면서 정치와 교화를 베풀었다[在世理化].

이때, 곰 한 마리와 범 한 마리가 같은 굴에 살면서, 늘 신령스러운 환웅에게 인간으로 되게 해달라고 기원하고 있었다. 이에 환웅은 쑥 한 다발과 마늘 스무 개를 주면서, 이렇게 말하였다. "너희들이 이것을 먹고 100일 동안 햇빛을 보지 않으면 사람의 형상이 될 수 있으리라." 곰과 범은 이를 받아먹었다. 그리고는 21일 동안 햇빛을 보지 않는 금기를 지키기 시작했다. 금기를 제대로 지킨 곰은 여자가 되었으나, 범은 금기를 지키지 못해 사람이 되지 못하였다. 곰은 여인[熊女]이 되기는 했으나 혼인 할 상대가 없었다. 늘 신단수 아래에서 아기를 잉태하게 해달라고 빌었다. 이에 환웅이 잠시 사람으로 둔갑하여 웅녀와 혼인을 하고, 웅녀는 아들을 낳았는데, 그 이름을 단군왕검(檀君王儉)이라 하였다.

이 분은 중국의 요(堯)임금 즉위 50년에 나라를 세웠는데, 지금의 서경인 평양성에 도읍을 정하고 국호를 조선(朝鮮)이라 하였다.[10]

환인에서 환웅, 그리고 환웅과 웅녀, 단군의 관계망에서 우리는 무엇을 발견할 수 있을까? 환웅은 농경사회의 최고지도자이다. 왜냐하면, 그는 농사의 근본 요건인 바람과 비와 구름을 주관하는 참모들을 거느리고 왔기 때문이다. 뿐만 아니라, 농업·의료·법률·도덕 등을 통해 국가를 다스리며 정치

10) 『三國遺事』「紀異」.

력을 발휘했다. 여기에는 인간사 · 인간 행위를 관장하여 '모든 사람이 더불어 사는 세상'을 만들려는 열망이 깃들어 있다.

그 열망은 환웅 자신의 포부와 아버지인 환인의 지원이 결합하면서 현실태로 등장한다. 환인이 제기한 홍익인간의 바람은 아들 환인을 통해 지상에서 구현된다. 환웅은 앞에서 비, 구름, 바람을 담당하는 고문들의 도움을 받아서 인간을 다스리는 존재다. 지상의 세계로 내려온 환웅천황은 인간을 다스린다. 그 다스림의 이념적 도구는 아버지 환인이 고려한 '홍익인간'이다. 널리 인간을 이롭게 할 수 있으리라! 이는 현재 대한민국의 교육이념으로 자리하고 있다.

그렇다면 환웅은 무엇을 통해, 인간을 이롭게 할 수 있었을까? 다시 환웅설화 속으로 들어가 보자. 환웅은 "바람을 담당하는 고문인 풍백(風伯)과 비를 담당하는 고문인 우사(雨師), 구름을 담당하는 고문인 운사(雲師)를 통해, 농사와 생명, 질병과 형벌, 선악(善惡) 등을 맡게 하였다. 그리고 인간이 살아가는 데 필요한 360여 가지의 일을 주관하여, 세상을 살면서 정치와 교화를 베풀었다[재세이화(在世理化)]"라고 자신의 홍익인간 사실을 드러낸다.

그것은 환웅으로 상징되는 한국 고대인들의 사유였다. 이러한 다스림을 통하여 '인간을 이롭게 할 수 있다'고 우리의 선민(先民)들은 생각했던 것이다. 홍익인간의 핵심 내용을 다시 정돈하면 다음과 같다.

첫째, 경제적 풍요를 지향한다. 둘째, 사회적 지위를 획득한다. 셋째, 일신의 안녕을 추구한다. 넷째, 사회적 질서를 유지한다. 다섯째, 도덕 · 윤리적 가치를 부여한다.

경제적 풍요를 비롯하여 도덕 · 윤리적 가치의 부여에 이르기까지, 고조선 건국신화의 내용을 뒷받침할 만한 자료는 중국의 사료인『한서(漢書)』이다.[11]

11)『漢書』「地理志」.

특히, 『한서』에 등장하는 '8조범금(八條犯禁)'[12]의 내용은 매우 중요하다. 그것은 엄밀히 말하면 단군조선의 것이 아니다. 은나라의 기자가 조선으로 가서 백성을 다스렸다는 '기자조선'의 이야기이고 한사군(漢四郡)의 낙랑군에 속하는 사람들의 제도이다. 하지만, 고조선이라는 한반도의 선인들의 생활 풍습임을 고려한다면, 한국 고대 사유의 일부로 보는데 무리는 없다고 판단한다.

'홍익인간'의 핵심 내용 중, 경제적 풍요는 농사를 통해 생산력을 확보하는 과정에서 발생하였다고 추측된다. 중국측 사료에 위하면 고조선은 "상곡(上谷)으로부터 요동(遼東)에 이르기까지 땅은 넓고 인구는 적어 자주 외적의 침입을 받기도 했지만, 생선과 소금, 대추, 밤 같은 것이 풍족하였다"고 기록되어 있다. 사회적 지위는 사회에 필요한 다양한 직책과 그런 것에 대한 생명력 부여 차원에서 살펴볼 수 있다. 예컨대, "농사짓는 백성들은 대부분 대나 나무로 만든 그릇을 사용하여 음식을 먹었고, 도읍지에 사는 관리나 상사꾼들은 종종 술잔 같은 용기를 사용하여 음식을 먹었다." 이는 처한 상황에 따라 그에 적절한 문화를 향유한 것으로 이해된다. 일신의 안녕은 질병의 예방과 치료를 고려하여 공동체 구성원의 생명과 안전을 고민하는 데서 확인된다. 사회적 질서는 형벌을 주관하는 참모를 통해 체제유지를 모색한 데서 알 수 있다. 특히, 사회적 질서유지는, '8조범금'을 통해 구체적 내용을 확인할 수 있다. 현재 전하는 '8조범금'은 여덟 가지 모두를 갖추고 있지는 않다.[13] 그러나 사회 질서유지의 내용을 자세히 전하고 있다. "사람을 죽인 자는 즉시 죽인다. 남에게 상해를 입한 자는 곡식으로 갚는다. 도둑질 한 자는 남자의 경우 그 집의 남자 종으로 만들고 여자인 경우 여자 종으로 만든다. 죄를 지었는데 용서받으려는 자는 한 사람 앞에 50만을 내게 한다." 도덕 · 윤리적 가치는 선악의 개념과 의미 부여를 통해 실천되었다고 판단된다. 그러기에 "죄지

12) 일반적으로 '八條法禁', 혹은 '八條敎'로 소개되고 있으나, 여기에서는 원문에 맞추어 '八條犯禁'으로 쓴다.

13) 『漢書』 顔師古 注.

은 자가 용서를 받아 평민이 되어도 부끄러움을 씻지 못하여 결혼을 하려고 해도 짝을 구할 수 없었고, 여자들은 모두 정조를 지키고 신용이 있어 음란하고 편벽된 짓을 하지 않았다."

이러한 내용은 건국신화를 구성하던 시기의 사회적 상황과 요구를 반영한다. 단군 고조선의 시대는 곡식을 주된 식량으로 삼는 농업 경제의 시대였다. 아울러 사회적 지위가 문제되는 계급사회의 시대이다. 질병으로부터의 해방을 위한 의료 행위가 존재하던 시대이고, 죄악을 다스리기 위한 사회적 장치로서의 형법이 존재하던 시대였다. 뿐만 아니라 옳고 그름의 도덕적 기준이 분명히 제시되던 시대였다. 이러한 시대적 요청이 건국신화에 반영되어 '홍익인간'의 이념으로 구성되었을 것으로 판단된다.

총체적으로 홍익인간의 내용을 다음과 같이 정돈할 수 있다. 정치적 차원에서는 단군을 통해 삶을 실현하는 민족 국가의 성격을 지니며, 경제적으로는 이용후생(利用厚生)의 민본주의를 염원한다. 그런 정신을 실현하는 모습은 광제창생(廣濟蒼生)하는 인류 복지의 형태로 드러난다. 그러기에 현대적 교육적 의미에서 보면, 인간주의를 지향하는 휴머니즘(humanism)이요 박애정신이 가득한 민주적 인간상을 염원하는 데모크라시(democracy)로 이해되기도 한다.[14)]

한편, 단군조선은 아니지만, 위만조선의 경우, '박사'라는 벼슬이 있어, 과학 문화 교육사업 전반을 담당하면서 교육 사업을 체계적으로 진행한 것으로 되어 있다. 즉 지식을 다루는 분야의 제도적 정비가 이루어졌고, 다양한 학문 연구가 진행되었을 것으로 추측된다.[15)]

요컨대, 건국신화의 교육은 광명(光明), 사랑, 생명, 평등, 평화, 조화 등 인류의 보편 이념을 주요 내용을 한다. 그것은 좁게는 한 공동체의 구성원에게

---

14) 정영훈 외,『홍익인간의 이념 탐구』(성남: 한국정신문화연구원, 1999) 참고.

15)『三國志』「魏書」.; 홍희유 외,『조선교육사』(평양: 사회과학출판사, 1995) 참고.

따뜻하고 행복한 생활을 보장하는 것이 목표다. 공동체 구성원에게 삶의 조건과 교육의 마당을 마련한다. 천상의 하느님인 환인이 자식인 환웅을 통해 지상의 세계에 관심을 갖고 삶의 조건을 적절하게 베푸는 장면을 연출한다. 달리 말하면, 천상이라는 문명 세계의 교육 모습을 지상이라는 미개 사회에 제공함으로써 교육의 질을 향상시킬 수 있는 자리를 마련한 것이다.

2) 성년식과 교육

성년식(initiation ceremony)은 청소년기에 접어든 젊은이들이 공적인 시험의 과정을 거쳐 성인의 자질과 자격을 공인 받는 의식이다. 동서양을 막론하고 인류의 고대 사회에서 성년식은 대개 종교적인 의식과 함께 이루어졌으며, 젊은이들에게 신체적인 고통을 가하여 시련을 이겨내게 하였다. 원시 사회에서의 성인식은 젊은이들을 그 사회의 어른으로 만들어 주며, 종족의 집단적 동일성을 갖게 해 준다.[16] 대부분의 경우, 신체의 일부에 고통을 주는 고난 의식을 통해, 상징적으로 죽음의 분위기를 만들어 주고, 거기서 다시 상징적으로 재생(再生)의 기분을 맛보게 한다. 이런 재생의 의식을 통해 청소년들은 구출되었다는 경험을 하고, 그것은 씨족이나 부족 집단과 자아와의 진정한 통합을 인식하게 한다. 성년식은 고대 인류 사회를 살았던 대부분의 부족에게 행해졌던 것으로 그 형식은 다양하다.[17]

우리나라 고대의 성년식에 관한 기록은 『삼국지』「위서」 "동이전"과 『후한서』「동이전」에 아주 짧게 전해오는 데 그 내용은 유사하다.

---

16) C. G. Jung(이부영 외 역). *Man and His Symbols*(『인간과 무의식의 상징』)(서울: 집문당, 2008), 131~140쪽.

17) 대부분의 원시 사회에서 성인식은 할례식(割禮式)으로 거행된다. 예를 들면, 오스트레일리아의 원주민 할례식에는 네 단계가 있다.
첫 번째 단계: 소년들을 담요 밑에 눕힌다. 이것은 상징적 죽음으로 이 죽음으로부터 재생하게 된다.
두 번째 단계: 담요를 치우고 어른들이 할례를 거행한다.
세 번째 단계: 할례가 끝난 소년들에게는 새로운 자격을 얻었다는 표시로 어른들이 쓰는 원추 모양의 모자를 씌워 준다.
마지막 단계: 소년들을 정화하고 교화하기 위해 부족으로부터 격리한다.

> 나라에서 성곽을 쌓을 때, 장정들이 필요하여 젊고 용감한 청소년들을 모아 등가죽에 구멍을 내고 새끼줄을 꿰웠다. 아울러 그 줄에 큰 나무를 매달아 하루종일 환호하면서 힘을 써도 아프지 않았다. 이런 일을 성년식 때 실천하여 청소년들은 더욱 강건해졌다.

이러한 성년식은 여러 가지 교육적 의의를 갖는다.[18]

첫째, 성년식에는 도덕 · 정치 교육적 의미가 들어 있다. 성년식을 치르는 동안 청소년들은 고통을 견디고, 어른들에게 복종함으로써 인내와 존경을 배운다. 동시에 어른들은 성년식을 통해 자신들의 권위를 높이고, 사회의 질서와 체제를 유지하였다. 이는 일종의 사회적 책무성을 부여하는 작업으로 강력한 사회성이 담겨 있었다.

둘째, 성년식에는 실용적인 생활교육이 포함된다. 성년식을 통해 청소년들은 실생활에 필요한 여러 가지 지식과 기술을 습득하고, 부족을 보호하고 전쟁을 수행하는 데 필요한 능력도 익힐 수 있었다.

셋째, 성년식에는 종교 교육의 의미가 스며 있다. 고대 사회의 생활양식은 토테미즘과 애니미즘 등 무속적이며 종교적이었다. 종교는 부족의 구성원들이 공통된 가치관과 신념체계로 결속될 수 있는 구심점이었다. 성년식은 바로 이러한 부족 고유의 종교적 의식으로 행해졌다.

2. 삼국시대의 교육

고구려 · 백제 · 신라가 고대 국가적인 형태를 이루어 본격적으로 발전한 시기는 대략 4세기에서 7세기 무렵이다. 이 시기에는 유교와 불교가 유입되어 전통적인 무속 신앙과 낭가 사상이 조화를 이루면서 정치와 교육 문화 전

---

18) P. Monroe, 앞의 책, 18~19쪽 참조.

반에 큰 영향을 주었다. 물론 삼국시대 초기에는 고조선 시대와 마찬가지로, 형식교육인 학교교육이 이루어졌다는 기록은 없다. 다만 고구려 초기에 문자를 사용했다는 기록은 볼 수 있다. 문자의 사용은 유학의 보급과 함께 학교교육의 발전을 가져온 계기가 되었고, 불교는 전통 신앙과 결부되어 우리 민족의 생활과 의식 전반에 영향을 미쳐 토착 신앙으로 자리 잡았다.

1) 문자의 사용과 유학 · 불교의 전래

문자의 사용은 공식적인 제도 교육인 학교교육을 성립시키는 기본 요건이다. 문자는 인류의 경험들을 기록으로 남겨 축적하고 직접 경험하지 않은 내용도 인식할 수 있게 한다. 즉 문자의 전파와 사용으로 인해 인류의 문화가 축적되고 의도적이고 전문적인 교육이 체계적으로 이루어지게 되었다. 삼국은 모두 문자를 사용하였는데, 중국에서 전래된 한자와 한자로 기록된 유학의 이념은 삼국의 교육을 발전시키는 모태가 되었다.

유학은 자기를 먼저 닦고 남을 다스리는 수기치인(修己治人)을 기본 이념으로 하고, 인의예지(仁義禮智)를 실현하려는 공자(孔子)의 가르침이다. 이런 가르침은 『천자문』이나 『논어』 『맹자』, 오경(五經) 등에 잘 담겨 있다. 유학이 도입되고 이를 생활 속에서 실천하기 위해서는 이를 가르치고 배울 교육 기관의 필요성이 절실하였다. 요컨대, 유학은 삼국 시대에 학교의 설립과 발달을 촉진시켰으며, 이후 한국 교육에 지대한 영향을 미쳤다.

불교는 석가모니, 즉 부처의 설법에 따라 깨달음을 얻고 열반에 들 것을 목적으로 하는 종교이다. 부처의 설법은 세상의 모든 존재가 덧없다는 실상론(實相論)과 모든 존재는 인과율에 의하여 생성소멸 한다는 연기론(緣起論)을 기반으로 하고 있다. 그리하여 인생을 고통의 바다로 보고 집착과 욕망을 버림으로써 일체의 번뇌와 고통에서 해탈되도록 가르친다. 이런 불교는 우리나라에 전해져 우리 민족의 고유 사상들과 습합되면서 수용되었다. 특히, 불교는 대중 교화에 힘을 써서, 고대 신분제 사회에서 지위의 고하를 막론하고 누구나 불교의 가르침을 들을 수 있게 하였다.

2) 고구려의 교육

중국의 역사 자료에 의하면 고구려는 상당한 수준의 교육이 발달한 것으로 보인다. 『구당서(舊唐書)』나 『신당서(新唐書)』에는 다음과 같이 고구려의 교육 상황을 자세하게 기술하고 있다.

> 고구려의 풍속 중 하나는 서적을 좋아하는 것이었다. 누추한 심부름꾼이나 하인들이 모여 사는 곳에 이르기까지, 거리마다 큰 집을 지어놓고, '경당'이라고 불렀다. 자제들이 혼인하기 전에는 밤낮으로 여기에서 글을 읽고 활쏘기를 익혔다. 그들이 읽는 책은 오경과 『사기』, 『한서』, 범엽의 『후한서』, 『삼국지』, 손성의 『진춘추』, 『옥편』, 『자통』, 『자림』이 있었고, 또 『문선』이 있었는데 매우 중요시 하였다.[19)]
>
> 고구려 사람들은 배우기를 좋아했는데, 보잘것없는 마을에 사는 서민의 집일지라도 서로 부지런히 배우도록 권하였다. 네거리마다 육중한 건물을 지어 놓고 국당[20)]이라 불렀다. 여기에는 자제 중에 혼인하지 않은 자들이 모였는데, 경전을 외우고 활쏘기를 익혔다.[21)]

역사 기록으로 볼 때, 고구려에는 태학(太學)과 경당(扃堂) 이라는 두 종류의 교육 기관이 있었다. 태학은 소수림왕 2년(372년)에 설립된 역사기록상 우리나라 최초의 관학이며 고등 교육 기관이다. 『삼국사기』에는 "태학을 세워 자제를 교육했다."라고만 기록되어 있어, 그 자세한 모습은 알 수 없다. 중국의 교육제도를 모방한 것으로 추측해 본다면, 귀족의 자제들을 대상으로 오경

---

19) 『舊唐書』「列傳」.

20) 기존의 연구와 학계에서는 대부분 '경당'으로 표기하고 있다. 그러나 이원재는 「'扃堂' 再考; 局堂의 가능성에 대하여」이란 논문에서 경당을 『신당서』에 있는 그대로 '국당(局堂)'으로 보았다.

21) 『新唐書』「列傳」.

과 삼사(三史) 등 유학을 가르쳐 국가의 관리를 양성하려고 했던 것 같다.

그리고 경당은 언제 설립하였는지 분명하지 않으나, 일반 서민들을 대상으로 한 사설 교육 기관이다. 『구당서』와 『신당서』의 기록처럼, 경당(국당)은 큰 마을마다 설립되었으며, 미혼의 자제들이 모여 오경과 삼사, 삼국지, 진춘추 등의 경서와 사서들을 읽고 활쏘기를 익혔다고 한다.

3) 백제의 교육

백제의 교육과 관련된 역사 기록도 매우 제한적이다. 특히 공식적인 교육기관인 학교를 세웠다는 기록은 현재까지 확인된 사료에서는 보이지 않는다. 대신 박사제도, 문자 기록, 유학의 전래 등을 보여주는 단편적인 자료가 있을 뿐이다. 백제의 교육과 관련된 사료는 『삼국사기』·『주서(周書)』·『수서(隋書)』·『구당서(舊唐書)』·『일본서기(日本書紀)』가 대표적이다. 따라서 중국과 일본의 관계를 통해 그 대강을 알 수 있다.

『고기』에 이르기를, "백제가 나라를 창건한 이래, 문자로 사실을 기록한 것이 없었으나, 이때에 이르러 박사 고흥에 의하여 비로소 『서기』가 있게 되었다." 그러나 고흥의 이름이 일찍이 다른 서적에 보이지 않으니 그가 어떤 사람인지는 알 수 없다.[22)]

백제의 풍속은 말 타기와 활쏘기를 중요하게 여겼고, 고서(古書)와 사서(史書)를 좋아했으며, 특별한 자들은 문장을 잘 짓고 풀이하였으며, 음양오행도 이해하였다. …… 또한 의약, 복서, 점성술도 이해하였다.[23)]

백제의 풍속은 말 타기와 활쏘기를 중요하게 여겼고, 경서와 사서를 읽은 관리들은 서무에 능숙하였으며, 또한 의약, 점술, 관상법을 알았다. 두 손을

---

22) 『三國史記』「百濟本紀」.

23) 『周書』「列傳」.

> 땅에 짚는 것으로 경의를 표하였다.[24)]
>
> 그 서적으로 오경과 자부(子部)와 사부(史部)가 있고, 또 표문(表文)과 소문(疏文)은 나란히 중국의 법에 의거하였다.[25)]
>
> 백제의 왕이 아직기를 보내면서 좋은 말 두필을 함께 바쳤는데, 경 지역의 제방에 만든 마구간에서 길렀다. 아직기에게 말 기르는 관직을 맡겼는데, 말 기르던 곳을 구자카(廐坂)라고 했다. 뿐만 아니라, 아직기는 경전도 능숙하게 읽었다. 때문에 우지노와 끼이라쓰코(菟道稚郎子)태자의 스승이 되었다. 이에 천황이 아직기에게 물었다. "너희 나라에 너보다 나은 박사도 있는가?" 아직기가 대답하였다. "왕인이라는 사람이 있는데 아주 뛰어납니다." 그러자 백제에 사신을 보내어 왕인을 모셔왔다. 그 아직기라는 사람은 아직기 역사의 시조가 되었다. 이듬 해 봄에 왕인이 왔는데, 태자의 스승이 되었다. 태자는 여러 가지 전적을 왕인에게서 익혔는데, 모조리 통달했다. 이에 왕인이란 사람은 문장가의 시조가 되었다.[26)]

이런 점에서 볼 때, 백제는 일찍부터 중국과 교섭이 잦았으며 교육을 담당하는 관직인 박사(博士) 제도를 두었다. 백제에는 오경(五經) 박사, 모시(毛詩) 박사, 의(醫) 박사 등 각종 전문 박사가 있었으며, 이들이 자주 일본에 초빙 되어 갔다. 박사 왕인이 『천자문』과 『논어』를 일본에 전했다고 하는 데, 그것이 고구려에 태학이 설립되기 87년 전인 285년인 것으로 보아, 백제의 교육이 매우 수준이 높았음을 짐작할 수 있다.

4) 신라의 교육

신라에서도 초기부터 한자를 사용하고 유학이 행해졌다고 본다. 그러나 지리적 조건으로 보아 고구려나 백제에 비하여 중국 문화의 수입이 다소 늦

---

24) 『隋書』「列傳」.

25) 『舊唐書』「列傳」.

26) 『日本書紀』 卷10.

어진 것 같다. 삼국통일이 될 때까지는 27대 선덕왕 9년(640년)에야 비로소 자제를 당나라에 파견하여 국학에 입학시켰다는 기록이 있을 뿐, 학교 교육에 관한 기록은 없다. 대신 삼국통일 이전까지는 화랑도라는 고유의 제도를 통해 교육이 이루어 졌다.

(1) 고유사상으로서 풍류

신라에는 예로부터 전해오는 풍류(風流)가 있었는데, 그것은 유(儒)·불(佛)·선(仙) 세 가지 가르침을 포함한, 현묘한 도라고 하였다.

> 우리나라에는 말로 표현하거나 설명하기 힘든 현묘한 도가 있다. 그것은 '풍류'라고 한다. 이 가르침을 어떻게 만들었는지, 그 근원에 대해서는『선사』에 자세하게 실려 있다. 풍류는 실제로 세 가지 가르침을 포괄한 것으로 모든 중생을 직접 교화하고 있다. 젊은이들은 집에 들어와서 부모에게 효도하고 밖에 나아가면 나라에 충성을 다하는데, 이는 노나라 사구[공자]의 뜻, 즉 유교의 가르침과 일치한다. 아울러 억지로 행함이 없는 일에 처하고 말없는 가르침을 행하는 데, 이는 주나라 주사[노자]의 뜻, 즉 도교의 가르침과 같다. 그리고 악한 일을 하지 않고 착한 일만을 행하는 데, 이는 축건태자[석가]의 교화, 즉 불교의 가르침과 동일하다.[27)]

풍류는 최치원(崔致遠)이 유교(儒)·도교(老莊)·불교(佛)의 사상을 원천적으로 아말감한 것이다. 그러나 그것은 최치원의 사상적 한계를 드러낸 것이기도 하다. 최치원은 "자기 사상을 뚜렷이 세우지 못한 채 정신적 방황을 거듭하며 일생을 보냈다. 유학을 내세우기는 해도 확신이 없었으며, 불교에 호감을 가졌지만 미지근한 언설을 늘어놓는 정도였다.「난랑비서」에서 화랑의 내력을 말하면서 그 사상의 맥락은 유·불·도의 요소를 아우르고 있다고

---

27)『三國史記』「新羅本紀」.

한 데서는 사상을 찾은 것 같다. 하지만 그 정도에 머무르고 더 나아가지 않았다."[28]

어쨌든, 최치원은 우리나라에 예로부터 딱 꼬집어 말할 수 없는 고유한 도가 있음을 지적하고, 이것은 유 · 불 · 도 3교가 들어오기 이전부터 있어 온, 한국 고유의 사상임을 밝혔다. 풍류에는 유 · 불 · 도 세 가지 가르침이 비빔밥이나 잡탕찌개처럼 사상 자체에 혼융되어 있다. 즉, 풍류는 외부로부터 들어온 유 · 불 · 도의 요소를 지니고 있는 것이 아니라, 근본적으로 세 가지 사유를 묘합(妙合)하고 있는 고유사상이다. 이 풍류는 현묘지도(玄妙之道)의 다른 이름이며, 선천적인 우리 고유의 사상이다. 그러기에 한반도의 한민족(韓民族), 특히 신라인들에게는 정신의 표상으로 자리했다.

실제로, 상고시대의 우리 조상들은 봄, 가을에 음주가무(飮酒歌舞)를 즐기며 하늘에 제사하였다. 여기에서 그들은 인간과 자연, 하늘과 땅이 하나로 융합하는 강신(降神) 체험을 했다. 이를 사상체계로 표출한 것이 풍류로 생각된다. 그러므로 풍류는 하늘을 섬기는 천신도(天神道)요, 그 핵심은 하늘과 인간이 하나로 융합되는 데 있다. 즉, 내가 없어지고 내 안에 신이 내재한 상태의 '나'가 풍류의 주체가 되는 것이다.

신과 하나가 된 풍류객은 새로운 존재 양식을 갖춘다. 자기중심의 세계에서 벗어나 다른 사람과의 '관계의 장'을 통해 삶의 의미를 찾아간다. 그리고 타자들과 접촉해서 그들이 본연의 인간으로 돌아가도록 교화한다. 이것은 우리 안에 있는 하늘의 본성이 작용하기 때문이다. 풍류의 실천자는 널리 사람들을 유익하게 하는 인간이다. 그것은 앞에서 살펴본 조선의 건국신화에 등장하는 동시에, 대한민국의 교육이념인 '홍익인간(弘益人間)'과 직결된다.

사실, 최치원의 기록은 요점만을 간추려 놓았기 때문에 자세한 의미를 파악하기에는 불충분한 측면이 있다. 『선사』라는 책도 현재 전해지지 않고 있

---

28) 조동일, 『한국문학통사 1』(서울: 지식산업사, 2005), 272쪽.

기 때문에 풍류도가 무엇인지 명확하게 알기는 어렵다. 그러나 여러 정황으로 미루어 해석해 보면, 최치원이 화랑도의 창립과 정신을 말하는 부분에서, 풍월도(風月道)를 언급하고 있는 것으로 보아, 풍류는 화랑도의 핵심적 이념이 된 것은 분명하듯이 보인다.

어쨌든 풍류는 유교의 충효(忠孝)와 노장(老莊)의 무위(無爲), 그리고 불교의 선행(善行) 등 세 가지 가르침을 모두 포괄하고 있다. 그러기에 유교이기도 하고 아니기도 하고, 도교이기도 하고 아니기도 하며, 불교이기도 하고 아니기도 한, 독특한 고유 사상을 이루게 되었다.

다시 강조하면, 풍류는 세 가지 가르침을 융합하고 있다. 세 가지를 제시하는 가운데 유교와 도교, 불교의 본질이 지적된다. 이 중 유교는 사리사욕에 가득 찬 자신의 욕망을 버리고 착한 인간의 본성인 예로 돌아가는데 강조점이 있다. 그것은 흔히 극기복례(克己復禮)로 표현되고 인(仁)으로 귀결된다. 노교의 본질은 인간의 거짓된 언행심사(言行心事)를 떠나 자연의 법도를 따라 사는 무위자연(無爲自然)의 세계를 구현하는 데 있다. 상선약수(上善若水)처럼, 서로 다투지 않고 자연스럽게 묵묵히 흘러가는 물과 같은 성질을 삶의 모델로 삼는다. 그리고 불교의 본질은 아집(我執)을 버리고 인간의 본성인 한 마음[一心], 이른 바 불심(佛心)으로 돌아가는데 있다. 그것이 귀일심원(歸一心源)이다.

이렇게 볼 때, 세 가지 가르침의 차원은 모두 욕망에 사로잡힌 자기를 없애는 지점에서 통일된다. 우주의 법도인 천부의 본성, 이른 바 '참마음'으로 돌아가는 작업과 상통한다. 우주적 참마음이란 하늘이 준 마음이요, 자연스런 마음이다. 그 참 마음의 회복이야말로 교육의 최고 가치이다. 신라인들이 고유한 정신으로 자부심을 가졌던 풍류는 화랑의 핵심정신으로 추구되었고, 사회공동체의 영혼으로 삼투되었다.

요컨대, 풍류는 인간이 천지와 자연에 의빙(依憑)하려고 할 때, 거기에서 생명의 근원을 체감하려는 사유를 낢고 있다. 이에 대해 화랑도는 자연에서 얻어진 풍류성(風流性), 즉 생명의 근원을 인간 집단에 매개하려는 행위이다. 이런 차원에서 풍류도는 이론을 정립하는 개념적 명명(命名)이며, 화랑도는 실천 행위를 담보하는 형식적 지칭이다.[29]

다시 말하면, 풍류도는 인간 생명의 근원이 자연 속에 있음을 체감함으로써 영원한 생명, 무한한 생명, 절대 생명에 감응(感應)된다고 믿는다. 그리고 스스로 그 생명의 근원에 자기 생명을 계합(契合)시키려는 행위이다.

(2) 화랑도 교육

화랑도는 풍류적 생명성을 자각한 인간들이 모인 집단이다. 풍류 사상을 온몸으로 받아서 인간들 사이에 또는 국가나 사회에 그 큰 생명력을 활용하려는 인간의 길이다. 따라서 화랑도는 자연을 인격화하는 원리이다. 이를 한층 더 격화시킬 경우, 개인적 생명은 집단적 생명으로 승화한다. 개별적 생명력이 풍류를 통해 수련을 거치고, 집단 생명으로 진보한 것이 바로 화랑도였다.[30] 교육적으로 이해하면, 개인의 수양인 개인교육과 학습을 바탕으로 공동체 집단의 질서와 삶에 생명력을 부여하는 공동체 교육으로의 확장을 도모했다.

화랑도는 유불도 삼교를 융합한 풍류사상을 근본으로 하지만, 삼국통일 이전에는 화랑도의 사상도 유교적 색채가 강하였다. 『삼국유사』에 그것을 증명할 만한 기록이 보인다.

> 진흥왕은 양가(良家)의 남자 중 덕행 있는 인물을 선발하고, 사람들에게 악(惡)을 고쳐 선(善)에 옮기게 하고, 윗사람을 공경(恭敬)하고 아랫사람에게 순(順)하게 하니, 오상(五常), 육예(六藝), 삼사(三師), 육정(六正)이 당대에 행하여졌다.[31]

---

29) 김충렬, 『고려유학사』(서울: 고려대출판부, 1987) 참고.

30) 한국철학회, 『한국철학사(상권)』(서울: 동명사, 1987), 149쪽.

31) 『三國遺事』「彌勒仙花 未尸郎 眞慈師」.

여기에서 인의예지신(仁義禮智信)의 오상이나 예악사어서수(禮樂射御書數)의 육예, 태사(太師) · 태부(太傅) · 태보(太保)를 의미하는 삼사, 성신(聖臣) · 양신(良臣) · 충신(忠臣) · 지신(智臣) · 정신(貞臣) · 직신(直臣)을 뜻하는 육정은, 모두 유교의 핵심 이론이거나 교육내용, 제도나 관직의 명칭이다. 이런 점에서 초기 화랑도는 유교를 자신들의 정신적 지침으로 삼았을 수도 있다.[32] 단재 신채호는 김부식(金富軾)이 『삼국사기』를 지으면서 화랑도를 유교나 신라 사회에만 국한되는 조직으로 폄하했다고 비판하며, 이를 고구려까지 확장하여 이해하기도 했다.[33]

주지하다시피, 『삼국사기』에 기록된 화랑 교육의 근본은 "사람과 사람 사이에 도의(道義)로 서로 닦고, 가락(歌樂)으로 즐거이 노닐며, 명산(名山)과 대천(大川)을 돌아다니면서 국토의 멀리까지 순례한다"는 대목에서 확인할 수 있다. 풍류에서처럼 여기에서도 유불도 삼교의 특성이 혼재함을 엿볼 수 있다. 즉 도의로 서로 닦는 작업은 유교적 색채가 강하고, 가락으로 즐거이 노니면 명산대천을 다니는 부분은 불교적 경향이 농후하다.[34] 이런 교육을 통해 "열린 마음을 가진 재상과 충신이 화랑에서 나오고 뛰어난 장수와 용감한 군사가 화랑의 정신과 실천을 담보로 많이 배출되었다."[35] 이렇게 볼 때, 화랑제도는 개인의 심신 수련을 통한 인격자는 물론, 국가를 보위하는 용감한 장수와 전투적인 병사 양성에 그 목적이 있었다.

한반도에서 '고구려-백제-신라'로 통칭되는 삼국시대와 주변국가와의 역사적 정황과 역학 관계로 볼 때, 화랑의 등장과 존재 이유는 다음과 같이 이

---

32) 한국철학사연구회, 『한국철학사상사』(서울: 한울, 1997) 참고.

33) 이만규, 앞의 책, 90~92쪽 참고.

34) 최영성, 『한국유학통사(상)』(서울: 심산, 2006), 135쪽.

35) 『三國史記』「新羅本紀」.

해할 수도 있다.[36] 신라는 제24대 진흥왕 이전에, 경상도와 강원도의 일부를 국가 영토로 만들었다. 그런데 남쪽으로는 '왜'라는 해적 떼가 수시로 괴롭히고 있었고, 서쪽으로는 백제와 가야, 북쪽으로 고구려와 말갈이 해마다 신라를 침략해 왔다. 뿐만 아니라, 경상도와 강원도라는 지역의 지형 자체가 산악이 많고 비옥한 평야가 적었다. 이와 같이 지리적 · 자연적으로 이롭지 못한 환경에 놓인 신라는 주위의 강적에 항시 대항해야만 하는 처지에 있었다. 더욱이 그들이 염원하였던 통일국가를 달성하기 위해서는 국가적 차원의 주요한 조치가 없이는 이런 어려운 상황을 극복하기가 힘들다고 판단했다. 그것은 난국타개와 삼국통일의 위업을 달성하기 위한, 일대 애국적 국민운동을 일으키는 작업으로 이어졌다고 생각된다. 이런 구체적 목적을 향해 신라인은 소년 시기에서부터 교육과 훈련을 통해 충실한 국민으로서 의무를 다하려는 자세를 견지했음에 분명하다. 그것의 교육 · 군사 제도적 장치가 화랑제도였다. 신라인들은 이 제도를 올바르게 실현하기 위하여 '무력강화'와 '인재양성'이라는 교육목적을 내세웠다.

화랑단으로 대표되는 화랑제도는 화랑이라는 존귀한 청년 장교를 중심으로 집합된 전사단(戰士團)이다. 화랑단의 사명 중 가장 중대한 의의로 인식되는 것은 청년 전사단으로 평상시에는 부락을 수호하며 무예를 수련하는 조직이라는 점이다. 그러다가 국가 비상시, 즉 전시에는 국방의 제일선에 나아가 진충보은(盡忠報恩)하는 일이다. 그러기에 화랑의 성격을 다음과 같이 규정할 수 있다.

첫째, 국가에 특별한 일이 있을 때, 전사로서 솔선수범하여 국난 극복에 봉사할 수 있도록, 평상시에 공공정신을 함양하고 무예를 단련한다.

둘째, 애국 청년들이 건전한 가무와 오락 등을 통하여 교양을 함양하고 올바른 인간관계를 이해하며, 지도적 인격을 가꾼다.

---

36) 신창호 · 서은숙, 앞의 책, 참조.

셋째, 단체 생활을 통하여, 청년들이 사회를 이끌어갈 수 있는 책임감을 가지도록 건전한 사회교육을 한다.

이러한 전사단은 고조선 때부터 존속 강화되어 내려오다가, 진흥왕 37년에 이르러서는 원화라는 제도로 확립되고, 후일 화랑제도로 개편된 듯하다.[37] 물론, 화랑의 연원에 대해서는 몇몇 선학들의 문제제기가 있다. 이만규는 단재 신채호의 견해를 참고로 이에 대한 의구심을 제기한다. 화랑도의 연원은 그보다 훨씬 앞선다고 지적한 것이다. 즉, 『삼국사기』에는 진흥왕 37년(576년)에 '비로소 원화를 받들었다'고 했는데, 『동국통감』에는 그보다 10년 앞선 진흥왕 27년(566년)에 3급 작위를 받은 백운이 14살에 국선이 되었다고 전하고, 그보다도 4년 이전인 진흥왕 23년(562년) 가야 토벌에 종군하여 전쟁에서 승리한 17세의 사다함이 16세에 국선이 되었다고 전한다. 뿐만 아니라, 법흥왕 27년(540년)의 기록에도 용모 단정한 사내아이를 택하여 풍월주라 하고 아름다운 선비를 구하여 무리로 삼고 효도와 우애를 가르친다 하였는데, 이는 진흥왕 37년보다 36년 앞서는 것이다. 이런 기록으로 볼 때 진흥왕 37년 이전에도 화랑도가 있었다.[38]

어쨌든 화랑제도는 상당히 중요한 조직으로서 운영되었다. 이는 국가적 관심에서 지도 감독을 받은 듯하나, 국가에 예속된 교육기관은 아니었고, 자율적인 교육조직이자 학습조직이며 군사조직으로 생각된다. 그리고 화랑들의 교육 훈련이나 활동을 통해, 우리는 이 청소년 수양단 혹은 민간 청년 단체인 원화 · 화랑 제도에서 신라인의 독특한 영육(靈肉) 일치관과 진선미(眞善美)의 합일관을 찾을 수 있다. 이는 로크가 강조한 이후, 서구인들이 즐겨 쓰

37) 『三國史記』「新羅本紀」.

38) 이만규, 앞의 책, 참고.

는 "건전한 정신은 건전한 육체에 담겨 있다"[39]라는 의미와도 상통한다. 이는 개인적 차원을 넘어 사회적 인격의 형성을 계획하고 마음과 신체의 관계가 유기적으로 연관되는 곳에서는 매우 깊은 교육적 의미를 갖는다.

화랑도의 경우에도 심신을 동시에 고려하는 교육집단이었다. 즉 신체와 정신의 온전함을 통해, 그 시대의 엘리트, 지도적 인격자를 양육하는 산실 역할을 했던 것이다. 그들은 고대국가 신라에서 책임과 의무를 다하는 핵심 분자들이었기에, 신라 사회는 이들이 지배하게 되었고, 신라의 운명 또한 그들이 맡았다. 그리하여 그들은 투철한 국가관으로 신라의 발전에 온갖 힘을 기울였으며, 삼국통일의 밑거름이 되었다.

이러한 화랑제도는 토테미즘 기능의 하나인 성인식(成人式)의 변화라고 보는 것이 일반적인 견해이다. 특히 6세기 전반, 진흥왕 때에 신라는 대외적으로 팽창하기 위해 정복전쟁을 활발히 전개하면서 국가 수준의 청소년 조직을 개편하기에 이르렀다. 화랑도는 이러한 시대적 상황 하에서 보다 확대된 영역과 인구를 가진 새로운 신라 왕국이 필요로 하는 사회적 책무성을 지닌 인재를 양성하기 위한 제도적 장치였다. 종래 민간의 청소년 조직을 국가적 차원에서 반관반민(半官半民)의 성격을 띠는 조직체로서 확대 개편한 것이었다. 이들은 일정 기간 단체생활을 하면서 도의(道義)를 닦고 무술(武術)을 연마하였다. 이 기간 동안 명산(名山)과 대천(大川)을 돌아다니며 국토를 사랑하는 마음을 길렀으며 노래와 춤을 통하여 우의(友誼)를 다지고, 나라의 평안과 발전을 비는 종교적 행사를 거행하였다. 때로는 신비스러운 체험과 신비스런 물건의 전수 등을 통하여 화랑들의 자기혁신(自己革新)을 기도하기도 하였다.[40]

---

39) Man sana in corpore sano; A sound mind in a sound body. 이는 고대 로마의 시인인 유베나리스 (D. J. Juvenalis, 60~140?)의 풍자시 중 한 구절(Orandum est, ut sit mens in Corpore sano; 건강한 신체에 건전한 정신이 깃들도록 기도드려야 하리라)에서 인용한 것으로 알려져 있다.

40) 김철준 · 최병헌, 『한국문화사-고대편』(서울: 일지사, 1986), 182쪽.

그런 점에서 화랑도는 형식적으로는 종교성을 띠면서도 편협하지 않고, 내용적으로는 속세를 벗어난 인격 수양과 실용을 주로 한 실천 기풍을 단체로 갈고 닦았다.[41] 단순히 무사도(武士道)와 같은 자질의 소유자가 아니라, 문무(文武) 가릴 것 없이 청소년을 하나의 유목적적 인격으로 길러내는 국가적 운동이었고, 개인적 수양이었다. 그러기에 성인이 되어 국가에 봉사할 때, 문(文)에 나가면 충성스럽고 본분에 충실한 관리나 참모가 되었고 무(武)에 나가면 훌륭하고 용맹스런 장군이나 군인이 되었다.[42]

(3) 원광의 세속오계와 교육

이후, 화랑도의 강령으로 정돈된 세속오계(世俗五戒)에서는 다음과 같이 화랑의 정신세계와 실천윤리를 제시한다.

> 귀산은 사량부 사람인데, 아버지는 아간 무은이다. 귀산이 어릴 때 같은 마을 사람 추항과 친구로 지냈다. 두 사람은 다음과 같이 서로를 격려하였다.
>
> "우리는 지성을 갖춘 선비나 교양 있는 사람들과 어울려야 하네. 그러기 위해 먼저 『대학』에서 말했듯이 '정심(正心)·수신(修身)'해야 하네. 그렇게 수양하지 않고 마구 놀다가는 잘못하면 인생에서 치욕을 당할 수도 있을 걸세. 그러니 훌륭한 사람을 찾아가 어떻게 하면 훌륭하게 살아갈 수 있는지 그 길을 한번 물어 보세."
>
> 이 때 원광법사가 수나라에 유학하고 돌아와서 가실사에 있었다. 당시 사람들은 그를 매우 높이 예우하였다. 귀산과 추항 등이 원광법사의 문하에 나아가 말하였다.
>
> "저희들 세속의 선비가 어리석고 몽매하여 아는 바가 없습니다. 종신토록 계명(誡銘)으로 삼을 만한 말씀을 해 주시면 고맙겠습니다."
>
> 법사가 말하였다.

---

41) 이만규, 앞의 책, 87쪽.

42) 김충렬, 앞의 책, 『고려유학사』, 295쪽.

"불계(佛戒)에는 보살계(菩薩戒)가 있는데 그 조목이 열 가지이다. 너희들이 다른 사람[왕]의 신하로서 산다면, 그 보살계를 제대로 감당하기 힘들 것이다. 그러기에 그 대신 세상을 살아가면서 반드시 지켜야할 세속오계(世俗五戒)를 일러 줄 것이니, 그것을 실행하는 데 소홀히 하지 말라.

첫째, 임금 섬기기를 충실로 하라[忠].

둘째, 어버이 섬기기를 효도로 하라[孝].

셋째, 친구 사귀기를 믿음으로 하라[信].

넷째, 전쟁에 임하여 물러서지 말라.

다섯째, 생명 있는 것을 죽이되 가려서 하라."

귀산과 추항 등이 그 말을 듣고 고개를 갸우뚱하며 말하였다.

"다른 것은 말씀대로 할 수 있겠습니다. 그런데 다섯 번째 '살생유택(殺生有擇)'은 무엇을 의미하는지 잘 알지 못하겠습니다."

법사가 말하였다.

"제사 날과 만물이 소생하는 봄 · 여름에는 살생하지 아니한다. 이것은 '때'를 택하는 일이다. 그리고 집에서 부리는 가축을 죽이지 않아야 한다. 예를 들어, 말 · 소 · 닭 · 개와 같은 따위는 함부로 죽이지 않아야 하고, 또한 죽여봐야 고기가 한 점도 되지 않는 미물은 죽이지 않아야 한다. 이는 '물건'을 택하는 일이다. 이렇게 하여 일반적으로 소중하게 쓰이는 것은 소중한 자원이므로 함부로 마구 죽여서는 안 된다. 그런 정신이 바로 세속의 좋은 계율인 것이다."

귀산과 추항 등이 말하였다.

"지금부터 대사의 말씀을 받들어 행하고, 실수하지 않도록 하겠습니다."[43]

당시 신라 사회의 중추적 인물을 등용할 목적으로 만든 제도임을 감안하면, 화랑의 세속오계는 너무나 간략하게 제시되어 있다. 이런 점에서 화랑의 교육덕목으로서 세속오계는 부족한 점이 많다고 볼 수도 있다.[44]

---

43) 『三國史記』「新羅本紀」.

44) 이진수, 『신라화랑의 체육사상 연구』(서울: 보경문호사, 1987), 91쪽.

그러나 이 압축적 표현에도 불구하고, 원광법사가 제시한 세속오계는, 넓은 의미에서, 삶을 예술적으로 발휘할 수 있는 가치 기준을 담고 있다. 임금과 신하 사이에는 충실이라는 삶의 예술, 부모 자식 간에는 효도라는 삶의 예술, 친구 사이에는 믿음이라는 삶의 예술이 제시되어 있다. 충(忠)이나 효(孝), 신(信)이 삶에서 차지하는 비중은 별도의 논의를 거치지 않더라도 쉽게 이해할 수 있다.

그러나 살생유택(殺生有擇)의 경우, 보다 심각하게 눈여겨 볼 필요가 있다. 이는 단순하게 사람에게 필요한 물건을 쓸 때 '가려서 하라'거나, 불교에서는 물건을 가려서 죽이는데, 동물과 식물 중에서 식물을 선택하므로, 육식을 금하고 채식을 한다는 식의 오해를 불러 일으켜서는 곤란하다.

원광법사의 설명에 의하면, '선택(擇)'의 문제를 제대로 고려할 때, 화랑의 정신세계와 교육의 핵심이 제대로 간파될 수 있다.[45] 때를 가리고, 물건을 가리는 작업! 그것은 시간과 공간, 사물에 대한 배려이다. 인간의 삶 속에서 때를 가리는 일은 자기 배려인 동시에 타자에 대한 관계를 인식할 때 가능하다. 봄-여름-가을-겨울, 계절의 순환 속에서 인간은 제때에 할 일이 있다. 예를 들면, 봄에 새싹이 돋아날 때, 그 싹은 보호의 대상이다. 그래야 잎과 줄기가 제대로 뻗어 나와 풀이나 나무로 자랄 수 있다. 그 싹을 마구 밟아버린다면 어떻게 되겠는가? 식물은 절대 제대로 자랄 수 없다. 어떤 식물의 줄기나 잎, 열매가 필요하다면, 어느 정도 자란 후에, 혹은 열매가 맺은 다음에 수확하면 될 것이다. 그것은 가을쯤에 해야 할 일이다.

인간도 마찬가지이다. 식물의 싹에 비유할 수 있는 어린 아이의 경우, 배려하지 않는다면 어떻게 제대로 성장할 수 있겠는가? 이때는 보살핌과 돌봄의 시기이다. 그것의 교육적 장치가 가정이고 보육 기관이고 초등학교이다.

물건을 가리는 일은 더욱 신중해야 한다. 예를 들면 농경 사회에서 소가 지

---

45) 강선보 · 신창호,『배려, 교육을 향한 열정』(서울: 원미사, 2009), 78~81쪽.

니는 가치는 엄청나다. 쟁기질에서 수레를 끄는 것에 이르기까지 소는 농사일을 도우는 일등공신이다. 그런 소를 고기로 먹기 위해 마구 잡아서는 곤란하다. 그 반대로 쓸데없이 보이는 미물들을 마구 잡이로 죽이는 것에도 신중해야 한다. 조그만 생물은 잡아봐야 고기 한 점 제대로 건질 수 없다. 그리고 그것은 지금 당장 인간에게 필요 없는 것처럼 보일지 모르지만, 생태적으로 볼 때, 저 밑바닥으로부터 인간의 삶에 균형을 맞추어주는 구실을 할 수도 있다.

이처럼 '때'와 '물건'을 가리는 일은 인간이 행할 수 있는 최고의 삶의 예술구가이다. 사람과 사람 사이를 넘어, 인간과 자연, 시간과 공간을 포괄하는 우주적 시선에서 삶을 상정하고 있다. 그런 배려의 현실적 적용과 실천은 정치를 통해 발현된다. 동아시아 전통에서 그것은 '왕도(王道)'의 형식을 갖추고, 국민을 배려하는 최고의 마음 씀씀이가 된다.[46] 그것의 핵심은 바로 때와 물건을 가리는 배려였다.

농사철을 어기지 않고 농사를 지으면 농사가 잘 되어 국민들이 배불리 먹을 수 있다. 봄에는 밭 갈고 씨앗을 뿌리며 여름에는 김매고 가을에는 수확을 하는 것이 농사의 이치이다. 이렇게 한창 농사일이 바쁜 때에 국가에서 부역을 시키거나 농사일을 방해한다면 어떻게 되겠는가? 국민들에 대한 배려가 전혀 없는 것이 아닌가? 그러므로 국민들을 위한 배려를 제대로 하는 지도자는 농사일을 방해하지 않는 겨울에 국가의 토목공사를 일으키거나 기타 필요한 일을 국민들에게 시켰다.

물고기를 잡을 경우에도 심각하게 때와 물건을 가린다. 지나치게 촘촘한 그물, 이제 갓 태어난 물고기 새끼까지도 잡을 수 있는 그물을 웅덩이와 연못에 쳐서 고기를 잡지 않는다면, 많은 국민들이 생선을 먹을 수 있다. 그물눈이 지나치게 작은 것을 쓰면 모든 물고기를 잡을 수는 있다! 문제는 그 다음

---

46) 『孟子』「梁惠王」上.

이다. 새끼 물고기까지 다 잡아버리면 물고기 씨가 마른다. 그럴 경우, 연못에는 더 이상 물고기가 없다. 이는 매우 근시안(近視眼)적 사고다. 그러기에 옛날 사람들은 그물눈이 적어도 네 치(12센티미터 정도)가 되는 것을 써서 한 자(30센티미터 정도)가 넘는 물고기를 잡았다. 물론, 멸치와 같이 다 자란 고기가 작은 경우처럼 고기의 상황에 따라 다르다. 한 자가 되지 않는 고기는 시장에 내다 팔수도 없게 제도를 만들었다.

또한 나무, 목재를 구하는 경우에도 마찬가지이다. 핵심은 나무가 재목으로 쓸 수 있을 정도로 자란 후에, 벌목을 한다는 점이다. 그러기에 봄여름에 잎과 가지가 무성하게 자라고 있는 상황에서는 벌목하지 않는다. 잎이 떨어진 뒤에 산림에 들어가 나무를 구할 수 있게 했다.

농사와 물고기 잡이, 산림에서의 벌목은 모두 자연의 이치를 고려하여 살아가려는 인간의 삶을 승화시킨 일종의 예술이다. 인간의 이익을 위해 사용하더라도, 우주의 모든 사물과 시공간에 대해 절제하고 애착을 갖는 교육정신이다.

풍류에서 화랑도, 세속오계로 이어지는 고유사상의 핵심적인 교육정신을 현대적 의미에서 한 마디로 정리하면, 어떤 표현이 적절할까? 자기충실을 통한 배려(配慮, caring)의 실천, 그리고 그것의 사회화이다. 다시 강조하지만, 화랑들의 교육정신처럼 노래하고 즐기며 마음의 충족감을 느끼고, 산수를 찾아 즐기면서 국토애를 기른다는 사실은 단순히 오락적 기능을 넘어 주술적(呪術的) · 종교적(宗教的) 기능을 통해 집단적으로 공동체 의식을 강화한 것이다. 또한 국가 · 사회의 안정과 번영을 기원하면서 일체감을 길렀고, 자신의 인격적 전환을 꾀하면서 충(忠) · 신(信) · 의(義)와 같은 신념이나 가치관을 형성하는 데 노력했을 것이다.[47]

특히, '서로(相)'라는 유기적 관계망을 통해 증명된다. 그들은 인간의 상호

47) 박재문, 「화랑도 교육」, 김선양 외 편, 『한국교육학의 탐색』(서울: 고려원, 1985) 참고.

작용, 의사소통의 관계를 통해 서로를 배려하는 교학(教學)과 수련의 과정을 실천했다. 거기에다 세속오계에서 드러난 것처럼, 물건을 가리는 일과 때를 가리는 작업! 즉 택물(擇物)과 택시(擇時)를 통해 우주적 배려를 실천하였다. 이런 배려정신의 실천은, 인지적 차원에서 탁월한 개인을 양산하는 서구교육에 물든 현대교육의 차원에서 볼 때, 일종의 충격이다. 당연히 이행되어야 하는 우리교육의 양식임에도 불구하고, 우리는 그것을 잃어버렸다. 따라서 화랑의 교육정신과 그들의 실천은 현대 교육에서 반드시 회복해야 할 핵심 가치이다.

이만규의 표현처럼, 화랑도의 특성으로 보아 그것은 세계에 적용할 만한 인간의 길이다.[48] 심신을 통괄적으로 수련하고, 개인적 함양과 사회적 질서화를 동시에 고려하는 최상 · 최고의 교육 양식으로 볼 수 있다.

(4) 교육의 제도화와 인재선발

신라는 삼국통일 이후, 신문왕 2년(682년)에야 당나라의 국자감을 모방하여 국가 최고 교육 기관인 국학을 설립하였다. 국학(國學)은 유학을 연구하고 관리를 양성하는 것을 목적으로 하였으며, 주로 진골이나 6두품 출신의 귀족 자제들이 수학하였다. 교육과정은 유학의 기본 경전인 『논어』와 『효경』을 필수과목으로 하고, 수준에 따라 오경을 비롯한 여러 과목을 선택적으로 공부할 수 있게 하였다. 그리고 국학에서는 공자와 그 제자들의 화상을 들여와 문묘 제도를 시행하였다. 또한 의(醫) 박사, 산(算) 박사 등을 두어 기술 교과도 가르쳤다.

원성왕 4년(788년)에는 독서삼품과(讀書三品科)를 설치하여 인재 등용의 방법으로 삼았다. 독서삼품과는 국학생을 대상으로 실시된 관리 선발시험이었다. 따라서 국학에서 공부한 내용을 가지고 상 · 중 · 하의 세 등급으로 나누

---

48) 이만규, 앞의 책, 87쪽.

었다.[49)]

상품(上品)은 『춘추좌씨전』『예기』『문선』을 읽을 수 있고 그 뜻을 해독할 수 있으며 동시에 『논어』와 『효경』에 밝아야 했다. 중품(中品)은 『곡례』『논어』『효경』을 읽을 수 있어야 하고, 하품(下品)은 『곡례』『효경』을 읽을 수 있는 사람으로 국가의 고급 관료가 될 수 있게 하였다. 특히 오경(五經)과 삼사(三史),[50)] 제자백가(諸子百家)[51)]에 능통한 사람은 특진시키도록 되어 있었다. 이러한 독서삼품과는 국학의 최종시험에 해당하며, 과거 골품제라는 혈통에 의한 선발에서, 제한적이기는 하지만, 능력에 의하여 관리의 임용과 승진을 결정하게 되었다는 점에서, 그 내용상 차이는 있지만, 고려시대 이후에 등장하는 과거제의 초보적 형태로 볼 수 있다.

5) 발해의 교육

발해의 교육도 자세하게 기록된 사료가 없어 정확하게 밝히기가 어렵다. 조선시대, 발해에 대해 본격적인 관심을 보인 유득공(柳得恭)의 경우, 『발해고(渤海考)』 서문에서 다음과 같이 지적하고 있다.

> 고려가 발해사를 짓지 않았으니, 그 국력을 떨치지 못하였음을 알 수 있다. 옛날에 고씨가 북쪽에 거주하여 고구려라 하였고, 부여씨가 서남쪽에 거주하

---

49) 이성무, 『한국의 과거제도』(서울: 집문당, 1994), 23~30쪽.

50) 오경은 공자가 편찬했다고 전하는 『시경(詩經)』, 『서경(書經)』, 『역경(易經; 周易)』, 『예기(禮記)』, 『춘추(春秋)』의 다섯 가지 경전을 말하고, 삼사는 사마천이 지은 『사기(史記)』와 반고가 지은 『한서(漢書)』, 그리고 범엽이 지은 『후한서(後漢書)』 등 세 가지 역사서를 가리킨다.

51) 중국 역사에서 하나라와 은나라를 거쳐 서주(西周) 이후, 주나라는 동쪽으로 천도를 하는 데, 이때부터 주나라의 종주권이 쇠약해지고 제후들이 방자하게 되어 약육강식의 시대인 춘추전국(春秋戰國)을 이루었다. 이 시기의 사상가들을 제자(諸子)라고 하고 그 사상가들이 형성한 학파를 백가(百家)라고 한다. 즉, 제자백가는 중국의 춘추전국시대, 특히 전국시대에 활약한 학자와 학파를 총칭하는 말이다. 사마담(司馬談)은 제자를 음양가(陰陽家), 유가(儒家), 묵가(墨家), 명가(名家), 법가(法家), 도가(道家)의 육가(六家; 여섯 개의 학파)로 나누었고 유흠(劉歆)은 육가에 종횡가(縱橫家), 농가(農家), 잡가(雜家), 소설가(小說家) 등의 십가(十家)로 나누어 설명한다. 소설가를 제외한 구류(九流)를 통틀어 아홉 개의 유파로 분류하여 백가구류(百家九流)라고도 한다.

> 여 백제라 하였으며, 박 · 석 · 김씨가 동남쪽에 거주하여 신라라고 하였다. 이것이 삼국인데 그들의 역사인 삼국사(三國史)가 있는 것이 마땅하므로 고려가 이를 펴냈으니 옳은 일이다. 부여씨가 망하고 고씨가 망하자 김씨가 그 남쪽을 차지하였고, 대씨가 그 북쪽을 차지하여 발해라고 하였다. 이것이 남북국이라 부르는 것으로 마땅히 남북국사(南北國史)가 있어야 했는데도 고려가 이를 편찬하지 않은 것은 잘못된 일이다.[52]

유득공의 지적처럼, 고려시대에 김부식은 『삼국사기』를 지으면서, 발해사를 의도적으로 제외시킨 것으로 판단된다. 그 후 발해는 우리 민족사의 영역에서 멀어졌다가 조선후기에 와서야 다시 관심의 대상이 되었다.

발해는 최고 교육기관인 주자감(胄子監)을 설치하여 교육하였고, 문적원(文籍院)을 두어 경서를 비롯한 서적을 보관한 것으로 미루어 볼 때, 상당히 체계적인 교육제도를 정비한 것으로 추측된다. 발해의 교육과 관련해서는 『구당서』 · 『신당서』 · 『책부원귀(册府元龜)』 등 몇몇 사서에 단편적인 기록이 있을 뿐이다.

『구당서』에는 "발해에서 먼저 보낸 학생 세 명의 학업이 점차 이루어졌다고 판단하고, 그들을 본국으로 보내달라고 청하였는데, 이를 허락하였다"[53]라는 기록이 있다. 『신당서』에는 "건국 초부터 발해의 왕이 자주 여러 학생들을 당나라 태학에 보내어, 고금의 제도를 공부하도록 하더니, 드디어 '해동성국'이 되었다. 문적원을 설치하여 감을 두었으며 주자감을 설치하여 감 · 장을 두었다"[54]는 기록으로 볼 때, 교육기관이 설치되어 인재를 양성했음에 분명하다. 또한 『책부원귀』에는 "당 문종 7년(833년)에 발해에서 학생 해초경 · 조효명 · 유보준 세 명과 관리 고상영을 보내어 학문을 배우게 하고, 먼저 보

52) 『渤海考』「序」.

53) 『舊唐書』「列傳」.

54) 『新唐書』「列傳」.

낸 학생 이거정 · 주승조 · 고수해 등 세 명의 학업이 점차 이루어졌으므로 관례에 준하여 교대하여 본국으로 돌려보내 달라고 청하였는데, 이를 허락하였다"고 하여 유학생 파견과 학문 교류 사실을 보여준다.[55)]

6) 주요 교육사상가

삼국시대는 불교가 융성하여 고승들이 속출하였고 이들이 교육에 큰 영향을 미쳤다. 또한 국가에서 학교를 세워 유학을 장려하였으므로 뛰어난 관료 유학자가 양산되었는데, 이들이 활약이 돋보였다. 유명한 교육사상가로 원광(圓光), 강수(强首), 원효(元曉), 설총(薛聰) 등이 있는데, 이들은 모두 신라인이다. 고구려와 백제에도 훌륭한 교육사상가들은 있었을 것으로 추측되지만, 일부 승려를 제외하고는 아쉽게도 역사 기록에서 찾아보기 힘들다.

원광(圓光)은 유학과 선교, 불교를 두루 섭렵하고 중국에 유학하여 이름이 드높았다. 학문과 덕망이 높아 신라인들의 존경을 받았으며 불교의 계율을 토대로 세속오계(世俗五戒)를 만들어 당시 국민 교육과 생활 윤리의 지표가 되었다.

강수(强首)는 불교를 세상의 의리를 벗어나는 도라고 하고 비판하면서, 유학의 도를 배워 당대 제일의 문장가가 되었으며, 외교문서 작성에 능하였다고 한다.

원효(元曉)는 한국이 낳은 가장 위대한 종교 사상가이며 세계적인 철학자이다. 특히 스스로 인격완성과 민중교화를 통한 불교의 세속화에 공헌하면서 교육 실천가다운 면모를 보여 주었다. 특히, 원효는 불교의 여러 주장들을 '일심(一心)'의 발현으로 보고 그 발현의 양상을 하나로 통합하려고 하였다. 일심은 중생이 어떤 상황에 처해 있느냐에 따라 다양한 심리 행동으로 나타나지만, 인간 본성 자체에 어떤 변화가 있는 것은 아니다. 모든 법의 본체는 제

---

55)『冊府元龜』卷999.

각기 다른 것이 아니라 중생들이 각자 지니고 있는 동일한 일심이다. 그래서 일심을 중생심(衆生心), 대승법(大乘法), 제법자체(諸法自體) 등으로도 부른다. 일심은 우리 각자의 본래적 마음인 동시에 모든 존재의 본체이며, 중생심의 실체로 불성(佛性)이다. 밝고 깨끗하며 불변하고 고요하며, 참되기 때문에 '진여(眞如)'라고 한다. 실재의 측면에서 파악되는 마음인 '심진여(心眞如)'는 오직 하나의 실재, 일체의 사물과 현상을 총체적으로 포괄하는 본체를 가리킨다. 이것이 마음의 본체이고 그 마음은 시작도 끝도 없고 어떤 구분도 변화도 없다.[56]

원효는 수양이나 교육의 방법에서 '지관(知觀)'을 중시한다. 지식의 문제와 연관되는 지(知)는 인식 주관에 표상된 내용을 객관적 실재로 잘못 안 것이 진여의 빛을 받아 지명되고, 인식 주관의 그릇된 이념이 정지된 것을 말한다. 세계관이나 관찰, 관점으로 대비해 볼 수 있는 관(觀)은 생명의 현상에 따라 모든 존재의 실상을 여실하게 관찰하여 밝고 바르게 앎을 의미한다. 지의 수행 방법으로는 몸과 마음을 조절하는 조신법(調身法)과 조심법(調心法)이 있고 관의 수행 방법에는 법상관(法相觀), 대비관(大悲觀), 서원관(誓願觀), 정진관(精進觀) 등 다양하게 세분된다.[57]

원효의 위대성은 당시 사회 상류 계층의 신앙이자 지도 이념이던 불교를 서민 대중에게 널리 보급시킨, '교육적 대중화'에 있다. 그는 무애가(無碍歌)를 지어 서민을 교화시켰다. 무애는 어떤 장애나 조건에도 거리낌 없이 자유로운 것을 말한다. 따라서 모든 생사가 곧 열반(涅槃)이요, '사람은 한번 나면 죽는다'는 사실을 깨달아 부처를 알고 부처로 나아갈 것을 염원해야 한다. 원효는 서민들과 어울리면서 스스로 파계를 하고 소성거사라고 일컬었다. 이때 광대들이 큰 바가지를 들고 춤추고 노는 것을 보고 무애가를 지어 부르면서,

56) 이홍우, 『대승기신론 통석』(서울: 김영사, 2006) 참고.

57) 이문원, 『한국의 교육사상가』(서울: 문음사, 2002), 16~19쪽.

방방곡곡을 돌아다니며 서민들을 교화했다고 전한다.[58]

설총(薛聰)은 원효와 요석 공주 사이에 난 사람이다. 불교와 유학을 두루 섭렵하고, 국학의 박사로서 유학의 경서를 우리말로 읽는 새로운 방법과 독특한 표기법인 이두(吏讀)를 개발하여 학문 발전에 획기적인 공헌을 하였다. 뿐만 아니라, 신문왕에게 지어올린『화왕계(花王戒)』는 군왕(君王) 교육의 새로운 면모를 보여 주었다. 화왕계는 아래 사람인 신하가 윗사람인 제왕에게 교훈적 내용을 담아 표현한 것으로, 최고 통치자가 지켜야할 도리와 계율을 풍자형식으로 서술하였다. 여기에서 특기할 교육적 사항은, 군왕이 신하의 충간(忠諫)을 듣고 진실로 자신의 잘못을 시인하고 사과하는 의사소통의 차원이다. 이는 유학의 근본정신을 재천명하고 동시에 군왕은 백성을 사랑하여 올바른 정사를 펼칠 수 있도록 정교일치(政敎一致)의 교육을 강조한 것이다.[59]

3. 고려시대의 교육

고려시대는 상당기간 동안 유학과 불교가 큰 마찰 없이 공존하였다. 국가에서는 불교를 장려하여 과거시험에도 승과를 두었다. 불교는 국가에서 장려하기도 했지만 백성들의 의식을 지배하고 있었고, 유학은 제도적인 교육을 이끌고 있었는데, 교육제도는 이전 시대에 비해 매우 구체적으로 발달하였다. 즉 고려인들은 불교의 정신으로 일상적인 생활을 가다듬으면서도 정치적으로는 유학의 이념을 따랐다. 그리하여 서민들의 일상생활 속에는 불교의 영향이 지대했던 반면, 정치적 지도자를 양성하려고 했던 제도교육에서는 유학이 지배하였다. 특히 안향에 의해 전래된 주자학은 고려 말 유학 발

58) 김승동 편저,『불교 · 인도사상사전』(부산: 부산대출판부, 2001); 태경·조기영,『알기쉬운 불교용어 산책』(서울: 양사재, 2011) 참고.

59) 이문원, 앞의 책, 26~27쪽.

홍의 기운을 타고 새로운 정치철학, 교육이념으로 등장하였다.

1) 교육제도

고려의 학교제도는 관학(官學)으로는 중앙에 국자감(國子監)과 학당(學堂)이 있었고, 지방에 향교(鄕校)가 있었다. 그리고 사학(私學)으로는 중앙에 십이도(十二徒)와 지방에 서당(書堂)이 있었다.

(1) 관학

국자감은 고려의 최고 교육기관으로 성종 11년(992년)에 창건되었다. 이는 당나라의 국자감 제도를 본뜬 것으로 인재양성과 관리등용에 대비하였다. 일종의 종합대학으로 문묘를 설치하고, 6학으로 조직 · 편성하였는데, 6학 중 국자학, 태학, 사문학은 모두 경학을 전공하고, 율학, 서학, 산학은 잡학으로서 모두 해당 관청의 기술학을 익혔다. 국학에서는 신분에 따라 교육하였는데, 잡학은 서민의 자제도 입학이 허가되었다.

최고 교육기관인 국자감의 발달 과정을 간략하게 살펴보면 다음과 같다.[60]

태조 13년(933년) 겨울에 왕이 서경[평양]에 거동하여 학교를 창설하고 박사관(博士官)을 두었는데, 수재(秀才)인 정악(廷顎)을 서학박사(書學博士)로 삼고, 별도로 학원(學院)을 창설하여 육부(六部)의 생도를 모아서 가르치게 하였다. 이때 채백(綵帛)을 내려 권장하고 창곡(倉穀) 1백 석을 내려 주었다. 이후, 성종 2년(983년)에 박사 임성로가 송나라로부터 와서 문선왕묘도(文宣王廟圖) 1포, 제기도(祭器圖) 1권, 72현찬기(七十二賢贊記) 1권을 바쳤다. 성종 6년(987년)에는 12목에 경학박사(經學博士)를 두었는데, 12목에 각각 1인을 보내어 가르칠만한 자식이 있는 자를 가르치고, 경전에 밝아 쓸만한 재목은 목사나 수

---

60) 『增補文獻備考』「學校考」.

령이 중앙에 추천할 수 있게 하였다. 성종 9년(990년)에 서경에 수서원(修書院)을 설치하였고 11년(992년)에 상서(庠序) · 학교(學校)에 명하여 문무재략(文武才略)이 있는 사람을 천거하게 하였다.

이런 과정을 거쳐 성종 11년 12월에 드디어 국자감(國子監)을 창설하였다. 유사(有司)에게 승지(勝地)를 가려서 서재(書齋) · 학사(學舍)를 널리 경영하고, 전장(田庄)도 주어 학궁의 식량으로 충당하게 하였다. 현종 22년(1031년) 윤 10월에 국자감시(國子監試)를 처음으로 설치하였다. 시(詩)와 부(賦)로 국자감 시험을 하는 법이 이때부터 비롯되었다. 선종 8년(1091년) 9월에 72현의 상(像)을 국자감 벽 위에 그렸고, 10년 뒤인 숙종 6년(1101년)에 선현을 국자감에 종사(從祀) 하였다.

그러나 국자감 운영에 대한 비난도 만만찮지 않았다. 숙종 7년(1102년)에 재상 소태보 등이 건의하기를, "국학에서 선비를 기르는 데 비용이 적지 않게 들어 백성들의 원성을 들을만한 폐단이 되니, 이를 해체하십시오."라고 하였으나 받아들여지지 않았다. 예종 4년(1109년)에는 국학에 칠재(七齋)를 두었고, 10년 후인 예종 14년(1119년) 가을 7월에는 국학에 장학기금의 특성을 지닌 양현고(養賢庫)를 설립하여 선비를 양성하였다.

충렬왕 30년(1304년) 5월에 성리학을 도입한 찬성사(贊成事) 안유(安裕)[안향(安珦)]가 건의하여 섬학전(贍學錢)을 넉넉하게 하였고, 6월에 국학에 대성전(大成殿)이 건립되었다. 이 무렵에 국자감의 명칭이 성균관(成均館)으로 바뀐 듯하다. 10년 뒤인, 충숙왕 원년(1314년) 6월에 찬성사 권보가 이진 · 한공 등과 함께 성균관에 모여 새로 구입한 서적을 고열(考閱)하고 경학(經學)을 시험하였다.

그리고 고려 말 공민왕 20년(1371년) 12월에는 인재 등용과 관련하여 다음과 같은 정책이 하교되기도 했다. "문무(文武)의 쓰임은 한 쪽을 폐할 수 없으니 서울의 성균관으로부터 지방의 향교에 이르기까지 문무 두 학문을 개설하고 인재를 양성하여 등용할 것에 대비하라." 이후, 공양왕 원년(1389년)에는 유학교수관(儒學教授官)을 두기에 이르렀다.

국자감보다 낮은 단계의 학교인 각 지방의 향교의 설립 시기는 정확하지 않다. 여러 가지 정황으로 보아 예종 때 양현고를 설치하면서 교육 재정을 넉넉하게 할 무렵이나 인종 5년(1127년) 경에 각 지방에 설치한 것으로 짐작된다. 학당은 원종 12년(1271년)에 개경에 설치하였는데, 문묘가 없고, 학생을 강학하는 교육기능만 있었다.

(2) 사학

십이도(十二徒)는 개경에 설립된 12개의 사립 고등교육기관이다. 십이도는 문종 7년(1053년)에 최충이 사재로 학교를 짓고, 구경(九經) · 삼사(三史)[61]와 제술을 가르친 데서 비롯된다. 이 시기에는 국자감과 향교가 교육적 기능을 제대로 하지 못했고, 아직 학당은 설립되지 않았다. 나머지 11개는 홍문공도, 국헌공도, 남산도, 서원도, 문충공도, 양신공도, 정경공도, 충평공도, 정헌공도, 서시랑도, 구산도이다. 이 중 최충의 문헌공도가 가장 성대하였다.

최충의 문하에는 과거에 응시하려는 자제들이 반드시 먼저 이 공도에 들어와 수학하였다. 매년 여름이면 승방을 빌어 학업을 닦고, 공도 가운데 학문이 우수하고, 급제하고서도 관직에 나아가지 않는 자를 택하여 교도하였는데 그 학과가 구경과 삼사였다. 때로는 시를 짓고 술을 마시며 어린 아이와 어른이 좌우에 늘어 있되, 나아가고 물러섬에 예의가 있고 질서가 있어 칭송이 자자했다고 한다.

십이도의 수준은 국자감의 유학부와 같은 등급이었다. "향교와 학당 학생을 상고하여 십이도로 올리고, 십이도를 상고하여 성균으로 올리자"라는 이

61) 구경은 유학의 아홉 가지 경서를 말하는데, 사람마다 약간의 차이가 있다. 곡나율(谷那律)은 『시경』『서경』『역경』『예기』『악경』『춘추』『논어』『효경』『소학』을 들고 있으나 육덕명(陸德明)은 『시경』『서경』『역경』『예기』『주례』『의례』『춘추좌씨전』『춘추곡량전』『춘추공양전』을 들고 있다. 삼사는 앞에서 말한 것처럼, 『사기』, 『한서』, 『후한서』를 말한다.

색의 언급으로 볼 때, 향교나 학당보다는 수준이 높고, 성균으로 올린다는 말은 국학생만 과거에 응시하게 하기 위하여 사학 출신을 국학으로 편입한다는 의미이다. 이런 점에서 볼 때, 사학 12도는 국립대학으로서 국자감(성균관)에 버금가는 사립대학의 자격을 지니고 있었다.

서당에 관해서는 인종 2년(1124년) 송나라 사신으로 고려에 왔던 서긍이 쓴 『고려도경』에 잘 나타나 있다. 그는 "마을 거리에는 경관과 서사가 두 세 개씩 서로 마주보고 있으며, 민간의 미혼 자제가 무리로 모여 선생에게 경서를 배우고, 조금 성장하면 저희들끼리 벗을 택하여 절간으로 가서 공부한다. 아래로 서인이나 아주 어린 아이까지도 마을의 선생에게 배운다"[62]라고 기록했다. 이로 미루어 보아 전국 곳곳에서 서당이 매우 성행했음을 알 수 있다.

2) 과거제도와 교육

과거(科擧)는 '과목거용(科目擧用)'을 줄인 말로 관리 등용 시험이다. 과거제도는 고려 4대 광종 9년(958년)에 후주(後周) 사람이었던 한림학사(翰林學士) 쌍기(雙冀)의 건의로 실시하였다. 고려의 과거제도는 대체로 당(唐)의 제도를 따른 것이었다.[63]

과거의 방법은 매년 지방관이 지망자를 문묘(文廟)에서 시험한 후, 1~3명 정도 적당한 자를 선발하여 이를 중앙에 보냈는데, 이를 진사(進士)라고 한다. 그 수는 모두 약 400명에 달하였는데, 중앙의 국자감에서는 또 이들을 시험하였다. 이것을 감시(監試)라고 한다. 감시에 급제하는 합격자는 특별히 정해진 수가 없었는데, 급제자는 갑을병(甲乙丙) 세 등급으로 나누었다. 진사의 시험은 제술업(製述業)과 명경업(明經業)의 두 가지 업으로 나누었고, 이 밖에도 잡업(雜業)이 있었다. 시(詩) · 부(賦) · 송(頌) 등 시문(詩文)을 시험하는 제술업

---

62) 『高麗圖經』.

63) 이성무, 앞의 책; 한기언, 앞의 책, 『교육사학-교육정신사서설』, 참고.

과 유학의 경전을 시험하는 명경업은 양대업이라고 하였는데 이는 문관 등용 시험이었고, 잡업은 의(醫)·복(卜)·풍수지리(風水地理)·육(律)·산(算) 등 기술 기능에 관한 기술관의 등용 시험이었다.

고려 초기 과거에 응시할 수 있는 자격은 향공(鄕貢)·토공(土貢)·국자감생 재관자(國子監生 在官者)가 있었다. 즉 중앙 귀족 자제들과 지방의 호족 자제 혹은 향리의 자제들이 제술업·명경업·잡업에 응시할 수 있었다.

선종 때 진사 및 잡업 시험을 3년에 1회 행하는 것으로 정하고, 숙종 때부터 격년 1회로 개정하였는데, 실제로는 매년 또는 격년, 수년에 한 번씩 과거가 실시되고 있었다. 이는 과거제가 철저하게 이행되지 못하고 그때그때 형편에 따라 실시했음을 보여준다.

특이한 사항은 고려 말기 공민왕 때 목은 이색이 무과(武科) 설치를 건의했으나 시행되지 않았다. 과거를 주관하는 관리의 장을 지공거(知貢擧)라고 하는데, 처음 과거제도를 도입할 것을 건의했던 쌍기가 이 자리에 최초로 임명되었고, 이후에 문관 1인을 임명하였다. 지공거 아래 동지공거(同知貢擧)가 있고, 기타 시험관은 학사(學士)라고 하였다. 지공거와 동지공거는 시험을 채점하는 권리를 지니고 있어 매우 중요한 자리이다. 과거급제자에게는 홍패(紅牌)를 수여하고 일정한 전답이 지급되며 왕이 친히 인견하여 술과 음식 및 의복을 하사하였다. 뿐만 아니라 형제 셋이 과거에 급제한 경우, 부모에게 일정한 직과 곡식을 지급하여 표창하는 특전도 있었다.

과거는 국가의 관리를 선발하는 제도일 뿐만 아니라 교육제도와 연계되어 있었는데, 과거 시험의 내용이 바로 학교, 즉 국자감의 교육과정이었다. 이런 측면에서는 교육의 발달을 촉진시키기도 했으나, 시험에 의한 관리 등용 제도가 정착되어 가면서 교육이 출세를 위한 수단이 되었고, 부작용이 드러나기도 하였다.

3) 고려의 교육사상가

고려시대는 유학과 불교가 비교적 자유롭게 공존하면서 발전되었으므로 뛰어난 유학자와 고승들이 많이 나왔다.

유학계통에서는 최충(崔沖)이 큰 활약을 하였는데, 앞에서도 언급했지만, 그는 사학 십이도의 선구자로 해동공자(海東孔子)라고 불렸다. 특히 문헌공도(文獻公徒)를 설립하여 교육하였고, 교육의 본질을 유학이 추구하는 성인(聖人)의 도로 삼았다. 최충은 송악산 아래에 사학 십이도를 열었는데, 많은 생도들이 모였다고 한다. 이에 하나의 학당으로는 그들을 모두 수용할 수 없어 아홉 개의 학반을 편성하였다. 이것이 이른 바 구재(九齋)이다.[64] 구재학당의 학생들은 진퇴(進退)하는 의리와 장유(長幼)의 질서가 뚜렷했다고 한다. 이는 최충의 교육 방침이 학문 추구에만 머문 것이 아니고, 언행이 일치하는 교육을 실천한 것으로 볼 수 있다. 즉 예교(禮敎) 질서의 외형적 강조에만 머무르지 않고, 후진 양성에서 이를 실천하는 유교 정신을 강조하였다.[65]

그 후 중국의 원나라에서 주자학(성리학)을 도입한 회헌(晦軒) 안향(安珦)에 의해 유학의 새로운 학풍이 싹트기 시작했다. 안향은 교육의 목적을 인재양성에 두고, 국학의 재건을 위하여 일종의 장학기금인 섬학전을 설치하였다.

안향이 주자학을 전래하여 학문을 장려하고 인재를 양성하려고 했던 배경과 과정을 좀더 자세하게 서술하면 다음과 같다. 안향이 활동하던 시기의 고려는 장기간의 무신집권에 의한 정치적 불안정과 몽고의 침탈에 의한 국가 주권 상실의 위협으로 인하여, 국내외적으로 심각한 위기에 처한 상황이었다. 게다가 고려의 건국이념으로 볼 수 있는 불교사상도 부패하여 흉흉한 민심을 바로 잡아 주지 못하고 미신과 무속이 성행하고 있었다. 안향은 18세

---

64) 구재의 명칭은 낙성(樂聖), 대중(大中), 성명(誠明), 경업(敬業), 조도(造道), 솔성(率性), 진덕(進德), 대화(大和), 대빙(待聘) 등인데, 앞에서 말한 구경(九經)과 삼사(三史)를 주로 가르쳤다고 한다.

65) 이문원, 앞의 책, 47쪽.

(1260년)에 과거에 급제하여 관직에 몸을 담게 되는데, 이 당시 고려는 90여년 이라는 장기간의 무신 집권체제가 막을 내리고(1258년), 몽고와는 강화가 체결되어 전란도 종식된 시점(1259년)으로, 고려사에서 새로운 시대의 개막을 맞이하는 시기였다.[66] 이때 국가의 신흥관료 등용정책에 부응하여 안향은 관직에 등용되고, 뛰어난 문장력을 인정받아 왕의 교지나 외교문서를 작성하는 등 국사에서 중요한 업무를 담당하면서 빠르게 승진하였다.

교육자로서 안향의 관료생활은 36세(1279년)에 국자사업(國子司業)에 임명되면서 전환기를 맞게 된다.[67] 안향은 학문의 진홍과 교육을 담당하는 직무를 맡게 되면서, 그의 유학적 소양과 문제의식 그리고 인생의 지향도 새롭게 전개하였다. 안향은 "학문[儒學]을 일으키고 인재를 양성하는 일을 자신의 임무로 삼는다"라고 하여 자신의 인생 목표를 유학의 부흥에 두었다. 그 후 47세(1289년)가 되던 해에 고려유학제거(高麗儒學提擧)에 임명되어 국가의 유학 진홍과 교육부문의 명예수장이 되었다. 이를 계기로 같은 해 충렬왕의 원나라 행차에 수행하여 원나라의 수도(지금의 북경)에서 주자의 글을 접하게 되는데, 이때 주자의 사상을 마음속 깊이 찬동하게 되어 주자를 유학의 정통 학맥으로 인정하였다. 그리하여 전체 수행기간이 5개월 밖에 되지 않는 짧은 일정 속에서도 손수 주자의 책을 기록하고 공자와 주자의 초상화를 모사하여 이듬해(1290년) 봄에 귀국하였다. 이것이 우리나라에 주자학이 본격적으로 전래되는 계기이다.

안향은 56세(1298년)때, 집현전태학사(集賢殿太學士) · 수문전태학사(修文殿太學士) 등 교육관련 관직을 맡으면서 본격적으로 유학진흥과 교육사업을 담당하게 된다. 그리고 59세(1301년)에는 자신의 사저를 국학의 문묘로 조정에 헌납하고, 봉급과 토지 및 노비 100명마저 국학의 진흥을 위하여 헌납하였

---

66) 김병구,『회헌 안향 선생의 생애와 사적』(부산: 경성대출판부, 1993) 참고.

67) 『陽村集』「晦軒先生實紀」卷3.

다. 이어서 61세(1303년)에는 교육사업을 일으키는데 더욱 힘을 기울여, 국학에 섬학전(贍學錢)을 설치하고 양현고를 충당하였다. 이때 그는 "재상의 직책은 인재를 교육하는 것보다 시급한 것이 없다"라는 유학적 소양을 갖춘 고급 관료로서의 소명의식을 강조하여 섬학전 설치를 주장한다. 아울러 양현고의 일부 자금으로 국학박사를 중국 강남에 파견하여, 유학관련 서적, 특히 주자신서(朱子新書)와 예의식에 소용되는 물품을 구입함으로써 유학교육의 발판을 마련한다.

안향이 62세(1304년) 되던 해에 대성전이 준공되는 등 국학시설이 완비되어 국학이 새로이 개설되고, 안향은 이산(李㦃) · 이진(李瑱) 등을 시켜서 성리학 교육을 체계적으로 시행한다. 안향이 남긴 글은 아주 적은 데, 거의 유일하고도 핵심적인 문장이라고 할 수 있는 「국자학의 여러 학생에게 일러주는 글[諭國子諸生]」을 보면, 그의 학문 성향을 구체적으로 파악할 수 있다.

> 성인(聖人)의 도(道)는 일상생활의 윤리에 불과하다. 자식은 효도하고, 신하는 충성하며, 예로 집안을 바로잡고, 신의로 벗을 사귀며, 자신을 수양할 때는 반드시 경(敬)으로 해야 하고, 사업을 일으켜 세우는 데는 반드시 성(誠)으로서 해야만 한다. 저 불교는 부모를 버리고 출가하여 인륜을 무시하고 의리에 역행하니, 일종의 오랑캐 무리이다. 근래에 전란의 여파로 학교가 파괴되어 유학을 배우려는 학자는 배울 바를 모르고, 배우고자 하는 사람은 불경을 즐겨 읽어서 그 아득하고 공허한 교리를 신봉하니 나는 이를 매우 슬퍼한다. 내 일찍이 중국에서 주자의 저술을 보았는데, 성인의 도를 밝히고 선불교를 배척한 주자의 공로는 공자와 짝할 만 하다. 공자의 도를 배우려면 먼저 주자를 배우는 것보다 나은 것이 없으니, 여러 학생은 주자의 새로운 서적을 돌려가면서 읽고 배우기를 힘써 소홀하지 말라.[68]

---

68) 『陽村集』「晦軒先生實紀」卷1.

이와 같이 안향은 유학 특히 성리학의 핵심을 압축적으로 설명하고, 불교와 당시 사상계에 대해 비판하였으며, 공자이후 유학의 도통을 주자로 확정하고 주자학의 연구를 권면하였다.[69]

충렬왕 30년(1304년) 5월에 찬성사(贊成事) 안향이 국학을 보조하기 위해 섬학전(贍學錢)을 넉넉하게 할 것을 건의한 이야기는 유명하다. 안향은 학교가 날로 쇠퇴함을 근심하여 양부(兩府)에 다음과 같이 문제를 제기하였다.

"재상의 직책은 인재를 교육하는 것보다 우선 할 것이 없는데, 지금 양현고가 바닥이 나서 훌륭한 인재를 기를 자본이 없습니다. 청컨대 여러 관료신하들에게 은(銀)이나 포(布)를 관료의 등급에 따라 차등 있게 내도록 하여 섬학의 자본으로 삼으십시오." 그러자 왕도 내고(內庫)의 재물을 내어서 도왔다. 그런데 밀직(密直) 고세(高世)가 자신은 무인(武人)이라고 하면서 돈 내기를 즐겨하지 않자, 안향이 이렇게 꾸짖었다. "공자의 도는 그 모범이 만세에 드리웠다. 신하가 임금에게 충성하고, 자식이 부모에게 효도하는 것, 이런 훌륭한 인륜이 누구의 가르침인가? 만약에 '나는 무인인데 생도를 기르는 데 구태여 돈을 낼 필요가 있느냐'라고 말한다면, 이는 공자를 무시하는 짓이다. 그게 옳은 행동인가?" 고세가 이 말을 듣고 부끄러워하며 바로 돈을 내었다.

또한 안향은 남은 재물을 박사 김문정에게 주고 그를 중국에 보내어 선성(先聖)과 70자상(七十子像)을 그려오고, 제기(祭器)·악기(樂器)·육경(六經)·제자(諸子)·사(史) 등을 구해 오게 하였다. 그리고 이산·이진 등을 천거하여 경사교수사(經史教授使)를 삼았다. 그렇게 하자, 국학의 7재와 사학 십이도의 학생이 경을 가지고 수업하는 자가 수백을 헤아렸다.[70]

이후, 고려 말의 목은(牧隱) 이색(李穡)은 앞에서도 언급한 것처럼, 문무를 겸비한 인재를 강조하여 과거제도에서 무과를 둘 것을 주장하였다. 이색의

---

69) 윤원현, 「회헌 안향의 행적과 사상에 대한 비판적 검토」, 한국동서철학회, 『동서철학연구』 제35호, 2005. 참고.

70) 『增補文獻備考』「學校考」.

교육론은 그의 유학 진흥책에 잘 나타나 있다.[71] 이색은 "유교를 숭상하고 중히 여기는 일에 마음을 다해야 한다. 국학의 풍속 교화의 근본이고 인재는 정치와 교육의 근본이다. 인재를 양성하지 않으면 근본이 굳지 못하고 국학을 진흥하지 않으면 근원이 맑지 않게 된다"라고 하여, 성인의 도를 숭모하고 학교의 퇴폐를 막아야 한다고 주장하였다. 이것이 유학자뿐만 아니라 서민에게도 복이 된다는 것이다.

이색은 당시 학풍이 과거 시험에만 매달려 진정한 인격교육이나 도덕 윤리교육을 소홀히 하는 것을 통탄하였다. 그는 성균관 대사성으로 재직할 때 성균관의 학생 수를 대폭 증원하고 시설 확충, 도서 구비 등 유학 진흥에 크게 기여하였다. 교수방법도 경술(經術)에 유능한 선비가 교과를 담임하게 하는 등 '전문성 있는 교육'을 강조하였다. 즉 여러 교관들이 제각기 능숙한 경전을 분담하여 교수하고, 강론이 끝나면 매일 의심나는 부분이나 논의할 부분을 상호 토론하여 궁극적인 의미를 밝히도록 하는 방법을 동원하였다. 이러한 그의 노력은 고려 시대 정주학 계통의 성리학이 발흥하는 계기가 되었다.

또한 포은(圃隱) 정몽주(鄭夢周)는 성리학을 깊이 연구하여 철학의 기초를 주자학에 두었으며, 교육이념도 주자학에 충실하여 우리나라 성리학의 비조가 되었다. 그의 교육사상은 성리학을 도입한 안향과 비슷하였다. 즉 "유학자의 도리는 모두 일용생활에 있고, 인격을 함양하려면 수양이 필요하다. 수양의 근본은 일상생활의 지극한 이치에 있다"라고 하였다. 정몽주는 이런 학문의 이치를 실현하고 인재를 양성하기 위해, 수도 개경의 오부(五部)에 학당을 확충하고, 지방에는 향교를 활성화하여 유학을 진흥하려고 했다.

정몽주가 제시한 교육내용은 경서였다. 사서의 경우, 『대학』과 『중용』을 통하여, 도를 밝히는 '명도(明道)'와 도를 전하는 '전도(傳道)'의 요지를 얻고, 『논

---

71) 이문원, 앞의 책, 66~67쪽.

어』와 『맹자』를 통해, 마음을 보존하고 닦아나가는 '조존함양(操存涵養)'의 요지와 체험을 확충하는 방법을 얻게 하였다. 오경의 경우에는 『주역』을 통하여, 선천과 후천은 서로 체용(體用)의 관계임을 알고, 『서경』을 통해서는 정신을 집중하는 것이 제왕전수(帝王傳受)의 방법임을 이해하게 했다. 그리고 『시경』을 통해서는 민간의 정서와 만물의 법칙을 이해하고, 『춘추』를 통해 도의와 의리의 명분을 알게 하였다.[72] 이 가운데서 『대학』과 『중용』은 가장 중요한 교과로 간주되었고, 이후, 조선 성리학의 학풍에 큰 영향을 미쳤다.

한편, 불교계에서는 보조(普照) 지눌(知訥)이 선(禪) 철학을 완성하여 빛나는 업적을 남겼다. 지눌은 고려 20대 신종과 21대 희종 때 사람으로 속성(俗性)은 정(鄭)이요, 호는 목우자(牧牛子)이다. 8세에 사굴산파(闍堀山派) 종휘(宗暉)에게 출가하여 1182년 승과에 급제하였다.

지눌은 그의 「권수정혜결사문(勸修定慧結社文)」에서, 먼저 불법의 근본처를 설파하여, "일심을 어둡게 하여 끝없는 번뇌를 일으키는 것은 중생이요, 일심을 깨쳐 끝없는 묘용을 일으키는 것은 모두가 부처이다. 어둡고 깨닫는 것이 비록 다르긴 하지만 모두가 한 마음[일심(一心)]으로 말미암은 것이니, 곧 마음을 떠나서 부처를 구하는 것은 옳지 않다"라고 하였다. 그리하여 동료들과 명리(名利)를 버리고 산림에 운둔하여 늘 습정(習定)과 균혜(均慧)에 힘쓸 것을 언약하였다.

또한 지눌은 「수심결(修心訣)」[마음 닦는 비결]에서, "먼저 개괄적으로 삼계[욕계, 색계, 무색계]의 유혹을 면하려면 부처를 구해야 한다. 부처를 구하려면 부처는 곧 마음이니 마음 밖에 따로 있는 것이 아님을 깨달아야 한다. 색신은 생멸하나 진심은 끊기고 변하는 것 없이 길이 슬기롭다. 자기의 마음을 보지 않고, 마음 이외에 부처가 있고 본성 이외에 법이 있다고 생각하면, 비록 진겁(塵劫)을 다하도록 온갖 고초를 겪더라도 되지 않는다. 마음 밖에서 부처를

72) 이문원, 앞의 책, 74~75쪽.

이룰 수 없으니, 과거 현재 미래 할 것 없이 도를 닦는 데 밖에서 구하지 말라. 심성은 본래 물듦이 없어서 스스로 원성(圓成)하는 것이므로 망령된 인연을 떨쳐 버리면 곧 그것이 여여불(如如佛)이다"라고 하였다. 그러므로 고통과 윤회를 벗어나는 길은 일체 중생이 여래(如來)의 지혜덕상(智慧德相)이 원래 갖추어 있음을 깨치는데 있다.

이처럼 지눌은 당시 승려들이 불교의 수련보다는 명리를 추구하는 데 빠져 있는 것을 보고 참된 구도의 자세를 지닐 것을 역설하였다. 그리하여 불교의 진리인 선(禪)과 교(敎)가 둘이 아님을 주장하여, 선교일치를 주장하였다. 특히, 교육의 본질을 불교에서의 돈오(頓悟)인 자각에 두었다. 돈오(頓悟)는 '단박 깨달음'이다. 무엇을 단박에 깨달아야 하는가? 그 깨달음의 상태는 어떠한가?

보통 사람들이 해맬 때는 망상에 사로 잡혀 자기 본성이 참된 부처인 줄 알지 못한다. 자기의 슬기로움이 참 부처인 줄 알지 못한다. 그러기에 늘 마음 밖에서 부처를 찾아 헛되이 헤맨다. 그러다가 어느 날 갑자기 선지식(善知識)에 들어가는 길을 지시함에 한 줄기 빛을 따라 자기 본성을 깨우칠 때, 본성에는 원래 번뇌가 없고 지성이 스스로 갖추어져 있다. 이것은 부처와 다름없다. 바로 이런 사실을 깨우치는 것을 '돈오'라고 한다.

다시 말하면, 자기 본성을 돌이켜보아, 이것이 곧 번뇌가 없고, 그것이 곧 부처라는 깨달음을 돈오라고 한다. 이것은 다른 사람이 '너의 마음이 본래 부처이고 본래 번뇌가 없는 것이다'라고 가르쳐 주어, 그것을 이론적으로 따져 결론에 도달하는 방법이 아니라, 스스로의 마음을 회광(廻光)하여 보아 진정 고정불변하는 객체로서의 번뇌가 있지 않다는 것을 깨닫는 것이다. 따라서 돈오는 일념(一念)을 돌이켜 반조하는 회광반조(廻光返照)에서 얻어지는 것이다.[73)]

73) 송석구, 『한국의 유불사상』(서울: 사사연, 1985), 168쪽.

돈오는 자신의 참 자아, 즉 허망한 꿈과 같은 미혹으로 인해 인지하지 못했던 자신의 참 마음을 홀연히 발견하게 됨을 의미한다. 미망에서 깨달음으로의 변화, 꿈에서 깨어남이 즉석에서 일어나기 때문에 '돈오', 즉 갑작스러운 깨침이라 부르는 것이다. 따라서 돈오는 점진적인 과정이 아니라 갑자기 일어나는 하나의 정신적 혁명과도 같다.[74]

그런데 인간은 습기(習氣)를 지니고 있다. 습기는 인간의 어리석음으로 인해 발생하는 가지가지의 허깨비와 같은 것들로 생각된다. 이런 습기는 하루아침에 벗기기 힘들다. 그러기에 지속적인 수련과 수양이 요구된다. 비유하자면, 저 산에 금이 가득 묻혀 있는 줄은 알지만, 저 산의 모든 것이 금이 아니고, 금을 캐내기 위해서는 그에 필요한 수단이 있어야 하는 것과 같다. 즉 깨달은 이후의 닦음은 필수적이다. 인간이 이치로 깨달았다 할지라도 그것의 실천을 통하여 '됨'이 중요하다.

이렇게 볼 때, 점수(漸修)는 깨달음 없이 이루어지지 않는다. 깨달음을 밑받침으로 하여 점차적으로 닦음이 진정한 점수이다. 깨달음이 없는 점수는 일시적인 점수이지 영원한 부처의 세계로 들어가는 수행이 아니다. 완전한 부처의 세계에 들어갈 때 증오(證悟)가 된다. 돈오에 습기가 있다면 점수는 해오(解悟)에 해당한다. 깨달은 후의 수행인 점수는 어떻게 하는가? 다시 말해 수양의 방법론, 교육의 구체적 단계는 어떻게 이루어지는가?

그것은 정(定)과 혜(慧)라는 두 문밖에 없다. 지눌은 본래의 마음을 '공적영지(空寂靈知)'라고 하였다. 공적은 정이고, 영지는 혜이다. 일심이 공적하려면 정을 닦아야 하고, 영지를 발하려면 혜를 닦아야 한다. 그렇다고 정과 혜, 공적과 영지가 본래 둘이 있는 것이 아니다. 이 둘은 모두 하나의 자성(自性) 위에 체용(體用)의 두 의미로 나누어 본 것일 뿐이다. 결국 정과 혜의 균형있는

---

74) 길희성, 「지눌 선 사상의 구조」, 김형효 외, 『지눌의 사상과 그 현대적 의미』(성남: 한국정신문화연구원, 1996) 90~91쪽.

닦음이 중요하다.

이러한 정혜는 두 가지로 구분된다.[75] 자성정혜(自性定慧)와 수상정혜(隨相定慧)가 그것이다. 수상정혜의 정은 수행자가 그때그때 직면하는 상(相)과 사(事)로서의 번뇌에 꾸준히 대처해 나가는 삼매(三昧;samâdhi)이며, 혜는 제법 하나하나에 대하여 미혹됨이 없이 그 공(空)을 관(觀)하는 반야(般若;prajnã)를 말한다. 이런 수상정혜의 닦음이 점수의 최상은 아니다.

자성정혜는 자신의 본성 안에 이미 내재하고 있는 정혜를 의미한다. 이는 진심의 체(體)가 지니는 두 측면인 적(寂)과 지(知), 정과 혜를 가리킨다. 그러므로 자성정혜를 닦는다는 것은 이미 우리의 심성 속에 내재한 것을 닦는 것이므로 '닦음 아닌 닦음'이다. 이런 역설적 닦음이야말로 진정한 닦음인 '무념수(無念修)'이다. 그러므로 자성정혜란 일반적 의미의 닦음에 의해서 얻어지는 결과라기보다는 돈오에 의해 이미 자신의 현실로서 자각되는 정혜이나. 지눌은 닦음 아닌 닦음으로서 자성정혜의 자유로운 닦음을 돈오 이후 가장 바람직한 수행으로 보았다.

그런데 지눌의 점수론은 정혜쌍수로 끝나지 않는다. 점수는 자리(自利)를 위해서 뿐 아니라 타리(他利), 즉 모든 중생의 복리를 위해서도 필요함을 역설한다. 따라서 돈오 후의 점수는 두 면을 지닌다. 인식과 실천의 괴리를 극복하는 정혜의 닦음과 보살행의 실천이다.

4. 조선시대의 교육

조선시대는, 안향이 주자학을 전래하여 유학을 보급하고 발달시킨 이후, 유학을 국가 교육의 이데올로기로 확립하면서, 유학 중심의 교육이 지배하

75) 송석구, 앞의 책, 참고.

였다. 초 · 중기에는 성리학에 입각한 도덕 윤리를 교육철학으로 하였고, 후기에는 실용적인 사고가 교육사상으로 대두하였다. 성리학은 선량한 마음인 타고난 본성을 잘 기르는 존양(存養)과 도리를 궁구하여 지식을 확실하게 연마하는 궁리(窮理)를 중시하였다. 따라서 유학 교육의 목적은 윤리도덕에 중점을 두어 착한 사람을 양성하는데 있었고, 그 궁극적 목적은 성현(聖賢)의 자리에 도달하는 것이었다. 교육방법은 성현이 하던 일을 본받는데 있었고, 교육내용은 『소학(小學)』과 『논어(論語)』『맹자(孟子)』『대학(大學)』『중용(中庸)』의 사서(四書) 및 오경(五經)을 중심으로 했다. 특히 우리글인 훈민정음(訓民正音)이 제정 · 공포되면서부터는 서민교육이 서서히 확대되기 시작하였다.

1) 교육제도

(1) 관학

조선시대 국가의 최고 교육기관은 성균관(成均館)이다. 성균관에는 여러 가지 부속건물이 있는데, 특히 문묘(文廟)와 명륜당(明倫堂)을 중심으로 제사와 교육 기능을 겸비하였다. 교육의 목적은 고급 관리를 배출하는 일이었고, 입학 자격은 과거 시험의 소과에 합격한 생원(生員)과 진사(進士)를 원칙으로 하였다. 왕족의 자제들을 교육시키기 위해 세종 11년에 종학(宗學)을 설립하였다. 성균관보다 약간 낮은 단계의 관학으로 사부학당[四學]을 서울에 설치하였고, 지방에는 향교를 설치하여 인재를 양성하였다. 지금의 실업 교육에 해당하는 잡과 교육도 있었는데, 각기 소속된 관아에서 자체적으로 교육을 담당하였다.

국가 최고 교육기관인 성균관은 국학, 태학, 국자감, 반궁(泮宮), 현관(賢關) 등 다양한 명칭으로 쓰인다. 이중 반궁은 절반은 물이 흐르는 궁이라는 의미인데, 성균관 터는 반드시 물이 둘러 흐르는 곳을 택하는 것이 전례이다. 대개 동쪽에서 서쪽 문쪽으로 물이 흐르고 북쪽엔 물이 없으므로 반궁이라고 하였다. 현관은 『한서(漢書)』에 "대학은 어진 선비가 되는 관문이다"라는 말에서 붙인 이름이다. 성균관의 주요 시설로는 가장 중요한 건물인 문묘와 명륜당을 비롯하여, 도서관에 해당하는 존경각, 선현들의 아버지를 모신 사당인 계성사(啓聖祠), 그 이외에도 서리청(書吏廳), 제기고(祭器庫), 포주(庖廚), 식당 등 성균관 운영에 필요한 제반 시설이 갖추어져 있다.

태학인 성균관이 발달한 내력을 보면 다음과 같다.[76]

태조 6년(1397년) 봄 3월에 태학을 경영하기 시작하였는데, 서울의 동북쪽 모퉁이에 터를 정하고 여흥 부원군 민제(閔霽)에게 명하여 관장하게 하였다. 태조 7년(1398년) 가을 7월에 성균관의 문묘를 낙성하였는데, 문묘에 종향(從享)한 제현(諸賢)은 한결같이 중국의 제도를 따랐고, 동국의 제유(諸儒) 종사(從祀)는 고려의 제도에 의거하였다. 성균관에는 지관사(知館事) 이하의 관원을 두었고, 학전(學田)을 두어 자성(粢盛)을 이바지 하고 생도를 먹이며 조세와 요역을 면제하여 쇄소(灑掃)와 사령(使令)에 응하게 하였다. 임금이 문선왕[공자]를 친히 제사지내고자 하여 좨주(祭主) 민안인(閔安仁)에게 전례를 밝게 익히게 하고 악기(樂器)를 수리하도록 명하였다. 또한 명륜당을 문묘 북쪽에 건립하였다. 그리고 성균관 제조(成均館 提調) 정도전 · 권근에게 4품 이하와 유사를 모아서 경사(經史)를 강습하게 하였다.

이처럼 조선시대는 고려시대와 달리 초기부터 성균관의 규모를 갖추고 국가 인재 양성에 매우 적극적이었다. 성균관의 핵심 건물이자 종교 제사적 기능을 하는 문묘의 내부는 아래와 같이 구성되어 있다. 대성지성문선왕(大成至聖文宣王)은 공자를 지칭하는 말이고, 자리는 정위(正位)로 남쪽을 향한다. 공자를 배향(配享)하는 인물로는 네 사람의 성인이 있는데, 안자(顔子), 증자(曾子) 자사(子思), 맹자(孟子)가 그들이다. 연국복성공(兗國復聖公)으로 불리는 안자는 동쪽의 제1위 자리에서 서쪽을 향하고 있고, 성국 종성공(郕國宗聖公)으

---

76) 『增補文獻備考』「學校考」.

로 불리는 증자는 서쪽의 제1위 자리에서 동쪽을 향하고 있다. 기국술성공(沂國述聖公)으로 불리는 자사는 동쪽의 제2위 자리에서 위치하고, 추국아성공(鄒國亞聖公)으로 불리는 맹자는 서쪽의 제2위 자리에 있다.

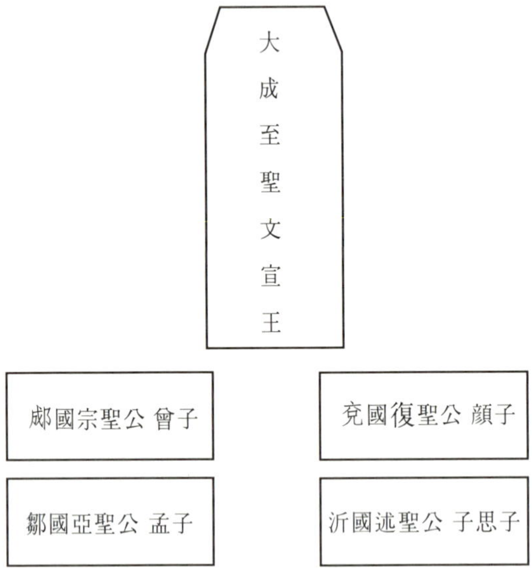

〔그림1-1〕 문묘 배향도

한편 사부학당[사학]은 성균관과 교육의 방침과 내용 및 교수법은 거의 비슷하지만 문묘가 없고 규모면에서 작았다.

태조는 즉위 후 임금의 덕을 전국 방방곡곡에 퍼트리려고 향교를 세우고 학생을 모아 경서를 가르쳤는데, 주 · 부 · 군 · 현에 모두 향교를 세우고 학문을 장려하였다. 임진왜란 전까지 향교는 매우 번창했으나 병란이 자주 일어나 국가의 재정이 궁핍해 지면서 쇠퇴하게 되었다. 이에 교육기관으로서 기능은 상실하고 문묘제사를 지내는 형식적 기관으로 전락하게 되었다.

그렇다고 하더라도 향교는 학교교육기관으로서의 역할뿐만 아니라 민간에 도덕적 · 예의적 향풍을 수립하는 사회교육기관으로서의 책임도 부여되어 있었다. 즉 교육자를 중심으로 지방의 문화를 지도하고 향상시키는 일로

이는 향교 교관의 임무였다. 예를 들면, 특별강습을 행한다든가, 향음례(鄕飮禮)나 향사례(鄕射禮), 양노례(養老禮) 등 나이 많고 덕행 있는 사람을 모시고 술과 음식을 대접하며 예를 배움으로써 지역 사회를 교화하는 데 중요한 역할을 하였다. 향음례의 절차와 대강을 살펴보면 다음과 같다.[77]

* 향음주의(鄕飮酒儀)

- 매년 10월에 주현(州縣)에서 좋은 날을 골라서 주인이 나이가 많고 덕행이 높은 사람을 손님으로 맞이한다.
- 그날에 주인이 학당 문밖에서 손님을 맞이하는데, 의식을 돕는 자가 예절을 갖추어 들어오면, 여러 손님이 따라 들어와 마루 위로 오른다.
- 손님이 두 번 절하면 주인이 답하여 절하고 여러 손님이 다 같이 두 번 절하면 예를 행하고 자리에 앉는다.
- 풍악을 울리고 주인이 손님에게 술을 올리면 손님이 주인에게 답하여 잔을 올린다. 술잔을 다섯 차례 돌리고 난 뒤에 손님과 주인이 모두 일어선다.
- 여러 사람이 추앙하고 복종하는 사람 중에서 사정(司正)을 뽑아 다음과 같은 계(戒)를 읽는다.

"우러러 생각하건대, 국가에서 예법에 따라 예교(禮敎)를 숭상하여 이제 향음례를 거행하니 오직 음식을 먹고 마시기 위한 자리만은 아니다. 어른과 어린 아이는 각각 서로 권하고 힘써서 나라에 충성하고 부모에게 효도하며 안으로 집안에 화목하고 밖으로 향당에 친밀하며 서로 일러주고 서로 가르쳐서 혹시라도 잘못된 허물로 인생을 치욕스럽게 함이 없게 하라."

- 자리에 있던 사람이 모두 처음처럼 두 번 절하고, 손님이 내려서 나오면 여러 손님이 따라서 나오고, 주인이 문밖에서 전송하기를 보통 예식과 같이 한다

---

77)『增補文獻備考』「學校考」.

(2) 사학

조선시대에는 관료제도가 발달하면서, 교육의 수요가 더욱 증가하여 사학도 발달되고 번창하였다. 대표적인 사학으로는 서원(書院)과 서당(書堂)이 있다.

서원은 조선 초부터 시작된 새로운 형태의 교육 기관이다. 서원은 선현을 존숭하고 선비를 교육하려는 두 가지 목적을 지니고 있었다. 즉 학덕이 높은 선현을 제사하고 그 학덕을 본받고 계승한다는 윤리적 측면과 그 학통을 따라 교육한다는 교육적 측면을 지니고 있었다. 그러면서도 현실적으로는 과거 준비를 위한 교육이 이루어지면서 여러 가지 병폐를 낳기도 하였으나, 날로 발전하자 국가에서도 인정해 주어 풍기군수 주세붕이 세운 백운동 서원은 최초의 사액서원이 되기도 하였다. 퇴계 이황은 서원의 장점을 다음과 같이 말하였다.

> 왕궁 수도에서 전국 각군에 이르기까지 학교가 없는 곳이 없다. 그런데 서원에서 무엇을 얻을 수 있기에, 중국에서는 서원을 저와 같이 숭상하였는가? 은거하여 뜻을 구하는 선비와 도를 강론하고 닦는 사람들의 특징은 세상에서의 경쟁을 싫어하여 책을 붙들고 한적한 들과 고요한 물가에 숨어 살면서 선왕의 도를 칭송하고 그 덕을 쌓고 그 어진 행동 익히기를 생각하고, 이것을 즐거움으로 여기기 때문에 서원에 나가는 것이다. 국학이나 향교는 서울이나 성곽 안에 있고 학령으로 인한 구속이나 다른 물건에 대한 욕망에 거리낌이 있으니, 서원의 교육과 비교해 볼 때, 공적과 효과가 같다고 할 수 없다. 선비의 배움은 이런 교육환경을 지닌 서원에서 힘을 얻을 뿐만 아니라 국가가 어진 선비를 얻는 것도 반드시 서원에서 하게 된다면 서원교육은 관학보다 나을 것이다.[78)]

78) 이만규, 앞의 책, 185~186, 재인용.

서원은 이름난 학자 관료를 숭배하고 청년 · 자제들을 모아 학문과 덕행을 연마하는 수도장이었다. 그러기에 위치가 한적하여 수양하기에 좋고, 학칙과 학령에 의한 구속이 없어 관학과는 다른 교육적 측면이 있었다. 즉 개인으로서 참된 학문 연구를 할 수 있을 뿐만 아니라 국가적 차원에서도 훌륭한 인재를 양성할 수 있다고 판단하였다.

그런 인식 하에 명종 5년(1550년), 왕은 최초의 서원이라고 불리는 소수서원(紹修書院)의 현판을 내려 주었다. 이 서원은 경상도 순흥현 백운동, 현재의 경북 영주에 있다. 그 후 서원은 다음과 같은 흥망성쇠를 거듭하게 된다.[79)]

조선에는 원래 서원이 없었으나 중종 37년(1542년)에 주세붕이 풍기군수가 되어 풍기 순흥에 주자학을 전래한 고려의 안향이 예전에 살던 곳이 있어서 그 터에 소수서원을 창건하였다. 이에 선비들이 학문하는 마음을 항상 품고 수습하는 곳으로 삼았다. 퇴계 이황이 주세붕을 이어서 군수가 되어 조정에 건의하기를 현판을 내리고 책과 토지와 노비를 지원해줄 것을 청했다. 명종이 이를 허락하고 또 대제학 신광한에게 명하여 글을 지어 기록하게 하였다. 이에 선비가 다투어 사모하고 본받아서 서원이 점점 성하였다. 특히, 예안의 도산서원과 해주의 소현서원이 두곽을 나타내었다. 나중에는 서원이 더욱 많아져서 대부분의 주현에 두루 있었다. 효종 때에 서필원의 상소로 조정에서 설립 금지를 논의하였고, 숙종 40년(1714년)에 개인적으로 설립하는 것을 제도적으로 금지하였으며, 영조 17년(1741년)에는 숙종 40년 이후 개인적으로 세운 서원을 철거했다. 그 외에 기존에 있던 서원은 조정에서 우대하지 아니한 적이 없었다. 선조께서 일찍이 어필로 배천의 문회서원(文會書院)의 현판을 써서 내렸는데, 임진왜란 때 불타자 숙종이 다시 어필로 그 현판을 써서 내렸으며, 청주의 화양서원(華陽書院), 상주의 흥암서원(興巖書院)도 모두 숙종의 어필이다. 영조 때에도 양주의 도봉서원(道峯書院)에 현판을 써서 내렸다.

---

79) 『增補文獻備考』「學校考」.

이로 볼 때, 조선의 조정이 얼마나 학문을 숭상했는지 알 수 있다.

이런 서원에 대한 지원 정책은, 향교의 학생들이 서원이 지닌 분위기를 알고서 공부의 장소를 옮겨가게 되면서 향교가 쇠퇴하는 원인이 되었다. 뿐만 아니라, 특별한 규제가 적다보니 서원에서 모여서 놀고먹기를 일삼는 일이 잦아지게 되고, 서원은 균역의 도피처가 되기도 하였다. 나중에는 서원에서 모시는 선현들의 사상적 이념에 따라 당쟁의 원인을 제공하는 등 폐해가 적지 않았다. 이에 고종 8년(1871년)에 흥선대원군 이하응은 679개나 되던 서원을 47개만 남기고 모두 헐어 버렸다.

서당은 범계급적인 초등 수준의 교육기관으로 규모와 수준, 성격이 매우 다양하였다. 대개의 경우, 사학과 향교에 입학할 수 있는 수준의 교육을 하였고, 서민의 문자 교육과 마을의 도덕적 기풍 진작 등 교화기능을 지니고 있었다.[80)]

설립 종류별로 구분해 보면, 훈장 자신이 자기의 생계나 교육적 취미 상 스스로 설립한 '훈장 자영 서당'과 마을에서 집안이 넉넉한 사람이 자기 집안의 자식 교육을 위하여 훈장을 초빙하여 가르치는 '유지독영 서당', 몇 사람이 자제 교육을 위해 모여서 조합을 만들고 훈장을 초빙하는 '유지조합 서당', 한 마을의 구성원 전체가 조합을 만들고 훈장을 초빙하여 마을 아이들을 가르치는 '마을조합 서당'이 있었다.

서당은 대개 훈장과 접장, 학동으로 구성되는데, 훈장의 실력은 천차만별이었다. 접장은 훈장이 모든 학생을 다 가르칠 수 없을 때, 연령과 학력이 우수한 학동 중에서 훈장을 대신할 만한 이를 세우는 것이다. 접장은 자신이 훈장에게 배우는 동시에 자기보다 뒤떨어지는 학동을 가르치고 지도한다.

서당에서 배우는 학과목은 『천자문』이나 『동몽선습』 『통감』 『소학』, 사서, 삼경, 『사기』 등이 보통이었고, 『춘추』나 『예기』 『근사록』과 같은 경전을 읽힌

---

80) 신창호, 「서당의 교학방법론과 현대적 가치」, 『처음처럼』(인천: 내일을 여는책, 1999), 113~127쪽 참고.

곳은 드물었다. 글을 짓는 수준도 오언, 혹은 칠언 절구 수준이었고 작문 공부를 하지 않은 곳도 많았다. 또한 글씨를 익히는 습자 연습도 필수적으로 이수했다.

이처럼 서당은 초등 단계의 교육을 실시한 곳으로 도덕 윤리 교육과 눈자 계몽 교육, 지역민 교육의 차원에서 중요한 역할을 하였다. 동시에 사학이나 향교와 같은 상급학교 진학 준비 교육의 기능도 있었다. 즉 대중적 차원의 학문적 기초를 교육을 통해 보급하는데 기여했다고 판단된다. 교수법은 '주입식을 타파하고, 연구력을 배양하며, 엄격한 규정을 지키게 하고, 끈기 있는 노력을 다하게 하고, 긴장된 심신을 가다듬게 한다'는 점에서 간명하고 치밀하며 엄밀한 가치가 있었다.[81]

예컨대 '갱신고(更辛苦)'의 경우, 아이들을 가르칠 때 먼저 법을 정하여 교육방법의 합리적 차원을 제시한다. "글은 쉽고 간단한 아이들 수준에서 알만한 것을 주고, 반드시 스스로 풀게 하되 급히 풀게 하지 말며, 제대로 이해하지 못하여 맞지 않으면 다시 풀게 하고, 또다시 이해하지 못하여 맞지 않으면 다시 풀게 한다. 두 번 세 번 이해하고 풀면 통하지 않는 아이가 없다. 이와 같이 하여 차차 익혀 가면 글을 이해하고 푸는 방법을 알게 된다. 글을 이해하고 풀어나갈 때 반드시 글의 양을 줄여야 하는데, 다섯 줄 정도를 감당할 수 있다면 세 줄 만에 그치고, 점차로 열 줄 이상으로 나아가게 한다. 내일 배울 것은 먼저 살피게 하고, 아이들 수준에 맞는 글을 정하여 통달한 후에 나와서 교육을 받게 하고, 배우기를 싫어하거나 생각하지 않는 아이는 물리치고 꾸짖고 벌하여 반드시 스스로 힘쓰게 한다. 이렇게 하면 어리석고 미련하여 할 수 없는 자는 할 수 없겠지만, 일반적으로 입학한 지 십수년 내에 경서를 통달하지 못하는 아이는 없을 것이다."

'순승척(循繩尺)'의 경우에도 유사한 교육방법적 차원을 보여준다. "반드시

---

81) 이만규, 앞의 책, 247~250쪽 참고.

정통하게 외운 후에 가르치고, 통하지 못했으면 물리치고 다시 읽게 하여 다음 날까지 알게 하고, 다시 제대로 통하지 않은 아이는 반드시 벌하고 미봉책을 쓰지 말아야 한다. 해석까지 외우게 하되 반드시 돌아 앉아 외우게 하며, 배울 때에는 꼭 꿇어앉아 자세를 반듯하게 하고, 글자를 또박또박 짚어가게 하고, 하루 읽는 횟수를 정하고 한 번에 읽는 편수를 정하여 어기는 아이는 벌을 준다. 예를 들어 20편을 읽겠다고 스스로 규정해 놓은 경우, 20편을 못 읽어도 안 되고, 20편을 넘어도 안 된다. 왜냐하면 한번 정한 한도를 넘으면 못 읽는 일도 있어 스스로의 약속을 깨는 결과를 가져오기 때문이다."[82]

2) 과거제도와 학교교육

조선시대의 과거제도는 고려의 과거제도를 이어서 발전시켰다. 조선시대 과거에는 문과(文科), 무과(武科), 잡과(雜科)와 문과의 예비시험으로 생원시(生員試)·진사시(進士試)가 있었다. 이중 무과는 조선시대에 새로 실시된 과거였다. 문·무과와 생원시·진사시는 양반들이 주로 보는 시험이었고, 잡과는 중인들이 많이 보았다. 그러나 조선 후기에 와서는 무과가 남발되어 일반 낭인들뿐만 아니라 천인들까지도 많이 응시하였다.

조선시대의 과거시험은 법제상으로는 천인이 아니면 결격사유가 없는 이상 누구나 과거에 응시할 수 있는 것으로 되어 있었다. 그러나 실제로 신분상 아무런 차별이 없었다고 말하기는 어렵다.[83] 문과나 생원·진사시의 경우, 다음에 속하는 자는 응시에 제한을 받았다. '죄를 범하여 영원히 임용할 수 없게 된 자, 소송 기한을 일부러 질질 끌어 어기는 자, 관리가 형벌을 남용하여 피의자를 죽게 한 경우, 공물을 대납한 자, 국가 재정을 횡령한 관리의 아들, 두 번 시집갔거나 행실이 좋지 못한 부녀자의 아들과 손자, 서얼의 자손

---

82) 『峿堂集』「發蒙正軌」.

83) 이성무, 앞의 책, 참고.

등이 그에 속했다. 향시의 경우, 각 지방별로 치르는 시험이다 보니, '해당 도에 살고 있지 않은 자나 현직 관리'에게는 응시 자격이 제한되었다.[84)]

시험은 초시, 복시, 전시의 3회로 나누어서 행하여졌는데, 정기적으로 보는 식년시와 경사가 있을 때 보는 특별시가 있었다. 생진과[생원시 · 진사시]는 '소과'라고도 하는데, 합격자는 성균관에 입학할 수 있는 자격과 하급문관에 등용될 수 있었고, 문과의 응시자격을 부여하였다. 문과는 고급문관의 등용 자격시험으로 '대과'라고 하며, 오늘날의 고등고시와 비교할 수 있다. 무과는 용호방이라고도 하며, 소과와 대과의 구분이 없이 단일과이다. 잡과는 기술직의 관리 등용 자격시험으로, 잡직에 근무하는 중인 계급의 자제를 대상으로 응시케 하였다.

시험문제는 시관들이 이른 새벽에 한 자리에 모여서 상의하여 출제하였다. 이미 출제되었던 문제나 명나라에 저촉되는 글, 집권자를 비방하는 문제를 냈을 때는 시관을 인책 · 유배하였다. 또한 과거 시험 답을 쓰는 데에 일정한 양식이 있는데 그것에 어긋나면 합격할 수 없었다. 예를 들면, 생원시 · 진사시의 답안은 반드시 정자체인 해서(楷書)로 작성해야 하고, 노장 사상이나 불교, 또는 순자(荀子), 음양서(陰陽書) 등 이단의 학설을 인용하지 말아야 한다. 이외에도 붕당(朋黨)을 언급해서도 안 되고, 국왕이나 역대왕의 이름을 범해서도 안 되며, 신기하고 기괴한 문자를 쓰지 말아야 했다. 특히, 책문(策問)에서는 먼저 시제(試題)를 베껴 쓰고 초 · 중 · 종장의 첫 머리에 '신이 엎드려 해독해 보건데[臣伏讀]'라는 세 글자를 써야만 한다. 그리고 출제된 문제와 자획이 다르거나 한 자라도 빠뜨리면 안 된다. 이렇게 하여 시험에 합격할 경우, 생원 · 진사는 입격(入格)이라고 하고, 잡과는 출신(出身)이라고 하며, 문 · 무과는 급제(及第) 또는 출신(出身)이라고 하였다.

과거제도는 국왕이 모든 백성들에게 응시자격을 주어 유능한 관리를 뽑아

---

84) 『經國大典』「禮典」.

쓰기 위한 제도적 장치로 다음과 같은 몇 가지 특성을 지니고 있다.

첫째, 과거는 전제 왕권 확립을 위한 수단으로 운영된 제도이다. 즉 군현제라는 정치체제에서 왕이 모든 지역을 직접 다스릴 수는 없었다. 특히 지방에 관료를 파견하여 직접 통치하는 중앙집권적인 통치방식을 취해야 했다. 이 때문에 관료들이 필요하였다. 과거는 바로 국왕이 이러한 관료들을 선발하는 국가시험 제도였다.

둘째, 과거제도는 능력주의에 바탕을 둔 개방적 선발 방법이다. 관료나 관리를 선발하는 데는 '혈통과 능력'이라는 두 가지 큰 기준이 있다. 혈통주의가 기득권층의 특권을 보장해주는 폐쇄적 관리 선발 방법이라면 능력주의는 능력 있는 신료를 확보하는 개방적 관리 선발 방법이다. 이런 점에서 과거는 신분사회에서의 음서제나 과전제 등을 개혁하고, 능력 있는 새로운 관료들을 선발함으로써 국가의 발전을 꾀하려는 제도였다.

셋째, 과거제도는 문치주의(文治主義)와 관련이 깊다. 즉 문신이 국가의 정치를 주도하는 문치주의를 기초로 형성되었다. 문과, 무과, 잡과 중 문과를 가장 중시하였다. 그러므로 문과에는 예비시험인 생원시 · 진사시가 특별히 있었고, 이른바 관학인 성균관, 향교, 사학은 이 문과를 준비하기 위한 교육기관이었다.

넷째, 과거제도는 신분사회의 제약을 반영하고 있었다. 노비나 천인은 과거에 응시할 수 없었다. 서자도 마찬가지였다. 일반 백성들은 과거에 응시할 수 있었으나 실제적인 경제적 여건이나 교육환경 등의 제약 때문에 오랜 시간이 걸리는 과거 시험 준비에 불리하였다. 그러므로 사실 양반을 끊임없이 재생산하는 계급 질서 유지의 수단으로 기능하였다.

교육은 본질적 가치와 수단적 기능, 교육 목적의 내재설과 외재설이 늘 함께 한다. 교육은 그 자체가 목적이기도 하지만 수단이기도 하다. 과거제의 경우 수단적 가치로서 인재선발이라는 목표를 지향한다. 이것은 유학 자체의 이상이자 목적인 성인군자의 양성에 비해 수단적 가치에 치중해 있다. 그러나 유학은 치자(治者; 관료)가 바로 군자라는 인간상을 전제로 성립하는 학문이다. 따라서 교육의 목적과 수단은 명확하게 분리될 수 없다.

총체적으로 볼 때, 과거제도는 다음과 같은 교육양식을 지향했다고 판단된다.

첫째, 국가의 교육은 기본적으로 '과거'를 통해 인재를 양성하기 위한 수단적 · 외재적 가치에 무게 중심을 두고 설정되었다.

둘째, 과거의 종류에 따라 과목을 규정함으로써 교육의 내용을 제한하여 전공 영역의 발달을 지향했다.

셋째, 한계는 있지만 형식적으로라도 응시자격을 개방하고 능력에 따라 인재를 선발할 수 있도록 했다.

넷째, 과거제도 자체가 유학을 중심으로 설정되어, 한국교육의 형식적 · 제도적 발전이 유학교육에 치중하고 있다.

과거로 인재를 선발하는 제도를 개인적 차원과 사회적 차원으로 나누어 보면 다음과 같이 이해할 수도 있다.[85] 개인적으로는 공개경쟁을 통해 입신양명하는 통로이다. 사회적으로는 사회에 본보기를 제시하고 사회의 각 부문과 영역에서 이 본보기를 따르도록 하는 작업이기도 했다. 즉 유교 경전에 파묻혀 있는 관념적 이상형이 아닌, 실존하는 모범적 인간형을 선보이고 이에 따르도록 하는 사회교육적 성격을 지녔던 것이다.

3) 교육 법규

조선시대는 교육기관이 발달하면서 다양한 교육 법규가 나타났다. 조선조 통치의 기본 법전인『경국대전』「예전(禮典)」에는 여러 부류의 과거시험 규정을 비롯하여 교육과 관련한 다양한 규정을 마련하고 있다.[86]

---

85) 김경용,『과거제도와 한국 근대교육의 재인식』(서울: 교육과학사, 2003), 310쪽.

86)『經國大典』「禮典」.

또한, 최고 교육기관인 성균관에서는 학령(學令)을 마련하여 학생들의 일과, 성적, 벌칙 등을 규정하였다. 이외에 대부분의 교육기관은 '학령'을 기준으로 각 교육기관의 규모와 상황에 맞게 응용한 것으로 보인다. 학령은 다음과 같이 규정하고 있다.

> 매월 초하루 날에 유생들은 관대를 갖추고 문묘의 뜰에 나아가 알성하여 사배례(四拜禮)를 행한다.
>
> 매일 공부할 때에, 학관(學官)이 명륜당에 가지런히 앉으면 유생이 읍례 행하기를 청한다. 북을 한번 울리면 유생들이 차례로 뜰에 들어와서 읍례를 행하고, 마치면 각각 재[기숙사]의 앞으로 나아가서 서로 마주 보고 읍하고 재로 들어간다.
>
> 다음에는 유생이 학관 앞에 나아가서, 읽은 책 중에서 추첨하여 강독을 시험하는 일강(日講) 행하기를 청하고, 상재 · 하재에서 각각 1인씩을 뽑아 읽은 글을 강한다. 통(通)한 자는 세초(歲初)에 획수를 통틀어 고찰하고 과거를 보는 식년에 강서(講書)한 획수를 합계하며, 통하지 못한 자는 벌을 주어 초달(楚撻)한다.
>
> 북을 두 번 울리면 유생들은 읽은 책을 가지고 각각 사장(師長)에게 간다. 먼저 이전에 배운 내용 중 어렵고 의심스러운 것을 묻고 토론하며 분변한 뒤에 새로운 내용을 배운다. 많이 배우기만을 힘쓰지 말고 정밀하게 연구하는 것이 중요하며, 혹시라도 책을 대함에 흐리멍덩하거나 꾸벅꾸벅 졸아서 가르침을 받는데 유의하지 않는 자는 벌한다.
>
> 유생들의 독서는 먼저 의리(義理)를 밝히고 만변(萬變)에 통달해야 한다. 모름지기 장구(章句)에 빠져들어 글 자체에 갇혀서는 안 된다. 항상 사서(四書) · 오경(五經) 및 제사(諸史) 등의 글을 읽으며, 노자(老子) · 장자(莊子) · 불경과 같은 잡류(雜類)와 백가자집(百家子集) 등의 책을 끼고 다녀서는 안 되며, 어기는 자는 벌한다.
>
> 매월 실시하는 제술(製述)은 초순에는 의의(疑義) 혹은 논(論)으로 하고, 중순에는 부(賦) · 표(表), 혹은 송(頌) · 명(銘) · 잠(箴)으로 하며, 하순에는 대책(對策), 혹은 기(記)로 한다. 그 체제는 모름지기 간결하고 엄격하며, 정밀하고 절실하게 말을 전달하는 것을 요할 뿐이요, 험벽하고 기괴함을 일삼지

말아야 한다. 만일 당시의 문체를 변경하고 부미(浮靡)한 것을 주창하여 인도한 자는 퇴출하고 글씨를 쓴 것이 바르지 못하면 또 벌한다.

유생들이 강경(講經) · 구두(句讀)가 자세하고 분명하며 의론이 정통하고 활달하여 한 책의 강령과 뜻을 모두 포괄하여 종횡으로 여러 책을 넘나들면서 융회 관통하여 완전하다는 경지에 이르면 '대통(大通)'이라 한다. 비록 완전히 다하는 경지에 이르지 못하였어도 구두가 자세하고 밝으며 의논이 정통하고 활달하여 한 책의 강령과 의미를 모두 포괄하여 융회 관통한 것을 '통(通)'이라고 한다. 비록 융회 관통함에 이르지는 못하였더라도 구두가 자세하고 밝으며 해석한 뜻이 정통하고 활달하여 위와 연결되고 아래와 접하여 능히 한 장의 큰 뜻을 얻는 것은 '약통(略通)'이라 한다. 구두가 자세하고 명백하며 해석한 뜻을 분명히 깨달아서 한 장의 큰 뜻을 얻었지만 의논이 다하지 못함이 있으면 '조통(粗通)'이라 한다. 이것 이하는 벌한다.

유생들이 성현을 논하는 것을 숭상하지 아니하고 혹은 형이상학적인 이야기를 좋아하여 이전의 현인들을 헐뜯고 조정의 정사를 비방하며, 혹은 재물이나 이익, 뇌물을 상의하고 주색(酒色)을 이야기하며 혹은 때에 따르고 세(勢)에 아부하여 벼슬에 나아가기를 꾀하는 자는 벌한다.

유생들이 죄를 지어서 오륜을 범하거나 혹은 예절을 잃어 행실이 어그러져 몸과 명예를 더럽힌 자가 있으면 유생들이 통지하고 의논하여 북을 울리며 성토하고, 심한 자는 종신토록 태학에 함께 참여하지 못하게 한다.

유생들이 혹 재주를 믿고 스스로 교만하거나 권세를 믿고 스스로 귀하다고 하거나 부를 믿고 스스로 자랑하면서 젊은이가 어른을 능멸하고 아랫사람이 윗사람을 능멸한 자와 혹은 호걸스럽고 사치스런 것을 숭상하여 복식이 남들과 어긋나거나 혹은 교묘한 말과 어여쁜 얼굴색으로 사람들을 기쁘게 하려고 힘쓰는 자는 내치되, 힘써 배우고 행실을 고치면 바로 중지한다.

유생들 가운데 나그네처럼 들락날락하며 국고만 허비하면서 수업도 안 하고 제술도 안 하며 글 읽기를 좋아하지 않는 자와 길을 가면서 말을 타고 다닌 자는 아울러 엄금하여 위반한 자를 벌한다.

매월 초 8일과 23일은 유생들이 의복 세탁을 청하여 알리면 허락한다. 그 날은 모름지기 예전에 배운 것을 익히고 활쏘기와 바둑 · 장기 · 사냥 · 낚시 등 여러 가지 놀이는 못하게 하며, 어기는 자는 벌한다.

유생들은 길에서 사장(師長)을 만나면 몸을 보이고 길의 왼쪽에 서서 예를

> 갖춘다. 사장(師長)이 말을 타고 지나가는 데 유생들이 몸을 숨기거나 얼굴을 가리고 예를 행하기 꺼려하는 자는 벌한다.
>
> 매일 날이 밝기 전에 북이 한 번 울리면 유생은 자리에서 일어나고 밝아질 무렵 북이 두 번 울리면 의관을 정제하고 단정히 앉아서 글을 읽는다. 북을 세 번 울리면 차례로 식당에 나아가서 동쪽 서쪽으로 마주 향하여 앉아서 식사를 한 후 차례로 나온다. 차례를 지키지 않거나 떠드는 자는 벌한다.
>
> 유생으로 조행(操行)이 뛰어나고 재예(才藝)가 출중하며 시무에 통달한 자가 있으면, 한 두 사람을 매년 세초에 유생과 같이 의논하여 천거해서 학관에게 알리고 뽑아 쓰게 한다.[87]

이외에도 다음과 같은 교육 관련 법규가 유명하다. 『소학』을 교육의 기초로 하여, 생원시 등에 『소학』을 시험과목으로 부과하자는 규칙으로 권근이 주장한 「권학사목」이 있고, 사학 교사를 관학에 채용하는 것과 아동을 강제로 관학에 옮기는 일이 없도록 규정한 법규인 「향학사목」이 있다. 또한 과목에 대한 진급과 학습할 과목 순서를 정해 놓은 것으로 학과를 9개로 편성한 「구재학규」도 있고, 신입생, 결석생, 학과, 자격 등에 관한 규칙인 「학교절목」, 학업이나 출결 상황 등 성적을 점수로 평가하는 「제강절목」과 「원점절목」이 있다. 서울 이외의 학교에서 교사의 채용, 교과목, 입학, 성적고사, 상벌 등에 관한 학규인 「경외학교절목」도 있다. 특히, 율곡 이이가 제시한 것으로는 교사와 학생에 관한 인사문제를 규정한 「학교사목」과 학생 수양에 관한 상세하고 구체적인 훈규인 「학교모범」도 있다.

4) 조선 초 · 중기 성리학적 교육사상의 흐름

조선시대는 유학의 황금시대인 만큼 유명한 교육사상가들이 많이 배출되었다. 대부분이 성리학(주자학)을 신봉한 교육사상가들이었다. 성리학은

---

87) 『增補文獻備考』 「學校考」.

11~12세기 중국에서 발달한 유학으로 소강절(邵康節) · 주렴계(周濂溪) · 장횡거(張橫渠) · 정명도(程明道) · 정이천(程伊川) 등, 이른바 북송오자(北宋五子)의 사상을 주자(朱子, 1130~1200)가 종합적으로 집대성한 학문 체계이다. 이를 공자와 맹자의 원시유학에 대해 신유학(新儒學; neo-confucianism)이라고도 한다. 조선은 바로 이 성리학, 신유학을 국학으로 삼아 건국한 나라였다. 이때, 결정적으로 활동한 학자가 정도전과 권근이었다. 그 후 조광조, 이언적, 서경덕, 조식, 이황, 이이 등 한국 유학의 거목들이 쏟아져 나왔다.

조선 초 · 중기, 특히 임진년 전쟁[임진왜란] 이전의 조선 유학은 사회 상황이나 사상가에 따라 나름대로의 특징을 지니고 있다. 조선 초기의 경우, 유학 이념은 혁명론(革命論)과 강상론(綱常論)으로 대별할 수 있고, 16세기 이후에는 도학(道學)과 리기학(理氣學), 예학(禮學) 등 강조점에 따라 색다른 유학의 면모를 보인다.[88] 혁명론은 조선 왕조의 건국을 정당화하기 위해 제왕(帝王)에게 부여한 천명(天命)을 변혁한다는 의미를 지니며, 강상론은 인간의 성품에 부여된 천명에 따라 올바른 삶의 기준과 실천을 제시하는 작업이다. 이런 대립과 쵀의 과정이 다양한 변형을 보이며 조선사상의 흐름을 이루었고, 교육으로 직결되었다.

앞에서도 언급했지만, 유학의 목표는 간단히 표현하면, 수기치인(修己治人)이다. 즉 수신제가치국평천하(修身齊家治國平天下)를 실현하기 위한 교육적 장치이다. 먼저 자기 몸을 닦고 타인을 다스린다는 과정으로 볼 때, 교육은 수기인 동시에 치인이다. 이중에서도 수기가 본질을 차지한다. 그러기에 유학을 한 마디로 요약할 때 '위기지학(爲己之學)'이라고 한다. '자기를 위하는 학문.' 이는 다른 사람에게 보이기 위한 가식적이고 허례허식적인 학문이 아니라 자신의 진실한 삶을 위하여 내면적 주체의식을 기르는 참 공부를 말한다. 그렇다고 유학이 자신만을 수양하는 작업에 그친 것은 아니다. 그것은 철저

---

88) 금장태, 『한국유학사의 이해』(서울: 민족문화사, 1994) 참고.

하게 타자에게로 다가가기 위한 인간의 자기 구제 장치였다. 타자에게 다가갈 때, 즉 타인에 대한 이해와 관심, 배려의 차원으로 승화할 때, 수기와 치인은 자연스럽게 연결된다. 여기에서 유학은 위기지학에 터하여 성기성물(成己成物)이나 내성외왕(內聖外王)의 단계로 나아가 학문적 완성을 꾀한다.[89)]

특히, 유학은 인간의 '본성이 착하다'는 맹자(孟子)의 가정 아래, 착한 마음을 가다듬어 타고난 그대로 유지하려는 존심양성(存心養性)을 중시하였다. 이것이 수기의 기본 바탕이기 때문이다. 이 수기를 근본으로 하여 세상의 이치와 우주의 근본 원리, 자연과 인간의 관계 등을 깨우치기 위하여 배우고 생각하는 궁리(窮理)에 열중했다.

요약하면, 유학은 존양(存養)과 궁리(窮理), 두 가지 목표를 지니고 있었다. 이 목표는 결국 성현(聖賢)을 본받아 힘쓰는 작업이었다. 그러므로 성리학은 성현을 본받아 배우고 수양하는 체계적 학문으로 이해할 수 있다. 성인(聖人)은 인간 본래의 성품을 다하는 사람이요, 자기를 완전히 실현하는 사람이다. 유학의 교육이념은 이를 실현하는 기준이었다.

조선조는 이와 같은 성리학을 지도 이념으로 삼았으므로 교육도 이런 관점에서 이루어졌다고 볼 수 있다. 조선조 건국의 사상적 주역으로 볼 수 있는 정도전과 권근의 사유를 보면 좀더 명확한 관점을 인식할 수 있다.

정도전은 『조선경국전(朝鮮徑國典)』과 『경제문감(經濟文鑑)』 등의 저술을 통해 유학 이념에 기반을 둔 사회제도의 구성을 제시하면서 다른 한편으로는 『심기리편(心氣理篇)』과 『불씨잡변(佛氏雜辨)』 등의 저술을 통해 불교적 전통질서를 개혁할 수 있는 비판적 이론을 제시하여 유학의 정당성을 확립하였다. 사상적으로 성리학에 기초하면서 사회적으로는 도학(道學)의 경세론을 분명하게 제시한 것이다.[90)] 즉 고려 말 선초의 사상적 패러다임의 전환 속에서 새

---

89) 신창호, 앞의 책, 『수기, 유가 교육철학의 핵심』 참고.

90) 금장태, 앞의 책, 『한국유학사의 이해』 참고.

로운 사유를 성숙시킨 것으로 새로운 왕조의 우주론적 · 인식론적 기저를 구축하였다.[91] 특히 정도전은 학교 설치를 강조하여 교육을 통해 인륜을 밝히고 인재를 양성하며, 정치 또한 교육에 달려 있음을 분명하게 제시하였다.

권근의 경우, 고려 말 조선 초의 유불사상교체기에서 경학(經學)이라는 유학의 본체적 문제를 다루었다. 조선 교육학의 기초라고 볼 수 있는『입학도설(入學圖說)』과 체용론적(體用論的) 구조와 천인상응론(天人相應論)의 관점을 잘 보여주는『오경천견록(五經淺見錄)』은 성리학의 이념체계를 기초로 조선사상사의 선구가 되었다. 특히, "인재는 국가의 생명을 좌지우지하는 것이다. 성현의 가르침은 인재를 양성하는 가장 중요한 기준이다. 인간의 착한 본성을 잘 보존 · 확충하고, 성현의 가르침으로 잘 배양하여 훌륭한 덕을 이루어야 한다. 인재가 융성하여야 왕의 교화가 아름답게 되고 세상의 도를 옳게 만들 수 있다"라고 하여, 유학의 교육이념을 충실하게 주장하였다.

조선 건국의 사상적 기반이 된 두 선각의 교육적 사유는 크게 보면, '인재 양성'에 집중되어 있다. 그것은 바로 유학의 성현과 같은 훌륭한 리더십(leadship)을 지닌 존재의 교육을 의미한다. 이후 조선 유학은 이들의 사유를 바탕으로 상황에 따라 자신의 학설을 확충해나간 교육의 역사로 볼 수 있다.

유학이 우리나라에 들어오면서부터 교육의 목적에는 두 가지 유형이 나타나기 시작했다. 하나는 성인 · 군자를 목표로 하는 '이상주의적 도덕파(理想主義的 道德派)'라고 할 수 있고, 다른 하나는 경학(經學)을 배워서 과거에 응시하여 관리로 등용되는 것을 유일의 목표로 삼는 '현실주의적 관료파(現實主義的官僚派)'라고 하겠다. 조선조는 이와 같은 두 갈래의 교육 목적에 대해 처음에는 교육의 현실과 이상을 조화시키려고 노력했다. 그러나 중기 이후부터는 관료파의 과거교육이 지나칠 정도로 성하여 자체 반성이 일어나기도 했다.[92]

91) 김용옥,『삼봉 정도전의 건국철학』(서울: 통나무, 2004) 참고.

92) 손인수, 앞의 책,『교육사 교육철학 연구』참고.

앞에서 살펴본 것처럼 수기치인이라는 측면에서 볼 때, 유학은 교육의 과정을 최우선에 놓을 수밖에 없다. 유학의 주요 경전인『소학』과『대학』의 관계를 보아도 그렇고 유학의 이론 체계, 교학 방법을 보아도 교육은 가장 중요한 것이었다. 따라서 유학은 숙명적으로 교육학이 될 수밖에 없으며 모든 유학 사상은 궁극적으로는 교육철학이고, 또 모든 유학자는 교육학자였던 것이다.[93]

(1) 정도전

정도전(鄭道傳, 號는 三峯; 1342~1398)은 고려 불교를 누르고 조선 성리학을 부각시킨 결정적인 인물이다. 즉『불씨잡변』을 통해 고려 말 척불론(斥佛論)의 집대성을 이루었다. 그러나 정도전 사상의 핵심은 역시『심기리(心氣理)』와『심문천답(心問天答)』에 있다.[94] 심기리편은 유 · 불 · 도 삼교가 서로 논란하는 형식을 취하여 결론적으로 유교가 불 · 도보다 합리적이고 민생세무(民生世務)에 유익하다는 것을 분명히 하기 위해 미리 목적의식을 갖고 그에 부합하는 방향으로 유도된 글이다. 심(心)은 불교를 대표하는 개념이고 기(氣)는 도교를 대표하는 개념이다. 여기에서는 먼저, 심난기(心難氣)와 기난심(氣難心) 두 편을 써서 불교와 도교가 서로 공박하게 함으로써 서로의 약점을 드러나게 하였다. 다음으로 리유심기(理諭心氣)편을 써서 불 · 도 이교(二敎)의 그름을 바르게 보완할 수 있는 정도(正道)로서 유학을 표출하고 있다.

또한『심문천답』에서는 착한 삶이 복을 받고, 악한 사람이 화를 입는다는 복선화악(福善禍惡)의 이치가 일시적으로는 맞지 않는 경우가 있지만, 궁극적으로는 맞는 것이므로 꾸준히 선을 행하여 복을 기다려야 한다는 철학적 내용을 담고 있다. 이것의 기본 논리는 유학의 리기론적(理氣論的) 천인감응설

93) 정순목,「한국 유학과 인간교육의 문제」, 윤사순 외,『孔子사상의 발견』(서울: 민음사, 1992) 참고.

94) 김충렬, 앞의 책,『고려유학사』참고.

(天人感應說)을 밑바탕에 깔고 있다. 하늘과 인간은 기가 상응하여 인간이 죄악을 저지를 때는 하늘의 기를 손상하여 떳떳한 도리를 잃고 복선화악의 법칙도 일시적으로 어그러지는 수가 있다. 하지만 천리가 다시 안정되면 하늘이 떳떳한 도리를 되찾아 인간을 지배하게 된다는 것이다. 즉 인간 사회를 주재하는 천리(天理)의 우위성을 인정하여 불교의 숙명론적 인과응보설을 비판한 것이다.[95)]

정도전의 사상은 어떠한 경우에도 인간의 삶을 바람직한 방향으로 바꾸어 내기 위한 실천적 관심이 중심 또는 근저에 놓이는 형태로 형성되어 있다.[96)] 이는 진정한 유학자의 탄생을 고대한다. 진정한 유학자[眞儒]에 의한 사(士)·관(官)일치 사상이 뒷받침되기 위해서는 사의 양성과 엄정한 선발이 문제되지 않을 수 없다. 인간은 태어나면서 사가 되는 것이 아니고, 후천적 수양과 교화에 의해 진유의 인격이 형성되기 때문이나. 여기에서 교육과 입관(入官) 제도의 확립이 요청되는 것이다. 이처럼 교육과 관직에 나아가는 일이 유기적으로 연결되어야 한다는 생각이 정도전의 기본 철학이었다.[97)]

정도전은 주대(周代)의 교육 및 관료선발제도를 가장 훌륭한 것으로 인식했다. 따라서 능력과 자질이 뛰어난 자를 사(士)로 선발하여 수준 높은 리더십 교육을 받은 다음 관리로 나가게 했다. 관리를 양성하는 고등교육을 위해 학교 설치를 주장했다.

> 학교는 교화의 근본이다. 인륜을 밝히고 인재를 양성해야 한다. …… 뿐만 아니라 정치를 잘하고 못하는 것도 학교의 교육이 잘 이루어지느냐 아니냐에 달려 있다.[98)]

---

95) 한영우, 『정도전사상의 연구』(서울: 서울대출판부, 1997), 33쪽.

96) 유초하, 「정도전의 사회 윤리사상」, 한국공자학회 편, 『정도전 사상연구』(서울: 유림문화사, 1993), 87쪽.

97) 한영우, 앞의 책, 『정도전사상의 연구』, 125쪽.

98) 『三峰集』.

정도전은 교육에서 주대와 마찬가지로 서민 이상 신분의 교육 참여의 기회를 넓히고 인재양성을 위한 학교라는 제도의 확립을 강력히 희망하였다. 따라서 정도전은 수령의 임무 중에서 학교의 진흥을 중요한 임무의 하나로 설정하였다.[99] 이는 교육과 관리 선발, 즉 인재 양성과 인재 등용이 유기적으로 연관되는 작업으로 조선 건국과 더불어 교육의 중요성을 설파한 것으로 이해된다. 이른바 '교육입국(敎育立國)'의 선포에 다름 아니다.

역사적으로 볼 때, 교육은 문자 지식의 보급과 더불어 급속히 확산되었다. 조선 건국을 주도했던 정도전도 이를 정확히 간파했다. 그러기에 학업에 뜻을 둔 사람은 누구나 독서하고 자습할 수 있도록 활자의 주조와 서책의 출간을 강조하였다.[100]

> 사(士)가 된 사람이 향학심이 있어도 책을 구할 수가 없으니 이를 어찌할 것인가. 우리나라는 서적이 귀하여 학자들이 모두 독서가 넓지 못한 것을 한탄해 왔다. 나도 또한 이를 오래 전부터 걱정하여 왔다. 그래서 서적포를 설치하고 활자를 주조하여 경사자집(經史子集)에서 의학(醫學)이나 병률(兵律)에 이르기까지 인출(印出)하지 않는 것이 없게 하여 학문에 뜻을 둔 사람은 누구든지 독서할 수 있게 함으로써 만세지탄(晩歲之歎)을 면해 보고 싶은 생각이 간절하였다.[101]

서적의 보급은 교육을 진흥할 수 있는 중요한 수단이다. 정도전은 국가의 건설과정에서 국가의 기반이 될 인재양성을 위한 다양한 방안으로 스스로 공부할 수 있는 서적의 발간과 보급을 고민하였다. 이것은 이후 조선 사회의 서적 발간의 기초가 되고 교육을 진흥하는 데 결정적으로 기여했다.

---

99) 『經濟文鑑』.

100) 한영우, 앞의 책, 『정도전사상의 연구』, 128쪽.

101) 『三峰集』

(2) 권근

권근(權近, 號는 陽村; 1352~1409)은 조선 유학의 터전을 닦았고, 학문 연구의 신기원을 열어놓은 선구적인 학자이다. 그는 오경(五經)과 사서(四書)를 나란히 중시하여 유학 일반을 골고루 연구할 수 있도록 원통박대(圓通博大)한 터전을 닦았다. 학문 취향은 분석과 종합을 겸하여 정심(精深)하면서도 웅혼(雄渾)한 설계를 꾀하였다. 선현들의 기성학설에 구애받지 않고 스스로 깨달아 얻음을 귀히 여겨 창조적이고 발전적인 학풍을 세웠다.[102] 권근은 무엇보다 순수 성리학의 연구라는 관점에서 볼 때, 여말 선초를 대표한다. 이는 정도전이 정치와 관련된 시각에서 성리학을 연구함으로써 성리학의 관학화에 힘을 기울인 것과는 좋은 대조를 이룬다.[103]

권근은 국가의 번영이 인재의 양성에 있으며, 성현의 가르침인 교육을 하루도 중단할 수 없음을 강조했다. 이때의 교육은 물론 유학, 성리학에 기초한 것이다. 유학을 전제로 하는 교육은 인간의 행동규범을 밝히는 데 목적이 있다. 특히 권근은 가깝고 작은 것을 먼저하고 멀고 큰 것을 나중에 하여 어린 시절에는 청소나 응대에 익숙하게 하고 어른이 되어서는 예의나 염치에 힘쓰며, 몸 · 마음 · 일 · 물건 · 인사에 당하여 자신의 임무를 다할 수 있도록 하는 데 교육의 요지를 두었다.[104] 이는 성리학이 제시하는 교육의 대강(大綱)을 잘 정리한 사유의 표본이다. 권근의 교육적 주장은 다음과 같다.

> 성현의 가르침에는 차례가 있다. 먼저 가깝고 작은 것을 전하고 뒤에 멀고 큰 것에 미친다. 어릴 때에는 일상생활에서 청소나 응대를 잘하는 것을 익히고 어른이 되면서 예의나 염치에 힘쓰고, 안으로는 부모 · 형제를 섬기고 밖

---

102) 김충렬, 앞의 책,『고려유학사』; 금장태,『한국유학사의 이해』참고.

103) 황의동,『한국의 유학사상』(서울: 서광사, 1992) 참고.

104) 이만규, 앞의 책, 참고.

> 으로는 사회의 어른을 섬긴다. 올바로 정리된 훌륭한 글을 익히고 몸과 마음, 일과 물건을 제대로 경험하여, 부모와 자식, 임금과 신하, 부부, 아이와 어른 등 저마다 맡은 임무를 다하지 않을 때, 인륜을 제대로 가르치고 풍속을 아름답게 할 수 있도록 성인의 가르침으로 훈육해야 한다.[105)]

이런 자신의 생각을 실천하기 위해, 권근은 '인륜(人倫)'에 대해서 기술한 저작인 『소학』을 높이 평가하고, 학문하려는 사람이 제일 먼저 읽어야 한다고 강조했다. 뿐만 아니라 정치를 할 때 민중 교화가 가장 중요하다는 사실을 깨닫고 인재를 배양하는 학교를 세우는 일의 중요성을 새삼 강조하였다. 학교 설립의 목적은 당연히 인륜을 밝히는 데 있다. 그러기에 권근은 중앙에서 지방에 이르기까지 인륜을 두텁게 하고 풍속을 아름답게 이루기 위해 정치 지도자들이 학교를 세워야 한다고 주장했다.[106)]

그의 『입학도설』은 『논어』와 『맹자』에 대해서는 짤막한 대지(大旨)만을 밝히고, 『중용』과 『대학』에 관해 주로 탐구하고 있다. 여기에서 주장한 성(誠)과 경(敬)은 이후 조선 유학에서 수양론의 핵심이 되었을 뿐 아니라 사람됨의 표준으로 여겨졌다.[107)] 이는 유학 교육의 기본 내용을 일러준 주요한 공헌이었다. 또한 도식과 그림으로 유학교육을 알기 쉽게 풀이한 점은 교육방법, 교수방법상 수작으로 평가된다. 40종에 이르는 도표는 요점을 요약 제시하고, 내용을 분석하고, 류별을 명시하고, 체계를 정연히 하고, 복잡한 것을 간명하게 만들고, 상상을 실제화하고, 형상을 실물로 드러냈으며, 수량을 직감적으로 파악할 수 있게 하였다.[108)]

이러한 『입학도설』의 교육적 사유는 이후에 전개되는 유학교육의 기초가

---

105) 『陽村集』.

106) 한기언, 『한국사상과 교육』(서울: 일조각, 1973), 209~220쪽.

107) 김충렬, 앞의 책, 『고려유학사』 참고.

108) 이만규, 앞의 책 참고.

되고 인간의 심성과 수양에 대한 연구를 활발하게 하는 계기가 되었다. 더구나 유학의 교육학을 체계적인 도설로 정리했다는 점에서 조선교육사상사의 선구로 자리매김하는 데 손색이 없다.

(3) 조광조

조광조(趙光祖, 號는 靜菴; 1482~1519)는 한국 도학(道學) 사상의 태두로 정몽주 이래 조선 성리학에서 주요한 위치를 차지한다. 성리학이 천리(天理)・인성(人性)・의리(義理) 등을 이론적으로 추구하는 주지주의적(主知主義的) 색채가 짙은 데 비하여 도학(道學)은 그 원리의 실현에 주력하는 실천주의적(實踐主義的) 색채가 짙다. 따라서 같은 지식 추구를 할지라도 성리학이라고 표현할 때는 비교적 객관지(客觀知)의 추구정신이 두드러지는 데 비해, 도학이라고 명명할 때는 좀더 행위를 위한 주체적 실천지(實踐知), 즉 의리(義理)를 추구하는 정신이 강조된다. 그리고 같은 실천궁행(實踐躬行)이라하더라도 도학의 경우가 성리학이라고 할 때보다 철저한 수기치인을 꾀한다. 한 마디로 말하면, 의리(義理)와 대의(大義)의 실현에 의해 유학 전래의 도통을 발전시키려는 '성리학적 실천유학'이 도학이다.

조광조는『소학』을 인재를 기르는 근본으로 보았고, 이 정신을 바탕으로 중국 고대의 정치이상을 재현해 보려고 했다.[109] 이에 도덕수행론이 필연적으로 동반한다. 인간존재를 인의예지(仁義禮智)라 규정했을 때, 그것은 생의 정신과 자연적 실현을 의미하는 것이 아니라 자연에 대한 형이상학적 사색을 기반으로 인간이 지향해야 할 이념으로 세워진 것이다. 그러므로 인간은 마땅히 그것의 실현을 위해 노력해야만 한다. 게다가 현실적으로는 오히려 정념이나 욕망이 강하고도 위험스럽게 발동하는 까닭에 수행이 치밀하지 않으면 안 된다. 이것이 인간의 교육 행위이다.

---

109) 최완기,『한국 성리학의 이해』(서울: 느티나무, 1991) 참고.

조광조의 수행론은 매우 '심학(心學)'적이다. 그는 우리들이 일상생활에서 지켜야 할 행위 규범을 논하기보다는, '행위 이전에 우리의 심성을 어떻게 잘 다스려야 하는가'의 문제를 매우 중요시 한다. 왜냐하면 인간 존재를 인(仁)으로 규정하고 인간됨을 무너뜨리는 요인을 정념이나 욕망에 두었을 때, 이 모두는 '일심내재(一心內在)'의 사항에 속하는 것이기 때문이다. 이렇게 하여 그의 수행론은 마음의 행로를 열어주는 것을 기본으로 한다.[110] 교육 또한 일상생활의 자연스런 운영을 위해 닫힌 마음을 여는 행위라고 볼 때, 소학 공부를 기본 실천력으로 한 그의 교화는 매우 의의 있는 교육적 행위였다.

조광조는 이상적 정치론으로 지치(至治)의 신념을 내비췄다. 지치는 국가의 기강과 정치의 근본 원리를 천인합일(天人合一), 즉 자연과 인간의 이치를 하나로 통일하는 사유를 이어 임금과 백성의 도리를 하나로 통일하는 작업이다. 그것은 임금의 마음을 바로 잡는데서 출발한다. 임금이 자신의 마음을 밝힘으로써 군자와 소인을 분별해야 한다. 공정한 의리를 추구하는 군자와 사사로운 이익을 추구하는 소인을 분별하여 군자를 존중하고 소인을 물리쳐야 백성을 위한 정치를 베풀 수 있다는 주장이다.[111]

따라서 조광조 교육사상의 정점에는 이러한 지치주의(至治主義)가 자리한다. 교육은 임금의 마음을 바로 잡아 백성을 올바르게 다스리는데, 무게 중심이 있다. 동시에 임금을 보좌하여 나라를 다스리는 관료들의 리더십을 기르는 일이 교육이다. 그것이 도학의 실천을 담보한다.

조광조는 교육의 목적을 성인의 도를 배워 나라를 다스릴 인재 양성으로 보고, 다음과 같이 강조하였다.

---

110) 김기현, 「조광조의 지치주의」, 윤사순·고익진 편, 『한국의 사상』(서울: 열음사, 1990) 참고.

111) 금장태, 앞의 책, 『한국유학사의 이해』, 38~39쪽.

> 학문은 단순히 자구(字句)나 문장(文章)만이 아니라 사물의 이치를 알고 마땅하게 처리할 줄 아는 것이다. 조정에 있으면 임금을 바르게 하고 지방에 있으면 교화를 베풀어 가는 곳마다 학문으로 하지 않는 것이 없어야 한다. …… 학자가 뜻을 세울 때는 스스로 성인이 될 것을 기약하는 일이 지나친 것은 아니다. …… 학문은 시기에 맞게 힘써야 하니 기개가 쇠약해지면 진척이 없게 된다. …… 학문은 조금이라도 잡된 것이 섞여서는 안 되는 것이니, 잡된 것이 섞이지 않으면 일처리가 모두 성현들의 도리에 맞게 된다. …… 학문은 고요한 가운데 이루어져야 하는데 학문이 견고확실(堅固確實)하지 못하면서 벼슬길에 바빠서 겨를이 없으면, 사물은 무궁한데 마음은 불안하여 일을 당하여 잘못하게 된다.[112]

조광조는 이처럼 사물의 이치를 바르게 인식하고, 자신의 처지에서 직무를 제내로 수행할 것을 강조하였다. 다시 말하면, 세상의 법칙과 인간의 질서인 성인의 도를 깨우칠 수 있는 인재 양성을 희구하였던 것이다. 그리하여 뜻을 고상히 세우고, 힘써 학문을 연마하여 순수하고 경고확실한 인간이 될 것을 소망하였다.[113] 이 또한 유학에 기반한 도학의 정신이요 지치주의적 태도로 볼 수 있다.

(4) 이언적

이언적(李彦迪, 號는 晦齋; 1491~1553)은 우리나라 리(理) 철학의 선구자이다. 이언적은 리(理)를 태극(太極)으로 보면서, 체용(體用) 양면으로 나누어 본다. 즉 태극의 본체는 지극히 미묘하지만, 그 작용은 지극히 넓고 커서 어느 곳에나 있다. 그러나 그 태극이 사람에게 붙어서 날마다 쓰이면 지극히 가깝고 실한 것이다. 태극은 그 본체 상에서는 미묘한 것이어서 사실상 우리와 먼 거리에 있는 것처럼 보이지만, 그 쓰임에는 지극히 넓고 커서 언제 어디서든지 있

112) 『靜菴集』.

113) 이만규, 앞의 책, 참고.

지 아니한 곳이 없다. 이는 리의 보편성을 의미하는 데, 리가 사람이라는 대상과 관련을 맺게 되면, 우리의 일상적 도리가 지극히 가깝고 실한 것이 된다.

이런 관점에서 이언적은 도(道)란 어떤 고원한 무엇이 아니고, 인간이 일상생활 속에서 마땅히 지켜야 할 도리이다. 그것은 부자 · 형제 · 부부간에 지켜져야 할 규범은 물론 우주 내 온갖 사물들이 제각기 자기실현을 통해 완성되는 사물의 존재 형식까지 포함한다. 이 도를 실현하는 주체는 인간이다. 그런데 인간이 도를 행하는 주체라고 했을 때 그의 행위를 지배하는 것은 마음이다. 따라서 먼저 마음을 다스리지 않으면 안 된다.[114] 이 수양론이 바로 교육 이론이다.

이런 사유는 그의 「오잠(五箴)」이나 「입잠(立箴)」「양심잠(養心箴)」과 「경신잠(敬身箴)」「자신잠(自新箴)」 등에 잘 나타나 있다.[115] 이언적은 「오잠」에서 "하늘을 두려워하고 마음을 배양하며 몸을 공경하고 허물을 고치며 의지를 돈독히 하자"라고 스스로 다짐하였다. 또한 「입잠」에서는 "한결같이 성인을 본받아 경솔함을 고치고 나태함을 경계하며 진실함을 쌓고 지속적으로 노력하여 성인의 경지에 들어가기를 서약한다"라고 스스로 약속하였다. 이 때 입(立), 자신을 확립하는 부분은 이언적의 교육론에서 기초를 이루며, 공자의 '삼십이립(三十而立)'과 통한다.

입(立)이란 어떤 것인가? 마음은 안정되고, 진리는 깨우쳐졌고, 마음에 충실하고, 밖으로는 바르고 방정하고 의젓하여 편협하게 기울어지지 않고, 인(仁)에 거주하고 의를 행하며 부귀에 빠지지 않고 빈천하다고 마음을 바꾸지 않으니 천하의 만물이 나를 휘어 꺾지 못한다. 이것을 입(立)이라고 한다.[116]

---

114) 김기현, 「이언적의 성리철학」, 윤사순·고익진 편, 『한국의 사상』(서울: 열음사, 1990) 참고.

115) 금장태, 앞의 책, 『한국유학사의 이해』 참고.

116) 『晦齋集』「立箴」.

이언적은 자기 확립의 방법으로 경(敬)에 집중한다. 즉, 수신의 정신적 좌표를 경에 두었다. 경의 이론적 구극처는 내 마음의 허령(虛靈)한 이치인 '마음에 있는 이치[在心之理]'로서의 '인극(人極)'과 대자연을 관통하는 궁극적인 씨앗인 '사물에 있는 이치[在物之理]'로서의 '태극'이 혼연일체가 되는 데 있다.[117] 이것이 그를 '리(理)' 철학자로 규정하게 하는 계기이기도 하다.

이언적에게서 인간의 길은 일상의 도리에 불과하므로, 존심(存心)의 공부도 생활 속에서 처사(處事)의 합리에 그 목적이 있다. 따라서 우리의 공부는 내면뿐만 아니라 외면에 나아가서도 행해지지 않으면 안 된다.

> 내 몸은 아주 귀중하여 만물에 비할 바가 아니니 이를 알고도 몸을 공경하지 않을 수 있겠는가. 경(敬)은 어떻게 하는가. 몸을 바르게 하는 것이다. 용모를 장엄하게 하고 의관을 단정히 하며, 보는 것, 듣는 것, 말하는 것, 동작하는 것을 법도에 맞게 해야 한다. 출처(出處)와 진퇴(進退)엔 반드시 의리에 맞게 결행한다. 부귀나 빈천에 마음을 움직이지 않고 의연히 공정하게 처하여 도(道)에만 따른다.[118]

여기에서 경(敬)이란 우리의 행위를 보편적 리(理)인 도(道)에 맞추는 것을 의미한다. 그의 수양, 교육태도는 58세 때 유배지에서 지은 「자신잠(自新箴)」에 구체적으로 드러난다. "하늘 아래 땅 위에서 털끝만큼도 속이는 일이 없어서, 하나의 생각이 정성스럽게 되면, 어떤 일에든 종사하여 직책을 다할 수 있으리라. 사사로운 욕심을 극복해서 예법에 맞게 되면, 하늘을 우러르고 땅을 굽어보아 부끄러움이 없으리라." 이는 유학자로서의 실천적 교육 태도를 잘 보여준다.

---

117) 김형효, 『회재 이언적의 형이상학』(서울: 고려원, 1985) 참고.

118) 『晦齋集』「敬身箴」.

(5) 서경덕

서경덕(徐敬德, 號는 花潭; 1489~1546)은 조선조 유학자 중에서도 독특한 위치를 점하고 있다. 우주 만물의 궁극적 근원을 기(氣)로 보아 기일원론(氣一元論)의 철학을 열었다. "천지 만물이 아직 생성 · 변화되기 이전의 우주원형을 태허(太虛)라 한다. 그것은 맑고 형상이 없으며, 얼마나 큰 지 바깥이 없으며, 그 먼저 됨이 시작이 없다. 태허는 만유의 궁극적 실체인 기의 원형으로서 빈 것이지만, 없는 것이 아니라 오히려 전 우주공간을 빈틈없이 꽉 채우고 있는 것이다."[119]

따라서 태허는 비어 있으면서도 비어 있는 것이 아니며, 소리도 없고 냄새도 없는 것 같지만 사실은 실재하는 것이어서 '허즉기(虛卽氣)'라고 하였다.

이와 같은 기(氣)는 소멸하지 않는다. 화담은 그것을 다음과 같이 설명한다.

> 나는 죽음, 삶, 영혼이란 기의 뭉침과 흩어짐일 뿐이라고 생각한다. 모이고 흩어짐은 있어도, 있고 없음은 없다. 그것은 기의 본질이 그런 것이다. 기의 담일청허(湛一淸虛)한 것은 더 이상의 바깥이 없는 허공을 꽉 채우고 있다. 그러다가 크게 뭉친 것은 천지가 되고 작게 뭉친 것은 만물이 된다. 그래서 뭉쳤다 흩어졌다하는 것은 크거나 작은 차별이 있기 때문이다. 한 포기의 풀, 한 그루의 나무 같은 미미한 것일지라도 그 기는 마침내 흩어지지 아니하거늘, 하물며 그 흩어짐을 보면 모두 없어짐에 돌아가는 것 같다. 이 경지는 모두 생각해 낼 수 없는 것이다.[120]

이 세계는 단지 기(氣)가 모였다 흩어지는 것에 불과하다. 기가 모이면 태어남이요 흩어지면 죽음이다. 따라서 생사는 하나이면서 둘이요 둘이면서

---

119) 『花潭集』.

120) 『花潭集』.

하나이다. 이와 같이 화담은 "기의 작용은 천차만별의 차이가 있을지라도 그 기는 영원 · 불멸한다"라고 하여 기의 항존성을 주장하였다.[121)]

이러한 철학에 바탕을 둔 서경덕은 교육 목적을 격물(格物)과 궁리(窮理)를 실천하는 데 두었다.[122)] 그는 사색의 생활화를 통하여 이를 달성하려고 했다. 화담에게는 자연 세계가 학문의 대상이며 이 자연은 사색을 통하여 연구 달성되어야 하는 그 무엇이었다. 이런 태도는 과거(科擧) 등을 목적으로 하는 경전과 강독 및 문장 기송(記誦)의 술(術)만을 내세우는 교육을 반대하는 관점이다. 서경덕이 학문을 인식하는 태도는 아래와 같다.

> 18세에 『대학』을 읽다가 "앎에 이르는 것은 사물의 이치를 캐물어 들어가는 데 있다[致知在格物]"라는 구절에 이르렀다. 이 말을 보고 탄식하면서 "학문을 하는 데 사물의 이치를 연구하는 것을 먼저 하지 않으면 책을 읽은들 무슨 소용이 있겠는가?"라고 하였다.[123)]

서경덕에 의하면, 교육은 궁리와 격물을 핵심으로 전개하는 작업이다. 그러기에 서경덕은 자학자득(自學自得)을 중시하고 의심을 일으키고 의심을 깨뜨리는 것을 학문의 방법으로 삼았다.[124)] 따라서 만물을 하나씩 연구하여 한 사물에 대한 의문이 밝혀진 뒤에야 다른 사물을 연구하였다. 이런 교육적 사고는 다음과 같은 그의 언급에서 확인된다.

---

121) 황의동, 앞의 책, 참고.

122) 이만규, 앞의 책, 참고.

123) 『花潭集』.

124) 손인수, 『한국교육사상사 III』(서울: 문음사, 1991) 참고.

> 의리가 문자 상에 드러나는 것은 옛 사람들도 핵심으로 여기지는 않았다. 중요한 것은 깨닫는 데 있다. …… 천지 만물의 이름을 모두 벽에 붙이고 날마다 궁리하면서 공부하되, 한 사물을 제대로 통한 다음에 또 한 사물을 연구하였다.[125)]

요컨대, 서경덕은 격물(格物)과 궁리(窮理)의 실천에 교육의 목적을 두고, 스스로 배우고 깨닫는 방법을 중시하였다. 동시에 의심나는 것에 대해서는 하나씩 연구하여 의문을 밝히는 점차적이고 자연스런 방식을 채용하였다.

(6) 조식

조식(曺植, 號는 南冥; 1501~1570)은 퇴계 이황과 같은 해에 태어났으나 정치 일선에 나가지 않았다. 그러나 산림처사로서 국가의 치란(治亂)을 걱정하지 않은 일이 없었다.[126)] 남명은 "고상한 선비로서 벼슬에 나가지 않았다고 해서 세상일을 남의 일처럼 방관해서는 안 된다." "학자는 세상일에 통하지 않으면 안 된다. 세상의 일이란 한 집안의 일과 같다. 내가 하지 않으면 누군가 하겠지 하고 세상일을 내버려 두면 결국 자기 자신을 그르치게 된다. 어려운 것은 세상 속에 살면서 세상일에 어떻게 응변하느냐이다"[127)]라고 하였다.

이런 태도는 실천적 지성인으로서 학문 이외에 사회에 져야 할 책임도 있음을 보여 준다. 이의 기초로 조식은 "내 집에 경(敬)과 의(義)라는 두 글자가 있음은 하늘에 해와 달이 있는 것과 같다. 이 이치는 만고에 걸쳐 변하지 않을 것이며, 성현의 천언만어도 그 귀착되는 요결은 경(敬)과 의(義)의 뜻에서 벗어나지 않는다"라고 하였다.[128)] 따라서 한결같은 마음으로 수양하여 조금

---

125) 『花潭集』.

126) 김충렬, 「조식의 선비사상」, 윤사순·고익진 편. 앞의 책, 참고.

127) 『南冥集』.

128) 『南冥集』.

도 게을리 하는 일이 없었다. 이것이 남명의 경(敬) · 의(義)의 반궁실천(反躬實踐)인 행동철학이다.[129] 여기에서 조식의 교육 목적이 경(敬)과 의(義) 두 글자에 집중되어 있음을 알 수 있다. 즉 '지경거의(持敬居義)'는 그의 생활신조요 교육이념이기도 했다. 이와 같은 그의 교육 목적은 제자들을 가르치며 훈계하는 대목에서 구체적으로 드러난다.

> 지금의 학자들은 가까운 것은 버리고 높고 먼 곳만을 향하고 있다. 학문을 하는 것은 부모를 섬기고 형을 공경하며 어른을 받들고 어린 아이를 사랑하는 데 있다. 이런 노력은 하지 않고 당장 필요하지도 않은 천성(天性)과 천명(天命) 등 심오한 것들만 궁리하고 있다. 이는 사람의 삶에서 중요한 일은 하지 않고 하늘의 이치만을 구하는 것이니 실제로 마음에 얻는 것은 없다. 그러니 철저하게 경계하여야 한다.[130]

조식은 교육의 중심을 인간의 삶을 아름답게 살아갈 수 있는 인사(人事)에 두었다. 천리(天理)를 인식하고 통하는 작업은 나중의 문제이다. 인사를 배우지 않고 천리를 말하며, 스스로 도를 닦지 않고 지식만을 넓히려 하는 일은 문자만을 일삼는 학문일 뿐이다. 조식은 현실적인 삶을 실천할 수 없는 형이상학적 처세를 경계했다. 당시 시대 상황은 과거에 얽매어 문장의 장구를 외우는 성향이 짙었다. 조식은 그와 달리 실사(實事)적인 경세치용에 교육의 목적을 두었다.

이처럼 조식은 일상생활에서 늘 삼가는 실천적 태도를 지향했다. 사악함을 멀리하여 성(誠)을 보존하는 마음가짐으로 안으로 경(敬)에 힘쓰고 밖으로 의(義)에 의한 행동을 실천했던 것이다. 그러니 경(敬)과 의(義) 두 글자를 최후의 유언으로 남길 정도였다. 그는 경과 의를 한 몸에 집약하는 자아를 형성하

---

129) 최해갑, 『남명철학과 교학사상』(서울: 교육출판사, 1995) 참고.

130) 『南冥集』.

기에 이르러, 그것으로 평생의 학문과 수양, 교육의 기본철학으로 삼았다. 이를 실천할 교육 방법으로는 자해자득(自解自得), 성경(誠敬), 박문약례(博文約禮), 윤상(倫常) 실천, 개성과 자질을 신장시키는 데 두었다.[131]

> 나는 제자들에게 성현의 저술에 대해 각성할 기회를 준다. 눈만 뜨면 스스로 하늘과 땅과 해와 달을 볼 수 있기 때문에 학생들을 위하여 경서를 다시 이야기하고 설명할 필요는 없다. ……그리고 제자들의 자질에 기초하여 가르친다. …… 질문에 대해서는 의미를 해부하여 완전히 이해하여 스스로 표현할 수 있도록 한다.[132]

조식은 평생을 벼슬에 나아가지 않았으면서도 제자 교육에는 이처럼 철저하였다. 요컨대, 일상 삶의 구체적 실천을 통해 성인의 경지를 염원하였다. 이 과정에서 학생들이 스스로 해명하고 깨달을 수 있는 분위기를 조성하였고, 개인의 자질을 존중하는 개성교육을 실시하였으며, 의혹을 해명하는데 심혈을 기울였다.

(7) 이황

이황(李滉, 號는 退溪; 1501~1570)은 우리에게 너무나 익숙한 영남학파의 거두이다. 이황에 의하면, 선한 본성을 실현시키는 조건이 바로 경(敬)이다. 경은 의식을 집중시켜 마음의 흐트러짐이 없는 주일무적(主一無適)의 상태로 매사에 조심하는 것이다. 따라서 경(敬)이 없고서는 올바른 행위 뿐 아니라 학문도 이루어지지 않는다. 지(知)와 행(行), 내(內)와 외(外)에 일관되는 기본 조건이 경(敬)이다. 그의 경 중시는 그의 철학을 '경(敬)'의 학문이라고 일컬어도 무

131) 손인수, 앞의 책, 『한국교육사상사 III』 참고.

132) 『南冥集』.

방할 정도이다. 이황에게서 경은 인간의 본성을 드러내주는 조건이므로 그의 경 중시는 곧 인간 본연의 회복에 대한 의지를 의미하는 것이기도 하다.[133)]

따라서 경(敬)은 이황의 교학이념으로 자리한다. 이황은 경을 주로 삼고 근본으로 하였다. 경을 인격 실현의 지도이념으로 삼았을 뿐 아니라 교학(教學) 정신의 중심개념으로 하였던 것이다. 이황에 의한 경은 도덕적 자아의 구현을 위한 통일 개념이기도 하였다.[134)]

경(敬)은 다양한 모습으로 인식된다. "오로지 하나를 주체적으로 실현하고 다른 곳으로 나아감이 없음[주일무적(主一無適)]," "가지런하고 엄숙한 모습[정제엄숙(整齊嚴肅)]," "항상 마음을 깨어 있게 하는 법[상성성법(常惺惺法)]" 등 깨달음과 성찰을 통해 자기를 다스려 가는 방법이다. 이황은 이러한 의미의 경을 교학의 핵심적 지위에 두었다.

경을 실천하는 교육은 먼저 배우고 가르침에 대한 유학의 태도로부터 시작된다. "쓸데없이 문장을 외우고 여러 가지를 많이 아는 것은 오히려 해가 된다."[135)] 이에 따라 이황도 "배우는 일은 반드시 성현의 말과 행동을 본받아 잘 익히고 실천해야 한다. 그런 다음 학문에 나아가는 공이 함양된다"라고 했다. 그러므로 학문이 빨리 이루어지기를 서둘거나 입으로만 지껄이려 들어서는 안 된다. 이렇게 해서야 글을 천 편 외우고 머리가 희도록 경전을 말한들 무슨 소용이 있겠는가?[136)]

마음[心]은 한 몸의 주재이고 경(敬)은 그 한 마음을 주재하는 만사의 근본이다. 그러므로 경에 힘쓰는 방법을 아는 일이 성학(聖學)의 처음이자 끝이

---

133) 윤사순, 「이퇴계의 심성론」, 윤사순·고익진 편, 『한국의 사상』(서울: 열음사, 1990) 참고.

134) 정순목, 『퇴계의 교육철학』(서울: 지식산업사, 1986) 참고.

135) 『近思錄』.

136) 『退溪全書』.

다.[137] 따라서 학문을 하는 뜻은 의리를 밝혀서 그 몸을 닦은 뒤에 미루어 사람에게까지 미치려 함이요, 한갓 널리 보고 억지로 기억함에 힘써 문장으로 이름이나 날리고 녹봉으로 이익을 취하는 것은 아니다. 이에 마음을 주재하는 경(敬)의 구체적인 공부로 정좌법(靜坐法)을 원한다. 정좌한 뒤에라야 몸과 마음이 거두어지고 도리가 한 곳으로 모이게 된다는 것이다.[138]

다음으로 인격교육의 실천이념으로서 경(敬)을 보자. 이황에 의하면 진정한 지식은 실천지(實踐知)이기 때문에 궁리와 실천을 통하여 몸소 체인체득(體認體得)하는 행위의 원리와 주체가 경이라는 것이다. 그러나 이황은 마음 공부로서의 경을 출세간적인 방법이나 명상을 통해 구하려고 하지는 않았다. 그는 일상생활의 평범한 삶 속에서 지경(持敬)을 이룰 수 있다고 보았다. 다시 말하면 모든 삶의 현실 가운데서 경을 간직한 인격교육이 가능하다고 보았다. 이에 "아침저녁으로 한결같이 나날이 계속하고, 기氣가 청명할 때 이를 자세하게 완미하고 평상시에 체험하고 복돋우라"[139]고 하였다.

이와 같은 경의 삶을 누리는 일은 '생각하는 일'과 '배우는 일'을 겸하는 작업이고, 움직임과 고요함을 일관시키는 일이며, 마음과 행동을 합치시키는 일이고, 마음의 나타남과 감춤을 하나로 통일 하는 길이다.[140] 즉 경(敬)은 사(思)와 학(學), 동(動)과 정(靜), 내(內)와 외(外), 현(顯)과 미(微)를 종합 통일하는 원리이다.[141] 경의 길은 사람됨의 알맹이기 때문에 가장 바른 교육의 길이 된다. 이황은 진지(眞知)와 실천(實踐)이라는 수레의 두 바퀴를 경(敬)의 축으로 밀고 나아가게 하였다. 이런 경은 앎과 됨을 하나로 묶고 사람다움으로 추동

---

137) 『聖學十圖』.

138) 정순목, 앞의 책, 『퇴계의 교육철학』 참고.

139) 『聖學十圖』.

140) 『聖學十圖』.

141) 정순목, 앞의 책, 『퇴계의 교육철학』 참고.

하는 교육 실천 이념의 축이다. 따라서 이황의 유학은 '경(敬)의 교육학'으로 이해할 수 있다.

(8) 이이

이이(李珥, 號는 栗谷; 1536~1584) 는 이황이 경을 강조한 데 비해 상대적으로 성실(誠實)을 중시했다. 즉 성(誠)을 교육사상의 핵심에 두었다. "배우는 자는 반드시 성심(誠心)으로 도를 향하고 세속의 잡된 일로써 자기의 뜻을 흔들리지 않게 해야만 학문의 기초가 이루어졌다고 할 수 있다."[142] 이는 배움이 성실로부터 싹틈을 얘기한다. 또『성학집요(聖學輯要)』에서 다음과 같이 말한다.

> 증자의 학문은 성실하고 독실한 것뿐이다. …… 그러므로 배움이란 성실을 귀한 것으로 여긴다. …… 증자는 말하기를 "나는 날마다 나 자신을 세 가지로 반성하는데, 남을 위해 일을 도모하는 데 마음을 다하지 않는가[忠], 벗들과 사귀는데 믿음이 없지 않은가[信], 스승으로부터 가르쳐 받은 것을 익히지 않았는가[傳] …… 자기에게 다하는 것을 충(忠)이라 하고, 진실하게 하는 것을 신(信)이라 한다. 전(傳)은 스승에게 가르침을 받는 것이고 습(習)은 몸에 익히는 것이다. 증자는 이 세 가지로써 말마다 그 자신을 반성하여 이런 일이 있으면 고치고 없으면 더욱 힘썼는데, 그가 스스로 자기를 다스리는 성(誠)이 이와 같으니 정말 학문을 하는 바탕을 얻었다고 할 수 있다. 그리고 이 세 가지의 순서로는 충(忠)·신(信)을 전습(傳習)의 근본으로 삼는다.[143]

이로 볼 때, 이이의 교육사상을 꿰뚫고 있는 것은 성실(誠實)이다.[144] 글자 자체에서도 성(誠)은 '말을 이룬다[言+成]'라는 의미가 배어 있다. 성실이라는

142)『擊蒙要訣』.

143)『聖學輯要』.

144) 손인수,『율곡의 교육사상』(서울: 박영사, 1987) 참고.

말은 그 뜻이 깊고 넓으나 한 마디로 말하면, 참이요 거짓이 없는 것이다. 나를 속이지 않는 동시에 남을 속이지 않는 것이다. 진실로 자신에 대하여 충실한 동시에 남에 대하여 정성을 다할 것을 요청한다. 자기충실과 타자 배려라는 관점에서 개인과 공동체의 조화를 꾀한다.

성실(誠實)은 성인들의 기본적인 삶의 자세이다. 이이는 모든 유학자들이 내세우는 이른바 성인(聖人)을 모델로 자신의 교육을 입론하였다. "처음 배우는 사람은 뜻을 세워 반드시 성인이 될 것을 기약하라."[145] "무엇보다도 먼저 뜻을 크게 가지고 성인을 표준으로 하여 털끝만큼이라도 그에 미치지 못하면 나의 일은 끝나는 것이 아니다."[146] "옛날 성실하게 삶을 영위했던 성인의 위업을 깊이 깨닫고 그 업적이 계속 이어지도록 노력하라."[147] 등 자신을 채찍질하고 교육을 논의하는 전반적인 선언의 서두에서 성인을 모범적으로 내세우고 있다,

성인은 성(誠)이라는 진실함의 체현자이다. 성인을 모델로 할 때, 인간은 성(誠)을 떠나서 참다운 존재와 학문을 이룩할 수 없다. 인간적 태도란 결국 인간이 인간답게 살려고 애쓰는 성(誠), 성실함 그 자체인 것이다. 그러기에 『중용』에서는 "성은 하늘의 도이고 성실하려고 노력하는 것은 인간의 사명"이라고 언급하였다.

이이에 의하면 한 마음이 진실로 참되면 모든 일이 다 참된 것이니 성은 사람으로서 사람 구실을 할 수 있는 사람의 길이다. 이이에게 실리(實理;天道)·실심(實心;人道)라는 것도 다른 것이 아니고 성(誠)일 따름이다. 성은 천도이고 성을 온전히 하는 것이 인도이다. 사실 성(誠)은 인간이 노력해서 달성할 수 있는 극처가 아니다. 성(誠)은 언제나 무위(無爲)로 존재한다. 그것은 인간의

---

145) 『擊蒙要訣』.

146) 「自警文」.

147) 「學校模範」.

자기 노력을 통하여 실현된다. 여기에서 교육은 수기(修己)라는 자기 노력을 통해 진실함의 경지로 나아가는 데 기여한다.

이런 측면에서 이이는 사람됨의 길과 인간 교육의 방법론을 구체적으로 가르쳐 주었다. 그것을 이름하여 '성(誠)의 교육학'이라 할 수 있셨나.

이와 같은 조선 초 · 중기의 유학 교육은 유학의 중점이 시대 상황에 따라 바뀌어온 교육 체계라고 볼 수 있다. 요컨대, 조선 초 · 중기의 유학교육사상은 수기치인(修己治人)이라는 유학의 기본체계를 철저하게 계승하면서도, 사상가의 현실 인식에 따라 리(理), 기(氣), 성(誠), 경(敬), 의(義) 등의 유학 교육의 주요한 개념이 생활 실천과 결부되어 전개되었다. 이를 표로 정리하면 다음과 같다.

〈표8-1〉 조선 초 · 중기 유학교육사상의 주요 흐름과 특징

<table>
<tr><th>시기</th><th>주요
교육사상가</th><th>교육적 강조점</th><th>사상적 특징</th><th>교육학적 공통성</th></tr>
<tr><td>14세기 말
-
15세기 初</td><td>정도전
권근</td><td>배불적 교육사상
성리학 이론의
보급</td><td>건국이념 · 정치사상
경학經學 · 철학성
哲學性</td><td rowspan="5">성인聖人의 도道; 수기치인修己治人
⇩
일상日常의 조화調和와 화해和諧
삶과 근사近思의 교육
궁리窮理
실천實踐
경敬
⇩
실학實學
[자기실현 · 타자배려;인재양성]</td></tr>
<tr><td>15세기 말</td><td>조광조</td><td>도학道學 · 지치주의
至治主義</td><td>실천성</td></tr>
<tr><td>16세기 초</td><td>이언적
서경적</td><td>리理의 교육학
기氣의 교육학</td><td>실천성
자연주의적 실천성</td></tr>
<tr><td>16세기
중엽</td><td>조식
이황</td><td>경敬 · 의義의
교육학
경敬의 교육학</td><td>의리적 실천성
내면적 조화</td></tr>
<tr><td>16세기
중 · 후반</td><td>이이</td><td>성誠의 교육학</td><td>사회적 조화</td></tr>
</table>

5) 조선 후기 실학적 교육사상의 흐름

임진년 전쟁[임진왜란]을 기점으로 조선 후기에 들어서면, 기존의 유학에 대한 반성이 일어나면서 새로운 학풍이 대두하였다. 조선 후기 유학은 흔히 '실학'이라고 하는데, 실학자들은 조선 전기의 성리학자들의 사고에만 머물지 않고 교육의 기회균등을 주장하고, 인간의 개인차를 인정하며, 능력에 의한 교육을 주장하였다. 또한 공교육의 필요성과 단계적인 학제를 주장하고, 중국 중심의 사대주의적 학풍을 비판하면서 교육과정의 개혁을 주장하였다.

조선 후기 유학은 제도개혁에 치중하는 경세치용학파로 반계 유형원과 성호 이익이 있고, 상공업 및 생산기술에 관한 연구와 그 혁신에 치중하는 이용후생학파로 연암 박지원과 박제가를 들 수 있으며, 경서와 금석 등의 고증에 치중하는 실사구시학파로 추사 김정희를 들 수 있다. 유형원은 신분과 직업의 세습제 철폐를 주장하며, 능력주의를 중시하였고, 이익은 지행합일을 소중히 여기는 실천주의를 강조하였다. 박지원은 민족의 주체성과 인간의 존엄성을 강조하였고, 실학의 완성자라고 하는 정약용은 자기 수양을 통해 능력을 닦고 이것을 천하 국가를 위하여 실천궁행할 수 있는 사람을 양성하고자 하였다.

이와 같이 조선 후기 유학인 실학의 교육이념은 실제 행해지지는 못했다 하더라도, 우리나라 교육의 진보와 교육 개혁, 민족 주체 의식의 보급 등, 이후의 교육에 일정한 영향을 미쳤다.

(1) 유형원

유형원(柳馨遠, 號는 磻溪; 1622~1673)은 조선 후기 유학의 실학적 경향을 열어 놓은 교육사상가이다. 그는 당시 민중들의 피폐한 삶을 목격하고 사회 제도의 문제점을 심각하게 고민하였다. 유형원은 기본적으로 유학의 도를 사회에 구현하려는 점에서는 당대의 학자들과 동일하다. 그러나 유학의 내용에 밝은 인간을 양성하기 위한 교육을 실시하되 능력에 의한 교육을 주장하고, 교육기관 사이의 계열화를 주장하는 학제 개혁안을 제시한다는 차원에서 혁신적이다.

유형원은 학문의 목적을 유학의 도를 밝히고 현명한 사람을 기르는 데 두었다. 이전의 유학자들이 유학의 본질적인 차원, 즉 성인 · 군자라는 이상적 인간상에 교육의 궁극 목적을 둔 데 비해, 유형원은 당시 과거 시험 준비 차원에서 이루어지던 교육을 바로 잡기 위하여 개혁을 시도하였다. 다시 말하면, 유학이 사회를 발전시키는 사상적 기초로 작용하지 못하고 오히려 사회를 정체시키는 요인으로 전락한 것에 대해 심각한 위기의식을 느꼈다. 따라서 그는 유학의 근본원리를 탐구하여 그 본질을 밝히고 이를 실천에 옮길 수 있는 인재 양성을 간절히 바랐던 것이다.

이런 차원에서 유형원은 제도의 개혁을 모색하면서, 능력에 따른 교육기회의 확대를 주장하였다. 그는 '세상에 태어나면서부터 귀한 사람이 정해진 것은 아니다'라고 하면서, 신분 차별이 심한 사회 현실을 개탄하였다. 우리의 풍속이 지나치게 문벌을 숭상하여 선비들조차도 양반과 품류를 따져서 향적에 가입시키는 실정을 비판하였다. 그의 이러한 정신은 교육관에도 그대로 반영되었다.

교육은 신분의 높낮이보다는 개개 인간이 지닌 능력이나 연령에 따라 실시되어야 한다. 아울러 학교는 사대부의 자제는 물론 평민의 자제들도 모두 입학하여 공부할 수 있어야 한다고 주장하였다. 이것은 과거라는 선발 제도보다는 학교를 통한 교육의 본질을 구현할 때, 훌륭한 인재도 길러질 수 있다는 의미이다. 이에 유형원은 과거제를 폐지하고 공거제(貢擧制)를 주장하였다. 공거제는 학교 교육을 통하여 나타난 개인의 덕행을 준거로 인재를 등용하려는 것이다.[148)]

---

148) 이문원, 앞의 책, 170~175쪽.

또한 학교교육을 강화하여 교육의 본질을 회복하려는 그의 노력은 학제의 계열화로 나타났다.

> 서울에는 태학(太學)을 세우고 또 중학(中學)과 사학(四學)을 세우며, 사학에는 내사(內舍)와 외사(外舍)를 둔다. 여러 도의 감영(監營)에는 모두 영학(營學)을 두고 주현(州縣)에는 읍학(邑學)을 두며 읍학에도 내사와 외사를 둔다. 태학은 선발된 선비들이 거처하는 곳이다. 중학은 사학에서 논의하여 올리는 선비를 받는다. 사학은 동 · 서 · 남 · 북 네 곳의 학교이다. 「대대례(大戴禮)」를 살펴보건대, 옛날에는 태학이 있었고, 동서남북의 학이 있었으며, 당나라의 제도에는 태학 이외에 사문학(四門學)이 있었다. 내사는 액내생(額內生)이 거처하게 하고, 외사는 증광생(增廣生)이 거처하게 한다. 증광생은 액외생(額外生)에 해당 한다. 내사는 안에 두어 동재(東齋), 서재(西齋)로 나누고 외사는 밖에 두어 동재, 서재로 나누는 데, 그 내외의 두 사는 동일한 담으로 둘러있으며 작은 담으로 막고 가운데 문을 통해 개방한다. 지금 외방의 향교에서는 양반은 동재에 거처하고 서민들은 서재에 거처하므로 서재가 비어 있어도 양반이 즐겨 들어가지 아니하고 동재가 비어 있어도 서민들이 들어갈 수 없으니, 이치에 맞지 않는 일이다. 마땅히 하나로 하여 편의에 따라 들어가 거처하게 만들고, 결코 동서 재실로 차등을 나눠 정하지 말아야 한다. 영학은 주현의 읍학에서 논의한 선비를 받는다.[149]

즉, 초등 교육기관으로 지방에는 향상(鄕庠), 서울에는 방상(坊庠)을 두고 지방에는 읍학(邑學)과 영학(營學)을 두어 태학에 입학할 수 있게 하고, 서울의 경우, 사학(四學)과 중학(中學)을 거쳐 태학에 진학할 수 있게 학제를 개편하려고 하였다. 이런 측면에서 유형원은 유학에 충실하면서도 능력에 따라 인재를 선발하려는 개혁적 교육사상가로 평가할 수 있다.

---

149)『磻溪隨錄』.

(2) 이익

이익(李瀷, 號는 星湖; 1681~1763)은 일생을 초야에 묻혀 살면서 유형원의 학문을 더욱 발전시킨 사상가였다.[150] 그는 주자와 퇴계의 학문을 바탕으로 자기 사고를 전개했으나, 성리학의 사변성에 회의를 품고 실용성을 강조하는 학문에 관심을 기울였다. 특히 나라를 다스리는 데 어진 인재가 필요하다고 보고, 과거 시험이 아닌 학교교육을 통해 인재를 선발하려고 하였다. 그것은 다음과 같은 그의 과거제 인식과 관련된다.

> 과거라는 것은 선비들이 자기 재능을 자랑하여 유사에게 뽑히기를 바라는 짓이다. 그들이 배운 글을 외우고 짓는 등 말단적인 일일 뿐이다. 세상에 태어나 머리털이 마르기도 전에 과거에 대한 공부만 하고 있으므로 요행히 과거에 급제하여도 그들이 배운 것은 여전히 서투르고 거칠어 배운 것은 소용이 없고 소용되는 것은 배운 것이 아니다. 그러니 어찌 관청에 앉아서 법령을 내어 국가를 견고하게 하고 백성을 편하게 할 수 있겠는가? …… 옛날에는 인재를 등용하는 데 명목이 많았다. 문장만으로 뽑는다면 시골에서 효도하고 공경하는 순박한 사람을 뽑을 수 없을 것이고, 덕행만으로 뽑는다면, 실무 능력도 있고 재능도 있는 사람이 나올 수 없다. 그러므로 마땅히 다방면으로 등용할 수 있는 길을 열어 놓아야 한다.[151]

이익의 교육 개혁은 과거제 개편과 능력 본위의 인재 선발로 요약된다. 당시 폐단이 많던 과거제를 오년대비지제(五年大比之制)로 바꾸고 향거이선(鄕擧里選) 제도를 채용하여 인재선발 방법을 보완하려고 하였다.

오년대비지제의 핵심은 종전의 과거제가 3년에 한 번씩 실시하는 식년제인데 이를 폐지하고 5개년에 걸쳐 소정의 과별 시험을 실시하여 응시자의 학

---

150) 이문원, 앞의 책, 181~185쪽.

151) 『星湖全書』.

업 내용을 보다 착실하게 하여 인재를 가려내자는 것이다. 이는 "재능이 있는 사람이 태어나는 데는 귀한 가문이나 천한 가문의 차이가 없다"라는 이익의 인간관과 연결되어 있다. 이익은 인재등용에서 문벌 존중이나 신분적 제한을 풀고 모든 사람들에게 개방하는 일을 급선무로 보았다. 특히, 노비에 대해 점진적으로 응시자격을 부여하자는 주장은 평등적인 시각의 정점을 보여준다.

그리고 향거이선 제도는 3년마다 인재를 천거하는 데, 향대부 이상은 각 1인씩을 추천하되 귀천을 가리지 않고 오직 어진 사람을 취하도록 하고, 또한 주와 군에서 각 1인씩을 추천하게 하되 주와 군내에 제한하지 않고 널리 도내에서 취하도록 하는 것이었다. 추천된 사람은 그 문적을 만들고 많은 사람으로부터 추천 받은 사람을 상위로 정하였다. 결국 이익은 과거제 개편과 추천제를 병행하는 능력 중심의 새로운 인재 선발 방법을 모색하였다.

또한 이익의 사상에서 교육과 관련하여 눈여겨 볼 것은, 자율과 자각에 의한 교육방법이다. 이익은 인간을 도덕 판단의 척도를 지닌 존재로 규정하면서 자율의지에 의해 행동한다고 보았다. 이는 인간 자신이 정밀하게 판단하여 진리에 도달한다는 의미이다. 이런 주체적 신념의 자율인 강조는 민족 주체성을 자각하는 방향으로 나아갔다. 이에 당시의 유학자들과는 달리 이익은 우리의 역사와 철학을 상징하는 『동국사』와 『퇴계집』을 교육내용으로 첨가하자고 주장하였다.

아울러 '자각'을 중시하였다. 즉 자신이 스스로 깨닫는 방법이 가장 좋고, 그 다음으로 분발하여 깨우치는 것이다. 그러기에 아이가 지각이 조금 열릴 때 깨닫는 바에 따라 격려하고 칭찬하면 바로 공부에 흥미를 갖게 되어 배움을 좋아하게 된다고 인식하고 아이들의 개성을 존중하였다.

요컨대, 이익은 '인간은 평등하다'라는 인식 가운데 '개인의 특성을 발견하여 신장하는 것'을 교육의 핵심으로 본 듯하다. 다시 말하면 인간은 온갖 이치와 처리 방법을 갖춘 영명한 존재라는 관점에서 계발교육을 강조하였다.

귀천의 차별 없이 인간에 대한 신뢰를 전제로 자발성에 의한 계발교육을 열었다고 볼 수 있다.

(3) 박지원

박지원(朴趾源, 號는 燕巖; 1737~1805)은 이른바 조선 후기 학풍 중 북학파(北學派)라고 불리는 사조의 중심 인물이다.[152] 북학파는 청[중국]의 선진 문물을 과감히 수용하려는 일군의 학자들이다. 이들은 상공업 발전의 중요성을 통감하고 이용후생(利用厚生)의 사고를 중시하였다.

박지원은 학문의 정신을 '선비'에 비유한다. 선비는 인간 삶의 근본을 터득하고 있는 존재이다. 이는 성현처럼 도를 밝힐 수 있는 능력을 지녀야 한다. 다시 말하면 인간과 사물에 대한 올바른 법칙과 질서체계를 담보할 수 있어야 한다. 이것은 배움을 통해 가능하다.

성현의 법을 배우는 데는 두 가지 종류가 있다. 하나는 형식 또는 외피를 배우는 일이고 다른 하나는 그 정신 또는 내용을 배우는 일이다. 형식만 배우고 그 속에 담겨 있는 정신을 배우지 못하면 그것은 참다운 배움이 아니다. 이런 정신과 내용을 배우는 일의 핵심은 개인의 완성을 지향하는 존덕성(尊德性)과 공동체의 완성을 고려하는 도문학(道問學)이었다. 이런 차원에서 박지원의 눈에 비친 교육은 개인적 완성뿐 만 아니라 사회적 완성의 과정이었다.

박지원의 교육에 대한 언급 중 획기적인 제안은 익히 알려진 '삼서불가독설(三書不可讀說)'이다. 이는 중국의 문자서이자 역사서인 『천자문(千字文)』『사략(史略)』『통감절요(通鑑節要)』 등 세책이 아동용 교재로 적합하지 않으므로, 읽어서는 안 된다는 주장이다. 『천자문』은 그 구성상 의미가 개념의 구성 원리에 맞지 않고, 『사략』과 『통감절요』는 내용이 비합리적이어서 교육적으로 의미가 없다는 것이다. 다시 말하면, 당시 아동용 교재로 많이 쓰였던 이런

152) 이문원, 앞의 책, 224~227쪽.

책을 아이들에게 가르쳤을 때, 잘못하면 단순히 글자를 익히는 데로 떨어질 소지가 있고, 중국적 사고에 물들게 할 수 있다. 박지원의 비판은 이런 사태에 대한 경고이다.

박지원이 볼 때, 진정한 교육은 문자의 참뜻을 알고 삶의 질서와 운행을 인식하여 분별력과 종합력을 제대로 갖추는 일이다. 단순히 글을 배우는 것이 아니라 조선인으로서 삶을 올바르게 이해하고 탐구하는 문제이다. 그러기에 '삼서불가독설'을 통해 엿볼 수 있듯이, 배움의 초기 단계에서 단순한 글자가 아니라 삶과 배움의 올바른 의미를 가르쳐 주어야 한다. 이것이 바로 존덕성에 해당한다. 박지원은 성현들의 가르침을 배우고 검토함으로써 민족주체성에 기반한 삶과 배움의 참 의미에 접근할 수 있다고 판단하였다.

(4) 이덕무

이덕무(李德懋, 호는 雅亭: 1741~1793)는 박지원과 같은 북학파로서 교육에 대한 심도 있는 논의를 전개하였다.[153] 그가 지은 『사소절(士小節)』은 인간의 출생이전인 태교부터 유아기, 아동기, 성인기, 노년기, 죽음에 이르기까지 한 평생의 교육 내용을 구체적으로 담고 있다. 특히 아동 교육에 관한 그의 견해는 매우 각별하다.

이덕무는 말한다. "말은 태어난 후 길들이지 않으면 천리마가 될 수 없다. 소나무 묘목은 북돋아 주지 않으면 좋은 재목이 될 수 없다. 자식을 낳아 두고서 가르치지 않으면 내버리는 것과 다름없다." 이덕무는 동물이나 식물이 어릴 때부터 기르고 가꾸어서 제대로 형성되듯이 인간도 그런 과정을 거쳐야 한다고 역설한다. 이는 바로 교육의 기능과 역할에 대한 지적이다.

이런 인식에 기초하여 이덕무는 아이들의 특성과 교육의 양식은 다음과 같이 구체적으로 제시한다.

---

153) 이문원, 앞의 책, 234~238쪽.

* 어린이는 경솔하고 수선스럽고 들뜨고 천박한 버릇이 많다. 행실이 완전하지 못하고 일을 제대로 하지 못하는 것은 바로 이러한 특성 때문이다. 그러므로 『주역』에서 말하였다. "무지몽매한 아이들을 교육하여 바른 사람으로 만드는 것은 위대한 성인[聖人; 교사]의 공적이다."
* 어린이는 말을 급하게 하고 걸음을 허겁지겁 빨리 걷는다. 교사들은 이를 보는 대로 주의를 주어 바로 잡아 주어야 한다.
* 어린이의 성품은 깨끗하고 새로운 것을 좋아하는 버릇이 있어, 스스로 그러한 것을 시험해 보려고 한다. 이는 사치하는 버릇에 빠지기 쉽다. 교사들은 이를 조절하여 검소하게 바로 잡아서 소박한 의복을 입게 해야 한다. 또한 헝클어진 머리와 때묻은 얼굴, 옷과 띠를 잘 정비하지 않는 경우가 있다. 이는 검소한 것이 아니라 용렬하고 천한 것에 가까워 칭찬 할 것이 못된다. 교사는 이를 조절하여 깨끗하게 바로 잡아서 잘 씻고 정비하여 누추하게 되지 않게 해야 한다.
* 어린이는 뛰놀기 좋아한다. 그러므로 열이 많아 물을 절제 없이 자꾸 마시고 상당수가 고질병을 이룬다. 이에 조용한 행동을 익히고 마시는 것을 조절하도록 교육해야 한다.
* 어린이는 거짓말을 해서 남을 놀라게 하고, 명치 끝을 짓누르고 발목 뼈를 후려치며, 바람을 일으키며 춤을 추고, 한 발로 걷고, 곤두박질하고, 남의 얼굴에 먹칠을 하고, 종이를 말아 가지고 남의 콧구멍을 쑤시는 등 애꿎은 버릇이 많다. 교사는 이런 행동에 대해 적절한 교육을 해야 한다.
* 어린이는 칼이나 송곳 같은 뾰족하고 날카로운 기구를 가지고 놀기를 좋아한다. 그러다 보니, 심한 경우에는 잘못해서 살에 상처를 내어 딱지가 앉게 만들고, 눈동자를 찔러 애꾸눈이 되게 하는 일도 있다. 교사는 항상 이를 조심시켜야 한다.
* 어린이는 말하는 것이 급하니 신중히 하도록 경계해야 한다. 예컨대, 거지를 대하더라도 비렁뱅이라 부르지 말고, 애꾸눈을 대하여도 애꾸눈이라 부르지 말게 해야 한다. 또한 '참혹하다, 원통하다, 재수 없다' 등의 부정적인 말을 가볍게 입 밖으로 내지 말도록 교육하는 것이 좋다.
* 어린이는 앉을 때 반드시 기대어 앉고, 오래 앉는 것을 견디어 내지 못하며, 무릎을 흔들고 손을 뒤척이고, 들떠서 항상 돌아다니려고 한다. 교사는 이런 기운을 바로 잡고 버릇을 고칠 수 있도록 교육해야 한다. 그렇지

않으면 성인이 되었을 때, 험상 굳고 패악한 행실을 하게 될 수도 있다.

* 어린이는 놀기를 좋아하고 구속받기를 꺼려서 항상 선생님이 교실에 없기를 바란다. 이는 착한 마음이 아니다. 선생님이 교실에 없는 것을 틈타서 친구들을 모아 콩 볶듯 시끄럽게 놀며 하지 않는 짓이 없다가, 문득 선생님의 큰 기침 소리가 들리면 창문 구멍으로 엿보며 가만가만 걷고 조용조용 이야기하여 굳이 책 읽는 체한다. 그렇다고 선생님이 속아 넘어가는가? 그러기에 『예기』에 말하였다. "그 마음을 훤히 들여다보는 것과 같다"라고. 어린이는 하는 짓이 대개 이와 같다. 그러니 교사가 이런 행실을 고쳐 주지 않으면 불량아가 되고도 남음이 있으니 심각하게 교육해야 한다.
* 어린이는 책을 읽을 때, 마음이 몹시 조급하고 산만하여 스승이 가르치는 뜻을 듣기 싫어하는 경향이 있다. 그러다 보니 손가락으로 책장을 넘기려고만 한다. 심지어는 설명이 마지막 줄의 뜻에 이르기도 전에 빨리 책장을 넘겨서 그 뜻을 잘 이해하지 못하기도 하고, 또한 어려운 점을 묻는 일도 없이 가르치자마자 바삐 책을 덮어놓기도 한다. 또 선생님이 소리를 내어 같이 읽도록 인도할 때, 어린이는 다급하게 빨리 읽어서 그 소리가 선생님보다 앞서기도 한다. 이는 교육의 도리에 어긋난다. 가르치는 뜻을 잘 이해하지 못하여 마음이 안정되지 않으니 훌륭한 인재가 되기 어렵다. 교사는 이를 깊이 고려해야 한다.
* 어린이의 버릇은 거의 다 '책읽기[지식 공부]'를 싫어하고 '일하기'를 꺼려한다. 그러면서도 '노는 일'은 권하지 않아도 잘하고 가르치지 않아도 부지런하다. 장기 · 바둑 · 투전 · 윷놀이 · 돈치기 등을 훤히 다 알면 부모형제들과 친구들은 그 재주와 지혜를 칭찬하며 장려하고, 혹 잘하지 못하면 조롱하고 비웃으며 왕따 시키니, 어찌 이렇게 고질병이 되었는지 모를 일이다. 이런 놀음은 모두 정신을 피폐화 하고, 의지와 기개를 더럽히며, 공부를 그만두게 하고, 바른 품행과 절도가 엷어지며, 경쟁을 조장하고, 간사함을 기른다. 심해지면 도박에 재산을 탕진하고 죄를 져 형벌을 받는 데까지 이른다. 그러므로 교사는 이를 엄중히 꾸짖어 금하고 종아리를 쳐야 한다.
* 어린이가 담배를 피우는 것은 아름다운 행실이 아니다. 담배는 골수를 스미고 혈기를 마르게 한다. 그 독한 진은 책을 더럽히고 재는 옷을 태운다.

> 담배통을 물고서 난잡하게 다투는 놀이를 하여 입술이 터지고 이가 부러지고 심지어는 골을 꿰고 목구멍을 찌르게 하니, 어찌 두렵지 아니한가? 선생님이 절실히 금하고 종아리를 때려도 몸을 숨기고 훔쳐 피워서 마침내는 잘못을 고치지 못하는 아이도 있다. 더욱 심각한 것은 부모형제나 친구들이 담배를 피우라고 권하는 사람도 있다. 담배를 피우는 일이 성행하는 것은 그리 아름다운 일이 아니다.[154]

나아가 이덕무의 『사소절』에서는 성인기 노년기의 죽음에 이르기까지 평생 교육의 내용을 담고 있다. 즉 아동을 가르치는 부모의 경우, 스스로 성품과 행실을 점검하고, 일상생활에서 모범을 보이도록 평생을 수행하면서 자기교육, 자기수양에 힘써야 한다.

요컨대, 아동은 학습자로서 부모와 주변의 어른으로부터 교훈을 따라 배우고 익히게 하고, 부모도 성현의 가르침을 준칙으로 평생동안 교양을 쌓으며 자기반성을 행하는 수련자로서, 교수와 학습을 겸해야 한다.

(5) 박제가

박제가(朴齊家, 號는 楚亭; 1750~1805)는 홍대용 · 박지원 등의 학풍을 계승하여 이용후생을 핵심으로 하는 북학론을 정립하는 데 결정적 기여를 하였다. 북학론은 당시 선진적인 중국 문물과 제도를 섭취하고 실용성을 추구하려는 의식을 지니고 있었다. 그러기에 『북학의』 서문에서, "이용(利用)과 후생(厚生)은 한 가지라도 갖추어지지 않으면 위로 정덕(正德)을 해치는 폐단을 낳게 된다"고 하여 실학적 면모를 드러내었다. 또한 당시의 시대 상황을 다음과 같이 지적하며 벼슬아치들의 각성을 촉구하였다. "현재 백성들의 생활은 날이 갈수록 곤궁해지고, 국가의 재정은 날이 갈수록 고갈되고 있다. 이러한 상황

---

154) 『士小節』「童規」.

임에도 불구하고 사대부가 팔짱을 낀 채 바라만 보고 구제하지 않을 것인가? 아니면 과거의 습속에 안주하여 편안히 안락을 누리면서 실정을 모른 체만 할 것인가?"

박제가가 교육에 대해 체계적으로 논의한 것은 찾아보기 힘들다. 그러나 그의 현실 인식과 비판 정신은 교육이 무엇을 지향해야 하는지 상징적 효과를 준다. 특히, 박제가는 인재등용의 문제를 제시하면서, 실제적이고 실용적인 능력 있는 존재의 선발을 직접적으로 언급하고 있다.[155)]

과거란 무엇인가? 인재를 뽑기 위한 것이다. 인재를 뽑는 이유는 무엇인가? 그들을 쓰기 위해서이다. 인재를 뽑을 때, 문장을 기준으로 하는 것은 그의 문장 솜씨를 이용하기 위한 목적에서이다. 이는 인재를 뽑을 때 활쏘기를 기준으로 하는 것이 그의 활솜씨를 이용하려는 것과 같은 이치이다.

그렇다면 오늘날의 과거는 무엇을 목적으로 하고 있는가? 앞서 치른 과거에서 거두어들인 인재를 미처 기용하지도 않았는데, 뒤에 치른 과거를 통해 또 다시 급제자가 무더기로 배출되는 형편이다. 3년만에 한번씩 치르는 대비과(大比科) 외에도 반시(泮試), 절일제(節日製), 경과(慶科), 별시(別試), 도과(道科) 등등 여러 명목의 과거가 번잡하게 치러진다. 수십 년 동안 크고 작은 과거에서 배출된 인원이 국가에서 정한 관작의 정원수에 비해 10배는 된다. 정원수의 10배가 되는 인원을 모두 기용할 수 없는 점을 감안하면 그 중의 9할은 쓸데없이 배출한 인원임이 분명하다. 그렇다면 인재를 기용한다는 과거 본연의 목적은 과연 어디에 있단 말인가?

현재 치르는 과거에서는 과거시험에서 쓰는 문체의 기예를 통하여 인재를 시험하고 있다. 그런데 그 문장이란 것이 위로는 조정의 관각에서도 쓸 수 없고 임금의 자문에도 응용할 수가 없을 뿐만 아니라 아래로는 사실을 기록하거나 인간의 성정을 표현하는 데에도 불가능한 문체이다.

---

155) 『北學議』「科擧論」.

어린 아이 때부터 과거 문장을 공부하여 머리가 허옇게 된 때에 과거에 급제하게 되면 바로 그 날로 그 문장을 팽개쳐버린다. 한 평생의 정기와 알맹이를 과거 문장에 익히는 데 전부 소진하였으나 정작 국가에서는 그 재주를 쓸 곳이 없다.

무슨 목적이 있어서 선을 행했다면, 그 선행은 분명히 억지로 행한 위선이다. 무슨 목적이 없는 데도 선을 행했을 경우, 그 선행이야말로 진정한 선행이라고 할 수 있다. 따라서 진정한 인재를 얻고자 한다면 반드시 뜻하지 않는 방법으로 불시에 그 인재를 시험해야 하며, 또 버림받은 많은 인재 가운데 인재를 선발해야만 한다. 그런 다음에야 인재의 수가 많아져 얼마든지 골라 쓸 수 있을 것이다.

버림받은 많은 인재들은 스스로 선을 그어 과거시험과는 단절된 채 무언가를 할 것이다. 뜻하지 않는 방법으로 불시에 인재를 시험하지 않는다면, 다소 똑똑한 사람이라면 10여일에 한달 정도만 과거에 쓰이는 문장을 공부해도 너끈히 합격할 수 있다. 따라서 과거제도를 잘 이용하는 자라면 그 제도를 이용해서는 중급 정도의 선비를 낚을 수가 있고, 법을 초월한 제도를 이용해서는 상급 정도의 선비를 얻을 수 있을 것이다.

국가에서는 과거 문장을 이용하여 인재를 뽑고 있으므로 이익과 녹봉이 이 과거 문장에 달려 있고 공명이 과거 문장에서 나오게 된다. 그러므로 이 세상에 태어난 사람은 과거를 통한 방법이 아니면 무슨 일을 할 도리가 없다.

(6) 김정희

김정희(金正喜, 號는 秋史; 1786~1856)는 학문의 기본, 혹은 근원처를 실사구시(實事求是)에 두고 있다. 실사구시는 '실제'와 '올바름'을 근본 축으로 하는 교육의 핵심이다. "실사구시설"의 첫 대목은 바로 교육의 길을 제시하는 것으로 시작한다.

『한서(漢書)』「하문헌왕전(河間獻王傳)」에 다음과 같은 기록이 있다. "실제적인 일에서 올바름을 추구한다." 이 말은 학문의 핵심이 무엇인지 명확하게 지시한다. 실제적이지 않은 일을 하면서 속이 텅 비고 엉성한 잔꾀만을 부린다거나, 올바름을 구하지 않고 잘못 들은 말로 자기주장만을 되풀이한다면, 그것은 성현의 도에 어긋나는 짓이다.[156]

"실제적인 일에서 올바름을 추구한다"는 "실사구시(實事求是)"는 "옛 것을 좋아하여 배우고 닦아 실제적인 일에서 올바름을 추구한다"라는 "수학호고 실사구시(修學好古 實事求是)"에서 유래하였다. 따라서 실사구시(實事求是)는 수학호고(修學好古)가 전제되어 있다. 이것은 원래 청대 초기에 고증학을 표방하는 학자들이 공리공론을 일삼는 송 · 명대의 학문을 배격하여 내세운 표어이다. 이때 실사구시는 '공론을 피하고 착실한 증거를 찾는다'는 뜻으로, 문헌학적인 고증의 정밀함을 존중하고 객관주의 · 사실주의적 학문 태도를 지닌다는 의미이다.

김정희에 의하면, 실사구시는 궁극적으로 고대 '성현의 도'로 회귀한다. 그것은 공자에 의해 집대성되는 유학의 근본 뿌리가 담긴 세계를 갈망한다.[157]

가만히 생각해 볼 때, 학문의 길이 요(堯) · 순(舜) · 우(禹) · 탕(湯) · 문(文) · 무(武) · 주공(周公) · 공자에게로 돌아가는 것을 기본으로 삼는다면, 마땅히 실제적인 일에서 올바름을 구해야 할 것이요, 공허한 이론을 신봉하며 그릇된 곳으로 빠져서는 안 된다.[158]

인용문을 볼 때, 김정희는 요순에서 공자에 이르기까지 유학의 기본 뼈대를 형성했던 학문을 실사구시로 이해했다.

---

156) 『阮堂先生全集』 卷1.

157) 신창호, 『유학자 추사, 실학교육을 탐구하다』(고양: 서현사, 2006), 참고.

158) 『阮堂先生全集』 卷1.

이는 유학의 실질을 찾으려는 노력이다. 그 궁극적 귀결처는 유학의 도통으로 불리는 지점이 된다. 그러기에 김정희는 성현의 도를 강조하며, '실사구시' 정신에 모든 역량을 집중시킬 것을 권고한다.

> 성현의 도는 몸소 실천하는 데 있지, 공허한 이론을 숭상하는 것이 아니다. 실제적인 일은 마땅히 구해야 한다. 그러나 공허한 사안은 근거할 것이 없어 아득하고 깜깜한 가운데서 무엇을 찾는 것 같고 드넓은 빈터에 내 던져진 것 같아, 옳고 그름을 판단할 수 없어서 본래의 뜻을 모두 잃어버리게 된다. 그러므로 학문을 하는 길은 반드시 한나라와 송나라의 경계를 나눌 것도 없고, 정현과 왕숙, 이정과 주희의 단점과 장점을 비교할 것도 없으며, 주희와 육구연, 설선과 왕수인의 문호를 다툴 필요는 없다. 중요한 것은 마음을 바로잡고 기를 맑게 하여, 널리 배우고 힘써 실행하는 일이다. 오로지 '실제적인 일에서 올바름을 구한다'는 이 한마디 말을 기본으로 하여 실천하는 것이 좋다.[159]

김정희는 실사구시의 핵심을 성현의 도를 '몸소 실천하는 작업'이라고 단언한다. 그리고 그것이 공허한 이론이 아니라면, 어떤 학문은 옳고 어떤 학문은 그르다는 구분도 허물어 버린다. 기준은 오직 실사구시이다. 그것은 마음을 바로잡는 작업이요, 기운을 맑고 고요하게 하는 일이며, 널리 배우고 힘써 실천하는 일이다. 주체를 평정(平正)하여 고원(高遠)한 것에 애쓰지 않고, 절문근사(切問近思)하여 가치 판단 기준을 사실에서 구하며, 박학(博學)으로 사실에 부합하느냐의 여부를 고증하여 경험적이고 사실적인 실천궁행을 하는 작업이다.[160]

원래 성현이 걸어갔던 길이자, 우리가 본받고 나아가야할 삶의 길은 다름 아닌, 도덕적 실천이다. 그것이 성리학이건 실학이건 고증학이건, 현대의 어

---

159)『阮堂先生全集』卷1.

160) 이문원, 앞의 책, 267~269쪽.

떤 학문이건, 학문이 공허한 곳으로 빠지지 않고 실사구시하고 있다면, 그것은 교육의 표준이 된다. 실사구시의 입장에서 김정희의 교육적 사고를 다음과 같이 정리할 수 있다.

첫째, 공리공담이나 형이상학적 해석을 지양하고 옛 행적에서 착실한 진리 증거를 찾는다.

둘째, 스승으로부터 전수 받은 진리를 신뢰하며 정확한 주석을 통해 경전을 해석한다.

셋째, 실제적 사실이나 일상에서 경전의 가르침을 적용한다.

넷째, 마음을 바로잡고 기운을 맑게 하여 널리 배우고 직접 실천한다.

(7) 정약용

정약용(丁若鏞, 號는 茶山, 혹은 與猶堂; 1762~1836)은 조선 후기 유학을 대표하는 지성이다. 고위 관료는 물론 오랜 유배 기간을 통해 다방면의 저술활동을 하며, 해박한 지식과 사회의 모순을 꿰뚫어 보는 냉철한 의식으로 여러 개혁안을 내놓았다. 널리 알려진 일표이서(一表二書), 즉『경세유표(經世遺表)』·『목민심서(牧民心書)』·『흠흠신서(欽欽新書)』는 정약용의 정치 · 경제 · 산업 · 형법 등 인간의 삶과 관계되는 여러 가지 사안을 논의한 저서들이다.

정약용은 인간을 이해하는 방식에서 이전의 성리학자들과 다른 특징을 보인다. 그는 인간의 성(性)을 '내 마음이 좋아하는 것'이라고 하는 유명한 성기호설(性嗜好說)을 주장한다. 이는 성즉리(性卽理)라든가, 본연지성, 기질지성으로 나누어 보는 성리학적 인성론을 극복한 것이다. 성기호설은 '인간의 본성이란 기호, 즉 자연적 경향성이다'라는 주장이다. 본성이란 생명의 자연스런 욕구, 충동, 본능의 영역을 가리킨다는 것이다. 어떤 사람의 성은 산수(山水)를 좋아하고 어떤 사람의 성은 서화(書畵)를 좋아한다고 할 때, 이는 모두가 그 사람이 좋아하는 기호를 성으로 본 것이다.

인간이 좋아하는 기호, 좋아하는 경향성인 성은 선과 악이 동시에 존재한다. 성은 '좋아하는 것', 기호이기 때문에, 결정적이 아닌 개방적이며, 선으로 갈 수도 있고 악으로 갈 수도 있는 경향성이 된다. 다시 말하면, 성이란 선천적으로 결정된 주어진 것이 아니라, 후천적인 자신의 환경, 도덕에 따라 변하고 형성되는 가능태로 주어질 뿐이다. 성리학에서는 '천명지위성(天命之謂性)'이라고 하여, 인간의 성품을 하늘로부터 부여되는 고정된 것이라는 느낌이 강했다. 하지만 정약용은 여기에 유연성을 부여했다.

정약용의 성기호설은 천명지위성과 같은 인간 내면에 도덕적 실체가 선천적으로 부여되었다는 신념이나 리기론에 입각한 성리학적 인간관을 거부하고, 가능태로서 인간의 실천을 강조하는 인간관으로 변모시켰다. 인간의 성이 '선이냐 악이냐' 하는 차원이 아니고, 자신의 자주적 능력으로 자신의 삶을 순간순간 결정한다는 것이다. 이렇게 인간의 성품을 경향성인 기호로 본 결과, 정약용의 인성론은 인간의 지위 변화에 상당한 기여를 했다. 자주적 인간 능력을 전제할 경우, 인간의 선천적 차별을 정당화할 수 있고, 그 자주성이 갖는 인간에 대한 이해를 받아들일 경우, 교육과 윤리에 대한 이해 또한 매우 유연하게 받아들일 수 있는 기반이 된다.[161)]

이러한 인간 이해를 바탕으로 정약용은 교육에 대한 포괄적인 관심을 갖는다. 교육의 내용 측면에서. 그는 효(孝)·제(弟)·자(慈)를 중시하였고, 당시 풍미하던 사서삼경(四書三經)을 넘어 서서육경(四書六經), 이른바 십경(十經)을 강조하며 경학 연구에 심혈을 기울였다. 뿐만 아니라, 『삼국사기』·『고려사』·『동국통감』 등 우리나라 역사서를 통해 현실을 읽고 백성을 다스리는 방법을 모색할 것을 주장하였고, 기예(技藝)를 익혀 삶에서 지혜와 생각과 궁리를 내어 실제성을 추구하였다. 특히 기예는 이론적 측면에서 농업·방직·군사·의술 등에 대해 논의하였고 실제로 화성(華城) 축성 계획서로 드러나기도 하였다.

---

161) 김경태, 「다산 인성론의 교육적 의미」, 한양대 박사논문(1996), 55~59쪽.

정약용이 교육의 핵심 내용으로 내세운 효는 자식이 부모에게 행하는 가장 중요한 예이다. 다시 말하면, 아래 사람이 윗사람을 향해 실천하는 기본적인 예로 우리 생활의 핵심적 가치를 형성한다. 제는 공경을 총체적으로 일컫는 말로, 인간과 인간 사이에 형과 아우라는 상하-수평적 관계에서 행해지는 중요한 예이다. 그리고 사랑은 부모가 자식에게, 윗사람이 아랫사람에게 베푸는 성스러운 예이다.

효도와 공경과 사랑. 이 세 가지는 사람과 사람 사이에 이루어질 수 있는 삶의 길을 가장 압축된 모습으로 보여준다. 한 인간이 다른 한 인간에게 행할 수 있는 행동의 기본 패턴이다. 그것은 일방통행하는 질서체계가 아니라 쌍무적 윤리관계이다.

이런 인식 아래 정약용은 "모든 사람이 부모에게 효도하고 어른을 공경하여 모실 때, 이 세상이 평화롭게 된다."라고 한 맹자(孟子)의 말을 인용하여, 다른 사람과의 관계를 이해했다. 그리고 인간 사이의 화목과 친애를 매우 중시하였다. 이처럼 정약용에게서 교육은 효도와 공경과 사랑이라는 범주를 넘어서지 않는다. 교육은 개인과 공동체의 조화를 추구한다. 다산의 다음과 같은 인식은 그것을 뒷받침하고 있다.

> 노인을 노인으로 대접하여 백성들이 효도 의식[孝]을 일으키고, 어른을 어른으로 모셔 공경 의식[弟]을 일으키며, 고아와 같은 외로운 이를 불쌍히 여겨 백성들이 등 돌리지 않게 하여, 한 가정이 사랑으로 화목하고 한 국가가 화평하도록 하는 것이다.[162)]

정약용은 교육을 통해, 인간의 윤리가 단순하게 가족 내에서의 효 · 제 · 자에 멈추는 것이 아니라, 사회와 국가의 효 · 제 · 자의 윤리로 확장되어야

162) 『大學公議』.

한다고 강조했다. 이것은 공맹(孔孟)이 지닌 유학을 더욱 실천적으로 고취하려는 의도이다. 그러기에 정약용의 유학을 공자와 맹자의 사상과 같은 원시 유학으로 되돌리려는 수사학(洙泗學)이라고도 한다. 달리 말하면 '수기치인지학(修己治人之學)'이다.[163] 그것은 정약용에게서 우선되는 것이 실천적 교육임을 의미한다.

또한 정약용은 아동 교육에도 상당한 관심을 기울였다. 당시에 유행하던 주요 아동용 교재인 『천자문』을 어린아이들의 교재로 부적합하다고 보고, 2천자문인 『아학편(兒學編)』을 새롭게 편찬한다. 아동에게 '어떠한 성질'의 단어를 '어떠한 방식'으로, '어떠한 순서'에 의해 가르칠 것인지를 고민하였다.[164] 그 결과 『아학편』은 내용상 아동들에게 감각 경험을 통해 배움과 현상세계를 일치시키려고 하였고, 교육 과정상 좀더 체계적이고 과학적으로 정비하였다.

5. 대한제국 및 애국계몽시기의 교육

19세기 후반 들어 조선 사회는 급격한 변화를 겪게 된다. 1876년 일본과 체결한 한일수호조규, 이른바 강화도 조약을 시작으로 당시 조선은 서양의 여러 나라들과 통상수호조약을 맺고 개화기를 맞이하게 되었다. 이 시기 우리나라의 근대 교육은 크게 세 갈래로 나누어 전개된다. 하나는 정부 주도의 교육 개혁이고, 두 번째는 민족 선각자들에 의한 교육 구국 운동이며, 세 번째는 서양의 기독교 선교사들에 의한 교육 운동의 전개이다.

---

163) 이을호, 『다산학총론』(서울: 예문서원, 2000) 참고.

164) 정순우, 『다산 『아학편』 연구』, 윤사순 편, 『정약용』(서울: 고려대출판부, 1990) 참고.

1) 정부 주도의 교육 개혁

새로운 문화를 수용하기 위한 정부의 노력은 일본과 청나라에 수신사나 신사유람단, 영선사 등을 파견하는 방식으로 이루어졌다. 또한 동문학(同文學; 통변학교(通辯學校), 1883)이나 육영공원(育英公院; Royal English School, 1886) 등을 통해 외국어와 새로운 문물과 지식을 가르쳤다. 동문학은 독일인 묄렌도르프가 통상아문(通商衙門)의 부속기관으로 설립하였다. 나이가 어리고 총명한 학생 40명을 뽑아 오전반과 오후반으로 나누고 영어와 일어, 서양식 필산(筆算; 쓰기와 셈하기)을 가르쳤다. 동문학은 학교라기보다는 일종의 통역관 양성소라고 보는 것이 옳다.

육영공원은 조미수호조약 체결 후 미국시찰을 마치고 돌아온 민영익의 건의에 의해 설립된 학교이다. 민영익은 서양문물의 탁월함을 고종에게 보고하는 동시에 현대식 학교의 설립을 제안하였다. 이에 고종은 미국 정부에 이런 학교를 세우고 가르칠 수 있는 교사 세 사람을 추천해 줄 것을 요청하였다. 그러나 양반자제들의 특권의식과 나태함, 관리들의 학교 공금 유용 등, 정부에 봉사할 유능한 인재의 양성이라는 소기의 목적을 달성하지 못하고 1894년 완전히 폐지되고 말았다.[165] 당시의 학교 설립과 교육 상황은 다음과 같은 기록에서 자세히 볼 수 있다.

> 우리[G. W. Gilmore, D. A. Bunker, H. B. Hulbert]는 1886년 봄에 소집되어 7월 4일 한국에 도착하였다. 우리가 거주할 집은 새롭게 수리하여 단장되어 있었고, 학교 건물과 학생 기숙사도 준비 중에 있어, 장래가 밝아 보였다. 9월 말에 이르러 우리는 수업을 시작하였다. 학생들은 대부분 양반 귀족의 자제들이었고 국왕이 선택한 사람들이었다. 처음에 우리 반에는 35명의 학생이 있었는데, 영어를 아는 사람이 아무도 없었으므로 알파벳부터 시작해야 했다. 통역하는 사람이 셋이 있었는데, 우리 선생 세 사람에게 한 사람씩 배정되

165) 손인수, 『한국개화교육연구』(서울: 일지사, 1981) 참고.

어 있었다.

국왕[고종]은 상당히 진보적 성향을 지니고 있었다. 급진적이지는 않았지만 국민이 따라 갈 수 있을 정도로 그들을 지도하여 좀더 높은 수준으로 이끌어가는 것이 국가에 유익한 일이라고 생각하였다. 국왕은 유학과 보수적인 관료들에게 둘러 싸여 있었다. 그런데 이 나라[조선]는 국왕의 진보적 정책을 지지할 수 있는 사람이 절실히 요구되었다. 우리 학교는 바로 이러한 일을 할 것으로 기대되었다. 학생들이 서양 문화와 문명을 대표하는 사람들과 접촉하고, 개화사상을 터득하여 자유주의적인 인물이자 국왕을 지지하는 사람이 될 것으로 인식하였던 것이다.

영의정(領議政)의 아들이 우리 학교의 학생이었는데, 매우 영리하고 능력도 뛰어났으나 좀 게을렀다. 영어 공부에 대한 신기함이 차츰 사라지자, 태만해지고 공부에 별 관심을 갖지 않게 되었다. 얼마 지나지 않아 국왕 앞에서 시험을 보게 되었다. 관리들은 이 고관의 자제가 불합격할까 걱정하였다. 그리고 일정한 페이지를 지정하여 시험 준비를 하고 국왕 앞에서 능숙하게 할 수 있도록 했다. 그러나 고관들에게 한 가지 걱정이 생겼다. 국왕이 시험을 교사에게 맡기고, 학생의 학습 상황과 성적을 교사가 국왕에게 직접 보고할 경우에 어떻게 할 것인가의 문제였다. 영의정의 아들은 이 사태를 알고, 여러 학생들과 예조의 관리를 우리 교사들에게 보내어, 자신은 영의정의 아들이므로 높은 점수를 줘야 한다고 탄원했다. 그러나 우리는 아버지의 벼슬과 아들의 점수와는 무관하므로 그가 시험을 치른대로 점수를 주어야 한다고 대답하였다.[166)]

그 후, 고종은 1895년 『교육입국조서』를 발표하여 덕을 기를 것[덕양(德養)]·몸을 기를 것[체양(體養)]·지식을 기를 것[지양(知養)]의 삼양(三養)에 힘쓸 것을 강력히 주장하였다. 국민으로서 기본 교양 교육과 실제 생활에 필요한 실용 교육에 힘쓸 것을 강조하였다.

166) G. W. Gilmore. *Korea from its Capita: With a Chapter on Missions*(1892; Google scandate, 20071012)

짐(朕;고종)이 생각해 볼 때, 태조께서 나라를 세우시고 그 왕위를 줄기차게 계승한 지, 벌써 504년이 지났다. 이는 실로 이전 왕들의 교화와 은덕이 여러 사람에게 젖어든 것이요, 우리 백성이 충성하고 사랑을 다하였기에 가능한 일이었다. 그러므로 짐이 한량없이 큰 역사를 이어 나가고자 밤낮으로 걱정하는 것은 이전 왕들이 남긴 교훈을 받들려는 것일 뿐이니, 백성들은 나의 마음을 알아 받들지어다. 그대들의 선조는 이전의 왕께서 길러준 어진 백성이었고, 그대들은 또 선조의 충성과 사랑을 잘 이었으니, 바로 짐이 기르는 어진 백성이다. 짐과 그대들이 함께 선조들의 교훈을 받들어 억만년 편안함을 마저 이어가야 할 것이다. 아! 내가 생각컨대, 가르치지 아니하면 나라를 부강하게 만드는 것이 매우 어렵다.

세계의 형세를 두루 살펴보건대, 부강하고 독립적인 모든 나라는 그 백성의 지식 수준이 높다. 이렇게 지식 수준이 높은 것은 교육의 힘으로 된 것이니, 교육은 실제로 국가를 보존하는 근본이다. 그러므로 짐이 군사(君師)의 자리에서 교육의 책임을 스스로 맡는다. 또 교육은 그 길이 있는 것이니, 먼저 비실용적인 것과 실용적인 것을 분별하여야 한다. 책읽기나 글쓰기에서 옛 사람의 찌꺼기나 주워 모아 시세의 흐름과 국면을 파악하지 못하는 자는 그 문장이 비록 훌륭할지라도 아무런 쓸모도 없는 한 서생(書生)에 지나지 않는다.

이제 짐이 교육의 강령을 보이니, 비실용적인 것은 물리치고 실용적인 것을 취하도록 하라.

첫째, 덕을 기르는 일이다[德養]. 이는 오륜(五倫)의 행실을 닦아 인간관계를 문란케 하지 말고 세상의 질서를 유지하며, 사회의 행복을 증진시키는 것이다.

둘째, 몸을 기르는 일이다[體養]. 이는 몸의 움직임을 떳떳이 하여 부지런히 힘쓰는 것을 주로 한다. 즉 게으른 행동을 하거나 편안한 것만을 추구하지 말고, 괴롭고 어려운 것을 피하지 말며, 신체를 튼튼하게 하여 건강하게 병 없는 즐거움을 누리도록 하는 것이다.

셋째, 지혜를 기르는 일이다[智養]. 이는 사물의 이치를 깨쳐 나의 지식을 완전하게 한다. 즉 타고난 재능을 다하여 궁리하여 좋은 것과 싫은 것, 옳은 것과 그른 것, 긴 것과 짧은 것을 따져 거기에만 머물지 않으며, 내 것과 남의 것의 구역을 세우지 말고 자세히 연구하여 널리 통하기를 힘써야 한다. 그러고는 한 몸의 이익만을 위해 일을 도모하지 말고 모든 사람들을 위한 공중의 이익을 도모해야 한다.

이 세 가지가 교육의 기강이니라. 짐은 정부에 명하여 학교를 널리 세우고 인재를 양성하며 그대들 백성들의 학식을 증진함으로써 국가 중흥을 이룩하려고 한다. 그러니 백성들은 충성하고 애국하는 심성으로 그대의 덕(德)과 체(體)와 지(智)를 기를 지어다.

왕실의 안전은 백성의 교육에 있고, 국가의 부강도 백성의 교육에 있다. 백성이 수준 높은 경지에 도달하지 못하면, 어찌 짐이 나라를 제대로 다스렸다 할 수 있으랴! 정부가 어찌 감히 그 책임을 다하였다 할 수 있으며, 또 백성은 어찌 감히 교육의 길에 마음을 다하고 협력하였다 할 수 있으랴!

부모는 이것으로써 그 자식을 추동시키고, 형은 이것으로써 그 아우를 권면하며, 벗은 이것으로써 친구의 도를 행하도록 하여, 분발하기 바란다. 나라의 어려움을 극복할 사람은 백성일 뿐이요, 나라의 모욕을 막을 이도 오직 백성일 따름이다. 이는 백성의 당연한 직분이다. 지식의 수준에 따라 그것이 어디에 쓰여야 하는지 고민하되, 잘못된 점이 있으면 오직 그대들의 교육이 밝지 못한 탓이라고 말할 지어다. 모든 백성이 서로 한 마음이 되도록 힘쓰라.

그대들 백성의 마음이 또한 짐의 마음이니, 힘쓸지어다. 만약 이와 같이 된다면, 짐은 선대왕들의 덕광(德光)을 사방에 날릴 것이요, 그대들 백성 역시 선조들의 어진 자식과 착한 손자가 될 수 있을 것이니, 힘쓸지어다.[167]

『교육입국조서』는 국가 중흥의 염원을 담고 있는 개화 조선의 교육 헌장이었다. 조서의 내용은 현재 한국 교육의 원형적 형태를 이룰만한 의미심장한 언급을 하고 있다.

첫째, 가장 원론적인 것으로 "교육은 국가를 보존하는 근본이다"라는 인식이다. 흔히 교육을 '국가백년지대계(國家百年之大計)'라고 한다. 국가 정책 수립에서 100년 정도의 긴 안목을 가지고 계획을 하여 나라의 부강을 꾀하는 근본이 되는 정책이라는 의미이다. 고종은 어지러운 조선을 다시 부강한 국

167) 『高宗實錄』.

가로 끌어올리려는 기본 계획에서 교육입국(敎育立國)이라는 원칙을 천명하였다. 그것은 당시 세계정세를 파악해 볼 때, 이른 바 강대국으로 불리는 국가들은 모두 국민들의 지식 수준이 높다는 것을 깨닫고, 그것이 교육으로 말미암아 성취되었다는 것을 파악한 데서 비롯되었다. 어쩌면 세계정세의 흐름에 발 빠르게 대응한 것으로 판단된다.

둘째, 교육의 실용성을 중시하였다는 점이다. 허위의식에 빠진 교육으로는 격동하는 현실 사회를 헤쳐 나가기 힘들다는 깨달음을 얻었다. 아마 서구 과학의 실제적인 힘을 보고 현실적이고 실천적인 교육의 중요성을 인식한 듯이 보인다. 물론 여기에는 당시 조선 사회의 주요한 정신적 기반인 성리학적 사유의 한계가 반영되기도 했을 것이다.

셋째, 교육의 강령을 세 가지로 구체화하여 제시했다. 덕과 체와 지. 이것을 페스탈로치를 비롯한 근대 서구 교육에서의 삼육론(三育論)에 비유하기도 한다. 그러나 그 내용은 차이가 있다. 『교육입국조서』는 형식상 당시 조선에서 지속되었던 유학 경전 중심의 전통교육을 지양하고 세계 정세상 새롭게 전개되는 신교육의 물결을 타려고 한 것은 사실이다. 그러나 내용상 조선 전통의 교육을 포기한 것이 아니라 전통의 창조적 계승을 중심으로 하고 있다. 그 근거로 덕양(德養)의 중심에 유학의 핵심 윤리인 오륜(五倫)을 두고 있고, 체양(體養)의 내용 또한 단순한 신체 단련을 넘어 몸동작을 떳떳이 하여 부지런히 힘쓰는 유학에서의 수신(修身)을 핵심으로 하며, 지양(智養)의 내용도 사물의 이치를 깨쳐 지식의 완성을 꾀하는 유학의 격물치지(格物致知)를 주요하게 다루고 있다.

이렇게 볼 때, 교육의 강령 자체는 유학 교육의 탈피에 중점을 두기보다는 세계정세에 비추어 보아 강력한 국가를 건설하기 위한 기본 전제 조건으로 교육의 중요성을 다시 천명하면서 새로운 교육을 모색하는 기로에 있다. 그 핵심이 백성의 지식수준을 끌어올려 국가 부강의 초석으로 삼는 일이다. 그것은 내용상 전통교육과 신교육의 조화라고 판단된다. 전통교육은 덕양의 기준이고, 체양과 지양은 신교육의 교육과정을 도입하여 실용을 숭상하는 방식으로 진행해 나갔다. 이런 교육과정은 전인적 애국인상을 길어내야 할 인간으로 상정한다.

이후, 대한 제국의 수립과 더불어 근대적 교육 법규가 제정 · 공포되면서 한국 근대교육은 희망을 보이기 시작했다. 당시 근대교육을 주도하기 위한 핵심 기관으로 한성사범학교의 교육요지를 담고 있는 「한성사범학교 규칙」을 보면 다음과 같다.

> * 교육자에게 정신의 단련과 덕조(德操)의 마려(磨勵)는 중요하므로 평소에 이를 권행(勸行)함.
> * 교육자에게 있어 존왕애국(尊王愛國)의 지기(志氣)는 중요하므로, 평소에 충효(忠孝)의 대의(大義)를 밝히고 국민의 지조(志操)를 진기(振起)함.
> * 교육자에게 규칙을 지키고 질서를 보전하며 사표(師表)의 위의(威儀)를 갖추는 것은 중요하므로, 평소에 장상(長上)의 명령 및 훈회(訓誨)에 복종하고 기거(起居) 언동(言動)을 바르게 함.
> * 신체의 건강은 성업(成業)의 기본이므로, 평소 위생(衛生)에 유의하고 체조에 힘써 건강을 증진시킴.
> * 교육자에게 교수법(教授法)은 중요한 것이므로, 소학교규칙(小學校規則)에 맞도록 힘써야 함.[168]

『교육입국조서』 발표 이후, 10여 년 간 학무아문을 중심으로 소학교, 한성사범학교, 외국어 학교, 중등학교, 성균관 개편, 의학교, 상공학교, 농학교, 선교계 학교 등 다양한 학교가 설립 또는 개편되었다. 그리고 교과서를 편찬하여 본격적인 근대 학교교육을 시행하려고 하였다. 그러나 1905년 일제가 통

---

168) 『漢城師範學校規則』; 사범학교를 먼저 설치한 이유는, 추측컨대, 새로운 서구식 근대 교육체제를 도입했을 때, 그것을 담당하여 운영할 교사가 우선적이고 질내직으로 필요한 현실을 감인한 것으로 생각된다. 교사를 양성하여 전국 각지에서 교육을 할 수 있도록 교육 주체를 집중적으로 양성하는 과정으로 판단된다.

감부를 설치한 후에, 교육 통제가 강화되고 일제 강점기가 시작되면서 정부 주도의 교육 개혁 노력은 빛을 잃게 되었다.

2) 민중과 민족 선각자들의 교육 구국 운동

민중과 민족 선각자들의 교육 운동은 근대를 지향하고 민족을 보전해야 한다는 의식 가운데 진행되었다. 다시 말하면 선진국들의 문물을 받아들여 근대화를 이루려는 개화사상과 우리 민족의 주체성과 정체성을 지속하려는 민족주의 정신을 지향하였다. 이에 사회단체 결성, 언론 기관 설립, 학회와 학교의 설립 등 다양한 측면에서 전개되었다. 이중에서도 학교의 설립은 교육 구국의 일꾼 양성에 주목적을 두고, 전전한 인격과 건강한 신체의 함양에 역점을 두었다. 그 결과, 학교는 민족의식을 고취하고 애국 사상을 함양한 애국 청년들을 중심으로 항일 운동의 근거지 역할을 하기도 하였다.

민중이 힘을 모아 세운 학교로는 최초의 근대식 학교인 원산학사(元山學舍, 1883)가 있다. 원산학사는 원산 덕원읍의 주민, 즉 지방 민중의 노력에 의해 설립된 학교이다. 원산은 부산・인천과 더불어 강화도 조약에 의해 개항되었다. 개항과 동시에 일본 상인들이 물밀 듯이 들어오자 민중들은 스스로의 권익을 어떻게 지켜야 할 것인지 고민할 수밖에 없었다. 이에 덕원 지역의 의식 있던 인사들이 온건개화파로서 덕원부사였던 정현석(鄭顯奭)에게 학교 설립을 요청하였다. 중요한 것은 덕원의 민중들이 자발적으로 학교 설립 기금을 모아 자제들에게 신지식 교육을 실시하려는 시도이다. 당시 조선이라는 신분 사회에서 민중의 교육적 자각에 의한 학교 설립은 교육사적으로 엄청난 사건이다.

원산학사에서는 문예반, 무예반 외국어반 등 다양한 교육과정을 두었는데, 문예반에서는 경전의 의미를 가르치고 무예반에서는 병서를 가르쳤다. 원산학사는 외국의 도전에 대응하기 위해 민중이 자발적으로 성금을 모았다는 점, 외국인이나 관 주도의 교육에 앞서 민중의 광범한 근대화의 의욕에서 설립되었다는 점에서 큰 의의가 있다.

이 시기에 활동한 민족선각자들로 서재필, 윤치호, 유길준, 장지연, 박은식, 이동휘, 이기, 이용익, 오세창, 안창호, 최남선, 이승훈, 이상재, 남궁억 등 이루 헤아릴 수 없을 정도이다. 이들은 언론과 저서, 사회활동을 통하여 교육의 중요성을 일관되게 강조하였다. 특히, 민족의 부국강병(富國强兵)과 자립자강(自立自强) 등 주체의식을 기르는데 온 힘을 쏟으려고 하였다. 이런 개화와 근대화, 민족의식을 고취하기 위해 세워진 사학은 흥화학교(興化學校, 1895년), 을미의숙(乙未義塾, 1895년), 중교의숙(中橋義塾, 1896년), 낙연의숙(洛淵義塾, 1901년), 우산학교(牛山學校, 1902년), 보성학교(普成學校, 1905년) 등이 있다.

1907년에 안창호가 설립한 대성학교(大成學校)와 이승훈의 오산학교(五山學校)는 민족의식과 독립정신을 남달리 고취한 대표적인 학교이다. 도산 안창호는 구한말의 풍전등화 같은 국운을 바라보면서 자아혁신(自我革新)과 개조(改造)를 통해서 민족을 혁신하고 개조하려고 하였다. 여기에서 급선무가 교육이라고 주장하였다.

> 나는 단언하오, 독립운동 기간일수록 더 교육에 힘써야 한다고. 죽고 살고 노예되고 독립(獨立)됨이 판정되는 것은 지력(知力)과 금력(金力)이오. 우리 청년이 하루 동안 학업(學業)을 폐하면 그 만큼 국가에 해(害)가 되는 것이오. 또 국민에게 좋은 지식(知識)과 사상(思想)을 주고 애국(愛國)의 정신을 격발하기 위해 서적을 많이 간행하여 이 시기에 적합한 특수한 교육도 하여야 하고 학교도 세우고 교과서도 편찬하여 해외에 있는 이들에게도 가급적 교육을 실시하여야 하오.[169]

안창호는 이러한 교육의 중요성을 염두에 두고 대성학교의 교육방침을 네 가지로 설정하였다. 첫째, 건전한 인격의 함양, 둘째, 애국정신에 강한 민족

---

169) 『島山全書』.

운동자 양성, 셋째, 국민으로서 실력을 구비한 인재의 양성, 넷째, 강장(强壯)한 체력의 훈련.

이 교육방침을 실천하기 위해 무실역행(務實力行)과 주인정신(主人精神)을 강조하였다. 무실역행은 나 한 사람부터 성실한 사람이 되어야 민족중흥에 새로운 힘이 될 수 있다는 의미이다. 무실(務實)은 '실(實)을 힘쓰자'는 뜻으로 진실 · 성실 · 참 · 거짓이 없다는 말이다. 역행(力行)은 '행(行)을 힘쓰자'는 말이다. '힘써 행하라'는 말이 아니라 '행하기를 힘쓰자'는 뜻이다. 공리공론(空理空論)이나 교조적 명분론을 버리고 실천궁행하자는 의미이다. 그리고 주인정신은 책임과 독립을 강조하는 주체 정신이다. 우리 민족의 구성원 모두가 역사와 민족에 대해 책임질 수 있다는 생각을 지닐 때 주인정신은 살아난다. 안창호는 이런 무실역행과 주인정신을 교육을 통해 심어주려고 하였다.

또한 이승훈도 민족의 장래와 운명이 교육에 달려 있다고 보고 오산학교를 설립한다. 그는 오산학교의 설립정신을 다음과 같이 표현하며 그 간절함을 보여 주었다.

> 지금 나라가 기울어져 가는 데 우리가 그저 앉아 있을 수 없다. 이 아름다운 강산, 선인들이 지켜온 강토를 원수인 일본 놈들에게 내어 맡긴다는 것이 정말 있어서는 안 된다. 총을 드는 사람, 칼을 드는 사람도 있어야 할 것이다. 그러나 그보다도 더 귀중한 일은 백성들이 깨어나는 일이다. 세상이 어떻게 돌아가는지를 모르고 있으니, 그들을 깨우치는 것이 제일 급선무이다. 우리는 우리를 누르는 자를 나무라기만 해서는 안 된다. 내가 못생겼으니 남의 업신여김을 받는 것이 아닌가. 옛 성현의 말씀에도 사람이 스스로를 업신여기면 남이 업신여긴다고 했다. 내가 오늘 이 학교를 세우는 것은 후진을 가르쳐 만분의 일이라도 나라에 도움이 되기를 원하기 때문이다. 한 마음으로 협력하여 나라를 남에게 빼앗기지 않는 백성이 되기를 부탁한다.[170)]

170) 김기석,『南岡 李昇薰』(서울: 현대교육총서출판사, 1964) 참고.

이처럼 오산학교는 민족의 영광을 바라보는 민족정신을 고취하려고 하였다. 그러기에 자신의 덕과 지혜, 힘을 길러 나라에 봉사하려는 희생정신을 바탕으로 신학문을 닦아 국가의 기둥이 되려는 학생들이 모여들었다.

전체적으로 볼 때, 민중과 민족 신지자들의 교육 운동은 공통적으로 서구의 신문화를 받아들여 민족과 국가의 번영을 꾀하려는 의도를 지니고 있었다. 특히 1905년 일제가 침략하면서부터는 교육구국의 이념아래 민족의 주체의식과 독립을 내세우는 쪽으로 나아갔다. 요컨대, 민족의식을 고취하고 신지식을 계발하여 국권을 회복하는 데 온 힘을 기울였다고 볼 수 있다.

3) 기독교 선교사들의 교육활동

개신교가 우리나라에 본격적으로 전래된 것은 고종 19년(1882년) 미국을 비롯한 여러 나라와 수호조약을 체결한 이후부터이다. 1884년 당시 일본에서 선교하고 있던 감리교 선교사 매클레이(Macley)가 고종을 알현하고 교육과 의료사업 허락을 받고 난 후부터 교육 활동이 이루어졌다. 이후 알렌(Allen)은 1885년 광혜원을 세워 최초로 서양식 의료기술을 전파하였고, 아펜젤러(Appenzeller)는 1885년 배제학당을 설립하였다. 스크랜튼(Scranton)부인은 1886년 우리나라 최초의 여학교인 이화학당을 열었다. 이렇게 하여 1910년까지 선교사들이 설립한 학교는 800여개 교에 달했다.

개신교 선교사들은 그들의 교리인 "예수께서 모든 성과 촌에 두루다니사 저희 회당에서 가르치시며 천국복음을 전파하시며 모든 병과 모든 약한 것을 고치시니라"[171]라는 말씀에 따라 포교 사업을 시작하였다. 당시의 학교와 기독교 선교 정책을 일러 주고 있는 재한장로교연합회공의회 선교정책(在韓長老敎聯合公議會 宣敎政策)을 보면, 그런 상황이 잘 나타나 있다.

---

171) 『신약성서』「마태복음」 9:35.

1. 전도의 목표를 상류층보다 근로계급의 인도에 두는 것이 더 낫다.
2. 모성은 후대의 양육에 중요한 영향력을 미치므로 부녀자의 인도와 청소년의 교육을 특수 목적으로 한다.
3. 군 소재지에 초등학교를 설치함으로써 기독교 교육에 성과가 많을 것이니 선교부 소관학교에 재학하는 남학생을 교사로 양성하여 각 지방으로 파송한다.
4. 교육받은 교역자 배출도 우리 교육기관에서 실천해야 할 것이니 이점에 항상 관심을 두어야 한다.
5. 사람의 힘이 다할 때에 하나님의 말씀이 사람을 회개시킨다. 그러므로 모든 힘을 다하여 조속한 시일 내에 정확한 말로 성경을 번역하여 세상에 내어 놓는 것이 가장 중요하다.
6. 모든 문서사업에는 한자의 구속에서 벗어나고 순 한글을 사용하는 것이 우리의 목표가 되어야 한다.
7. 진취적인 교회는 자립하는 교회가 되어야 한다. 우리 교인 중에 남에게 의존하는 생활자의 수를 감소시킴을 목표로 하고 자립하는 교회와 헌금하는 교인 수를 증가시킨다.
8. 한국인 대중을 그리스도에게로 인도하는 일은 한국인 자신들이 하여야 한다. 그러므로 우리 자신들이 대중에게 전도하는 것보다 적은 수의 전도사를 철저하게 훈련시킨다.
9. 선교사 의사들의 사업이 좋은 성과를 얻으려면 개별적으로 환자를 병실이나 환자의 집에 오래 두고 시료(施療)하면서 전도하고, 의사가 본보기가 되어 환자가 마음으로 깊은 감격을 느낄 수 있는 기회를 가지게 할 것이다. 외래환자 진료소 사업은 비교적 성과가 적다.
10. 지방에서 와서 장기간 입원하였다가 퇴원한 환자들을 그들의 주소로 찾아가서 사후 상황을 계속하여 돌보아야 한다. 그들이 병원에서 받은 온정적 대우는 전도사가 접촉할 수 있는 기틀이 될 수 있기 때문이다.[172)]

172) L. G. Paik. *The History of Protestant Missions in Korea 1832-1910*(Seoul: Yonsei Univ. Press, 1970) 참고.

기독교 선교사들은 병원을 설립하는 의료의 전파와 동시에 교육을 주요 포교의 수단으로 삼았다. 의료 행위를 통해 조선 사람을 불행에서 구하고, 교육을 통한 계몽의 방법으로 서양의 근대문화를 소개했다. 그런 임무를 담당한 것이 바로 미션스쿨(Mission School)이었다. 이러한 선교사들의 교육활동은 서구의 근대적 교육제도를 도입하고, 서구식 민주주의 이념에 입각한 교육의 기회 균등 사상을 보급하는데 기여하였다.

6. 일제 강점기 조선총독부 시기의 교육

일제가 조선 교육에 본격적으로 개입하기 시작한 것은 1904년 일본인 고문인 시데하라가 학정 참여관으로 부임하면서부터이다. 시데하라는 조선의 아동들이 사용할 교과서를 편찬하고, 일본인 교사를 채용하도록 하며, 각급 학교의 명칭을 변경토록 하는 등 조선 교육에 깊게 관련하였다.

특히, 1906년 통감부가 설치되면서 일본은 조선을 완전한 식민지로 만들기 위한 갖가지 시책을 추진하였다. 학제를 전면적으로 개편하여 식민지화 교육을 도모하고, 조선인은 고등교육을 받을 수 없도록 고등교육기관 설립을 불허하였다. 대신 실업학교를 두어 실업 기능인 양성에 주력하였다. 뿐만 아니라 동화 정책의 일환으로 일본어 교육을 강화하고 일본인 교원을 다수 배치하여 친일 교육을 실시하면서 학교 운영에도 관여하기 시작하였다.

1910년 한일합방을 공포하고 조선총독부를 두어 무단통치를 강행하면서, 1911년 제1차 조선교육령을 제시하였다. 조선교육령은 조선의 교육을 법에 의해 공식적으로 통제한 식민지 교육의 확립이었다. 그것은 조선인 교육은 충량한 국민 육성을 목적으로 한다는 법령이었다. 특히 한국인의 교육기간을 단축하고 초등교육에 치중하게 하고, 중등교육에서는 실업교육을 강화하는 등 우민화를 꾀하였다. 나아가 일본어 교육을 강화하고, 교과서 내용을 통제하며, 조선의 학생들을 감시하고, 민족 운동의 온상인 사립학교를 탄압하였다.

1919년 3.1운동 이후, 약간의 변화가 있기는 했으나, 조선총독부의 교육은 본질적으로 여전히 민족 교육을 탄압하고 일제 식민지 교육을 강화하는 방향으로 전개 되었다.

1920~30년대 식민지 교육이 한참 무르익을 무렵의 일제 강점기 당시, 교육계의 인식을 보면 다음과 같다.

1. 5,000여년의 찬란한 문화는 종족이 하루아침에 이민족의 침입을 받아 문화, 종교, 언어, 습속이 파괴당하고 매몰되었는데 교육이 가장 심하다.
2. 한글과 한국의 역사는 한국인이 배우고자 하는 것인데 일본인들이 금지하고 대신 일본어와 일본의 역사를 가르친다.
3. 한국인 선생과 한글 서적은 모두 한국인이 요구하는 것인데 일본인들이 못하게 하고 일본인 선생과 일본 서적을 강요한다.
4. 배우는 권리는 한국인이 균등하게 누리고자 함인데, 일본인이 이를 제한하는 까닭에 태어나 배울 수 있는 학교가 없으며 배워도 직장을 구할 수 없으니 이를 통탄해 마지않는다.
5. 경성[서울]의 한글 신문인 조선일보(1928년 11월 25일자)에는 교육계의 큰 문제로 "일본인 교원 대신 한국인 교원 채용을 요구"라고 하였는데, 근래 조선 학생들의 사상 경향을 살펴보면 모두 열렬히 자국의 언어와 역사를 주장하는 데, 이것은 청년계의 향학열이 격발해서 민족적 자각의 소리가 고조되는 징조이다. 조선의 전통교육이 중국의 경(經) · 사(史) · 자(子) · 집(集)을 근간으로 했으며, 자국의 문화에는 주의를 기울이지 않았기에 급기야는 비참한 결과를 가져왔다. 생각컨대 이러한 과거는 깨끗이 잊어버리고 자국의 언어와 역사를 배우고 닦는데 급급하지 않을 수 없다.
6. 한국의 공립보통학교는 외국의 초급 소학교를 말하는 데, 소학에서 중학, 전문학교에 이르기까지 모두 일본인이 교장이고, 중요 직책, 직원, 교사도 역시 모두 일본인들이 점거, 50만 학생으로 하여금 머리를 조아리게 한다.[173]

173) 『素昂先生文集』.

이러한 일제 식민지 교육은 근대 개화기 교육이 추구했던 교육 개혁들을 억압하면서, 조선의 문화적 전통을 급격히 단절시켜 민족 문화의 계속적인 발전을 꾀하지 못하게 만들었다. 더욱이 서구 문화는 침략적 제국주의 문화로 왜곡되어 근대화의 기반을 형성하는 데 큰 타격을 주었다.

7. 해방 후 현대 교육

1945년 일제로부터 해방된 우리나라는 38선을 경계로 이북은 소련이 이남은 미국에 의해 다스려지게 되었다.

미 군정청의 학무국은 한국인 7명으로 구성된 자문기관으로 '한국 교육위원회'를 조직하여 교육문제 전반에 대한 심의와 결정을 하였다. 특히 일제 잔재의 불식, 평화와 질서의 유지, 생활의 실제에 적합한 지식 기능의 연마를 중시하였다. 또한 학무국 산하에 조선교육심의회를 두고 한국 교육의 정초를 다지도록 하였는데, 이때 홍익인간의 교육이념을 채택하고, 6-3-3-4제의 단선제 학제와 1년 2학기제 등을 채택하였다. 주요 교육 시책으로는 교수 용어를 한국어로 하고 교과서를 편찬 보급하며 민주주의 이념의 보급과 교육 자치제, 문맹퇴치를 위한 성인교육 등을 추진하였다.

이는 서양의 현대적 교육사조에 따라 교육방법을 민주화하기 위한 노력이었다. 전통적 교육의 권위적이고 주입적인 방법에서 벗어나 아동의 개성을 존중하고 자유롭고 창의적인 활동을 통해 학습하는 것이다. 이는 오천석에 의해 '새교육'이란 이름으로 소개되었는데, 민주주의 이념을 바탕으로 한, 미국의 진보주의 교육 방법을 채택한 것이었다.

1948년 8월 15일 대한민국이 수립되고, 대한민국 교육법이 제정되면서 한국교육은 본격적으로 전개된다. 교육법은 '국민교육, 평등교육, 의무교육'이라는 교육의 대원칙을 밝혔으며, 교육자치제에 관한 규범을 두고, 민주교육을 위한 법적 장치를 마련하였다. 이후 6.25전쟁, 4.19혁명, 5.16쿠데타, 12.12

쿠데타, 5.18광주민주화 운동 등 정권의 교체와 시대 상황의 변화에 따라, 교육의 양적 팽창과 질적 전환이 이루어져 왔다.

현재 대한민국은 「헌법」 제31조에 '교육에 관한 조항'을 다음과 같이 규정하고 있다. 모든 교육은 이를 근거로 한다.

> ① 모든 국민은 능력에 따라 균등하게 교육을 받을 권리를 가진다.
> ② 모든 국민은 그 보호하는 자녀에게 적어도 초등교육과 법률이 정하는 교육을 받게 할 의무를 진다.
> ③ 의무교육은 무상으로 한다.
> ④ 교육의 자주성 · 전문성 · 정치적 중립성 및 대학의 자율성은 법률이 정하는 바에 의하여 보장된다.
> ⑤ 국가는 평생교육을 진흥하여야 한다.
> ⑥ 학교교육 및 평생교육을 포함한 교육제도와 그 운영, 교육재정 및 교원의 지위에 관한 기본적인 사항은 법률로 정한다.

이러한 「헌법」에 의거하여 만들어진 「교육기본법」 제1장 제2조에는 교육의 목적을 다음과 같이 기술하고 있다.

> 교육은 홍익인간의 이념 아래 모든 국민으로 하여금 인격을 도야하고 자주적 생활능력과 민주시민으로서 필요한 자질을 갖추게 하여 인간다운 삶을 영위하게 하고 민주국가의 발전과 인류공영의 이상을 실현하는 데 이바지하게 함을 목적으로 한다.

한편, 북한은 1946년 「교육결정 제133호」를 발표하면서 교육체제를 임시로 개정하였다. 이후, 1948년 9월 9일 조선민주주의 인민공화국이 수립되면서, 「사회주의헌법」 제43조에서 다음과 같이 교육목적을 규정하여 오늘에 이르고 있다.

> 국가는 사회주의 교육학의 원리를 구현하여 후대들을 사회와 인민을 위하여 투쟁하는 견결한 혁명가로 지덕체를 갖춘 공산주의적 새 인간으로 키운다.

현대한국교육사의 차원에서 볼 때, 남한인 대한민국과 북한인 조선민주주의 인민공화국 사이의 교육은 이질적인 측면이 많다. 민족통일을 전제로 한다면, 무엇보다도 시급한 작업이 남북 간의 분단 극복과 민족 동질성을 회복하는 통일교육이 중요하다.

제 9 장
서양교육사의 이해

1. 고대 그리스 사회의 교육

1945년 이후 현재까지, 대한민국은 미국의 절대적 영향을 아래 있다고 해도 과언이 아니다. 그런 상황 때문인지, 우리의 의식 속에 서양을 대표하는 나라로 미국을 떠올리기 십상이다.

그러나 서양교육이라고 할 때, 서양을 미국으로 오인해서는 곤란하다. 이때의 서양은 서구라파(西歐羅巴), 이른 바 '유럽Europe'을 지칭한다. 엄밀히 말하면, 서구라파나 서양이라는 말은, 동양(東洋:East)과 서양(西洋:West)이라고 할 때의 동서의 방향성을 개입시킨 지리적 명칭이다. 이스트(East)는 '해가 떠오르는 곳', 웨스트(West)는 '해가 지는 곳'이라는 의미도 있다.

유럽의 경우, 지리적 개념이라기보다는 역사적 명칭이다. 유럽은 기독교라는 하나의 종교를 구심으로 게르만적 요소와 로마적 요소가 통일성을 이룬 문화적 바탕 위에 성립한 지역을 말한다. 그러기에 유럽은 일종의 문화적 통일체이다. 독자적 의미를 지닌 하나의 의미 통일체로서 중세 이래 존재해 온 문화권이다. 특히, 서유럽은 가톨릭교회의 지배를 받으며 라틴어를 공통어로 했던 문화권이다. 서양교육의 다양한 양식은 바로 이 서유럽의 몇 나라가 만들어 냈다.[1] 따라서 우리가 현재 접하고 있는 20세기 이전까지 서양교

---

1) 신창호,『교육과 학습』(고양: 온고지신, 2012) 참고.

육사는 '서유럽 교육사'라고 해도 과언이 아니다.[2)]

이중 서구 고대 사회를 대표하는 것이 그리스와 로마이다. 고대 그리스인들은 이상적인 생활로 인간의 진선미를 꾀하였다. 교육의 목적 또한 개인의 능력을 원만하고 건전하게 발전시키고, 개인이 진선미의 관념을 갖고 품위를 보존하며, 훌륭한 시민, 즉 자유민이 되는 데 있었다. 요약하면, 그리스교육은 품성의 도야를 주된 목적으로 한다. 그러므로 다방면의 교육, 즉 어느 한쪽에만 치우치지 않는 인성의 조화적 발달과 여러 측면에서 우수한 개인적 도야를 중시하였다. 교과 내용도 기본적으로 체육과 음악을 중심으로 하고, 이후에 문법, 수사, 수학, 천문, 기하학 등을 부과하였다.

1) 폴리스의 교육

그리스는 100여개의 도시국가(Polis)로 형성되었다. 이 중 대표적인 도시 국가가 스파르타와 아테네이다. 이 두 도시국가는 국가의 번영을 중요시하는 국가주의 교육이념과 개인의 발달을 중시하는 개성 신장의 교육이념을 만들어 냈다.

폴리스는 크게 두 가지 교육적 기능을 수행하였다.[3)] 하나는 폴리스의 생활공동체가 이룩해 낸 법과 정의의 정신을 통하여 인간을 도야하는 힘을 성장시켰으며 더욱 새롭게 구현하였다. 다른 한편으로 국가는 그 자체의 고유한 정신적 존재가 되어 인간 현존의 모든 고차적인 가치들과 지식들을 흡수하여 인간들에게 각자의 분수에 따라서 다시 분배하여 주는 기관 역할을 하였다. 이런 폴리스를 대표하는 것이 스파르타와 아테네였다.

---

2) 이후에 정돈되는 서유럽 교육사는 윌리암 보이드(이홍우 외역),『서양교육사』와 부루바허의『교육사』, 주영흠,『서양교육사상사』등 서양교육사를 다룬 통행본을 참고하여 정리하였다.

3) 오인탁,『파이데이아-고대그리스의 교육사상』(서울: 학지사, 2001), 40~41쪽.

(1) 스파르타 교육

스파르타 교육은 리쿠르구스(Lycurgus)의 헌법에 기초를 두고 실시되었다. 이 법에 의하면, 국가는 개인에 대해 절대적인 우월성을 지니고 있다. 그것은 군국주의 체제를 낳았고, 교육도 이런 체제를 지켜나가는 기여해야만 하였다. 즉 스파르타 교육은 극단적인 군사교육으로서의 국가적 통제 하에 있었다. 그러므로 교육의 목적은 이상적인 군인이 되는데 필요한 신체적 완성과 복종을 생활화하는데 있었다. 오직 국가의 안전과 번영을 목적으로 호전적인 전사 양성에 관심을 두다보니, 문학과 예술, 철학 등 심미적이고 지적인 분야에 대해서는 관심에 적었다.

(2) 아테네 교육

아테네 교육은 솔론(Solon)의 헌법에 기초하고 있는데, 스파르타와 대조적이다. 대부분의 교육은 가정에 맡겨졌고, 국가는 16~20세 사이의 청년들 교육만 담당하였는데, 국가의 국방 의무에 대한 준비 교육이 주를 이루었다. 교육의 목적은 지혜인을 강조하여, 개인의 자유를 인정하고 개인의 신체와 정신이 조화적으로 결합하여 균형 있게 발달한 인간을 양성하는데 두었다. 교육방법은 개인의 자유의지를 바탕으로 하는 자유주의 교육을 실시하였다. 다만, 여성교육은 가정에서 가사, 재봉 등의 가사의 학습에서 끝나고, 지적 교육에 대해서는 무시하였다.

2) 주요 교육 사상가

고대 그리스의 주요 교육 사상가로는 유명한 소크라테스와 플라톤, 아리스토텔레스를 들 수 있다.

(1) 소크라테스

소크라테스는 교육의 본질을 자신의 무지함을 자각함으로써 선과 악을 분별할 수 있고, 선한 행위를 할 수 있게 하는 데 두었다. 그리하여 교육의 목적은 윤리 · 도덕적 인간 양성에 귀결되었고, 교육방법으로 대화법, 반문법, 산파술을 썼다. 앞에서 설명한 것처럼, 산파술의 경우, 소크라테스의 방법(Socrates's Method)이라고도 하는데, 변증술로서 문답법과 같다. 대화를 통하여 상대방의 막연하고 불확실한 지식을 확실한 개념으로 유도하는 것을 산파의 일에 비유하여 일컫는 말이다. 이는 현대 교육에서 질문법, 토의법 등과 계발학습, 자발학습에 큰 영향을 끼쳤다.

(2) 플라톤

소크라테스의 제자로 대학의 기원이 되는 아카데미아(Academia)를 설립하였다. 플라톤은 이상에 의해서만 이데아(idea)를 인식하게 되므로, 명석한 정신 능력의 계발을 교육의 본질로 삼았다. 그리하여 교육의 궁극적 목적은 이데아의 실현에 있고, 그것은 구체적으로 국가를 위한 유능한 인물, 즉 유능한 시민을 육성하는 일이다. 그의 교육사상은『국가』와『법률』을 비롯한 여러 대화편에 잘 나타나 있다.

플라톤의 후기 저작인『법률』의 경우, 국가에서 언급되지 않은 '절제'의 덕성에 주목하여 절제의 교육을 중시하였다.[4] 즉, 건전한 마음의 상태를 의미하는 절제는 지혜 다음가는 덕목으로 인정되고 있고, 지혜와 함께 인간이 가장 지향해야 하는 가치이다. 인간의 불완전성과 미성숙함으로 인해 플라톤은 인간의 최고 덕목으로 지혜를 주장한다. 하지만, 플라톤은 지성을 얻는 전 단계로서 절제의 중요성을 인정하고, 시민들이 현실적으로 절제를 함양하는

4) 장지원,『법률에 나타난 플라톤의 교육론』, 고려대 박사논문(2010) 참고.

데 교육의 기본 목적이 있다고 보았다.

(3) 아리스토텔레스

플라톤의 제자인 아리스토텔레스는 플라톤의 지나친 이상주의를 배격하고 실재의 기반을 현실사물의 세계로 끌어내렸다. 아리스토텔레스는 교육의 목적을 행복을 최고로 하는 개인의 완성에 두었다. 특히, 중용의 덕을 닦음으로써 행복한 생활을 할 수 있다고 주장하였다. 교육방법으로는 한 사물을 다루는데 있어 귀납적인 방법을 이용하여, 객관적이고 과학적인 방법을 사용하였다. 교육의 내용은 초등학교에서는 육체적 · 도덕적 습관을, 중등학교에서는 회화, 체육, 음악 등을 통한 정서훈련을, 고등교육에서는 수학, 논리학, 과학, 철학을 통한 시민 훈련과 이성 훈련이 중요하다고 생각하였다.

2. 로마 시대의 교육

고대 로마인들은 그리스인들과는 달리 매우 실제적인 민족이었다. 그러므로 로마인들은 실질적인 것을 추구하여, 일상생활에서 근면 검소하고, 도덕과 법률을 중시하며, 부모와 국가에 복종하는 기풍을 확립하였다.

1) 공화정 시대의 교육

공화정 시대 초기의 교육은 주로 가정에서 이루어졌다. 가장이나 여성(어머니나 가정교사)의 책임 하에 가정교육이 실시되었는데, 순수 로마적인 교육의 특색을 발휘한 시대이다. 교육목적은 애국심이 강하고 법률을 준수하는 국가에 유용한 시민을 양성하는 것이었다. 루두스(Ludus)와 같은 사립학교에서는 읽기 · 쓰기 · 셈하기와 로마의 최대 성문법으로 로마 교육내용의 대부분을 차지하는 12동판법을 가르쳤다. 수사학교에서는 웅변술을 가르쳤다.

2) 제정 시대의 교육

로마는 기원전 146년에 그리스를 정복한 이후, 그리스 문화에 물들기 시작하였다. 기원전 27년부터 제정시대를 열면서부터는 점차로 그리스식 학교제도를 받아들여 학교 중심 교육으로 전환하였다.

종래의 사립 초등교육기관이었던 루두스는 더욱 활기차게 보급되었으며, 중등교육기관인 문법학교들이 생겨났다. 문법학교에서는 그리스 문법과 라틴 문법을 가르쳤다. 고등 교육기관으로 웅변가를 양성하는 수사학교가 생겼고, 지방에는 철학 학교가 있었다. 웅변가는 도덕적 성품과 실용적 지식, 정치적 지도력을 갖춘 지도자적 인물이다.

3) 대표적 교육 사상가

로마 시대를 대표하는 사상가로는 퀸틸리아누스가 있다. 그는 수사학교를 설립한 최초의 공립학교 교사였다. 특히, 로마시대의 유일한 교육관련 저서이자 체계적이고 과학적인 세계 최초의 교육저서로 볼 수 있는『웅변교수론』에 그의 교육사상이 담겨 있다. 퀸틸리아누스는 주로 성선설의 입장을 견지하고 있다. "새는 날을 수 있게 세상에 태어났고, 말은 달릴 수 있게 세상에 태어났으며, 사람은 배우며 이해할 수 있게 세상에 태어났다"라고 하였듯이, 인간의 자연성과 아동 중심 교육, 개성 존중의 교육을 주장했다고 볼 수 있다.

3. 중세 시대의 교육

서양의 중세 사회는 대체로 게르만족의 이동으로 서로마 제국이 멸망(476년)한 때로부터 문예부흥이 일어나고 동로마 제국이 멸망(1453년)한 때까지의 약 천 년간을 말한다. 중세의 문화는 그리스 로마의 문화, 기독교 문화, 게르만 문화의 세 요소가 서로 어우러져 형성되었지만, 기독교 문화가 가장 지배적이었다. 중세의 교육 기관은 크게 기독교에 복무하는 기독교 교육과 세속 교육으로 나누어 볼 수 있다.

1) 기독교 교육

중세 교육의 목표는 일차적으로 인간을 순종과 신앙으로 이끌어 기독교적인 완전성에로 인도하는 것이었다. 그리하여 이들을 교회 공동체에서 종교적 활동을 하는 구성원으로 육성하여 천국의 시민이 될 수 있게 하는 것이다. 이와 같은 중세의 기독교적 교육기관으로는 교리문답을 중심으로 초등교육을 담당했던 문답학교, 문답학교의 교사 양성을 목적으로 하는 고급 문답학교, 문답학교와 고급 문답학교보다 높은 수준의 교육을 통해 성직자를 양성하는 본산학교, 수도사를 양성하기 위해 수도원에 부속된 학교로 설립한 수도원 학교 등이 있었다.

2) 세속 교육

11세기 경, 중세 교육은 종교적인 성격이 쇠퇴하고 세속적인 성격이 강하게 나타났다. 이는 중앙집권적 체제의 붕괴에 따른 봉건제의 출현, 신흥계급의 등장, 사라센 문화의 유입과 관계가 깊다.

(1) 기사도 교육

봉건국가의 출현과 더불어 봉건 영주들은 자신의 안위와 토지를 지키기 위해 전문적인 기사를 양성하게 되었다. 기사는 봉건영주에게 복무하는 기독교적 무사를 의미한다.

기사도 교육의 목적은 무지하고 야만적인 기사들에게 기독교 정신을 지니게 함으로써, 용기 · 충성 · 관용과 같은 군사적 미덕과 예의 · 공손 · 자비와 같은 사회적 미덕을 갖추게 해주는 일이었다. 이렇게 하여 원래 무절제하고 기독교적 계율에 어긋난 생활이 습성화된 기사를 약자를 보호하고 교회 및 영주에 봉사하는 훌륭한 기사가 되도록 가르쳤다. 이들은 봉건적 주종 관계가 진행되는 과정에서 기사의 신분을 확립해 갔는데, 이후 십자군 원정에서 결정적 활동을 하였다.

기사는 7~14세에 해당하는 남자 아이들을 선별하여 길렀는데, 귀부인 곁에서 상류사회에 필요한 예법과 초보적인 읽기 · 쓰기 · 셈하기 교육을 받았다. 그리고 14~21세가 되면, 준기사로서 필요한 승마, 수영, 궁술, 검술, 수렵, 장기, 시 등 7예를 배웠다. 그 후, 21세가 되면 기사 입문식을 거쳐 원숙한 기사가 되었다.

(2) 시민학교의 발생

십자군 원정의 결과 도시가 발달하고 상공업이 융성함에 따라 성직자와 귀족계급에 맞서는 신흥계급이 발생하였다. 이들 신흥계급은 기존의 성직자와 귀족계급의 교육이 적합하지 않았다. 이에 자신들에게 적합한 실제적이고 실용적인 직업교육이 요청되었다. 이때 생겨난 교육기관이 시민학교와 도시학교이다.

도시 발달 초창기에는 일반 시민계급에게 필요한 생산교육 및 직업교육이 주류를 이루었다. 즉 자신들의 실생활에 필요하고 알맞은 교육이 요청되었는데, 그것이 조합학교(guild school)이며, 도제 교육이다.

(3) 대학의 성립

중세 중 · 후반 사라센 학자들의 연구와 학교에 영향을 받은 서구인들은, 고등교육을 기존의 신학 연구를 중심으로 운영되던 본산학교나 수도원에만 의존할 수 없게 되었다. 이런 시대 흐름 속에서 출현한 것이 중세 대학이다. 본래 대학은 11세기 경 학생과 교수들이 모여 하나의 조합을 이루어 사숙하는 형태로 시작되었다.

중세 최초의 대학은 1158년 이탈리아 북부지방에 세워진 볼로냐(Bologna) 대학인데, 법학으로 유명하였다. 이후 1231년 이탈리아 남부에 살레르노(Salerno) 대학이 세워졌는데, 의학으로 유명했다. 그 외 프랑스의 파리대학(1180년), 영국의 옥스퍼드 대학(1167년)과 캠브리지 대학(1214년), 독일의 프라게 대학(1348년)과 하이델베르그 대학(1348년) 등이 계속해서 세워졌다.

중세의 대학에는 여러 가지 특권들이 주어졌다. 일체의 공역과 세금이 면제 되었고, 대학 내에 일어나는 범죄는 대학 자체에서 재판하였으며, 학생들이 학장이나 총장을 선출할 수 있는 선거권도 있었다. 또한 대학 자체의 학위 수여권도 있었는데, 이는 오늘날까지도 잘 계승되고 있다.

이러한 중세 대학의 발달은 자유로운 지적 연구기관으로서 고전문화를 계승・발전시키는 데 결정적인 기여를 했으며, 르네상스 운동의 선구적인 역할을 담당하였다.

4. 서양의 근대 교육

1) 15세기~16세기; 르네상스와 종교개혁

(1) 르네상스와 교육

르네상스는 15세기 유럽 전역에서 일어난 정신적 자각 운동이자 문화 운동이었다. 르네상스는 고대 문화의 부활과 재생(再生)을 뜻하는데 단순한 재생이 아니라 인간과 자연에 대한 새로운 각성 운동이었다. 특히 르네상스 인문주의란 문예 부흥 운동이 이루어 놓은 것으로 중세의 기독교적 복음주의와 내세에서 벗어난 인간 본연의 상태로 돌아가려는 해방운동이었다.

르네상스 인문주의 교육의 목적은 풍부한 인문적 교양의 습득을 통한 인간의 폭넓은 자아실현과 사회 및 인류의 발전과 복지에 있다. 동시에 그리스와 로마의 고전학습을 통하여 그 목적을 달성하려고 하였다. 인문주의적 교육의 형태로는 초기에 부유층을 중심으로 소수인에 의해 활기를 띠며 자유인 양성이 주요 목적인 개인적 인문주의와 전민중에게 교양을 넓혀 사회개혁 및 도덕개혁을 이루려는 사회성이 짙은 사회적 인문주의, 키케로의 문체와 문장 구성법에만 중점을 두고 그의 작품을 암송하고 그가 사용한 단어와 어구를 사용 표현하는데 주력하여 훌륭한 문체와 정확한 표현방식을 발달시키는데 교육의 목적을 두었던 키케로 주의 등이 있다.

이러한 르네상스 인문주의는 중세의 교권주의를 부정하고 자유주의를 토대로 한 인격도야를 목적으로 인간 자유교육의 이념을 주장하였으며, 교육의 자유정신을 자극했을 뿐만 아니라 자유 교육사상의 토대를 세우게 하였다.

주요 교육 사상가로 비토리노(Vittorino, 1378~1446), 에라스무스(Erasmus, 1466~1536), 비베스(Vives, 1492~1540) 등이 있다. 비토리노는 최초의 근대적 교사로 아동 중심 교육과 개성 존중 교육을 주장하였고, 기회균등 원리 및 흥미 본위의 생활교육을 강조하면서 '학교는 즐거운 집'이어야 한다고 주장하였다. 에라스무스는 교육사상을 인문주의와 성서주의의 조화에 두었다. 교육의 목적은 도덕적 선을 지향한 경건심을 배양하는데 두고, 빈부, 귀천, 남녀의 차별 없이 교육이 이루어져야 하고 개성에 의해 교육되어야 한다고 주장하였다. 비베스는 인문적 실학주의자로 가정교육과 초등교육의 중요성을 강조하였다.

(2) 종교개혁과 교육

16세기에 이르러 북유럽을 중심으로 종교개혁운동이 일어났다. 종교개혁의 결정적 계기는 면죄부 사건이다. 당시 교황 레오 10세는 성베드로 성당을 개축하는 데 필요한 자금을 조달하기 위하여 면죄부(Indulgence)를 신도들에게 강매하였다. 이에 대해 당시 비텐베르그 대학 교수였던 루터가 1517년 10

월 31일 95개조의 반박문을 발표하였다. 루터는 인간은 오직 성서와 신앙에 의해서만 구원받을 수 있다고 주장하였다. 이것이 종교개혁의 시작이었다.

종교개혁을 통해 시작된 개인 신앙, 구원을 위한 성서의 번역과 연구는 교육을 널리 보급할 수 있는 중요한 계기가 되었다. 교육 기회가 전보다 넓어지고, 교육을 대중화하고 보편화하는 네 기여하였다. 특히, 종교개혁가들이 내세운 성서상의 남녀평등 사상은 평등교육의 이념 실현에 큰 영향을 미쳤다. 따라서 특권계급의 자제를 위한 개인 교수보다는 공립학교의 교육이 요구되었다.

종교개혁기의 교육사상가로는 루터(Luther, 1483~1546)와 캘빈(Calvin, 1509~1564)이 대표적이다. 루터는 보통교육제도를 기본 개념으로 하여 의무교육과 과학의 진흥, 교사의 양성 등을 제창하였고, 근대국가의 보통 의무교육제도의 사상적 체계를 완성하였다. 캘빈은 루터의 이런 사상을 더욱 발전시켜 프로테스탄트 신학을 체계화하였고, 미국 교육에 중내한 영향을 미쳤다.

2) 17세기~19세기; 실학주의와 계몽주의, 민족국가주의와 신인문주의

(1) 실학주의와 교육

서구의 근대문화는 자연과학을 중심축으로 정신과 의식의 혁명이 그것을 뒷받침하였다. 17세기는 과학과 지식의 혁명 시대였다. 이 시기에는 종래의 신학적 사고로부터 서서히 탈피하면서 보다 확실하고 신뢰할 수 있는 지식에 도달하기 위해 과학적인 실증에의 길로 옮겨 가고 있었다. 특히, 17세기에는 자연과학과 철학의 발전에 힘입어 새로운 교육내용과 방법을 도입하지 않을 수 없었다. 즉 진리 발견에서 과학적 방법은 교육에서 인간의 능력과 이성 및 경험을 존중하는 실학주의로 나타나게 되었다.

실학주의의 표어는 '언어 이전에 사물(things before words)'이다. 교육의 실제적이고 궁극적인 목적도 실생활이나 사물을 통하여 인간의 삶에 구체적으로 필요한 지식을 가르침으로써 실생활에 유능한 인물을 양성하려고 하였다.

실학주의에는 고전의 연구를 통하여 현실생활에 잘 적응할 수 있는 유능한 사람을 양성하려는 인문적 실학주의(Humanistic Realism), 고전을 연구하는 교육보다 사회생활의 경험을 주요 내용으로 하여 신사(紳士: gentleman)를 양성하려는 사회적 실학주의(Social Realism), 인간의 감각적 직관을 기초로 사물의 본질을 파악하려는 감각적 실학주의(Sensual Realism)가 있다.

이 중 감각적 실학주의를 대표하는 코메니우스(Comenius, 1592~1670)는 실학주의 교육을 잘 보여준다. 코메니우스는 '모든 사람들에게 모든 것을 가르친다'는 범지학(汎知學: Pansophia)을 주장하였다. 이것은 인간의 지적인 이성을 도야함으로써 도덕적 종교적 삶의 기초를 형성한다는 합리적 사고에서 출발하였다. 코메니우스는 특히 감각의 발달을 가져오고 효과적으로 가르치기 위하여 삽화가 들어간 최초의 교과서인 『세계도회』를 저술하였다. 이는 시청각 교육의 효시라고 볼 수도 있다.

(2) 계몽주의와 교육

18세기 유럽에서는 계몽사상이 출현하였다. 계몽(Enlightment)은 말 그대로 '어리석음에서 깨어난다'는 말이다. 몽매함, 무지, 구습, 편견, 권위에서 벗어난다는 의미이다. 다시 말하면 모든 전통의 구속에서 벗어나 자유롭게 사고하고 연구하고 나아가 기존의 구습, 학문, 종교, 도덕 등을 비판하고 개선할 수 있는 지적인 수준을 고양시키려는 사상이다. 이러한 계몽주의 사상은 인간을 자연 그대로 보려는 자연주의를 본질로 하며, 인간의 이성과 지성을 존중하는 합리주의를 특징으로 한다.

계몽주의의 교육 목적은 이성의 자유를 속박하는 종교 · 정치 · 사회 등의 모든 권력 구조를 제거할 수 있게 하는 데 있다. 즉 사람들이 스스로 생각하고 모든 인간적 또는 신학적 문제와 사물을 자신의 이성의 힘으로 따질 수 있게 하는 데 목적을 두었다.

계몽주의 시기의 대표적인 교육사상가로 루소를 들 수 있다. 루소는 유명한 교육 소설『에밀』에서 "어른들은 아이들에 관하여 알고 있는 것이 없고, 아이들이 무엇을 해야 하는가에만 관심을 갖고 있으며, 아이들을 어른의 축소판 정도로 이해하고 있기 때문에 교육이 잘못되어 있다"라고 비판했다.

에밀은 1부에서는 0~5세까지의 유아기, 2부에서는 5~12세까지의 아동기, 3부에서는 13~15세까지의 청소년 전기, 4부는 15~20세까지의 청소년기 후기, 5부는 여성교육에 대해 다루고 있다. 루소는 아동의 발견자로서 교육에 큰 공헌을 했는데, 이후 칸트, 페스탈로치, 프뢰벨 등 위대한 교육 사상가에게 큰 영향을 끼쳤다.

(3) 민족국가주의 및 신인문주의와 교육

서구의 19세기는 매우 복잡한 시기이다. 정치적으로는 제국주의가 등장하여 영토 확장과 식민지 확보에 여념이 없었고, 경제적으로는 산업혁명으로 자본주의 경제 체제가 성립되어 가고 있었다. 사상적으로는 국가주의와 사회주의 및 공리주의라는 사회 개혁사상도 제기 되었다. 이와 같은 시대적 배경 속에서 교육적으로 국가주의와 신인문주의 사상이 출현하였다.

근대 초기에 민족 단위로 형성된 국가는 17, 18세기에 이르러 확연한 영토와 경제적 부를 축적하고 막강한 군사력을 가지면서 완전하고 힘 있는 국가로 성장하였다. 이에 제 각각의 민족 국가는 자국이 필요로 하는 인재 양성을 목적으로 하는 국가주의 교육사상을 내 놓았다. 특히, 나폴레옹의 전쟁으로 인해 각각의 민족국가는 민족과 국가를 보호하기 위한 국민교육의 필요성을 더욱 강조하게 되었다. 그리하여 유럽의 국가들은 교육을 국가가 관리하고, 교육제도를 재정비하며 의무 교육 제도를 실시하는 등 교육계에 일대 혁신을 일으켰다. 현대적 의미에서의 학교교육인 공교육이 강화되기 시작한 것도 바로 이때부터이다.

국가주의 교육사상은 민족국가의 성원으로서 국민의 애국심을 고취하기 위하여 자국의 지리학 · 언어학 · 역사학 등의 교과 학습을 중시하였고, 무엇보다도 교육목적과 내용, 방법과 제도 등 교육의 제반 문제에서 국가의 이익과 발전을 위해 재조직하고 통제하였다. 국가주의를 주장한 교육사상가로 콩도르세(Condorcet, 1743~1794), 피히테(Fichte, 1762-1814), 오웬(Owen, 1771~1858) 등을 들 수 있다.

한편, 국가주의자들이 민족 국가적 이상을 실현하기 위해 교육제도를 조직하고 교육환경의 개선에 관심을 가진 것에 비해, 신인문주의자들은 외부에서 어떤 강제에 의해 교육이 이루어지기보다는 내부에서 아동의 내면세계를 계발해 내는 것으로 보았다. 이들은 국가주의 교육 사상은 물론 18세기의 합리주의와 주지주의적 교육도 이성과 지성의 계발과 도야를 지나치게 강조함으로써 지 · 정 · 의를 겸비한 전인을 기르지 못한다고 비판하였다.

신인문주의의 주요 교육사상가로는 페스탈로치(Pestalozzi, 1746~1827), 헤르바르트(Herbart, 1776~1841), 프뢰벨(Freobel, 1782~1852) 등이 있다. 페스탈로치는 지(知) · 덕(德) · 체(體), 즉 3H의 조화를 중시하여 전인교육을 주장하였고, 헤르바르트(Herbart)는 근대 교육학의 아버지로 평가받는 데, 그 이유는 교육의 목적을 도덕적 인격 양성에 두면서 교육학을 체계화하였기 때문이다. 프뢰벨은 유아의 세계를 재발견하고 놀이와 게임의 교육적 가치를 발견하였으며 유치원 교육의 선구자로 이름이 높다.

5. 20세기 서양의 현대 교육

20세기에 들어서면서 세계의 정치경제적 상황이 급변하였다. 교육도 엄청난 변화를 겪었다. 1차 세계대전 이후 자본주의 국가들은 식민지 진출의 지도적 인물을 양성하고 산업 부흥을 이루기 위해 중등 교육의 제도와 내용을 개편하였다. 또한 사회주의 국가들이 출현함으로써 생산노동과 교육의 결합에 의한 인간의 전면적 발달을 도모하는 사회주의 교육을 시도하였다.

2차 대전 이후에는 미국과 소련으로 대표되는 자유민주주의와 사회민주주의의 대립 현상이 나타나고, 교육도 민주주의의 기본 가치인 자유와 평등을 중심으로 인간의 존엄성을 존중하는 자유민주주의 교육과 공산주의적 혁명 인재 양성을 위한 교육으로 갈라지게 되었다.

이렇게 복잡한 교육의 소용돌이 속에서도 현대교육은 교육 민주화 실현, 교육의 기회균등. 교육의 대중화를 어느 정도는 달성하게 되었으며, 과학화, 민주화, 전인교육의 추구라는 세 가지를 교육의 주요 축으로 삼아 보다 나은 교육을 모색하고 있다.

1) 새 교육 운동

새교육 운동은 19세기 말에서 20세기 초 유럽에서 일어나 미국을 비롯한 전 세계의 교육 개혁 운동에 많은 영향을 미쳤다. 특히 아동의 내재적 동기를 유발하고 자발적 학습활동을 조성한다는 이념 아래, 근대 교육의 이념에 충실하여 현실화한 운동이다.

새교육 운동은 전통적인 중등학교 교육을 개혁하려는 의도에서 시도된 교육 운동으로 전원기숙사 학교 설립이 대표적인 예이다. 라디에(Reddie, 1858~1932)의 에버츠호움 학교, 리츠(Lietz, 1868~1919)의 전원기숙사학교, 바이네캔(Wyneken, 1875~1964)의 자유학교 공동체, 게히브(Geheeb, 1870~1961)의 오덴발트 학교 등이 유명하다.

또한 새교육 운동의 대표적인 사례로는 노작교육 운동이 있는데, 극단적 주지주의나 고전주의에 반대하고 서적 중심의 전통 교육의 폐해를 지적하였다. 케르센슈타이너(Kerschensteiner, 1854~1932)의 노작학교나 가우디(Gaudig, 1860~1923)의 노작 교육사상이 대표적이다.

2) 아동중심 교육사상

전통 교육이 교사중심의 교육이었다면, 현대교육의 특징은 무엇보다도 아동중심 교육 사상이라고 할 수 있다. 앞에서 언급했듯이 코메니우스, 루소, 페스탈로치, 프뢰벨 등의 사상을 심화 발전시켜, 20세기에는 듀이(Dewey, 1859~1952), 몬테소리(Montessori, 1870~1952), 니일(Neill, 1883~1973) 등 여러 사상가들이 아동중심 교육을 중시하였다.

특히, 듀이는 "아동이 현재 살고 있는 사회적 상황의 요구에 의해 아동의 능력을 자극함으로써 진정한 교육이 이루어진다"라고 보고, 아동중심 교육사상의 획기적 전환을 이루었다. 듀이에 의하면, 학교는 아동의 모든 생활을 지배하는 중심지가 되어야 하며 아동의 성장을 돕는 데 필요한 매개물이 학교에 집중되어야 한다. 교육은 아동의 활동과 더불어 시작된다. 그러므로 원만한 교육활동을 위해서는 아동의 능력과 흥미, 그리고 그들의 습관 등을 올바르게 포착할 수 심리적 통찰이 필요하다. 즉 아동의 능력, 흥미, 습관 등을 부단히 분석하여 그들이 무엇을 원하고 있는가를 파악하고, 이를 토대로 교육 계획이 수립되고 교육활동이 전개되어야 한다고 봄으로써 아동중심 사상을 정립하였다.

또한, 어린이 집으로 유명한 몬테소리는 아동을 무한한 잠재 능력이 있는 존재로 보고, 아동 스스로 자신의 잠재능력을 전개해 간다고 이해했다. 즉 어린이는 외부 환경의 자극에 수동적으로 반응하는 것이 아니라 내적 에너지에 의해 스스로 탐색하고 발견해 나가는 능동적 존재이다. 아동은 선천적으로 특유한 정신의 본질을 지니고 태어나며, 어른에 의해 주입되는 방식으로 배우기보다는 아동 자신이 스스로 환경과 접하면서 경험을 통해 배운다고 주장하였다.

그리고 니일은 철저하게 어린이의 자유에 입각한 교육을 통해 평화롭고 민주적인 이상 세계의 건설을 주창하였다. 특히, 서머힐 학교는 그런 그의 교육정신을 실현한 것으로 전세계적으로 유명하다. 서머힐에서는 아이들을 학교에 맞추는 것이 아니라 학교를 아이들에게 맞추고, 아이들이 그들 자신의 생활을 할 수 있도록 자유를 허용한다.

3) 교육의 과학화

교육의 과학화는 루소가 아동을 새롭게 인식한 이후, 인간의 심리학적 계발주의를 통해 추진되었다. 과학적 연구는 주로 심리학과 사회학 분야에서 이루어졌다.

교육의 과학화가 본격적으로 추진된 것은 분트(Wundt)의 실험 심리학에 의해서이다. 실험 심리학은 실험적 방법을 통해 인간의 행동과 정신현상을 연구하는 심리학으로, 손다이크(Thorndike)에 의해 교육측정, 지능검사법, 학교조사 등의 방법들이 확립되고 학습 이론이 형성되어, 현대 교육심리학의 기초가 마련되었다. 이후 지속적으로 연구 발전한 현대 교육심리학은 교육의 방법적 측면에서 과학화에 결정적으로 기여하였다.

한편, 꽁트(Conte)와 뒤르케임(Durkheim) 등에 의한 사회학의 발달은 사회 속에서의 교육의 역할과 기능, 사회 구조와 문화가 갖는 교육적 역할 등을 과학적으로 설명하기 위해 노력하였다.

제3부

한국교육에 영향을 미친 핵심 국가들의 교육사

역사적으로 한국문화에 가장 큰 영향을 미친 국가를 꼽으라면, 중국과 일본, 미국을 들 수 있을 것이다. 중국은 한국교육사에서도 살펴보았듯이, 고대로부터 근대에 이르기까지 한반도와 다양한 관계를 형성하며, 유교를 중심으로 한 문화공동체의 일원으로 존재했다. 일본의 경우, 기억하기 싫은 역사이지만, 조선총독부 체제로 20세기 선반기에 한반도를 지배했다. 미국은, 1945년 일제강점기로부터 해방된 이후, 한반도의 남부 지역을 미군정이 통치하며, 미국 문화를 이식하는데 결정적 기여를 하였다. 여기에서는 현대의 한국교육에 가장 큰 영향력을 미치고 있는 미국과 역사적으로 전통 교육에 영향을 미친 중국의 교육사를 간략하게 제시하여 한국 교육의 역사와 비교할 기회를 마련한다.

제10장
미국 교육의 역사

1. 미국 교육의 기본 정신

한국이 본격적으로 미국문화를 접촉하고 수용한 통로는 구한말 조선에 들어온 기독교 선교사들에 의해서이다.[1] 그들은 선교활동을 통해 미국의 기독교 문화를 전파하였을 뿐만 아니라, 조선 왕실에 대한 자문과 의료 및 교육사업을 통해 조선인들에게 문화적 영향을 미쳤다. 선교사들을 통한 미국문화의 수용은 일제 강점기에도 계속되었고, 해방 후에는 그 범위가 더욱 확대되었다. 해방 후 한국인들은 미국의 정치, 경제, 사회, 문화, 교육, 군사 등 광범위한 영역에 걸쳐 미국식 제도를 수용하였다. 1960년대 이후, 미국문화 수용에 대한 비판적 태도가 조금씩 증가하고는 있으나 미국문화의 영향력은 아직도 막강하다.

오늘날 세계에서 가장 강력한 힘을 발휘하는 미국은 15세기 말 유럽인들에게 신대륙으로 알려지기 전까지 국가로서 존재하지 않았다. 물론 아메리카 인디언이라고 불리는 동양인과 동일 계통인 몽고 인종(Mongoloid)이 대륙에 이미 거주하고 있었다. 미국의 시작은 영국의 식민지 개척과 독립 전쟁을 통해, 새롭게 탄생되면서부터이다.

미국 교육의 탄생도 식민지 시기였던 1662년 미국 내의 모든 아동들에게 교육받을 기회를 제공하게 될 공립학교 제도의 확립을 향한 첫발을 내디디

---

1) 임희섭 편,『한국과 미국 3-사회 · 문화 관계』(서울: 경남대출판부, 1988), 11~12쪽.

면서부터 서서히 이루어진다. 초기 단계에서 취해진 일련의 조치는 시험적이고 제한적인 범위 내에서 시행될 수밖에 없었다.[2] 그것은 미국독립에 기여한 최고지도자들의 열정과 의지를 통해 확고하게 자리매김된다.

미국 독립선언서를 기초한 토머스 제퍼슨(T. Jefferson)은 교육에 대해 다음과 같이 강조했다. "한나라가 문명 상태를 무시하거나 관계하지 않기를 바란다면, 이는 문명이 과거에도 없었고 미래에도 결코 생기지 않을 것을 바라는 짓이다." 미국 초대 대심원장 존 제이(J. Jay)도 "지식은 공화국의 정신"이라고 했고, 2대 대통령인 존 아담스(J. Adams)는 "한 인간으로서, 시민으로서, 또한 기독교인으로서 도덕적 의무를 지키는 데 유용한 모든 지식을 가지고" 국민을 교육하는 것이 국가의 의무라고 보았다. 이처럼, 18세기 말, 영국에서 독립한 신생국 미합중국의 지도자들은 교육받은 국민만이 정부의 권력을 통제할 수 있다고 확신했다.[3]

이후, 교육 개혁은 제퍼슨을 비롯하여 벤자민 플랭크린과 노아 웹스터 등의 사상에 영향을 받고, 호레이스 맨과 같은 교육개혁가를 거치면서 다양하게 발전하였다. 초등교육에서 고등교육에 걸쳐 일어난 광범위한 진보, 다양한 교육법안, 여성교육과 흑인 노예교육의 확장 등 민주적 교육의 발달을 거듭했다.

때로는 서로 반대되는 형태의 교육가들, 예컨대 교육을 전문적으로 조직하려는 사람들과 교육을 낙관적으로 이해하는 낭만주의자들에 의해 격한 논쟁이 벌어지기도 했다. 그들의 논의는 서로를 용서할 수 없는 적으로 생각하게 만들기도 했지만, 결국은 미국의 교육 제도를 형성하고 교육적 이상을 수행하는 데 기여하였다. 때로는 엘리트주의자들과 평등주의자들 간에 투쟁도 있었다. 지배계급을 위한 배타적 교육의 옹호자와 대중교육의 주창자 간의

---

2) L. S. Luedtke(고대 영미문화연구소 역), *The Society and Culture of the United States*(『미국의 사회와 문화』)(서울: 탐구당, 1989), 373쪽.

3) F. M. & G. Hechinger(채규철 역), *Growing up in America*(『미국교육사』)(서울: 탐구당, 1981), 7쪽.

싸움이 미국 교육을 풍부하게 하는 요인이 되기도 했다.

그러나 미국 교육의 핵심이자 사명은 늘 미국의 국민을 형성하는 작업이었다. 그것을 가능하게 하는 세 가지의 강력한 요소가 존재한다. 첫째, 교육 개혁가의 정력이요, 둘째, 사회가 주요한 재조정을 해야 할 때, 보상하고 조정하는 힘으로 작용하는 능력이며, 셋째, 교육정책에 대한 대심원의 영향이다.

이 장에서는 이러한 미국 교육의 기저를 바탕으로 미국교육의 역사를 초기부터 현재까지 간략하게 점검해 본다.

2. 미국 교육의 시작과 초기 형태

1) 초기 교육의 특징

미국의 교육은 미합중국(U.S.A)을 건설하기 이전부터 시작되었다. 미국은 독립을 이루기 이전까지는 북유럽, 특히, 영국의 영향을 강하게 받았다. 왜냐하면 전통 기독교(Calvinism)를 믿는 청교도들이 이주하여 정착하였기 때문이다. 물론, 영국의 계몽사상이 본격적으로 전파되어 영향력을 미치기 이전에도, 미국에 거주하던 식민지인들은 공교육에 높은 가치를 부여했다. 그러나 당시 생업의 기본은 농업이었고, 대부분의 농가에서는 농사일로 인해 공부할 여유를 제대로 갖지 못하였다. 때문에 학교에서 교육하기는 어려운 실정이었다. 그러나 가정에서 자식들에게 읽고 쓰는 법을 가르치는 경우는 있었다.

식민지인들은 그들의 종교인 칼비니즘(Calvinism)에 의거한 교육관을 지녔다. 칼비니즘에 의하면, 아동은 본성상 악한 존재이다. 따라서 교육은 훈육을 통해 인간 본성을 억제하고 하나님의 뜻을 맹종하게 하는 과정이다. 이 과정에서 종교적이고 도덕적 권위가 성인에게 부여되며 교육의 방법은 엄격한 단련과 벌로 대표된다. 교육의 궁극 목적은 경건한 신앙인을 기르는 데 있으며 교육의 내용은 초자연적이고 절대적인 종교상의 진리였다.[4]

2) 교육령의 공포와 발전

1642년, 매사추세츠(Massachusetts)주에서 미국 최초의 교육법이 만들어졌다. 그것은 흔히, '매사추세츠 교육령'이라고 부르는데, 학부모들이 학교를 세우고 교사를 초빙할 때, 지역사회가 함께 기여해야 한다는 점을 분명히 명시했다. 그러나 지역 주민을 설득하여 교육을 지원하게 하고, 교육에 필요한 재정을 확보하게 하는 일은 매우 어려웠다.

1642년에 이어 1647년, 매사추세츠 주에서는 보다 강력한 교육법을 통과시켰다.[5] 당시 학부모들은 자녀를 학교에 보낼 수도 있었고 집에서 교육시킬 수도 있었다. 그러나 이 법에서는 50가구 이상의 규모를 지닌 지역사회에서는, 소속 아이들이 읽고 쓰고 셈하는 것을 배울 수 있도록 학교를 마련해야 하고, 100가구 이상의 규모를 지닌 지역사회에서는 라틴어와 그리스어 교사를 초빙하도록 했다. 다시 말하면 대부분의 지역사회[마을; 타운]에 학교를 세우도록 명시했던 것이다.

그 결과 다양한 공교육 기관이 설립되었다. 퀘이커 교도들을 비롯한 여러 종교 분파가 교회학교를 운영했다. 어떤 지역사회에서는 과부나 미혼 여성들이 자신의 집에 사설 학교를 개설하여 교육하는 일종의 초등학교가 설치되었는데, '데임 스쿨(dame schooling)'이라고 명명되었다. 도시에서는 숙련된 장인들이 도제들을 위해 야간 학교를 개설하기도 했다. 학교를 설립함과 동시에, 여유있는 학부모들에게는 교사에게 보수를 주기 위한 일정액의 수업

---

4) 이성호, 「미국 공교육의 형성과 전개」, 미국학연구소 편, 『미국 사회의 지적 흐름』(서울: 서울대출판부, 1998), 409~410쪽.

5) F. M. & G. Hechinger, 앞의 책, 12~13쪽.

료 기부가 기대되기도 했다. 그러나 대부분의 지역 주민은 수업료 기부를 꺼렸다. 그럼에도 불구하고, 매사추세츠 교육법이 중요한 이유는 교육에서 하나의 원칙을 제시하였다는 점이다. 다시 말하면, 아이들의 교육과 같은 개인적 문제에 국가의 관여를 승인하고, 국가와 아동에 대한 가족의 의무를 부여한 것이다.[6)]

이와 동시에 중요한 것은, 지방 재정을 기초로 하는 교육의 지방자치 원칙이다. 이는 국민생활의 중요한 영역이 연방정부의 통제에 놓이게 된 뒤에도, 미합중국 교육제도의 근본으로 남아 있었다. 매사추세츠 주의 주민들은 영국을 모델로 중고등학교도 만들었다. 초기의 중고등학교는 남자 아이들만이 진학할 수 있었다. 중고등학교 교육의 주요한 기능은 소년들에게 대학 진학을 위한 준비를 시키는 것이었다.

한편, 흑인 노예들은 교육 받을 기회가 없었다. 가끔, 주인이나 주인마님이 노예로 데리고 있던 아이들에게 읽고 쓰는 법을 가르치는 경우는 있었다. 하지만, 노예 제도가 확고하게 뿌리내리면서부터, '노예들은 가르치지 말아야 한다'는 강한 사회적 합의와 법적 제재가 가해졌다. 인디언들도 대부분 자신들의 의사에 따라, 백인들의 교육 시스템에서 벗어나 있었다. 그러나 백인 선교사들과 박애주의자들이 원주민들을 위한 학교를 세우기도 했고, 소수이긴 했지만, 영어를 말하고 쓸 줄 아는 인디언을 키워내기도 했다.

3) 고등교육의 태동

미국 최초의 대학인 하버드(Harvard)는 식민지 시기인 1636년에 퓨리턴 신학자들이 목사를 양성하기 위해 건립한 학교였다. 학교 이름은 찰스턴의 목사 '존 하버드'의 이름을 땄는데, 그는 소장하고 있던 책자와 재산의 절반을

---

6) A. Brinkley(황혜성 외 옮김), *The Unfinished Nation*(『있는 그대로의 미국사 1』)(서울: 휴머니스트, 2005), 167쪽.

이 학교에 기증하였다. 1693년에는 영국 국교회가 영국 왕과 여왕의 이름을 딴, 버지니아의 윌리엄스버그에 윌리엄 앤 메리 대학(College of William & Mary)을 설립했다.

1701년, 하버드대학이 종교적 자유주의로 흐르는 데 불만을 품은 보수적 회중교도(會衆敎徒)들이 코네티컷의 뉴헤이븐에 후원자 중의 한 사람인 엘리유 예일의 이름을 딴 예일대학(Yale Univ.)을 설립했다. 1746년에는 대각성 운동으로 뉴저지 대학(The College of New Jersey)이 설립되었는데, 이후에 소재지 타운의 이름을 따서 프린스턴 대학(Princeton Univ.)으로 개명하였다. 이들 대학은 종교에 기반하고 있음에도 불구하고, 대부분의 교육과정에 신학뿐만 아니라 논리학, 물리학, 기하학, 천문학, 수사학, 라틴어, 히브리어, 그리스어를 포함시켰다.

1754년 뉴욕에 설립된 킹스 칼리지(King's College)는 나중에 콜롬비아대학(Columbia Univ.)으로 이름을 바꾸고, 세속적 지식을 확산시키는 데 주력했다. 1755년에 벤저민 프랭클린의 격려로 민간인에 의해 건립된 필라델피아대학은 나중에 펜실베니아대학(Univ. of Pennsylvania)이 되었는데, 완전히 세속적인 교육만을 담당했다.

이런 고등교육의 확산은, 1700년 이전에 대부분의 식민지 지도자급 인사들이 영국에 있는 대학교에 다니지 않고, 미국에서 교육을 받는 계기가 되었다. 그렇더라도, 당시 고등교육의 혜택은 소수의 부유한 백인들만이 누렸을 뿐이다.

3. 국민주의와 교육

1) 초중등교육 발달과 여성교육의 시작

1792년 제퍼슨(T. Jefferson)이 주축이 된 공화파는 미국의 미래를 덕성스럽고 계몽된 시민이 담당할 것이라고 확신하였다. 따라서 공화파는 모든 남성 시민이 무료로 교육을 받을 수 있도록 전국적으로 공립학교 체제를 갖추어야 한다고 생각했다. 하지만 그것은 희망사항에 그쳤다. 당시 교육은 주로 사립 기관에 맡겨졌고, 이들 기관에 수업료를 지불할 수 있는 사람들에게 교육 기회가 주어졌다.

대서양 남부와 중부에 위치한 주에서는 종교 단체가 운영하는 학교가 대다수를 차지했다. 뉴잉글랜드 지역에서는 민간인이 사립학교를 설립하는 경우가 훨씬 많았다. 이 지역 사립학교는 대부분 필립스 가문이 1778년에 매사추세츠의 앤도버에 설립한 학교와 3년 후 뉴햄프셔의 엑서터에 설립한 학교를 모델로 삼았다. 대부분의 학교는 귀족적이었고, 가난한 사람들에게 교육의 기회를 제공하는 학교는 소수에 불과하였다. 그 경우에도 모든 학생들에게 숙식을 제공할 경제적 여유는 없었고, 교육 수준 역시 부유한 가정의 학생들이 제공받는 교육 수준에 비하면 확실히 열악했다.

뉴잉글랜드 학교와 같은 사립중등학교는 일반적으로 남학생들만 입학할 수 있었다. 공립학교조차 많은 학교가 여학생의 입학을 금지했다. 그러나 18세기 말과 19세기 초, 여성교육 분야에서 몇 가지 중요한 발전이 이루어졌다. 미국인들은 다음 세대의 교육을 담당할 '공화주의적 덕성을 지닌 어머니'의 중요성에 높은 가치를 부여하였다. 그리하여 '어머니 자신이 배우지 못한 여성이라면 어떻게 자녀들을 계몽시키겠는가?'라는 질문을 던지기 시작했다. 이러한 관심에 힘입어, 부유한 가문의 딸들을 대상으로 초기의 여학교 설립이 전국적으로 가속화되었다. 1789년, 매사추세츠 주는 모든 공립학교에 남성뿐 아니라 여성도 입학할 수 있게 했다. 모든 주는 아니지만, 다른 여러 주에서도, 매사추세츠 주의 모범을 따르기 시작했다.

일부 여성들은 보다 많은 것을 요구했다. 1784년, 머레이(Judith Sargent Murray)는 여성의 교육받을 권리를 주장하는 글을 발표했다. 머레이는 남성과 여성은 지적으로 평등하고 잠재력 역시 다를 바 없다고 했다. 따라서 여성도 남성과 동일하게 교육받을 수 있어야 하고, 스스로의 힘으로 생계를 꾸리는 한편, 남편과 가족의 테두리에서 벗어나, 사회에서 자기역할을 할 기회를 가져야 한다고 강조했다. 당시 이러한 머레이의 주장은 제대로 호평을 받지 못했다.

한편, 제퍼슨과 그의 추종자들은 아메리카 원주민들을 미개하지만 문명화시킬 수 있는, '고상한 야만인'으로 인정하였다. 따라서 백인 문화 속에서 인디언들을 교육한다면, 그들 역시 문명인으로서 능력을 '향상할 수 있을 것'이라고 생각하였다. 때문에 아메리카 원주민 교육을 위한 선교사와 선교 학교가 급격히 늘었다. 특히, 오리건 같은 극서부 지역에서 인디언들을 교육하고 동화시키려는 선교사의 노력이 두드러졌다. 왜냐하면 오리건은 토착 인디언과의 갈등이 아직 심각하지 않은 곳이었기 때문이다. 그럼에도 불구하고 미국의 대다수 인디언은 여전히 교육 개혁의 영향력 밖에 있었다.[7] 그러나 아프리카 흑인 노예의 경우를 대상으로 하는 교육은 거의 찾아볼 수 없었다.

이처럼 교육에 대한 관심은 미국의 인디언들을 교육하려는 운동이 나타난 데서도 그 정도를 알 수 있다. 제한적이고 불평등하기는 했지만, 교육개혁가들이 이룩한 업적은 대단했다. 남북 전쟁이 시작될 무렵인 1860년경, 미국은 전 세계에서 문맹률이 가장 낮은 나라에 속했다. 북부 인구의 94%와 남부 백인 인구의 83%, 남부 전체 인구의 58%가 글을 읽을 수 있었다고 한다.[8]

---

7) A. Brinkley, 앞의 책, 310쪽.

8) A. Brinkley(황혜성 외 옮김), *The Unfinished Nation*(『있는 그대로의 미국사 2』)(서울: 휴머니스트, 2005), 46쪽.

2) 공교육의 개혁

19세기 중반에는 보편적 공교육 체계를 수립하려는 노력이 중요한 개혁 운동의 하나로 대두하였다. 1830년 당시만 해도 그러한 체계를 갖추고 있는 주는 없었다. 그러나 얼마 지나지 않아 공교육에 대한 관심이 급속도로 높아졌다. 1776년 미국 독립 이후, 주 헌법과 그 밖의 법률은 초등학교 교육을 실시한다는 규정을 마련하기는 했다. 하지만 매사추세츠 주를 제외하면 세금으로 유지되는 수업료 무료의 공립학교 제도는 다른 주에서는 거의 실시하지 않고 있었다. 당시 일반 자녀의 교육은 가정교육 또는 자선학교에서 간간이 이루어졌다. 부유층 자녀는 비용이 많이 드는 사립학교나 가정교사에게 맡겨졌다. 그러나 정치에서의 선거권 확장과 같은 민주주의의 발달은 국민교육의 필요성을 더욱 절실히 느끼게 하였다.

그리하여 1830년대 이후, 남부의 여러 주를 제외한, 펜실베이니아 주를 비롯한 많은 주에서 초등교육을 위한 공립학교가 설치되었다. 하지만 그 교육 수준은 너무나 빈약하였다. 충실한 교육을 위해서는 보다 광범위한 교육 개혁이 요청되었다. 이 개혁에 지도적 역할을 한 주가 교육을 가장 중시해온 매사추세츠 주였다.

1837년 매사추세츠 주에 교육국을 창설하고 초대 국장에 취임한 호레이스 맨(Horace Mann)은 교육개혁에 착수하여 교육연한을 늘리고 교과목을 확충하며 교육방법을 개선하였다.[9] 맨과 추종자들은 교육이 민주주의를 수호하게 될 유일한 방법이라고 생각했다. 교육받은 유권자는 자유 민주 정치 체제를 운영하는 데 필수적이기 때문이었다. 맨은 매사추세츠 주의 학교 체계를 재조직하고 학년을 6개월 연장했다. 교사의 봉급을 2배로 올리고 교육과정도 확대 개편했다. 또한 새로운 전문 교사양성 방안을 도입했다. 다른 주도 이와 유사한 방향 즉, 새로운 학교를 짓고 사범대학을 창설했으며, 많은 아이들에

---

9) 이보형,『미국사개설』(서울: 일조각, 2005), 131~132쪽 참고.

게 처음으로 교육을 접할 기회를 제공하였다. 1850년대에는 거의 모든 주가 초등학교에 세금 지원을 한다는 원칙을 세웠다.

하지만 공교육의 질은 여전히 격차가 심했다. 예를 들어, 매사추세츠와 같은 일부 지역의 교육자들은 일반적으로 높은 수준의 교육을 받은 능력 있는 사람들로, 스스로를 전문인으로 새롭게 인식했다. 그러나 다른 지역에서는 대다수의 교사가 겨우 읽고 쓸 줄 아는 정도였고, 교육에 대한 재정 지원도 매우 제한적이었다. 게다가 인구가 분산되어 있는 대부분의 서부 지역은 많은 아이들이 학교교육을 받지 못했다. 남부 지역에서는 흑인의 학교교육을 허용하지 않았고, 1860년 당시 취학 연령에 해당하는 백인 아동 중에서도 약 1/3만이 실제로 학교에 등록했다. 북부 지역은 72%가 학교에 등록했다. 하지만, 이곳에서도 단기간에 간헐적으로 수업에 참석하는 아이들이 많았다.

교육개혁가들은 아이들에게 일련의 사회적 가치 교육을 목표로 설정하기도 했다. 그러한 가치에는 근검, 질서, 규율, 시간 엄수 그리고 권위의 존중 등이 포함되었다. 예를 들어 호레이스 맨은 민주주의를 확장하고 개인의 기회를 확대하는 것이 공립학교의 기능이라고 했다. 나아가 “아이를 따라야 할 방식으로 훈련시켜라. 그러면 아이가 커서도 그 방식에서 벗어나지 않을 것이다”라고 강조하며, 사회의 질서를 세우는 데, 학교가 해야 할 역할에 대해서도 언급했다.[10)]

그러나 초등교육은 3~4년이면 끝났으므로 고등교육을 받으려면 아카데미라고 불리던 사립학교나 종교단체가 경영하는 학교에 진학해야 했다. 이러한 학교는 그 수가 상당히 많았지만, 중등교육기관인 고등학교 제도가 마련되자 점차 줄었다. 성격도 대학 진학을 위한 예비학교처럼 되어버렸다.

미국 교육의 발상지에 걸맞게, 매사추세츠 주는 공적 자금으로 고등학교를 유지하는 제도를 처음으로 시작하였다. 1827년 매사추세츠 주는 500가구

---

10) A. Brinkley, 앞의 책, 44~45쪽.

이상이 거주하는 지역사회에 고등학교를 설치하는 법을 제정하였다. 이 제도는 각 주로 전파되어 나갔고, 1860년, 미국의 고등학교 수는 300개를 약간 넘을 정도로 증가하였다. 그러나 이중에서 1/3이 매사추세츠 주에 있었고, 남부와 서부 지역에는 그 수가 매우 적었다.[11)]

3) 고등교육의 발달

하버드대학이 설립된 이후, 미국의 대학 및 대학교의 수는 점차 증가하였다. 독립전쟁 시기이던 1780년 전후로 9개교에 불과하던 것이 1800년에는 22개교로 늘었다. 그러나 신설 대학은 진정한 의미에서 본다면 공립 대학이 아니었다. 주 정부에서 설립한 주립대학조차도, 대학의 존립을 위해 학생의 등록금과 개인 기부금에 의존할 수밖에 없었다. 당시 대학 교육을 접해 본 사람은 인구 1,000명당 백인 남성 1명을 넘지 않았다. 여성이나 흑인, 혹은 인디언이 실제로 대학 교육을 접한 경우는 전혀 없었다. 대학교에 입학한 극소수의 사람들은 예외 없이 유복하고 재산이 많은 가문 출신이었다.

이후, 1850년 경, 고등교육 기관인 대학의 총수는 약 50개를 헤아렸다. 하지만 대학교육은 주에서 제공하는 공적인 비용으로 유지되어야 한다는 생각이 일찍부터 실천에 옮겨지기 시작했다. 건국 이후 18세기 말까지 노스캐롤라이나를 비롯한 네 개의 주립대학이 세워졌다. 특히, 1803년 오하이오 주립대학이 국유지를 기본 재산으로 설립된 이후, 주가 성립할 때마다 새로운 주립대학이 탄생하였다. 그러나 대부분의 대학은 교양과목에 치중하여, 주로 고전어, 철학, 수학, 과학 등을 가르쳤다. 교육수준도 낮았을 뿐 아니라, 교수와 학생의 수도 매우 적어 대학교육이 '귀족적'이라는 비난을 받기도 하였다.

한편, 성인들의 교육적 욕구가 높아짐에 따라, 성인을 대상으로 하는 문화강좌운동(Lyceum)도 일어났다. 1826년 조시아 홀브룩(Josiah Holbrook)이 일으

---

11) 이보형. 앞의 책, 132쪽 참고.

킨 문화강좌운동은 조직적인 성인교육 활동으로 저명인사의 강연을 통해 어느 정도 높은 수준의 지식을 일반 대중에게 보급하였다. 이 운동에서 에머슨을 비롯한 많은 초절주의(超絶主義)자들이 인기 있는 연사로 여러 곳에서 초대를 받아 강의하였다.[12]

4. 보통교육의 확산

1) 산업의 발달과 의무교육의 확산

시대가 변하고 산업이 발달함에 따라 전문 기술과 과학 지식에 대한 수요가 높아지면서 자연스럽게 교육에 대한 요구도 높아지게 되었다. 특히, 19세기 말 미국은 각급학교와 대학교가 급속하게 확산되고 개혁을 추구하던 시대였다. 무상 공립 초등 및 중등교육이 확산된 것은 그 사례의 하나이다. 1900년경부터 의무교육법이 31개 주 및 준주에서 효력을 발휘했으나, 교육이 보편적인 것에 이르지는 못했다. 농촌 지역은 공교육 재원 조달에서 산업화를 거친 도시 지역에 비해 낙후되어 있었다. 남부 지역에서는 대부분의 흑인들이 어떤 학교에도 취학할 수 없었다. 그러나 대부분의 백인 남녀에게는 다양한 차원에서 교육 기회가 확대되었다.

교육 개혁가들은 인디언 부족의 교육 기회도 확대하려고 노력했다. 이는 인디언들이 '문명화'하여 백인 사회에 적응하도록 도우려는 노력의 일환이었다. 1870년대에 들어 개혁가들은 흑인들을 위한 기술대학이었던 햄프턴 기술학교를 인디언들에게 개방했다. 1879년에는 펜실베이니아 주에 칼라일 인디언 산업학교도 열었다. 대개의 흑인들을 위한 대학처럼 칼라일 학교도 실용적인 '산업' 교육을 강조했다. 그러나 이러한 개혁은 결국 실패했다. 왜냐하

---

12) 이보형. 앞의 책, 132쪽 참고.

면 이 개혁은 애초에 의도한 수혜자들에게 인기가 없었기 때문이다.[13)]

미국 경제가 비약적으로 발전한 19세기 후반은 초등교육부터 고등교육에 이르기까지 전 교육기관이 크게 발전한 시기이기도 하였다. 초등교육 기관인 공립학교에 소요된 교육비는 1870년 학생 1인당 15달러로 연간 6,900만 달러였으나 1900년에는 학생 1인당 23달러로 연간 2억 5,000만 달러로 늘어났고 남부 지역을 제외한 거의 모든 주에서 의무교육제가 실시되었다. 또 중등교육기관인 고등학교의 수는 1870년 160개에서 1900년 6,000개로 늘어났다. 이 밖에 종교단체가 경영하는 교구학교와 하계문화교육학교(Chautauqua) 운동으로 일어난 성인교육도 활기를 띠었다. 보통교육이 널리 보급된 결과 문맹률은 1880년 17%에서 1900년 11%로 저하되었다.[14)]

2) 과학기술의 발전과 고등교육의 성장

19세기 후반에는 대학과 대학교 역시 급증했다. 이들 고등교육 기관은 1862년에 발효된 모릴법(모릴 토지 공여법: Morrill Act)[15)]으로 엄청난 혜택을 받았다. 이 법에 따라 연방 정부는 각주에 대학 설립을 위한 공유지를 기증했고, 19세기 후반에만, 69개의 '토지 무상 불하' 대학이 설립되었다. 모릴법은 각 주에서 농공업 기술교육을 중심으로 하는 대학교육을 일으키는 계기가 되었다. 위스콘신(1849), 미네소타(1851), 일리노이(1867), 캘리포니아(1868), 텍사스(1883) 등, 나중에 동부의 전통 있는 사립대학에 비견할 만한 대학으로 발전한 주립대학들이 이때 설립되었다. 이들을 비롯한 많은 대학이 19세기 후반 이후 미국의 경제 발전에 결정적인 역할을 했다.

---

13) A. Brinkley, 앞의 책, 383쪽.

14) 이보형. 앞의 책, 217쪽 참고.

15) 모릴법은 에이커 단위로 상당 규모의 공유지를 주 정부 소유로 이관한 다음, 주 정부가 그 토지를 팔아 얻은 수익을 공교육 재정으로 사용한다는 미국의 법안이다. 각 주의 정부는 모릴법에 근거하여 주립대학 및 대학교를 설립하였다. 이들 학교는 이른 바 '토지 증여(land-grant)'를 기반으로 세운 학교였다. A. Brinkley, 앞의 책, 참고.

공유지를 무상으로 불하받은 교육기관들은 '농업과 기계 공학' 분야의 막대한 공헌을 하였다. 이들 교육 기관은 처음부터 추상적인 지식만이 아니라, 농민과 제조업자들에게 실제로 이용될 수 있는 지식을 발견하는 데 전념했다. 이 교육기관이 대규모 주립 대학교로 발전함에 따라, 대학의 전통을 유지하면서도 위대한 기술 및 과학적 발견의 산실이 되었다. 이는 미국의 상공업 발전에 크게 기여했다.

이와 유사한 시기에 등장한 사립대학들도 동일한 목적에 상당 부분 기여했다. 1865년에 설립되어 미국 최고의 공과대학이 된 매사추세츠 공과대학, 1876년에 개교해 의학 분야에서 상당한 진전을 이룩한 존스 홉킨스 대학, 뉴욕 주의 록펠러 의학 연구대학과 카네기 대학이 바로 그런 곳이었다. 20세기 초에 들어서서는 오랜 역사를 지닌 전통적인 대학들조차, 지식 자체의 진보를 위해서가 아니라, 당대의 현실적 문제에 직접적으로 응용할 수 있는 연구를 진행하면서, 사기업이나 정부와 관계를 맺기 시작했다.[16]

또한 거부를 축적한 실업가들도 사재를 기부하여 대학을 창설하였는데, 코넬(1868), 밴더빌트(1873), 존스 홉킨스(1876), 스탠퍼드(1885), 시카고(1891) 등의 사립대학이 그것이다. 기업 및 금융계의 거두들이 수백만 달러를 기부한 대학들도 있었다. 록펠러와 카네기를 비롯한 거부들은 콜롬비아, 시카고, 하버드, 노스웨스턴, 프린스턴, 시러큐스, 예일대학 등에 아낌없이 기부했다. 또 다른 박애주의자들은 새로운 대학교를 설립하거나 이전의 대학을 재조직했다. 이로써 그들은 자신의 성, 예를 들면, 밴더빌트, 존스 홉킨스, 코넬, 듀크, 툴레인, 스탠퍼드 등을 영구히 세상에 남겼다.

중서부 지역의 대학과 주립대학의 대부분은 남녀공학이었다. 하지만 보수적인 동부에서는 그렇지 못하였다. 그래서 여성만을 위한 여자대학으로 바사(1876), 웰즐리(1870), 스미스(1871), 브린모어(1885) 등이 설립되었다. 이리하

---

16) A. Brinkley, 앞의 책, 384~385쪽 참고.

여 19세기 말 미국의 대학 총수는 약 150개 교를 헤아릴 정도가 되었다.

그러나 이러한 대학들이 모두 대학다운 교육을 실시했던 것은 아니었다. 몇몇 대학은 미래 미국의 대학교육에 커다란 영향을 끼칠 개혁에 착수하였다. 이 시기 하버드대학이 경우, 선택과목 제도를 채택하고 자연과학 교육을 확충하여 목사 양성기관에서 고등학술기관으로 탈바꿈하고 있었다. 새로 설립된 존스 홉킨스대학은 독일의 세미나 중심의 교수제도를 도입하여 대학원 교육을 선도하였다.[17]

5. 여성 교육

남북전쟁 이후, 여성의 교육기회는 상당히 확대되었다. 그럼에도 불구하고 남성에 비하면 형편없이 뒤쳐졌고, 흑인 여성의 경우, 아예 교육기회조차 없었다. 대부분의 공립 고등학교는 여성을 받아들였지만, 그 이상의 교육은 받을 기회가 매우 적었다. 남북전쟁이 끝날 무렵, 미국에는 남녀 공학 대학이 3개에 불과했다. 그러나 남북 전쟁이 끝나고 몇 년 지나지 않아 중서부의 많은 토지 무상 불하 대학 및 대학교와 코넬이나 웨슬리언 같은 사립대학이 여학생의 입학을 허가하기 시작했다. 그러나 남녀공학은 속속 들어서고 있던 여자대학에 비하면, 이 시대 여성교육에서 그다지 결정적이지 않았다.

1836년 매사추세츠 주 중부에 위치한 마운트 홀리요크대학이 여성 '신학교'로 출범하였고, 1880년대에 여자대학이 되었다. 이와 동시에 순수한 여자대학, 예를 들면 배서, 웰슬리, 스미스, 브린모어, 웰스, 고셔 등이 등장했다. 규모가 큰 사립 대학교들 중 일부는 대학 구내에 여성을 위한 별도의 단과대학을 창설했다. 예를 들면 콜롬비아대학교의 바너드와 하버드대학교 내의

17) 이보형. 앞의 책, 217쪽 참고.

래드클리프 등이 그것이다.

여자대학의 설립은 미국 현대여성사에서 무시할 수 없는 현상이었다. 여자대학은 가정 밖에 독특한 여성공동체가 등장한 것이었다. 대부분의 교수진과 관리자가 일반적으로 미혼 여성이었다. 대학생활은 교육받은 여성들 사이에 여학생 클럽과 참여의 정신을 불러일으켰다. 이는 나중에 중요한 결과를 낳게 된다. 대부분의 여자대학 졸업생들이 결혼을 하기는 했지만, 대학을 나오지 않은 동년배 여성들보다 훨씬 늦은 나이에 결혼했다. 더욱이 25% 이상은 아예 결혼과는 무관하게 독신으로 자기 일에 전념했다. 일부 여성은 이런 여성 고등교육의 발전을 통해 해방감을 만끽하게 되면서, 급속하게 변화하는 도시 산업 사회에서는 아내와 어머니의 역할 외에도, 사회에서 수행할 역할이 있다는 점을 확신하게 되었다.[18)]

6. 현대 미국의 교육

현대 미국의 교육은 교육과정상 3가지의 기본 단계가 있다. 첫 번째 단계인 초등학교의 경우, 유치원을 마친 아이들에서부터 6학년까지 교육한다. 두 번째 단계인 중학교는 7학년부터 8학년이나 9학년까지 교육한다. 세 번째 단계인 고등학교는 9학년이나 10학년부터 12학년까지를 교육한다. 이처럼 아동에서 청소년에 이르는 아이들은 7살 때부터 16살 때까지 학교교육을 받게 되어 있다. 90%의 아이들이 무료로 공립학교에 다니고 있고, 10%의 아이들은 종교기관의 사립학교에 다닌다. 사립학교의 절반가량은 천주교에서 운영하는 학교들이다.

미국의 교육은 연방정부보다는 주정부나 지방정부의 책임 아래에 있다.

---

18) A. Brinkley, 앞의 책, 2권 386~388쪽 참고.

미국의 연방정부에는 교육부(U.S. Department of Education)[19]가 있으나 연방정부 차원에서는 교육 문제를 거시적 차원에서 다루고, 구체적인 세부 사항은 주정부나 지방정부가 시행하는 경우가 대부분이다. 따라서 교육에 투입되는 교육비는 모든 주에서 교육청을 통해 책임지고 지출한다. 교육과정은 매우 다양하다. 학년은 보통 9월에서 이듬해 6월까지이다.

고등교육 수준에서 취업을 목적으로 하는 특수한 고등학교도 있다. 이들 학교는 경영이나 자동차 정비교육에 역점을 두는 경우가 많다. 그러나 대부분의 고등학교는 일반 인문계 고등학교이다. 고등학교는 학업 이외의 과외 활동에도 종종 참여하는데, 연극부나 스포츠 팀, 합창 그룹, 연주 그룹 및 학교신문사와 같은 다양한 동아리에서 자신의 취미와 적성에 따라 학과목 수업 못지않게 열성적으로 교과 외 활동을 한다.

상당수의 학생들은 고등학교를 마친 후, 교육을 계속하는 과정을 선택한다. 전문대학으로 알려져 있는 지역대학은 2년제 프로그램을 제공한다. 이런 학교들은 대부분 공립학교로 학비는 저렴한 편이다. 대학과 대학교는 4년제 프로그램을 운영하고 있으며 수료하면 학사학위를 수여한다. 마찬가지로 심화과정을 더 이수할 경우 석사학위를 받기도 한다. 이 학교들은 공립도 있고 사립도 있는데, 사립학교의 경우는 공립학교에 비해 학자금이 훨씬 비싸다. 미국의 대학과 대학교는 세계 각국의 학생들이 수학하고 있는데, 특히 아시

---

19) 주지하다시피 미국은 연방 국가이기 때문에 정치제도를 비롯한 사회 제도가 한국과 상당히 다르다. 1945년 해방 이후, 한국은 6-3-3-4 학제를 비롯한 다양한 미국의 교육제도를 도입하였지만, 국가의 교육제도를 관리 감독하는 정부 차원의 교육부처 성격에는 많은 차이가 있다. 엄밀히 말하면, 미국의 연방 정부에는 한국의 교육과학기술부와 같은 중앙정부 차원의 국가 교육 전체를 아우르는 교육담당 부서가 없다고 해도 과언이 아니다. 대신, 교육을 담당하는 부서는 미국의 특성에 맞게 운영되어 왔다. 교육담당 부서는 미합중국을 수립한 이후, 다양한 형태로 변해 왔다. 미국의 연방정부에 교육담당 관청이 생긴 것은 1867년이다. 설립 당시에는 교육부(Department of Education)라는 명칭의 독립기관이었다. 그러나 기능은 교육에 관한 조사와 공보에 제한되었고 학교에 대한 감독 기능은 전혀 없었다. 이후 내무부 산하의 하나의 국(局)으로 편입되었고, 1870년에 교육국(Office of Education)으로 명칭을 바꾸었다. 1939년 정부기구 개혁에 따라 연방보안국(Federal Security Agency)에 편입되었고, 1953년 연방 보건교육후생부가 만들어지고 그 산하의 하나의 국으로 발족했다. 이후 연방정부에 독립적인 교육부가 없었는데, 1980년 미연방 교육부(U.S. Department of Education)를 설치한 후, 오늘에 이르고 있다. 참고로 미연방 교육부의 웹사이트는 'www.ed.gov'인데, 교육부 설치의 목적과 역할 및 기능이 자세하게 소개되어 있다.

아에서 온 학생들이 많다.

점점 더 많은 미국인들이 예전보다 고등학교와 대학교에서 교육을 받고 있으며 학력이 높아지고 있는 실정이다. 20%가 넘는 사람들이 대학을 나왔고, 75%가 넘는 사람들이 고등학교를 마쳤다. 그러나 학교교육을 받는 기간이 길어지고 있음에도 불구하고 교육의 질은 하락하고 있다. 또한 대학교육을 희망하는 사람이 늘어나면서 교육기관과 교육프로그램도 많아졌다. 뿐만 아니라 대학입학 신입생 선발을 용이하게 하기 위한 경쟁과정에서, 학위수여를 남발하고 있다는 주장도 설득력 있게 받아들여지고 있다.[20)]

20) 최영승, 『미국사회와 문화』(부산: 동아대학교출판부, 2009), 36~39쪽 참조.

제11장
중국 교육의 역사

1. 중국 역사의 흐름

중국은 아주 오래된 역사 전통을 지니고 있는 나라이다. 교육의 역사 또한 그만큼 유구하다. 중국 역사에 대한 이해는 학자들 간에 이견이 있기는 하나, 하(夏)나라를 비롯하여 상(商:殷)나라와 그 이전은 대개 씨족(氏族) 부락(部落) 사회로 이해한다. 당시의 사회생활은 비교적 간단했기 때문에, 발달한 문화나 문명은 제대로 형성되지 않았다. 교육 또한 인간들의 실제 생활 속에서 자연스럽게 이루어지던 생활 교육의 시대였다.[1]

주(周)나라에 이르러, 사회를 지탱하는 핵심 제도로 봉건제(封建制)가 성립되고 사회생활이 진보되면서 현저한 문화의 발달이 이루어졌다. 『시경』이나 『서경』 『주역』으로 상징되는 경전들은 당시의 시대정신을 대표하는 문화로 인식되었다. 이런 사유를 기초로 교육도 화민성속(化民成俗)의 윤리도덕과 인륜을 밝히고 예의를 알도록 하는 예의교육이 핵심을 이루었다.

이후, 춘추전국(春秋戰國), 진(秦), 한(漢), 위진(魏晉) 남북조(南北朝), 육조(六朝), 수(隋), 당(唐), 송(宋), 원(元), 명(明), 청(淸)나라에 이르기까지, 중국 대륙은 한(漢)민족 중심으로 몽고족과 여진족 등 다양한 이민족이 번갈아가며 지배하였다. 중국의 교육은 왕조가 바뀔 때마다 제도상으로 상당한 변화를 겪었다. 그러나 교육 사상적 차원에서는, 도가(道家)나 법가(法家)와 같은 고유 사

1) 任時先(차석기 역), 『中國教育思想史』(서울: 교학연구사, 1989), 18~20쪽.

상, 불교(佛教)와 같은 외래 사상 등 다양한 사상이 발전하였으나, 유교(儒教)의 범위를 벗어나지 않았다. 다시 말하면 유교의 교육이 중국 역사 2천 여 년을 지배해 왔다고 해도 과언이 아니다.

그러나 1840년대 초반에 벌어진 아편전쟁(阿片戰爭) 이후, 서양의 과학 문명이 본격적으로 중국에 유입되면서 사회생활 전반에 큰 변화가 생기기 시작했다. 특히, 서양의 '자연과학'과 '민주주의'는 유교 사상을 흔들리게 만들었다. 그것은 중국 전체 사회의 의식 형태를 변하게 만들었고, 서양의 과학을 주체로 하는 새로운 교육사상이 생겨나게 했다. 이후 중국은 태평천국(太平天國)과 의화단 운동(義和團 運動), 양무운동(洋務運動)과 변법자강운동(變法自疆運動), 신해혁명(辛亥革命)과 5 · 4운동 등을 거치면서 근대 중국으로서 기반을 닦게 된다.[2)]

특히, 현대 중국을 가능하게 만든 시발점은 1919년 5 · 4운동이 계기가 되었다. 중국의 민족해방 운동은 5 · 4운동을 계기로 새로운 차원으로 접어들게 되고, 그것은 1949년 중화인민공화국(中華人民共和國)으로 완결된다. 중화인민공화국은 1949년 10월 1일에 성립하였다. 19세기 중반부터 20세기 중반에 이르기까지, 거의 1세기에 걸친 굴욕과 정체의 늪에 빠져있던 중국은 이제 사회주의 국가로 역사에 등장하였다.

중국인민공화국의 국가 건설 초기 단계인 1949년에서 1952년까지는 '국민경제부흥기'라고 부른다. 이후 1953년~1957년에 제1차 5개년 계획을 필두로, 1958년~1962년까지의 2차 5개년 계획을 거치면서, 1963년경부터 낙후되었던 중국 경제는 회복의 단계로 전환했다. 경제가 회복 단계에 접어들면서 1963년, 중국은 농촌 사회주의 교육운동을 시작하였다. 이 운동은 이른 바 네 가지 청렴함을 실천하자라는 '사청(四淸)'을 핵심으로 하였는데, 그것은 '노동 점수, 장부, 자재, 창고를 청렴하게 처리하자'라는 운동이었다. 이후 문화대혁

2) 佐伯富 외(주진영 옮김), 『세미나 중국사』(서울: 지평, 1990) 참고.

명, 천안문 사태 등을 거치고, 4대 현대화를 지향하면서 중국은 세계적 강국으로 부상하고 있다.

이 장에서는 중국의 교육 제도사를 중심으로 간략하게 정돈한다.

2. 중국 고대사회의 교육

1) 원시사회의 교육

인류 최초의 교육 활동은 매우 원시적이었다. 중국의 고대 원시사회의 교육도 마찬가지였다. 당시에는 문자나 학교가 없었기 때문에 구전(口傳)을 통해 교육이 이루어졌다. 한 집단에서 연장자들은 자신들의 축적된 생활과 노동의 경험을 다음 세대에 전수해 주었다. 생활에 필요한 생산 활동 양식은 물론 집단 내부의 도덕규범이나 풍속 및 관습 등을 준수하는 방법도 교육시켰다.

이외에도 원시교육의 활동으로 중요한 방식이 있다. 그것은 원시 종교 활동이다. 원시 종교는 인류의 사유를 일정한 단계로 발전시킨 산물로 특수한 의식 형태에 속한다. 원시시대에 성행한 자연숭배, 토템, 귀신이나 조상에 대한 숭배 등과 같은 행위는 생산력 수준이 극도로 낮은 상황에서 원시인들에게 어떤 신비감을 갖게 만들었다. 그것이 교육과 직결되었다. 예를 들면, 자연에 대한 숭배는 자연에 관한 상식을 알게 만들었다. 나아가 원시 종교 활동은 부족이나 부락의 응집력을 높여 사회성을 기르는 교육에도 기여하였다. 이러한 교육활동은 원시적이기는 하지만, 나름대로의 목적이나 의식을 갖춘 자치활동이었다.

이러한 중국 고대의 원시교육은, 전 세계 대부분의 고대 원시교육과 유사하게, 다음과 같은 특징을 지니고 있다.[3)]

---

3) 周德昌 外,『中國教育史綱』(廣州: 廣東高等教育出版社, 1998), 3~4쪽.

첫째, 고대 원시교육은 계급성을 드러내지 않는다. 왜냐하면 고대 원시사회는 사유재산이 없고 계급사회가 아니기 때문이다. 이는 모든 사람이 평등하게 교육받을 수 있을 가능성을 내포한다. 이런 특징은 평등의 정신에 의거하여 그 사회 구성원을 교육할 수 있다는 의미인데, 교육의 내용 차원에서 상호 협력, 단결과 우애의 정신을 체현하게 만든다.

둘째, 고대 원시교육은 전문적 사회활동이 아니다. 교육은 일종의 사회 현상이다. 원시사회에서 교육은 생산 활동과 분리할 수 없고, 정치 · 종교 · 예술 등 생활상의 다양한 활동과 결합되어 있다. 물론, 교육을 실시할 때, 전문가나 별도의 전용 장소가 있는 것도 아니다. 교육을 책임지는 사람은 집단의 연장자나 어른이다. 그들은 생활에서 경험이 풍부하기 때문이다. 씨족 공동체의 경우, 일종의 혈연관계를 구심으로 하는 사회이기 때문에, 씨족의 어른들은 자연스럽게 씨족공동사회의 핵심 인물이 된다.

셋째, 고대 원시교육은 구전(口傳)과 모방(模倣)을 주요 수단으로 한다. 당시에는 문자와 책이 없었다. 때문에 생활 경험의 전수, 단체 부락의 풍속과 관습의 전달, 윤리 도덕규범의 함양이 구전이나 관찰, 모방에 의해 이루어졌다. 예를 들면, 노래나 속담, 신화, 유희, 관례나 그림 등과 같은 것이 교육의 주요한 수단이었다.

2) 학교 출현과 선진 교육[4)]

동서고금을 막론하고, 학교의 출현은 교육의 발전에 결정적 역할을 하였다. 중국에서 학교는 기원전 2000여년 경, 하나라 때 맹아가 싹트기 시작했다. 하 · 은 · 주 삼대를 거치면서 학교는 점차적으로 발달했고 제도로 자리

---

4) '선진(先秦)'은 진시황제에 의해 최초로 중국을 통일한 진(秦)나라 이전 시대를 말하는 중국철학의 고유용어이다. 즉, 진(秦)나라 이전에 중국문화를 이루었던 삼대(三代; 夏·殷·周), 춘추전국(春秋戰國) 시대를 통틀어 말하는데, 주로 춘추전국을 지칭하는 경우가 많다. 역사적으로 이해할 때는 '선진 시대'라는 용어를 쓰기도 하고, 철학 사상의 차원에서는 '선진 철학', '선진 사상'이라는 용어를 쓰기도 한다. 여기에서는 이를 차용하여, 진나라 이전의 교육을 '선진 교육(先秦 敎育)'으로 쓴다.

잡게 되었다. 그러나 주나라가 쇠퇴하고 춘추전국 시기에 들어서면서, 세상이 혼란해지자 나라에서 세운 학교인 관학(官學)은 쇠퇴하고 사학(私學)이 홍기하기도 하였다. 사학의 흥기는 학교가 관(官)에서 벗어나 개인 학자에 의존하는 독립적인 방향으로 나아가게 만들었고, 중국 전통의 교육이론이 만들어지는 계기가 되기도 하였다. 공자나 맹자, 순자 등의 여러 교육자들의 활동이나 저술, 「학기」와 같은 교육 논저가 만들어지기도 하였다. 학교의 출현 모습은 다음과 같은 언급에서 찾아 볼 수 있다.

> 등문공이 나라를 다스리는 데 대해 묻자 맹자가 말하였다. …… 예전부터 상(庠)·서(序)·학(學)·교(校)를 설립하여 백성들을 가르쳤습니다. 상은 '봉양한다'는 뜻이고, 교는 '가르친다'는 뜻이며, 서는 '활쏘기를 익힌다'는 뜻입니다. 하(夏)나라에서는 교(校)를 설치하였고, 은(殷)나라에서는 서(序)를 설치하였으며, 주(周)나라에서는 상(庠)을 설치하여 백성들을 교육하였습니다. 학(學)은 하은주 삼대의 모든 나라에서 설치하였던 최고 교육기관인 국학(國學:太學)을 말합니다. 이런 학교를 설치한 목적은 모두 인륜(人倫)을 밝히는 것이었습니다. 위에 있는 상류층이 인륜이 밝으면 아래에 있는 백성들도 교육을 받아 이를 알게 되고, 위아래가 모두 친하게 되어 나라가 잘 다스려질 것입니다.[5)]

『설문해자(說文解字)』에 의하면, '상(庠)'은 '엄(广)'과 '양(羊)' 두 부분으로 구성되어 있다. '엄(广)'은 가옥(집)을 뜻하며 '양(羊)'은 짐승 이름이다. 이것을 학교의 이름으로 삼은 것은 교육적으로 중요한 의미를 지닌다.

원시 공동체 사회 후기에 들어서면서 중국 고대인들은 수렵·채집을 주로 했던 유목생활에서로부터, 사육과 재배를 주로 하는 정착생활의 시기로 접어들었다. '상(庠)'은 소나 양과 같은 가축을 사육하던 장소였다. 사육은 대부

---

5) 『孟子』「滕文公」上.

분 집안의 어른들이 담당하였다. 그리고 어른들은 사육하는 일을 아이들에게 전수하는 책임도 지고 있었다. 세월이 흐르면서 단순한 사육의 장소를 의미했던 '상(庠)'은 아동교육의 장소를 의미하는 개념으로 바뀌었다. 다른 견해도 있다. '상(庠)'이 '양고기를 먹는 사람들이 거처하던 곳'이라는 의미이다. 원시사회에서 양고기는 좋은 음식이었다. 일반적으로 씨족의 어른들만이 먹을 자격이 있었다. 그래서 '상(庠)'을 경로(敬老) 혹은 양로(養老)의 장소라고 한 것이다. 원시사회에서는 다음 세대를 교육하는 임무는 통상적으로 어른들이 담당했기 때문에, '상(庠)'이 교육의 장소로 의미전이를 하게 된 것이다. 이런 두 견해는 최초의 학교가 지식만을 전수하는 순수한 교육 장소가 아니었음을 일러 준다.

'서(序)'는 중국 고대사회에서 말 부리기나 말 타기, 또는 활쏘기의 연습 장소였다. 동쪽과 서쪽에는 벽으로 둘러쳐 있고, 가운데는 넓은 공터로 되어 있었다. 그래서 글자의 모양이 편방인 '엄(广)'으로 되어 있다. 원시사회는 부족이나 부락 사이에 정벌과 침탈이 빈번히 발생하였다. 부족이 발전하여 만들어진 나라의 경우에도 마찬가지였다. 나라를 지키기 위해서는 군사 훈련을 중시할 수밖에 없었다. 국가 수호를 위해 구성원들은 유능한 무사로 훈련시켜야 했다. 그래서 '서(序)'는 군사 훈련이나 체력 단련을 중심으로 하는 교육기구로 발달하였다.

'교(校)'의 최초의 의미도 일종의 군사 훈련이나 체력 단련을 위한 교육 기구였다. 『설문해자』에 의하면, '교(校)'의 본래 의미는 '목수(木囚)'라고 했다. 목수는 나무나 대로 엮어 만들어 놓은 축사를 말한다. 이것이 나라를 유지하기 위한 군사 훈련의 필요성으로 인해, 점차 무예를 연습하고 겨루는 장소로 바뀌었다. 나라의 간성인 청소년들은 상당히 광범위한 군사 훈련을 받았을 뿐만 아니라, 각 항목에 걸쳐 매우 엄격한 심사도 받았다.

맹자에 의하면, '상 · 서 · 교'와 달리 '학(學)'은 하 · 은 · 주의 삼대에 걸쳐 모든 나라에서 설치한 것이라고 했다. 은나라의 유물인 갑골문을 통해 보다 자세한 모습을 유추할 수 있다. 갑골문에는 '상(庠)' '서(序)'는 물론 '학(學)'도 나타났다.

'학(學)'이라는 글자의 출현은 당시 교육이 문화나 지식의 학습이 이루어졌을 뿐만 아니라 교육활동도 상당히 정비되었음을 의미한다. 갑골문 가운데는 손에 붓을 쥐고 있는 모양의 '필(筆)', 죽간(竹簡)이나 목간(木簡)을 묶어 놓은 모양의 '책(冊)', 그리고 가르치는 사람인 스승이나 가르침을 의미하는 '사(師)'나 '교(教)' 등 교육과 관련된 글자들이 많이 보인다. 이러한 글자들의 출현은 상(商)나라 때 이미 전문적으로 교육을 진행시키는 장소로서의 학교가 존재했다는 근거이다. 필기구인 붓[筆], 책(冊)등의 학습 도구가 있었고, 교사(教師)라는 교육전문 요원이 있었다는 사실이 학교의 존재를 뒷받침한다. 갑골문 중에는 언제 학교가 세워지고, 언제 입학하는가를 점친 내용과 활쏘기 · 셈하기 · 예절 · 음악 등을 익히는 내용이 표시되어 있으며, 교사가 학생에게 글자 새기는 연습을 지도하는 내용 등도 보인다고 한다.[6]

이런 차원에서 보면, '상 · 서 · 교'는 학교로서의 면모를 갖추기는 했으나 미흡한 부분이 아주 많았다고 생각된다. 어떻게 보면, 원시적 학교의 모형을 제시한 것에 불과할 수도 있다. 엄격히 말해하면, '상(庠)' '서(序)' '교(校)' 등으로 불리던 교육 기구들은 단지 교육의 장소에 불과했다. 이는 현재의 학교와는 엄청난 차이가 있다. 당시의 교육활동은 오늘날처럼 정치 및 종교와 분리된 차원이라기보다 정치활동이나 종교활동과 밀접하게 연관되어 있었고, 다양한 영역에서 현재교육과 비교하기 어렵다. 그러나 지속적인 발전 과정을 거치면서 전문 교육 기관으로 변하게 된다.

중국의 교육은 주(周)나라에 들어서면서, 획기적으로 발전을 거듭한다. 특히, 서주(西周)의 학교 교육은 상(商:殷)나라의 제도를 이어받아 집대성한 것이었다. 학교의 형태를 정돈하여 비교적 완비된 학교 교육 체계를 만들었다.

---

6) 周德昌 外, 앞의 책, 6~8쪽

문헌 기록에 의하면, 서주의 학교는 '국학(國學)'과 '향교(鄕校)'로 양분된다. '국학(國學)'에는 '소학(小學)'과 '대학(大學)'의 두 단계가 있다. 소학의 경우, 두 종류가 있었다. 하나는 천자가 거주하는 왕궁 부근에 세운 것으로 왕실에 재직하는 귀족 자제가 다니는 소학이며, 다른 하나는 교외에 세운 일반 귀족 자제가 다니는 소학이다. 대학에도 두 종류가 있었다. 하나는 천자가 있는 도성에 세워진 대학인데, '벽옹(辟雍)'이라고 했다. 다른 하나는 제후가 소재한 도성에 세워진 대학으로, '반궁(泮宮)'이라고 했다.

'향학(鄕學)'에는 '상(庠)'·'서(序)'·'교(校)'·'숙(塾)'이 있었다. 향학의 설치는 당시 봉건제를 중심으로 하는 지방 행정구역의 편제에 따랐다고 한다. 『주례』에 의하면, "향(鄕)에는 상(庠)이 설치되었고, 주(州)에는 서(序), 당(黨)에는 교(校), 려(閭)에는 숙(塾)이 설치되어 있다"[7]라고 하였다. 『예기』「학기」에는 "가(家)에는 塾(숙)이 설치되어 있고, 당(黨)에는 상(庠), 술(術)에는 서(序), 국(國)에는 학(學)이 설치되어 있다"[8]라고 했다.

이러한 기록으로 미루어 볼 때, 서주의 학교 제도가 전대에 비해 확실히 발전했음을 알 수 있다. 그렇다고 서주의 학교 제도가 모든 사람들에게 열려 있는 교육의 보급을 의미하지는 않는다. 왜냐하면, 교육은 귀족 자제들을 중심으로 이루어졌기 때문이다.

서주 시대 이후, 천자의 권위와 윤리도덕이 무너진 패도의 시대가 도래 하였다. 그것은 약육강식이 횡행하는, 이른 바 '춘추전국' 시대이다. 춘추 시대가 되자, 주나라의 국가 기강이 무너지고 제후들이 제각기 나라를 건설하면서 천하국가(天下國家) 중심주의가 해체되었다. 그것은 학교 제도의 측면에서

---

7) 『周禮』.; 향(鄕), 주(州), 당(黨)), 려(閭)는 주나라 때의 행정 단위를 말하는 데, 그 규모를 보면, 다음과 같다. 향(鄕)은 12,500가구 정도로 가장 큰 규모이고, 주(州)는 2,500가구 규모의 고을을 말한다. 당(黨)은 500가구 정도의 큰 지역 단위이고, 려(閭)는 25가구 작은 규모의 마을이다.

8) 『禮記』「學記」; 「학기」의 경우, 『주례』와 명칭에서 약간의 차이가 있는데, 마을이나 지역의 범위를 보면, 가(家)는 려(閭)와 유사한 25가구 규모이고, 당(黨)은 500가구 규모이며, 술(術)은 12,500가구 규모의 지역을 말한다. 국(國)은 나라를 말하는 데, 나라의 고등교육기관은 하나로 수도에 설치했다.

볼 때, 국가가 주도하는 관학의 붕괴를 의미한다. 따라서 자연스럽게 개인을 중심으로 하는 사학(私學)이 발흥하는 계기로 작용했다. 대표적인 것이 공자의 행단강학(杏亶講學)[9]이다.

이런 점에서 춘추전국 시대는 개인을 중심으로 하는 교육사상이 발달하였다. 이른바, 제자백가(諸子百家)의 시대라고 하듯이, 교육이론은 발달했지만, 관학 중심의 교육제도는 쇠퇴하거나 붕괴되는 시기였다. 특히, 춘추 시대 후기인 노(魯)나라 소공 이후부터는 천자나 제후가 학교를 설립하여 교육하였다는 기록이 전혀 보이지 않는다. 관학에 의한 교육이 실시되지 않았다는 의미이다. 대신, 이 무렵부터 사학이 크게 일어났다. 이 사학이 후대의 서원처럼 나름대로 완비된 제도를 가지고 있었는지에 대해서는 정확하게 알 수 없다.

중국 고대 사회에서 학교의 탄생은 경제 발전과 밀접하다. 생산력이 발전하면서 사회에 상당한 수량의 잉여생산물을 제공할 수 있게 되었고, 이러한 사회 여건은 일부분의 사람들이 생산 노동에서 벗어나 전문적으로 교육과 학습 활동에 종사할 수 있는 분위기를 만들었다. 즉, 계급 문화의 형성이 학교의 탄생을 촉진시켰다는 말이다. 지배 계급의 통치를 공고히 하기 위해 자신들의 계승자를 배양할 필요성이 절실해진 것이다.

아울러 문자의 탄생으로 인해, 문화 지식은 나날이 풍부해졌고, 이는 교육을 통해 편리한 학습 도구와 풍부한 학습 내용을 만들게 하였다. 이에 조직적이고 계획적으로 문화 지식을 전수할 수 있게 되었고, 지식을 축적시킬 수 있었으며, 문화 교육의 발전 기반을 조성할 수 있었다.[10] 이러한 배경들이 교육과 학교의 발전을 추동하는 사회적 여건으로 작용했다.

---

9) 행단은 공자가 제자들에게 가르침을 베풀던 곳으로 현재 중국 산동성(山東省) 곡부현(曲阜縣)의 대성전(大成殿) 앞에 있다. 행단강학이라고 이름 붙여진 이유는 공자가 강학을 하던 곳 주변에 살구나무(은행나무)를 심어 놓았기 때문이라고 한다. 이런 영향 때문인지, 공자를 정점으로 하는 유교 교육 기관인 성균관이나 향교 주변에 은행나무가 심어져 있는 곳이 많다. 또한 행단은 도가(道家)의 수련 장소인 도관(道觀)을 의미하기도 한다.

10) 周德昌 外, 앞의 책, 5쪽

3) 고대 사회의 교육 목적

중국 고대 사회에서 학교를 설치한 목적은 통치 인력을 배양하는데 있었다. 그러므로 학교 교육의 핵심은 국가를 지도할 수 있는 지도력 배양이었다. 사회가 진보함에 따라, 하 · 상 · 주 삼대가 요구하는 인재의 자질에는 차이가 있었다. 교육 내용 또한 사회 발전의 과정 속에서 적합한 필요에 따라 끊임없이 변화했다. 하나라에서는 대외 정벌과 대내 반란 진압을 위하여 활쏘기 연습을 중시하며 무사 양성에 무게중심을 두었다. 상나라 때는 사(祀)와 융(戎)을 중시했는데, 이에 따라 학교는 제사(祭祀) · 군사(軍事) · 악무(樂舞)와 문자(文字)의 지식 기능을 전수했다.

중국 고대 사회의 제도를 가장 완벽하게 갖추었다고 평가 받는 주나라의 경우, 예악(禮樂)이 교육에서 차지하는 비중이 상당히 높아졌다. 따라서 학교의 기본교육 내용도 예(禮) · 악(樂) · 사(射) · 어(御) · 서(書) · 수(數)가 중심이 되었다.

예악사어서수는 '육예(六藝)'라고 한다. '예법(禮)'은 법도를 익혀 예의범절에 맞게끔 가르치는 것이고, '음악(樂)'은 소리의 높고 낮음을 잘 이해하여 조화(調和)의 의미를 깨닫도록 가르치는 것이다. 또 '활 쏘는 법(射)'은 하나의 활에 네 개의 화살을 끼워 그것의 맞고 맞지 않음, 즉 마음을 바로 잡고 있느냐의 여부로 덕행(德行)을 살펴보는 것이고, '말 모는 법(禦)'은 한 수레에 네 마리의 말을 끌게 하고 말 모는 사람이 고삐를 잡고 수레 위에 서서 제대로 몰아서 바른 길을 잃지 않도록 연습시키는 것이다. 그리고 '글하기(書)'는 글을 쓰는 서체를 통하여 사람 마음의 바르고 비뚤어진 정도, 즉 마음의 획을 볼 수 있고, '셈하기(數)'는 수를 계산하여 물건의 변화를 알 수 있게 함으로써 인간의 생활을 조절할 수 있는 것이다.[11]

여기에는 정치, 종교, 군사, 체육, 정서, 지식 등 문화 교육의 제반 사항이

---

11) 『小學』.

포함된다. 예(禮)는 인간의 명분 제도를 구체화 한다. 그것은 종법 혈연 사회를 기초로 종법제(宗法制)와 등급제(等級制)가 결합되었다. 주나라 사회의 다양한 예의 명분(禮儀 名分)에 따라 존비 상하(尊卑 上下)의 등급에 구별을 두었다. 이런 예의 교육을 통해, 각각의 계급 계층은 그에 맞는 분수를 알고 자기의 본분을 지킬 수 있도록 했다. 악(樂)은 오늘날의 예술 교육과 통하기도 하는데, 음악이나 무용, 시가를 포함한다. 그러나 이는 순수한 예술 교육이라기보다는 조화 의식을 강조하는 정치와 밀접한 연관이 있다. 사(射)는 활쏘기를 통한 군사 훈련을 말한다. 어(御)는 병거(兵車)를 부리는 훈련이다. 서(書)는 글자를 배우는 일이며, 수(數)는 수학이나 천문, 역법(曆法) 등의 지식을 익히는 작업이다. 이러한 지식은 문무(文武) 겸비 혹은 지식과 실천을 통일하는 특색이 있다. 그러나 전반적으로 볼 때, 인간이 지속해야 할 사회적 삶의 기술이나 기능을 익히는 것에 집중되어 있다.[12)]

이상에서 살펴본 하은주 삼대의 학교교육은 대부분 사상교육을 중시하였다. 맹자에 의하면, 사상교육의 핵심은 명인륜(明人倫)이다. 인륜의 핵심인 오륜을 밝히는 일이었다. 그것은 『서경』에서 말하는 오교(五敎)인데, 부의(父義)·모자(母慈)·형우(兄友)·제공(弟恭)·자효(子孝) 등 부모형제자매의 상하 수직적 쌍무질서 윤리를 명확히 알고 실천하는 것이었다. 이러한 내용은 유교의 발달로 이어지고, '수기치인(修己治人)'[13)]으로 요약되어, 유교적 삶의 질서 구축을 염원하는 방향으로 나아가게 되었다.

---

12) 周德昌 外, 앞의 책, 8~9쪽.

13) 수기치인(修己治人)은 '자신을 닦고 남을 다스린다'는 의미로 유교의 대전제이다. 이와 유사한 말로는, '자신을 완성하고 남도 완성한다'는 의미의 '성기성물(成己成物)'과 '내면적으로는 성스러운 영혼을 지니고 외면적으로는 왕도정치를 행할 수 있는 훌륭한 인성을 갖춘다'는 의미의 '내성외왕(內聖外王)'이 있다.

3. 진한 시대의 교육

진나라는 전국시대로 분열되어 있던 중국을 최초로 통일한 국가이다. 그러나 왕조의 지속 기간은 매우 짧았다. 진나라는 이전의 주나라와 달리 강력한 중앙집권제를 실시하였다. 그것을 뒷받침하는 것은 법가(法家)였다. 정치적 차원에서도 이전의 유교식 교육은 정교를 담보하기에 불충분했다.[14] 이에 당시 실세였던 이사(李斯)의 건의에 의해, 이사제도(吏師制度)와 박사제도(博士制度)를 실시하였다.

이사제도는 관리(官吏)를 스승(師)으로 임명하여 교육하는 제도로, 박사 관직을 만드는 것으로 이어졌다. 이런 국가 차원의 교육제도 정비는 통치사상을 한층 강화하는 데 기여할 뿐만 아니라, 춘추 전국 시대에 유행했던 일반 사학(私學)을 금지하고 관학을 부흥하려는 의지를 밝힌 것이기도 하다.[15]

국가의 공식 관직으로 설치된 박사는 고금의 사실을 두루 통관하고 있는 학자 관료였다. 이들은 국가의 지도급 인재를 양성하는 스승으로서 법령을 비롯하여, 국가 관료로서의 자질을 함양할 수 있는 다양한 과목을 가르쳤던 것 같다. 이외에도 박사들은 때로는 서적을 정리하기도 하고, 정치를 논의하기도 하며, 황제의 자문 응하는 등 다양한 역할을 담당하였다.[16]

한(漢)나라는 중국 문명을 완결판이라고 해도 과언이 아닐 정도의 문화를 꽃피웠다. 한나라는 전한과 후한을 통틀어 약 420여 년 간 지속하며, 유학을 부흥시키고 불교를 보급하였다. 특히, 한자(漢字)가 발달하면서 교육의 발달도 현격하게 이루어졌다.[17]

---

14) 진시황은 국가 통치에 무익하다고 판단되는 유교의 여러 책을 불사르고 유학자들을 생매장하는 '분서갱유(焚書坑儒)'를 통해 유학을 탄압하기도 하였다.

15) 毛禮銳 · 沈灌群 主編,『中國教育通史』(第二卷)(濟南: 山東教育出版社, 1986), 1~15쪽.

16) 한기언, 앞의 책,『교육철학 및 교육사』 참고.

17) 차석기,『東洋教育史新論』(서울: 박영사, 1987), 21~31쪽.

한나라 때의 학교 설립은 동중서(董仲舒)의 정책 입안에 의해, 무제 때부터 본격적으로 시작되었다. 동중서는 학교의 설립 목적을 "대학을 일으키고 훌륭한 스승을 두어, 국가에 필요한 인재를 양성하여 왕도(王道)가 황폐하지 않도록 하는 일"에 두었다. 즉 백성을 도덕적으로 교화하여 치세(治世)를 바르게 하는 것이 목적이었다. 이에 경학(經學)을 존중하고, 오경박사(五經博士)를 두었다.

한나라 때 대학의 경우, 주나라 때 일반에게 개방하지 않은 것에 비해, 널리 세상에 개방하였다. 이때부터 실제로 중국이 국가적 차원에서 정식으로 학교를 경영하는 계기가 되었다. 대학은 중앙정부 직할로 운영하는 것과 지방정부에서 운영하는 것으로 나누어진다. 전자를 '태학(太學)'이라 하고, 후자를 '군현의 학(學)'이라고 하였다.

대학 이외의 교육 기관으로는 지방의 현(縣)·도(道)·읍(邑)에 '교(校)'를 설치하여 경전을 가르치는 교사(經師) 1명을 두었다. 취(聚)에는 '시(序)'를 세워, 『효경』을 가르치는 교사(孝經師) 1명 두었다. 이러한 한나라 때의 학교 가운데, 당시의 정치와 후세의 학제에 가장 큰 영향을 끼친 것은 '태학'이었다. 군현에 설치된 학의 경우, 각 지방별로 한민족의 문화를 유포하는 데 기여했다.

4. 육조 및 수당 시기의 교육

중국 역사는 통일과 분열의 연속이다. 후한의 멸망 이후, 오(吳)·위(魏)·촉(蜀)의 삼국(三國)으로 분립되고 많은 나라들이 중원을 할거하였다. 육조(六朝)시대는 수나라가 통일하기까지, 약 400여 년의 시기를 말한다. 이 시기는 크게, 삼국 정립의 시기, 서진(西晉) 및 동진(東晉), 남북조 시기로 나눌 수 있는데, 육조는 오(吳)·진(晉)·송(宋)·제(齊)·양(梁)·진(陳)의 여섯 나라이다.

육조시대의 문화 중 대표적인 것은 불교의 보급이다. 한나라 때 도입된 불교는 후한 말기부터 성행하여 남북조 시대에 이르러 크게 유행하였다. 송나라와 양나라의 경우, 구마라집(鳩摩羅什), 법현(法顯), 달마(達磨) 등 훌륭한 승려들을 배출하였다. 달마의 경우, 본래 인도의 승려였는데, 중국에 와서 포교에 종사하다가 선종(禪宗)의 교의를 전하였다. 불교가 유행하자 사원의 건축 및 불교 미술, 조각, 음악 등이 현저하게 발달하였다. 유명한 운강(雲岡)이나 용문(龍門)의 석불은 모두 당시의 불교 예술의 잘 보여주는 대표적 작품이다.

불교가 유행함에 따라 중국 전통 사상인 유교와 도교는 상대적으로 침체되어 있었다. 하지만 유학은 한나라 때보다는 못했으나, 여전히 세상을 다스리는 정학(正學)으로 인정되었다. 북방에서는 마융(馬融)이나 정현(鄭玄)이 크게 활약하였고, 남방에서는 하안(何晏), 왕필(王弼)이 제각기 자신의 학설을 주장하였다.

노장사상의 경우에도 불교의 교의와 유사한 차원이 있어, 때로는 충돌하기도 하고 때로는 조화하기도 하면서 나름대로 발전을 이루었다. 그것은 위진 시대 현학(玄學)으로 표출되기도 했다. 그러나 육조 시대의 도가, 노장학(老莊學)은 이전의 철학적 사유를 통한 연구와는 달리, 미신적 종교성을 띠는 경향으로 나아갔다. 그것은 중국의 민간에 전해오는 신앙과 불교의 교의가 합쳐지면서 도교(道敎)라는 종교의 형태를 띠기 시작했다.

육조시대는 혼란한 만큼 교육을 제도적으로 정착하기 어려웠다. 이전의 나라였던, 주나라, 한나라 등의 교육제도를 본받아 각국의 상황에 맞게 원용하려는 성격이 짙었다. 대개, 대학(大學)이나 국학(國學)을 설치하고 오경박사(五經博士)를 비롯한 박사나 국자좨주(國子祭酒) 등 다양한 교육담당 관리를 두었다.

시대가 혼란한 만큼, 이 시기에는 사학이 발달하였다. 특히, 대가족 단위의 가문교육이 흥기하였고, 그것은 다양한 방향으로 발전하였다.[18] 위진남북조 시대의 관리 선발 제도로 특기할 만한 사항은 구품중정제(九品中正制)이다. 구

---

18) 周德昌 外, 앞의 책, 77쪽.

품중정제는 각 주군에 중정관(中正官)을 설치하고, 그 지역의 선비들을 품격과 재덕에 따라 구품(九品)으로 평가하여 추천, 선발하는 제도이다.

수나라의 경우, 육조시대의 혼란함을 극복하고 통일국가를 이루었으나, 30여년의 짧은 기간 동안 국가가 운영되었다. 짧은 기간임에도 불구하고, 수나라는 초기에 북제(北齊)의 제도에 의거하여 국자사(國子寺)라는 전문적인 교육관리 기구를 설치하여 국가발전을 도모하였다. 전문 관리교육을 위하여 좨주(祭酒)를 설치하고, 나중에 국자감(國子監)으로 명칭을 바꾸었다. 국자사 내에는 국자학(國子學), 태학(太學), 사문학(四門學), 서학(書學), 산학(算學) 등을 두었고, 인재 선발 제도로 과거제를 확립하였다.[19]

수나라를 이은 당나라는 중국역사에서 한나라와 함께 오래 동안 왕조를 지속한 대제국이었다. 특히, 당나라 태종은 문무를 겸비한 왕으로 치적이 매우 뛰어났다. 당나라 시기의 관제 및 학제는 상당히 체계적이었다. 당나라의 학교제도는 이전의 어떤 시대보다도 복잡하면서도 완비된 것이었다.

중앙의 경우, 학교는 정계와 방계의 두 종류로 나누어졌다. 정계의 학교는 '육학(六學)' 또는 '육관(六館)'이라고 하는 데, 국학(國學) · 태학(太學) · 사문학(四門學) · 서학(書學) · 산학(算學) · 율학(律學)의 일곱 부류의 학교로 구성되어있었다. 이들 학교는 국자감(國子監)이 통할하였다. 국자감의 장관은 국자좨주(國子祭酒)로 불렸는데, 지금의 교과부 장관에 해당하였다. 칠학 가운데서도 앞의 세 가지(국학 · 태학 · 사문학)는 대학의 성격을 지녔고, 뒤의 세 가지(서학 · 산학 · 율학)는 전문학교와 같은 특성을 지니고 있었다.

방계의 학교는 관청 자체에서 교육하는 것을 말하는데, 다섯 가지가 있었다. 동관(東宮)에서 직할하는 숭문관(崇文館)과 문하성(門下省) 직할의 강문관(講問館), 이 둘은 모두 대학과 같은 특성을 지니고 있었다. 이외에도 태의서 직할의 의학, 사부 직할의 숭현학이 있었는데, 전자는 의과를 담당하고 후자

---

19) 周德昌 外, 앞의 책, 86~87쪽.

는 철학에 상당하는 것으로 모두 전문학교의 성격을 지니고 있었다. 소학은 비서외성(秘書外省)에 직할되었는데 초등학교와 같은 것으로, 강문관과 종문관 등 여러 관청의 예비학교와 같은 격이었다.

지방의 경우에도 정계와 방계로 나눌 수 있다. 정계의 학교로 부(府)에는 부학(府學)이 있었고, 주(州)에는 주학(州學)이 있었으며, 부와 주 아래의 현(縣)에는 현학(縣學)이 있었다. 방계의 학교로는 각 부와 주에 설립한 의학과 숭현학의 두 종류가 있었다. 지방의 학교는 중앙에 있는 학교에 비해 수준이 낮은, 초등학교와 중등학교의 중간 정도였다.

당나라 때는 관리등용법으로 과거제도를 시행하였다. 과거의 응시자는 생도(生徒)와 향공(鄕貢)으로 분류되었다.[20] 생도는 중앙이나 지방의 학교를 졸업한 사람을 말하고, 향공은 학교를 졸업하거나 입학하지 않고 과거시험을 보는 사람이다.

5. 송 · 원 · 명 시기의 교육

당나라가 망하고, 중국은 또다시 오대(五大)라는 환란의 시기를 겪는다. 그것을 다시 통일한 것이 송나라이다. 그러나 송나라는 이민족인 거란족이 세운 요나라, 여진족이 세운 금나라의 침공을 받고, 현재 중국의 항주로 후퇴하여 남송(南宋)으로 불리게 되었다. 이후 금나라를 멸망시킨 원나라가 등장하여 남송을 멸망시킨다. 몽고족으로 이루어진 원나라는 약 100여 년 간 한족을 지배했으나, 다시 한족이 주축이 된 명나라가 건국되어 중국 역사가 새롭게 시작된다.

송나라의 경우, 오대의 뒤를 이어 중국을 통일하고, 약 300여 년에 걸쳐 왕

---

20) 차석기, 앞의 책, 55쪽.

조를 유지하였다. 송나라는 이전의 당나라에 비해 학제의 개편을 비롯하여 다양한 차원에서 교육제도상의 발전을 보였다.[21]

송나라 때의 특기할만한 학교제도상의 변화는 대학을 확장하여 삼사법(三舍法)을 설치한 것이다. 왕안석(王安石)은 국고 수입의 증가를 꾀하고 교육재정 확충과 교육대개혁을 위한 신법(新法)을 주장하였다. 삼사(三舍)는 '외사(外舍), 내사(內舍), 상사(上舍)'를 말한다. 대학에 처음 입사하는 생도를 외사생(外舍生)이라 하는데, 정원을 700명으로 했다. 그러나 이후에는 2,000명으로 확대했다. 이 외사생 중에서 학업을 시험하여 내사생(內舍生)을 선발하고 내사생 중에서 같은 방법으로 상사생(上舍生)을 선발하였다. 내사생의 정원은 300명이고, 상사생의 정원은 100명으로 정하여, 대학에 2,400명의 학생을 수용하였다. 당시로 볼 때는 엄청난 규모였다. 이들 학생은 80개의 기숙사, 이른바 재(齋)로 나누어 1개 재(齋)에 30명씩 수용하였다. 왕안석은 이런 방식의 대학교육을 통해 관리를 선발하려고 했기 때문에, 당나라 때부터 시행하던 과거제도를 폐지하였다.[22]

이런 교육의 확장은 교육재정의 확충에서 비롯된다. 당나라 때는 교육을 위한 재정이 제대로 확충되지 않았다. 말기에 이르러서는 국가 재정이 결핍되어 교육 재정에 손쓸 틈이 없었다. 이에 반해, 송나라 때는 국학에 상당한 액수의 경비를 지급했고, 학전(學田)도 지급하여 국학의 유지에 만전을 기했다. 국학 이외의 주현(州縣)의 각급 학교나 사립학교인 서원에 대해서도 학전이 지급되었다.

교과목 또한 증설되었다. 경서를 비롯하여 율학 · 의학 · 서학 · 산학은 물론, 화학(畵學)과 무학(武學)도 설치되었다. 뿐만 아니라, 주자학에 의해 완성

21) 한기언, 앞의 책,『교육철학 및 교육사』참고.

22) 사마광을 비롯한 왕안석의 반대파가 득세하면서, 신법에서 추구하던 개혁은 전복되고 과거제는 다시 부활한다. 이후에도 신구파가 교대로 득세하여 삼사법은 지속적으로 시행되었다. 당나라 휘종(徽宗) 대에 가서는 외사생 3,000명, 내사생 600명, 상사생 200명 등, 약 3,800명의 학생을 수용할 수 있게 했다.

된 성리학, 즉 유학의 새로운 발달에 힘입어 사학이 발흥하였다. 서원이라는 명칭은 당나라 때 처음으로 생겼으나, 실제 제도로 등장한 것은 오대였고, 송나라에 이르러 융성하였다. 이 제도는 불교의 선림(禪林) 제도에서 착상하여 생긴 것인데, 이전의 사학에 비해 탁월한 점은, 지식 전수를 넘어 인격적 감화 작용을 겸비하고 있었다.

몽고족이 지배한 원나라 때는 몽고족이 문화적 수준이 낮았기 때문에, 교육이나 사상적 측면에서, 송나라의 제도를 그대로 따랐다. 원나라는 이민족의 국가였기 때문에, 문화를 창달하기 위해서는 다양한 차원의 지원이 요청되었다. 이에 원나라 세조인 쿠빌라이는 국적과 인종의 구별 없이 유능한 인물을 발탁하여 관직에 채용하도록 하였다. 한민족은 물론, 아라비아를 비롯한 여러 서방의 기술자들까지도 원나라에 봉사하게 만들었다.

원나라 학제의 특징은 몽고민족 고유의 문화를 고려한 것에 있다. 초기에는 국자학(國子學)을 설치하고 국자학 총교(總敎) 및 제학관(提學官)을 두었다. 그리고 나중에는 몽고(蒙古) 국자학을 비롯하여 몽고 문화를 학제에 반영하였다. 서원의 경우, 원나라 때는 관학화하여 이름만이 있고 서원 본래의 기능은 상실되었다.

명나라 때의 교육은 제도적 차원에서나 방법론에서나 당나라와 송나라의 것을 더욱 발전시켜 정비하였다. 국학의 교육과정은 『대학』, 『중용』, 『논어』, 『맹자』의 사서(四書)를 필수과목으로 하였고, 『역경』, 『서경』, 『시경』, 『춘추』, 『예기』이 오경은 선택 필수였다. 그 밖에도 율령(律令)이나 서수(書數) 등, 다양한 과목을 함께 익혀야 했고, 습자의 경우, 매일 200여자를 연습하도록 되어 있었다. 또한 교재로써는 『사서오경대전』이나 『성리대전』 같은 것이 출판되었다.

국학의 성격도 이전과 상당히 다른 면모를 보이고 있는데, 당나라 때의 국학이 귀족적이었다면, 명나라 때의 국학은 개방적이었다. 따라서 국학의 학생은 상당한 우대를 받았고, 지방의 교육도 많이 보급되었다. 한편으로 학교

제도의 정비나 국학생의 우대정책은 정부의 강력한 교육 통제를 허용하는 수단으로 작용하기도 했다.

명나라의 과거제도는 큰 특색없이 실시되었는데, 과거에 응시하는 문장을 사서오경으로 하고, 송나라의 경전의 뜻을 따르는 팔고문(八股文)[23]을 채택한 결과, 명대의 지식인은 실생활에서 유리된 학문을 하는 한계에 부닞지고 말았다. 명나라 때의 학교 및 과거에 대한 이와 같은 국가 통제는 마침내 당시의 서원에도 파급되어, 사상의 통제 내지 탄압으로 이어졌다.

6. 청나라 시기의 교육

청나라는 만주족이 건설한 이민족 국가였다. 청나라 때는 영국인이나 포르투갈인을 비롯한 서구인들과의 접촉이 잦았다. 이러한 서양 문물과의 접촉은 사상의 해방과 종교로부터 독립, 학문에서 자유로운 연구 풍조를 증대하였으며 과학적 경향을 띠게 하였다. 문학 또한 귀족 문학이나 사대부 문학에 그치지 않고, 평민 문학이 융성하였다. 미술이나 공예에도 이런 경향이 엿보였다. 종교도 과거의 독선적이며 교조적인 가르침으로부터, 이해와 실천 도덕을 주로 하는 것으로 옮겨졌다.

청나라의 국자감, 즉 대학은 명나라의 대학을 답습하였다. 그러나 교육의 방침은 만주인에 의한 한인 지배를 기조로 하였다. 따라서 청대의 국자감은 한족을 속박하는 도구였고 과거제도의 보조기관에 불과하였다. 서원의 경우, 명나라 이전의 서원은 대개 사립이 원칙이었다. 그러나 청나라에 이르러 그것은 관립이 되기 일쑤였다. 때로는 개인이 설립하거나 개인의 찬조에 의한

23) 팔고문은 명나라 때의 과거시험 답안 작성 요령으로 다음과 같은 내용을 포함한다. 전적으로 사서(四書) 및 『역경』『서경』『시경』『춘추』『예기』에서 선택하여 시험 문제를 내려서 선비들을 시험 보게 한다. 이는 태조(太祖)와 유기(劉基)가 정한 것이다. 그 문체는 대개 송나라의 경의(經義)를 따랐다. 이는 배우법(排偶法)에 의한 결구인데, 이것을 팔고문이라 한다.

것도 있으나, 조정에서 편액이나 서적을 내리고, 재정을 지원하는 작업을 통해 점차 관학화해 나갔다. 따라서 서원을 통해 반정부적인 사상을 제시하는 일은 엄중하게 다루었다. 건륭제의 경우, 금주령을 내려 만주족의 조정에 불리하다고 판단되는 문헌이나 서적을 모조리 불살라 버리게 하였다. 따라서 한족 출신의 학자들은 학문의 자유를 심히 구속당하고 있었다.

나아가 청나라 조정은 이러한 대책에도 마음이 놓이지 않아, 보다 적극적으로 학문 통제를 하였다. 그것은 세상의 학자를 조정에 불러놓고 다른 쪽으로 눈을 돌릴 수 없도록 방대한 문화 사업에 동원하는 일이었다. 그것이 『사고전서』, 자전(字典) 편찬과 같은 대사업이었던 것이다.

청나라 때의 학교는 청나라의 사회정치적 상황과 연관되어 있다. 청나라는 청을 건설한 만주족에게만 정권을 독점시키지 않고 만주족 이외의 사람도 관리로 채용하여 이민족을 포용하는 정책을 썼다. 행정 측면에서는 한족을 기용하였고, 군사적 차원에서는 만주족을 기용하였다. 이런 정책은 교육제도에도 영향을 미쳐 교육 제도를 이원화하는 계기가 되었다.[24]

청나라 때의 학교는 관학(官學), 공학(公學) 및 사학(私學)으로 나눌 수 있다. 관학은 일반학과 특수학이 있었다. 일반학에는 국학인 국자감(國子監)을 비롯하여, 각 지방 단위의 부학(府學), 주학(州學), 현학(縣學), 위학(衛學) 등이 있었다. 특수학에는 종학(宗學), 각라학(覺羅學), 기학(旗學) 등이 있었다. 공학에 속하는 일반학에는 그 지방의 공공 재정으로 설립된 사학(社學)과 유지들의 기부에 의해 설립된 성의학(省義學)이 있었다. 공학에 속하는 특수학은 팔기의학(八旗義學)이 했다.

국자감에서는 일정한 시기에 시험을 보았는데, 과시(課試)라고 하였다. 재학기간은 제생의 종류에 따라서 달랐고, 3년에 한 번씩 순천부에서 시험을 하고 뽑힌 자를 예부에 올렸다. 이것을 회시(會試)라고 하였다. 회시에서 선발

---

24) 차석기, 앞의 책, 95쪽.

된 자는 황제가 친히 대화전에서 다시 시험하게 되어 있었는데, 이를 전시(殿試)라고 한다. 전시에 의하여 성적이 우수하다고 인정된 자에게는 진사 급제 또는 진사 출신을 주었고, 이부에 통하여 관리로 임명하였다.

부 · 주 · 현학에는 교수 · 학정 · 교유 · 훈도 등의 교관을 두었다. 입학자격은 사민평등을 원칙으로 하였으나, 노복이나 천민은 절대 입학을 허용하지 않았다. 입학지원자를 동생(童生)이라 하고, 입학시험을 동시(童試)라고 하였다. 동시는 주현시, 부시, 원시의 세 종류가 있었다. 이 세 단계의 시험에 합격한 동생을 소속에 따라 부 · 주 · 현학의 생원으로 하였다. 부 · 주 · 현학에는 일정한 교정이나 일정한 수업기간도 없었다. 다만, 정시에 시험을 보고 생원의 우열을 가르거나 공거(貢擧)의 자격을 부여했다. 시험으로는 월과이고, 세고, 과고의 세 종류가 있었다.

종학 및 각라학은 청나라를 건설한 만주족을 위해 마련한 특수 교육기관이었다. 기학은 기인을 교육하는 특수기관이었다. 기학은 기인의 본업인 기사(騎射)를 배우게 하는 동시에, 한문학과 만몽(滿蒙) 언어를 습득시키는 일을 목적으로 삼았다. 관에서 세운 기학에는 국자감관학, 성안궁관학, 경산관학, 세직관학, 제영관학, 재외궁학이라는 여섯 가지 종류가 있었다.

'공학'은 크게 사학(社學)과 의학으로 구분된다. 이와 별도로 특별 공학인 팔기의학(八旗義學)이 있었다. 사학과 의학은 모두 지방의 서민 자제에게 교육의 혜택을 주기 위해 마련한 시설이었다. 정부는 각 부 · 주 · 현에 관립의 부 · 주 · 현학을 설립하였는데, 이런 공립학교는 대개 지방의 중심부에 설치되었으므로, 시골 변방에 거주하는 자제에게까지 교육의 혜택을 줄 수가 없었다. 따라서 각 지방에서는 다양한 방법으로 공립학교를 마련하여 교육을 보급하였다. 이것이 다름 아닌 사학과 의학이다. 그러므로 정부는 이 공립학교를 적극 보호하는 방침을 취하였고, 교사의 건축 및 교사 봉급 등을 보조해 주었으며, 엄중하게 감독하며 발달을 도모하였다.

한편, 팔기의학은 기인의 자제를 교육하는 공립학교였다. 이 학교는 기인들이 공동으로 운영하였다. 그 형식은 관에서 세운 기학과 동일하였다. 여기에는 만주몽고의학, 한군청문의학, 예부의학, 봉천한군의학 등 네 종류가 있었다.

청나라 때에도 사학인 서원이 있었다. 그러나 청대의 서원은 굴곡이 많았고, 대체로 끊임없이 관의 압력을 받아 사학으로서 제 구실을 하지 못하였다.

7. 중국의 근대화와 교육

과학과 민주주의를 앞세운 서구 세력은 1840년 아편전쟁을 통해, 청나라를 굴복시켰다. 이후, 제2차 아편전쟁으로 불리는 에로우호사건(1858년~1860년), 천진기독교도의 난(1870), 이리사건(1871), 대만사건(1874), 청일전쟁(1894) 등을 통해 청나라는 국내외적으로 혼란에 빠졌다.

1911년 신해혁명(辛亥革命)이 일어나면서 중국은 민주주의 국가로서 새로운 길을 걷게된다. 서구 문명의 영향을 받은 청나라는 사회정세의 변화에 따라, 신교육을 행하게 되었다. 신교육의 초점은 '어학교육'과 '군사교육', 두 가지 측면에서 이루어졌다. 천문학과 수학은 어떤 면에서건 중시되었다.

어학교육의 경우, 그 목적은 크게 세 가지로 나눌 수 있다. 첫째, 어학에 능통한 인재를 양성하여 외국과의 외교 사무에 응하는 것이고, 둘째, 어학교육을 받으면 서구 여러 나라의 사정을 알 수 있으며, 셋째, 서양서적을 되도록 많이 독파하여 서양의 과학지식 및 신무기전투기술을 완전히 터득해야 할 필요가 있었다. 군사교육의 경우, 서양이라는 강적을 방위하는 것이 목적이었다. 따라서 해상과 육상 양면으로 육군과 해군이 조선술이나 병술을 익히는 훈련에 힘썼다. 이런 군사 훈련을 위해 자연스럽게 두 가지 종류의 신무학당이 생겼고, 필요에 따라서는 외국유학을 시키기도 하였다.

당시 사상계를 대표하는 지식인인 양계초(梁啓超)에 의하면, 교육의 핵심은 세 가지 정도로 제시할 수 있다. 이는 서구의 아테네와 스파르타 교육의 장점을 딴 영국교육을 모델로 하였다. '국민교육'과 '아동교육' '여성교육'이 그것이다.

국민교육은 민주적 학교교육과 연관되는데, 하나는 전 국민에게 교육을 받게 하는 일이었고, 다른 하나는 전 국민을 훈련하여 그들에게 국가사상을 함양시키는 일이었다. 아동교육의 경우, 과거 중국이 아동교육에 소홀히 한 점을 비판하고 서양의 아동교육이 탁월하다는 점을 높이 들었다. 특히, 아동교육에서 이루어지던 체벌에 대해 통렬하게 비난하였다. 여성교육에서는 네 가지 관점에서 그 필요성을 역설하였다. 인구의 절반을 차지하는 여성이 지식을 가지고 있지 않기 때문에 자활할 수 없고 남성에 의지하여 생활할 수밖에 없다. 반대로 남성의 경우에도 일생동안 노동에 쫓기면서도 처자를 먹여 살리기에 충분치 않아 결국 남녀 모두가 쓰러지고 마는 결과가 된다. 여성이 가정에만 틀어박혀 있는 것은 그들의 천성이 저열해서가 아니라 교육을 받지 않고 사회와 접촉하지 못한 데서 오는 것이다. 그러므로 가정을 개량하기 위해서 여성은 교육을 받아야 한다. 여성의 성정은 온화하며 아동에게 가깝고 또 아동을 잘 이해하고 있다. 서양의 소학교육을 여교사가 담당하고 있는 이유가 바로 그런 것 때문이다. 따라서 가정교육과 아동교육을 위해 여성교육이 반드시 필요하다. 여성이 교육을 받기만 한다면 단순히 그들이 아동을 잘 가르칠 수 있다는 것뿐만 아니라 아동을 올바르게 키울 수가 있다. 아동을 강건하게 양육할 수가 있다. 이런 점에서 여성도 교육이 필요하다.

이후 중국은 1919년 5 · 4운동을 거치면서, 구미열강의 침략과 봉건세력들로부터 해방하기 위한 다양한 교육운동을 벌였다. 교권회복운동, 교육독립운동을 비롯하여 여성교육운동, 평민교육운동 등을 다각도로 전개하였다.[25]

특히, 1922년에 마련된 신학제(壬戌學制)는 소학교 6년과 중학교 6년(초급3년, 고급 3년)으로 구성된 미국의 6 · 3학제에 기초하였다. 이 학제는 사회진보

---

25) 차석기, 앞의 책, 142쪽.

의 수요에 적응하고, 평민교육의 정신을 발휘하며, 개성의 발전을 도모하고, 국민의 경제력에 주의하며, 생활교육을 중시하고 교육의 보급을 쉽게 하며, 각 지방의 특수성을 고려하여 융통성을 주도록 한 것이 특징이다. 그리고 중국교육은 국민당 정부와 중일전쟁, 중국공산당의 민족해방투쟁을 거치면서 다양한 양식으로 전개되었다.

8. 중국의 현대 교육

1949년 중화인민공화국의 탄생과 더불어 중국의 교육은 혁명적 변혁을 맞이한다. 중국 교육은 공산주의 이념에 따라 진행되었다. 그것은 마르크스 레닌주의를 계승한 마오쩌뚱의 사상으로 대변된다. 따라서 중국 교육은 '변증법적 세계관'과 '실습의 강조' '프롤레타리아 문화의 발전'이라는 세 가지 기본 사상 아래, 세 가지 기본 원칙을 도출하는 것으로 시작한다. 세 가지 기본 원칙은 '민족주의' '과학주의' '대중노선'이다.

첫째, 교육에서 '민족주의'는 중국의 강력한 민족주의를 최대한 이용하면서 중국의 위대한 문화적 전통과 업적을 강조하고, 최근세사에 발생한 중국 인민의 수난에 대한 기억을 일깨우는 작업이다. 둘째, 교육에서 '과학주의'는 산업화와 국가발전을 촉진할 수 있는 현대 과학 기술의 보급과 개발을 말한다. 셋째, 교육에서 대중노선은 서구식 교육을 통한 대중화로 노동계급의 교육을 양적 · 질적으로 높이는 한편, 중국의 전통 교육 혹은 서구식으로 교육받은 사람들에게는 공산주의 이념을 재교육시킨다는 것이다.[26] 이런 원칙 아래, 중국은 1960년 초반까지 반농반독(半農半讀)의 학교교육을 강화하였고, 1960년대 후반의 문화혁명(文化革命)을 거치면서 지속적인 교육개혁을 단행

26) 차석기, 앞의 책, 186쪽.

하였다.

1980년대에 들어서면서, 개혁개방을 표방한 이후, 여러 차례 교육개혁을 시행하였다. 1985년에 「교육체제개혁에 관한 결정」을 발표하였고, 1986년 전국인민대회 4차 회의에서 「중화인민공화국 의무교육법」을 통해 9년의 의무교육을 실천할 것을 주장했다. 1993년에는 「중국교육개혁과 발전강요」를 발표하여 교육체제개혁과 전인교육을 심화시켜 왔다. 2000년 이후, 중국의 교육개혁은 2007년 중국 공산당 제17대 전국대표대회에서 「2010~2020 국가중장기교육개혁 및 발전 전략」을 발표함으로써 새로운 전기를 마련하였다. 이것은 2020년까지 인구의 절반이 교육을 받게 하여 중국을 인적 자원 강국으로 변모시키겠다는 중국 정부의 강력한 의지를 담고 있다.

현재, 중국은 다양한 문제를 안고 있다. 교육의 차원에서는 먼저, 베이징이나 상하이 등 대도시는 물론이고 중소도시, 나아가 농촌에까지 만연한 사교육 열풍을 들 수 있다. 한 자녀를 가진 학부모들은 자녀교육에 온힘을 쏟음으로써 경제적으로 큰 부담을 안고 있고, 이것은 심각한 사회문제가 되기도 하였다. 둘째, 도시와 농촌 간의 교육 불균형 현상이다. 정부의 교육투자는 인구가 많은 농촌보다 인구가 적은 대도시를 중심으로 이루어진다. 농촌 학생들은 그만큼 도시 학생들에 비해 차별대우를 받고 있다. 이러한 문제점을 해결하기 위해, 중장기 발전 전략에서는 공평한 교육 기회의 부여, 질적 제고를 통한 지역 간 교육격차 완화, 혁신적 인재 양성을 주요 의제로 삼고 있다. 이를 위해, 중국 정부는 국내총생산(GDP)의 4%를 교육에 투입하여 교육 우선 발전 전략을 추진할 계획을 세우고 있다.

현재 중국의 교육은 취학전 교육, 초등교육, 중등교육, 고등교육의 4단계로 나뉜다. 학제는 초등교육 6년, 중등교육(중학교 3년 고등학교 3년) 6년, 고등교육 4년으로 운영하고 있다. 중학교까지 9년제 의무교육은 만 6세가 된 아동이 성별, 민족에 구애받지 않고 실시되었다. 그 결과 2000년대에 들어서 전체 인구의 90%를 넘어섰다. 「2010~2020 국가중장기 교육개혁 및 발전전략」

에서는 고등학교 진학률을 90%까지 대학 진학률을 2010년의 26.5%에서 궁극적으로 40%까지 올리는 것을 목표로 하고 있다.[27]

27) 김경식 외, 『중국교육의 굴기』(서울: 교육과학사, 2010) 참고.

참고문헌

□ 原典類

『論語』『孟子』『大學』『中庸』『周易』『禮記』『荀子』『老子』『莊子』『管子』『說文解字』『師說』『史記』『周書』『隋書』『三國志』『漢書』『舊唐書』『新唐書』『冊府元龜』『性理大全』『朱子語類』『近思錄』『碧巖錄』『華嚴經』『金剛經』『日本書紀』『三國史記』『三國遺事』『高麗史』『高麗圖經』『經國大典』『增補文獻備考』『朝鮮王朝實錄』『三峰集』『陽村集』『靜菴集』『晦齋集』『花潭集』『南冥集』『退溪全書』『栗谷全書』『磻溪隨錄』『星湖全書』『士小節』『北學議』『阮堂先生全書』『與猶堂全書』『島山全書』『素昻先生文集』

□ 論著類

강무학.『홍익인간론』. 서울: 명문당, 1983.
강선보.「실존적 아이디어의 교육방법적 원용에 관한 연구」. 한국교육사학회.『한국교육사』. 제21집, 1999.
강선보.『마르틴 부버 만남의 교육철학』. 서울: 원미사, 2003.
강선보 · 신창호.『배려, 교육을 향한 열정』. 서울: 원미사, 2009.
강성훈.「루소에 대한 자연주의적 해석의 문제」. 고려대 박사논문, 2008.
강창동 외.『교육학 개론』. 서울: 하우, 1996.
강창동.『한국의 교육문화사』. 서울: 문음사, 2002.
경기대 소성학술연구원.『전통사상과 생명』. 수원: 경기대 소성학술연구원, 2003.
고려대 교육사철학연구회 편.『민족교육의 사상사적 조망』. 서울: 집문당, 1994.
고려대 사학과 교수실.『역사란 무엇인가』. 서울: 고려대학교 출판부, 1985.
고미숙.『교육철학』. 서울: 문음사, 2006.
高樹藩.『正中形音義綜合大字典』. 臺北: 正中書局, 1974.
권대봉.『평생교육의 다섯 마당』. 서울: 학지사, 2001.
권성아『홍익인간사상과 통일교육』. 서울: 집문당, 1999.

금장태.『韓國實學思想硏究』. 서울: 집문당, 1987.
금장태.『한국유학사의 이해』. 서울: 민족문화사, 1994.
길희성.「지눌 선 사상의 구조」. 김형효 외.『知訥의 사상과 그 현대적 의미』. 성남: 한국정신문화연구원.
김경식 외.『중국교육의 굴기』. 서울: 교육과학사, 2010.
김경용.『과거제도와 한국 근대교육의 재인식』. 서울: 교육과학사, 2003.
김경태.「茶山 人性論의 敎育的 意味」. 한양대 박사논문, 1996.
김귀성 · 노상우.『현대교육사상』. 서울: 학지사, 2001.
김규성 엮음.『존 록크의 교육사상을 이해한다』. 서울: 학문사, 1993.
김기석.『남강 이승훈』. 서울: 현대교육총서출판사, 1964.
김기태.「홍익인간의 교육이념에 관한 연구」.『인천교대논문집』. 제18집, 1984.
김기현.「이언적의 성리철학」. 윤사순 · 고익진 편.『한국의 사상』. 서울: 열음사, 1992.
김기현.「조광조의 지치주의」. 윤사순 · 고익진 편.『한국의 사상』. 서울: 열음사, 1992.
김동화.「唯識哲學」. 서울 : 보련각, 1988.
김득황.『한국사상사』. 서울: 남산당, 1958.
김병구.『회헌 안향 선생의 생애와 사적』. 부산: 경성대출판부, 1993.
김승동 편저.『불교 · 인도사상사전』. 부산: 부산대출판부, 2001.
김영래.『칸트의 교육이론』. 서울: 학지사, 2003.
김영한.『기독교신앙개설』. 서울: 형설출판사, 1982.
김용옥.『삼봉 정도전의 건국철학』. 서울: 통나무, 2004.
김재만.『교육사조사』. 서울: 교육과학사, 1983.
김재만.『敎育哲學 · 史』. 서울: 형설출판사, 1984.
김정환.『페스탈로찌의 교육철학』. 서울: 고려대학교 출판부, 1995.
김정환.『현대의 비판적 교육이론』. 서울: 박영사, 1993.
김정환 · 강선보.『교육철학』. 서울: 박영사, 1998.
김정환 · 강선보.『교육학개론』. 서울: 박영사, 2006.
김종서 · 이영덕 · 정원식.『최신 교육학개론』. 서울: 교육과학사, 1998.
김종호.「호르크하이머와 이성의 도구화」. 신일철 편.『프랑크푸르트학파』. 서울: 청람, 1989.
김철준 · 최병헌.『한국문화사-고대편』. 서울: 일지사, 1986.

김충렬.『고려유학사』. 서울: 고대출판부, 1987.
김충렬.『노자강의』. 서울: 예문서원, 2004.
김충렬.『조식의 선비사상』. 윤사순 · 고익진 편. 서울: 열음사, 1992.
김학주.「老子와 道家思想」. 명문당, 1988.
김학주.『孔子의 生涯와 思想』. 서울: 명문당, 1988.
김형효.『회재 이언적의 형이상학』. 서울: 고려원, 1985.
김호진 편.『지식혁명시대의 교육과 대학』. 서울: 박영사, 2001.
노희관 · 이용남 엮음.『교육학의 새로운 파라다임』. 서울: 교육과학사, 2003.
류승국.『한국의 유교』. 서울: 세종대왕기념회, 1980.
毛禮銳 · 沈灌群 主編.『中國教育通史』(第二卷). 濟南: 山東教育出版社, 1986.
목영해.『후현대주의 교육학』. 서울: 교육과학사, 1994.
박선영.『佛教의 教育思想』. 서울 : 동화출판공사, 1989.
박의수 · 강승규 · 정영수 · 강선보.『교육의 역사와 철학』. 서울: 동문사, 2009.
박이문.『통합의 인문학』. 서울: 지와사랑, 2009.
박재문.『한국교육사』. 서울: 학지사, 2003.
박종홍.『철학개설』. 서울: 박영사, 1992.
박진규 · 주영흠 · 남현우.『교육학개론』. 서울: 지선사, 1999.
方立天(유영희 옮김).『佛教哲學概論』. 서울: 민족사, 1989.
백낙준.『한국교육과 민족정신』. 서울: 문교사, 1953.
변태섭.『한국사통론』. 서울: 삼영사, 1986.
서울대학교 교육연구소.『교육학대백과사전』 3. 서울: 하우동설, 1998.
서울대학교 교육연구소.『한국교육사』. 서울: 교육과학사, 2000.
성기산.『교육철학의 이해』. 서울: 문음사, 1999.
손인수.『교육사 교육철학 연구』. 서울: 문음사, 1987.
손인수.『율곡의 교육사상』. 서울: 박영사, 1987.
손인수.『한국개화교육연구』. 서울: 일지사, 1981.
손인수.『한국교육사상사 III』. 서울: 문음사, 1991.
손인수.『한국인의 가치관』. 서울: 문음사, 1973.
송석구.「普照의 인간관」.『한국의 유불사상』. 서울: 사사연, 1985.
쉬캉성(유희재 · 신창호 옮김).『노자평전』. 서울 : 미다스북스, 2002.
신득렬.『현대교육철학』 서울: 학지사, 2003.
신득렬 · 이병승 · 우영효 · 김회용 공저.『교육철학 및 교육사』. 서울: 양서원, 2004.

신창호 외.『길위의 인문학』. 서울: 경향미디어, 2011.

신창호.「서당의 교학방법론과 현대적 가치」.『처음처럼』. 통권 제13호. 서울: 내일을 여는 책, 1999.

신창호.『공부 그 삶의 여정』. 고양: 서현사, 2004.

신창호.『교육과 학습』. 고양: 온고지신, 2012.

신창호.『수기, 유가 교육철학의 핵심』. 서울: 원미사, 2004.

신창호.『유교 사서의 배움론』. 고양: 온고지신, 2011.

신창호.『유학자 추사, 실학교육을 탐구하다』. 고양: 서현사, 2006.

신창호.『인간 왜 가르치고 배우는가』. 고양: 서현사, 2003.

신창호.『『대학』, 유교의 지도자 교육철학』. 서울: 교육과학사, 2010.

신창호 · 서은숙.『한국사상과 교육윤리』. 고양: 서현사, 2003.

심윤종.「프랑크푸르트 학파와 비판이론」. 신일철 편.『프랑크푸르트학파』. 서울: 청람, 1989.

안기성.『교육학개론』. 서울: 학지사, 1992.

안동림 역주.『莊子』. 서울: 현암사, 2000.

안인희 편.『현대 교육고전의 이해』. 서울: 이화여대출판부, 1987.

안호상.「과거와 미래의 한국 교육의 이념과 정책」.『새교육』, 1964.

엄연석.「개인 및 공동체적 가치의 양립가능성과 유가철학의 황금률」. 성곡학술문화재단.『성곡논총』. 제35집, 2004.

엘리자베스 클레망 외(이정우 옮김).『철학사전-인물들과 개념들』. 서울: 동녘, 1996.

연세대학교 교육철학연구회 편.『위대한 교육사상가들』Ⅰ~Ⅵ. 서울: 교육과학사, 1996~2002.

오인탁.『기독교 교육』. 서울: 종로서적, 1991.

오인탁.『파이데이아-고대그리스의 교육사상』. 서울: 학지사, 2001.

오인탁.『현대교육철학』. 서울: 서광사, 1990.

吳俊升.『教育哲學大綱』. 臺北: 臺灣商務印書館, 1998.

오천석.『教育哲學新講』. 서울: 교학연구사, 1972.

오천석.『발전한국의 교육이념 탐구』. 서울: 배영사, 1973.

유네스코 21세기 세계교육위원회 편.『21세기 교육을 위한 새로운 관점과 전망』. 서울: 오름, 1997.

유명종.『남명조식의 학문과 사상』. 부산: 동아대 석당전통문화연구원, 2001.

유초하.「정도전의 사회 윤리사상」. 한국공자학회 편.『정도전 사상연구』. 서울: 유림문화사, 1993.
윤 완.『교육의 역사와 철학』. 서울: 원미사, 2003.
윤사순 외.『공자사상의 발견』. 서울: 민음사, 1992.
윤사순.「이퇴계의 심성론」. 윤사순 · 고익진 편.『한국의 사상』. 서울: 열음사, 1990.
윤사순.『동양사상과 한국사상』. 서울: 을유문화사, 1984.
윤사순.『한국의 성리학과 실학』. 서울: 열음사, 1990.
윤사순 · 고익진 편.『한국의 사상』. 서울: 열음사, 1990.
윤원현.「회헌 안향의 행적과 사상에 대한 비판적 검토」. 한국동서철학회.『동서철학연구』. 제35호, 2005.
이기백.『한국사신론』. 서울: 일조각, 1999.
이돈희.『교육철학개론』. 서울: 교육과학사, 1983.
이만규.『조선교육사』 상 · 하. 서울: 을유문화사, 1947.
이만규.『조선교육사』. 서울: 살림터, 2010.
이문원.『한국의 교육사상가』. 서울: 문음사, 2002.
이병승 · 우영효 · 배제현.『쉽게 풀어쓴 교육학』. 서울: 학지사, 2002.
이보형.『미국사개설』. 서울: 일조각, 2005.
이선경.「阮堂 金正喜의 實事求是 硏究」. 성남: 한국학대학원 석사논문, 1991.
이성무.『한국의 과거제도』. 서울: 집문당, 1994.
이성호.「미국 공교육의 형성과 전개」. 미국학연구소 편.『미국 사회의 지적 흐름』. 서울: 서울대출판부, 1998.
이숙종.『코메니우스의 교육사상』. 서울: 교육과학사, 1996.
이승원.『한국교육사상의 전개와 발전』. 서울: 보고사, 2002.
이은봉 엮음.『단군신화연구』. 청주: 온누리, 1986.
이을호.『다산학총론』. 서울: 예문서원, 2000.
이을호.『한사상의 묘맥』. 서울: 사사연, 1986.
이진수.『신라화랑의 체육사상 연구』. 서울: 보경문호사, 1987.
이홍우.『교육의 개념』. 서울: 문음사, 1997.
이홍우.『대승기신론 통석』. 서울: 김영사, 2006.
任時先(차석기 역).『中國敎育思想史』. 서울: 교학연구사, 1989.
임태평.『교육이론과 철학』. 서울: 교육출판사, 1995.
임태평.『플라톤 철학과 교육』. 서울: 교육과학사, 1997.

임한영.「교육철학론 소고」. 한국교육학회 창립 30주년 기념사업회편.『교육과 사색』. 서울: 정민사, 1983.

임희섭 편.『한국과 미국 3-사회 · 문화 관계』. 서울: 경남대출판부, 1988.

장영기 외.『중국고전의 이해』. 서울: 원미사, 2001.

장지원.「법률에 나타난 플라톤의 교육론」. 고려대 박사논문, 2010.

張振東.『教育哲學的基本概念』. 臺北: 問學出版社, 1982.

정 종.『孔子의 敎育思想』. 서울: 집문당, 1980.

정범모.『교육과 교육학』. 서울: 배영사, 1994.

정순목.「한국 유학과 인간교육의 문제」. 윤사순 외.『孔子사상의 발견』. 서울: 민음사, 1992.

정순목.『퇴계의 교육철학』. 서울: 지식산업사, 1986.

정순목 · 김인회.『교육이란 무엇인가』. 서울: 대은출판사, 1982.

정순우.「茶山『兒學編』硏究」. 윤사순 편.『정약용』. 서울: 고려대출판부, 1990.

정영훈 외.『홍익인간의 이념 탐구』. 성남: 한국정신문화연구원, 1999.

정해창 편역.『현대영미철학 입문』. 서울: 철학과현실사, 1993.

정호표.『현대교육철학』. 서울: 교육과학사, 2002.

조동일.『한국문학통사 1』. 서울: 지식산업사, 2005.

종교교재편찬위원회 편.『성서와 기독교』. 서울: 연세대출판부, 1988.

佐伯富 외(주진영 옮김).『세미나 중국사』. 서울: 지평, 1990.

周德昌 外.『中國教育史綱』. 廣州: 廣東高等教育出版社, 1998.

주영흠.『서양교육사상사』. 서울: 양서원, 2001.

차석기.『東洋教育史新論』. 서울: 박영사, 1987.

찰스 프레비쉬 외(박용길 옮김).『불교-그 현대적 조명』. 서울: 고려원, 1989.

천 웨이핑.『공자평전』. 신창호 옮김. 서울: 미다스북스, 2002.

村田昇.『教育哲學』. 송승석 · 박창호 역. 서울: 교육출판사, 1997.

최영성.『한국유학통사(상)』. 서울: 심산, 2006.

최영승.『미국사회와 문화』. 부산: 동아대학교출판부, 2009.

최완기.『한국 성리학의 이해』. 서울: 느티나무, 1991.

최진석.『노자의 목소리로 듣는 도덕경』. 서울 : 소나무, 2002.

최해갑.『남명철학과 교학사상』. 서울: 교육출판사, 1995.

크리스찬 아카데미 편.『정보화 시대 교육의 선택』. 서울: 대화출판사, 1997.

태경 · 조기영.『알기쉬운 불교용어 산책』. 서울: 양사재, 2011.

太田久紀(鄭柄朝 譯).『불교의 심층심리』. 서울 : 현음사, 1987.
한국공자학회 편.『정도전 사상연구』. 서울: 유림문화사, 1993.
한국교육연구소 편.『한국교육사-근 · 현대편』. 서울: 풀빛, 1993.
한국교육학회 편.『교육의 철학적 이해ㅍ. 서울: 배영사, 1971.
한국사상연구회.『도설로 보는 한국 유학』. 서울: 예문서원, 2000.
한국철학사연구회.『한국철학사상사』. 서울: 한울, 1997.
한국철학회.『한국철학사(상권)』. 서울: 동명사, 1987.
한기언.『교육사학-교육정신사서설』. 서울: 한국학술정보, 2004.
한기언.『教育哲學 및 教育史』. 서울: 양서원, 1985.
한기언.『한국교육사』. 서울: 박영사, 1983.
한기언.『한국교육의 이념』. 서울: 서울대출판부, 1991.
한기언.『한국사상과 교육』. 서울: 일조각, 1973.
한스 쇼이얼(이종서 · 정영근 · 정영수 옮김).『교육학의 학문적 성격』. 서울: 양서원, 1993.
한영우.『다시 찾는 우리 역사』. 서울: 경세원, 2008.
한영우.『정도전사상의 연구』. 서울: 서울대출판부, 1997.
핫토리 마사아키 외(이만 옮김).『인식과 초월』. 서울: 민족사, 1993.
홍은숙.『지식과 교육』. 서울: 교육과학사, 1999.
홍희유 · 채태형.『조선교육사』 I · II. 평양: 사회과학출판사, 1995.
황의동.『한국의 유학사상』. 서울: 서광사, 1992.
『헌법』『교육기본법』

Akinpelu, J. A. *Philosophy of Education,* London: Macmillan Publishers, 1985.
Arthur, K. Ellis, J. Cogan, and Kenneth R. Howey, *The Foundations of Education.* N.J.: Prentice-Hall, 1981.
Bagley, W. C. "An Essentialist's Platform for the Advancement of American *Education", Educational Administration and Supervision* 24-4. 1938.
Barnes, J.(문계석 옮김). *Aristotle*(『아리스토텔레스의 철학』). 서울: 서광사, 1989.
Bollnow, O. F.(이규호 역).『실존철학과 교육학』. 서울 : 배영사, 1967.
Brameld, T. *Toward a Reconstructed Philosophy of Education.* N.Y.: The Dryden Press, 1956.

Brennan, J. G. *The Meaning of Philosophy*(「철학의 의미」. 곽강제 역. 서울: 박영사, 1982.

Brinkley, A.(황혜성 외 옮김). *The Unfinished Nation*(『있는 그대로의 미국사 1, 2, 3』). 서울: 휴머니스트, 2005.

Broudy, H. S. *Building a Philosophy of Education.* N.Y.: Prentice-Hall, 1955.

Brubacher, J. S. *A History of the Problems of Education*(교육사-교육문제변천사). 이원호 역. 서울: 문음사, 1985.

Comenius, J. A.(정확실 역). 『대교수학』. 서울: 교육과학사, 1998.

Comenius, J. A.(이원호 역). 『세계도회』. 서울: 아름다운세상, 1998.

Dewey, J.(김준섭 역). *The Quest for Certainty*(『확실성의 탐구』). 서울: 백록, 1992.

Dewey, J.(이홍우 역주). *Democracy and Education: An Introduction to the Philosophy of Education*(『민주주의와 교육』). 서울: 교육과학사, 1994.

Drucker, P. F.(이재규 옮김). *Next Society.* 서울: 한국경제신문, 2002.

Elias, J. L. & Merriam, S. *Philosophical Foundations of Adult Education.* Florida: Krieger Publishing Co, 1980.

Engel, S. M.(이종철 · 나종석 옮김). *The Study of Philosophy*(『철학, 어떻게 할 것인가). 서울: 문예출판사, 1993.

FranKena, W. K.(이정빈 · 신현태 역). *Philosophy of education*(『교육철학』). 대구: 이문출판사, 1987.

Geier, M.(김광명 옮김). 『칸트평전』. 서울: 미다스북스, 2004.

Gilmore, G. W. *Korea from its Capita: With a Chapter on Missions,* 1892; Google scandate, 20071012.

Gutek, G. L. *Philosophical and Ideological Perspectives on Education.* N.J.: Prentice-Hall, 1988.

Hechinger, F. M. & G.(채규철 역). *Growing up in America*(『미국교육사』). 서울: 탐구당, 1981.

Heidegger, M.(최동희 역). 「哲學이란 무엇인가」. 『세계의 대사상』 13. 서울: 휘문출판사, 1989.

Herbart, J. F(이근엽 역). *Allgemeine Pädagogik aus dem Zweck der Erziehung*(『일반교육학』). 서울: 연세대출판부, 1988.

Honer, S. M. & Hunt, T. C.(곽신환 · 윤찬원 옮김). *Invitation to Philosophy: Issuesand Options*(『철학에의 초대』). 서울: 서광사, 1992.

Hutchins, R. H. *The Higher Learning in America.* New Haven: Yale Univ. Press, 1962.

JdukiewiczK, A.(송병욱 옮김). *Problems and Theories of Philosophy*(『철학 그 문제와 이론들』). 서울: 서광사, 1988.

Jung, C. G. (이부영 외 역). *Man and His Symbols*(『인간과 무의식의 상징』). 서울: 집문당, 2008.

Kamala, B. & Baldev, B. *The Philosophical and Sociological Foundations of Education.* Delhi: Doaba House, 1992.

Kilpatrict, W. H. *Philosophy of Education.* N.Y: MacMillan, 1951.

Kneller, G. F. *Introduction to the Philosophy of Education.* N.Y.: John Wiley and Sons, 1971.

Knight, G. R.(김병길 역). *Issues and Alternatives in Educational Philosophy*(『교육철학』). 서울: 교육과학사, 1993.

Lafargue, M. "Nature as Part of Human Culture in Daoism." *Daoism and Ecology.* Harvard Univ. Press, 2001.

Langford, G.(성기산 역). *Philosophy and Education: An Introduction*(『철학과 교육』). 서울: 교육출판사, 1995.

Luedtke, L. S.(고대 영미문화연구소 역). *The Society and Culture of the United States*(『미국의 사회와 문화』). 서울: 탐구당, 1989.

Maritain, J. *Education at the Crossroads.* New Heaven: Yale Univ. Press, 1943.

Maxcy, S. J.(성기산 옮김). *Educational Philosophy for the future*(『미래를 위한 교육철학』). 서울: 집문당, 1994.

Monroe, P.『교육사 개설』. 조종인 역. 서울: 교육과학사, 1999.

Morrish, I. *Disciplines of Education,* London: Allen & Unwin, 1967.

NSSE(오천석 · 정세화 역). *Philosophies of Education*(『교육철학』). 서울: 현내교육총서출판사, 1969.

Ornstein, A. C. *Foundation of Education.* Illonois: Rand Mcnally College Publishing Co, 1977.

Paik, L. G. *The History of Protestant Missions in Korea 1832-1910.* Seoul: Yonsei Univ. Press, 1970.

Pattwrson, C. H. *Cliff's Course Outline Philosophy An Introduction.* Nebraska: Cliff's Notes, 1972.

Pestalozzi, J. H.(김정환 역).『숨은 이의 저녁 노을』. 서울: 박영사, 2002.

Peters, R. S.(이홍우 역). *Ethics and Education*(『윤리학과 교육』). 서울: 교육과학사, 1994.

Phenix, P. H. *Philosophy of Education.* N.Y.: Holt & Co, 1958.

Platon(박종현 역주). 『국가』. 서울: 서광사, 1997.

Porkert, M.(김영식 역). *The Theoretical Foundations of Chinese Medicine*(陰陽개념의 분석). 『中國傳統文化와 科學』. 서울: 창작과 비평사, 1986.

Power, E. J. *Philosophy of Education.* N.J.: Prentice-Hall, 1982.

Reble, A.(정영근 · 임상록 · 김미환 · 최종인 옮김). 『서양교육사』. 서울: 문음사, 2002.

Rousseau, J. J.(김중현 옮김). *Émile*(『에밀』). 서울: 한길사, 2003.

Stumpf, S. E.(이광래 옮김). *A History of Philosophy*(『서양철학사』). 서울: 종로서적, 1992.

Thurow, L. C.(한기찬 옮김). 『지식의 지배』. 서울: 생각의 나무, 2000.

Urmson, J. O.(이한구 옮김). *Philosophical Analysis: Its development between the two world wars*(『分析哲學』). 서울: 종로서적, 1986.

Wang, A. *Cosmology and Political Culture in Early China.* Cambridge Univ. Press, 2000.

Whitehead, A. N.(오이환 옮김). *The Aims of Education and Other Essays*(『교육의 목적』). 서울: 궁리, 2004.

Zimmermannm, F.(이기상 옮김). 『실존철학』. 서울: 서광사, 1987.

Bible(성경)

www.ed.gov

찾아보기

저자소개

신창호(申昌鎬)

고려대학교 문학사(교육학·철학)
한국학중앙연구원 문학석사(철학)
고려대학교 교육학박사(Ph.D. 한국교육철학)
사단법인 유도회(儒道會) 한문연수원 교수
현) 고려대 교수

[주요저서]
진시황 평전(공역) (미다스북스, 2001)
공자평전(역)(미다스북스, 2002)
한국사상과 교육윤리(공저) (서현사, 2002)
인간 왜 가르치고 배우는가 (서현사, 2003)
노자평전(공역)(미다스북스, 2003)
공부, 그 삶의 여정(서현사, 2004)
수기, 유학교육철학의 핵심(원미사, 2004)
교육학개설(서현사, 2005)
관자(공역)(소나무, 2006)
동양고전의 세계(서현사, 2007)
사람: 하나를 심어 백을 얻어야(서현사, 2009)
『대학』, 유교의 지도자 교육철학(교육과학사, 2010)
함양과 체찰(미다스북스, 2010)
유교사서의 배움론(온고지신, 2011)
교육과 학습(온고지신, 2012)

이메일 sudang@korea.ac.kr

예비교사를 위한 교육철학 및 교육사

2012년 2월 25일 1판 1쇄 인쇄
2012년 2월 29일 1판 1쇄 발행

지은이 | 신창호
펴낸이 | 조재성
펴낸곳 | 서현사
(410-817) 경기도 고양시 일산동구 백석2동 1332-1 레이크하임 206호
전화 031-919-6643 팩스 031-912-6643
등록 | 2002년 8월 14일 제03-01392
ISBN 978-89-94044-40-8 93370
정가 18,000원

유교儒敎 사서四書의 배움론

- 사서四書의 학문관學問觀을 통해 본 유교의 지향 -

신창호(고려대 교수) 지음

국판 | 반양장 | 284쪽 | 14,000원 | 2011.10.25

ISBN 978-89-966535-0-9　93370

사실이건 사실이 아니건, 우리는 배움을 통해 성장한다고 믿는다. 그런 점에서 배움은 인생의 성숙을 추동하는 힘이다. 배움의 근원어는 '배다'이다. '배다'는 '무엇 무엇이 몸에 배다'라는 말처럼, 익숙해지거나 숙련되는 양상을 의미한다. 일종의 습관화習慣化이기도 하다. 그래서 나는 배움을 '장아찌'에 비유한다. 된장이나 고추장 속에 삼투滲透하여 무르익는, 무나 마늘장아찌처럼, 내 몸에, 우리 몸에 배는 삶의 기술.

『중용』에서는 배움을 박학博學·심문審問이라는 용어로 정돈했다. 박학의 '학學'과 심문의 '문問'을 통해, 그것은 '학문學問'이라는 개념을 창출한다. 배우고 묻는 세계! 학문學問의 의미는, '글을 배우다'라는 '학문學文'과는 사뭇 다르다. 유교에서 학문學問은 생활에 필요한 테크네technē를 광범위하게 배우고 자세하게 묻는, 유기적이고 변증법적인 활동에 해당한다.

삶의 테크네는 실제 생활에 유용한 다양한 기술이다. 윤리도덕적 양식도 포괄한다. 그러기에 정신적·물질적 차원을 아우르는 생활의 지혜, 그 예술적 경지를 지향한다.

온고지신

교육과 학습

- 가르침과 배움에 관한 동아시아의 시선 -

신창호(고려대 교수) 지음

국판 | 반양장 | 192쪽 | 12,000원 | 2012.1.30

ISBN 978-89-966535-1-6 93370

"잘 배운다는 것은 무엇인가?" "사람은 귀로 소리를 듣고 분별할 수 있는 능력을 타고 났다. 그러나 배워서 단련하지 않으면 그 듣는 힘은 청각 장애인에도 미치지 못한다. 눈으로 사물을 보고 분별하는 능력도 타고 났다. 그러나 배워서 단련하지 않으면 그 보는 힘은 시각 장애인에도 미치지 못한다. 입으로 말을 할 수 있는 능력도 타고났다. 그러나 배워서 단련하지 않으면 그 말하는 힘은 말 못하는 장애를 가진 사람에도 미치지 못한다. 마음으로 사물을 판단하는 능력도 타고났다. 그러나 배워서 단련하지 않으면 그 판단하는 힘은 개념 없이 떠들어대는 무분별한 사람에도 미치지 못한다. 배움은 무엇인가를 충족시키고 늘리는 데 목적이 있는 것이 아니다. 사람의 타고난 천성을 알차게 수행해 나가는 데 목적이 있다. 내가 타고난 재능을 보전하여 상처 입지 않게 하는 작업이다. 이렇게 하는 작업을 잘 배우는 것이라고 한다."

_ 서언 중에서

온고지신